全国高等教育自学考试指定教材

教育督导、评价与监测

Jiaoyu Dudao Pingjia yu Jiance

（含：教育督导、评价与监测自学考试大纲）

（2018 年版）

全国高等教育自学考试指导委员会　组编

主　编　苏君阳

副主编　赵　茜　吴　娱

高等教育出版社·北京

图书在版编目（CIP）数据

教育督导、评价与监测／全国高等教育自学考试指导委员会组编；苏君阳主编. --北京 ：高等教育出版社，2018.11（2024.10重印）
ISBN 978-7-04-050750-8

Ⅰ.①教… Ⅱ.①全… ②苏… Ⅲ.①教育管理学-高等教育-自学考试-教材 Ⅳ.①G40-058

中国版本图书馆 CIP 数据核字（2018）第 239524 号

策划编辑 雷旭波　　责任编辑 朱丽娜　　版式设计 于 婕
责任校对 李大鹏　　责任印制 刁 毅

出版发行 高等教育出版社
社　　址 北京市西城区德外大街 4 号
邮政编码 100120
印　　刷 涿州市京南印刷厂
开　　本 787mm×1092mm　1/16
印　　张 19.75
字　　数 490 千字
购书热线 010-58581118
咨询电话 400-810-0598

网　　址 http://www.hep.edu.cn
http://www.hep.com.cn
网上订购 http://www.hepmall.com.cn
http://www.hepmall.com
http://www.hepmall.cn

版　　次 2018 年 11 月第 1 版
印　　次 2024 年 10 月第 4 次印刷
定　　价 42.00 元

本书如有质量问题，请与教材供应部门联系

物 料 号　50750-A0

组编前言

21世纪是一个变幻莫测而又催人奋进的世纪。科学技术飞速发展,知识更替日新月异。希望、困惑、机遇、挑战,随时随地都有可能出现在每一个社会成员的生活之中。抓住机遇,寻求发展,迎接挑战,适应变化的制胜法宝就是学习——依靠自己学习、终身学习。

作为中国高等教育组成部分的自学考试,其职责就是在高等教育这个水平上倡导自学、鼓励自学、帮助自学、推动自学,为每一个自学者铺就成才之路。组织编写供读者学习的教材是履行这个职责的重要环节。毫无疑问,这种教材应当适合自学,应当有利于学习者掌握和了解新知识、新信息,有利于学习者增强创新意识、培养实践能力、形成自学能力,也有利于学习者学以致用,解决实际工作中所遇到的问题。本书虽然沿用了"教材"这个概念,但它与那种仅供教师讲、学生听,教师不讲、学生不懂,以"教"为中心的教科书相比,已经在内容安排、编写体例、行文风格等方面都大不相同了。希望读者对此有所了解,以便从一开始就树立起依靠自己学习的坚定信念,不断探索适合自己的学习方法,充分利用已有的知识基础和实际工作经验,最大限度地发挥自己的潜能,达到学习的目标。

欢迎读者提出意见和建议。

祝每一位读者自学成功。

全国高等教育自学考试指导委员会

2017年1月

目 录

教育督导、评价与监测自学考试大纲

教育督导、评价与监测

全国高等教育自学考试

教育督导、评价与监测自学考试大纲

全国高等教育自学考试指导委员会　制定

大纲前言

为了适应社会主义现代化建设事业的需要，鼓励自学成才，我国在20世纪80年代初建立了高等教育自学考试制度。高等教育自学考试是个人自学、社会助学和国家考试相结合的一种高等教育形式。应考者通过规定的专业考试课程并经思想品德鉴定达到毕业要求的，可获得毕业证书；国家承认学历并按照规定享有与普通高等学校毕业生同等的有关待遇。经过30多年的发展，高等教育自学考试为国家培养造就了大批专门人才。

课程自学考试大纲是国家规范自学者学习范围、要求和考试标准的文件。它是按照专业考试计划的要求，具体指导个人自学、社会助学、国家考试、编写教材、编写自学辅导书的依据。

随着经济社会的快速发展，新的法律法规不断出台，科技成果不断涌现，原大纲中有些内容过时、知识陈旧。为更新教育观念，深化教学内容和方式、考试制度、质量评价制度改革，使自学考试更好地提高人才培养的质量，各专业委员会按照专业考试计划的要求，对原课程自学考试大纲组织了修订或重编。

修订后的大纲，在层次上，本科参照一般普通高校本科水平，专科参照一般普通高校专科或高职院校的水平；在内容上，力图反映学科的发展变化，增补了自然科学和社会科学近年来研究的成果，对明显陈旧的内容进行了删减。

全国高等教育自学考试指导委员会教育类专业委员会组织制定了《教育督导、评价与监测自学考试大纲》，经教育部批准，现颁发施行。各地教育部门、考试机构应认真贯彻执行。

全国高等教育自学考试指导委员会

2018年8月

I 课程性质与课程目标

一、课程性质和特点

教育督导、评价与监测课程是全国高等教育自学考试教育管理专业(专升本)考试计划中的专业课。教育督导是教育行政一项重要职能,我国的教育督导职能在先前仅包括督政与督学,进入21世纪后把评价、监测也归并到教育督导职能之中。

课程内容以现代教育督导、评价、监测理论为指导,以督导制度建设与教育事业发展、学校的发展以及人的发展之间的矛盾关系为主线,对教育督导、评价、监测的理论、制度、技术与方法等进行了全面的介绍与阐释。课程内容具有理论性、实践性、技术性与实用性等特点。

督导、评价与监测是教育事业获得持续健康发展的重要保障。如果没有督导、评价与监测,那么,国家的教育目的、方针、依法治教、依法治校以及人的全面发展就难以得到很好的保障与实现。本门课程的开设对于学习者深入了解国家教育督导制度,掌握督导、评价与监测的基本原理与技能具有非常重要的意义与作用。

二、课程目标

通过本门课程学习,学习者需要达到以下几个方面的目的与目标:

(一)初步了解与掌握教育督导评价与监测的基本理论与原理。

(二)对我国与世界发达国家教育督导制度的演进有概要的了解,并对我国当前教育督导改革与发展实践有深入的了解。

(三)能够较为熟练地掌握一些现代教育督导评价、监测的技能与方法,并运用这些技能与方法解决一些实践问题。

(四)为进一步学习教育管理专业其他学科知识打下基础。

三、与相关课程的联系与区别

与教育统计与测量课程的区别。教育统计与测量是一门以统计学原理、测量学原理来对教育活动与现象进行研究所形成的一门课程知识体系。统计学、测量学原理与督导、评价以及监测的原理不一样。统计学、测量学都不具有管理学知识的特征,而督导、评价与监测都具有管理学知识的特征。教育统计与测量以数学分析、量化分析为特征,没有规范性分析,其是偏自然科学知识的一门课程。教育督导、评价与监测也有数学与量化分析,但同时也包括定性分析、价值分析以及规范性分析。

与教育管理课程的区别。教育督导仅仅是教育行政的一项职能。教育管理不仅包括宏观的教育行政,也包括微观的学校管理。教育督导工作的有效开展是建立在教育管理基本原理基础之上的。在传统的教育管理课程知识体系中,教育督导仅仅是教育管理课程知识体系的一个组成部分。与教育督导、评价与监测课程知识相比,教育管理课程知识的价值性、规范性更强。与教育管理课程知识相比,教育督导、评价与监测知识其数学分析、量化分析特征更明显。

四、课程的重点和难点

本课程的重点知识内容:教育督导的基本原则;教育督导的基本类型;教育督导的基本特征;20 世纪 80 年代的教育督导;基于督导职能划分的教育督导体制类型;基于组织建制方式划分的教育督导体制类型;我国现行教育督导体系;督政的主要内容;督学的主要内容;教育督导计划的编制;督导工具与技术的准备;教育督导人员专业化内容与标准;教育评价的功能;目标导向评价模式;CIPP 模式;目标游离模式;鉴赏模式;应答模式;费用-效果分析模式;学校领导与管理评价的内容;德育评价的方法;适应现代治理模式的学校德育评价机制;课堂教学评价的内容;课程评价的基本模式;教育质量监测的目的与意义;我国教育质量监测的进展与发展趋势;我国教育质量监测的目的、对象、内容与抽样方式。

本课程的次重点知识内容:教育督导的含义;教育督导的本质;教育督导的基本目的;教育督导体制的含义;教育督导体制的组成要素;督政的含义;督学的含义;评价监测的含义;教育督导人员专业化的含义;教育督导人员的权威;教育评价的概念;表现性评价的定义;增值性学校评价;发展性学校评价;德育评价的概念与意义;德育评价的内容与过程;教学管理评价的含义与功能;课堂教学评价的含义与功能;校本教研评价的含义与功能;教学管理评价的内容;教学评价的内容;校本教研评价的内容;课程评价的含义;课程评价的主要类型;教育质量监测的内涵与特征;国际学生评价项目(PISA)监测机构;国际学生评价项目(PISA)监测内容。

本课程的一般知识内容:古代社会的中央视学制度;古代地方官学的视学制度;清朝末年的视导制度;民国时期的视学制度;中共苏区的教育巡视制度;我国现行教育督导机构的职责与权力;评价监测的主要内容;督政的意义;督学的意义;评价监测的意义;督导工作组织与动员;实地调研督导阶段;督导信息处理与撰写报告阶段;教育督导人员角色;美国教育督导的历史演进;英国教育督导的历史演进;法国教育督导的历史演进;俄罗斯教育督导的历史演进;日本教育督导的历史演进;现代西方教育评价的发展;我国现代教育评价的发展;访谈法步骤;观察法的种类;观察法的特点;问卷结构;问题类型;问卷法的优缺点;测验法的步骤;表现性评价的本质;表现性评价的环节;国外学校领导与管理评价案例;学校领导与管理评价发展趋势的分析与借鉴;德育评价发展趋势;教学管理评价的组织形式与方法;课堂教学评价的方法;校本教研评价的方法;课程评价的主要方法;课程体系评价的维度与标准;教育质量的内涵;国际社会教育质量监测的进展与发展趋势;国际数学和科学成就趋势研究(TIMSS)监测机构;国际阅读素养进步研究(PIRLS)监测机构;美国教育质量监测机构;英国教育质量监测机构;日本教育质量监测机构;国际数学和科学成就趋势研究(TIMSS);国际阅读素养进步研究(PIRLS);美国国家教育进步评价(NAEP);英国国家课程评价;日本全国学力调查;试题编制流程;试题题目编写;问卷开发流程;问卷题目编写;表现性评价工

具编制流程;表现性评价工具题目编写;质量监测实施的框架构建;质量监测实施的标准划定;质量监测实施的报告撰写。

本课程的难点知识内容:新中国成立后的教育督导制度;20 世纪 90 年代的教育督导;教育督导的新发展;当前我国教育督导体制的特点;督导结果的反馈;督导结果的应用;教育督导人员专业化的保障;当前美国教育督导制度;当前英国教育督导制度;当前法国教育督导制度;当前俄罗斯教育督导制度;当前日本教育督导制度;教育评价的发展趋势;访谈法的优势及局限;测验法的特点及应用;表现性评价的优势;德育评价指标体系的建构;课程体系的构成;教育质量监测的理论基础;我国义务教育质量监测机构;各国教育质量监测特点比较;试题的预试与修订;问卷的预试与修订;表现性评价工具的预试与修订;经典测量理论;项目反应理论。

Ⅱ　考核目标

本大纲在考核目标中，按照识记、领会、简单应用和综合应用四个层次规定其应达到的能力层次要求。四个层次是递进关系，各能力层次的含义分别为：

识记（Ⅰ）：能知道本课程中有关的名词、概念、原理、知识的含义，并能正确认识和表述。例如，对教育督导、教育评价与教育监测的基本概念给予记忆和理解，能够做出正确的判断。

领会（Ⅱ）：要求在识记的基础上，能全面把握课程中的基本概念、基本原理、基本方法，能掌握有关概念、原理、方法的区别与联系。例如，能理解教育督导人员的构成、教育督导的体制类型及教育督导职能的发挥，能够区分教育评价中的不同理念和方法。

简单应用（Ⅲ）：在领会的基础上，能运用基本概念、基本原理、基本方法分析和解决有关理论问题和实际问题，能用学过的一二个知识点分析和解决简单的问题。例如，运用教育督导的过程知识来分析我国教育督导实践中的具体过程，能够运用教育督导人员的权威来分析我国教育实践中的督学权威性，能够运用教育督导评价的基本方法对数据进行收集与分析。

综合应用（Ⅳ）：在简单应用的基础上，用学过的多个知识点，综合分析比较复杂的问题。例如，运用教育评价的诸多理论来分析我国学校评价的实施现状以及存在的问题，能够结合教育监测的诸多理论来分析我国教育质量监测实践中的诸多问题，并提出解决的策略与思路。

Ⅲ　课程内容与考核要求

第一篇　督　导　篇

第一章　教育督导概述

一、学习目的与要求

通过本章学习,需要了解与掌握教育督导的基本含义及其本质,教育督导活动的基本目的以及教育督导所应遵守的基本原则。除此之外,还应熟悉教育督导有哪些不同类型。

二、课程内容

第一节　教育督导的含义与本质
(一) 教育督导的含义
(二) 教育督导的本质
第二节　教育督导的基本目的与原则
(一) 教育督导的基本目的
(二) 教育督导的基本原则
第三节　教育督导的类型与特征
(一) 教育督导的基本类型
(二) 教育督导的基本特征

三、考核知识点与考核要求

(一) 教育督导的含义与本质

1. 识记:(1) 教育督导的含义;(2) 教育督导的主体、客体。
2. 领会:教育督导的本质

(二) 教育督导的基本目的与原则

1. 识记:(1) 教育督导的基本目的的具体内容;(2) 教育督导的基本原则的具体内容。
2. 领会:(1) 教育督导的基本目的的含义解释;(2) 教育督导的基本原则的含义解释。

(三) 教育督导的类型与特征

1. 识记:教育督导的基本类型。

2. 领会:(1) 不同类型教育督导的含义;(2) 教育督导基本特征。
3. 简单应用:实践中某一项教育督导所属的具体类型的区分。
4. 综合应用:比较不同类型教育督导方式的异同。

四、本章重点、难点

本章重点:
教育督导的本质;
教育督导的基本目的;
教育督导的基本原则;
教育督导的基本类型。
本章难点:
教育督导的本质;
教育督导的基本特征。

第二章　我国教育督导的历史沿革

一、学习目的与要求

通过本章的学习,应了解教育督导的产生历史,掌握不同发展时期教育督导的主要特点以及20世纪80年代以来我国教育督导制度的恢复及重建过程。

二、课程内容

第一节　古代社会的教育督导
(一) 古代社会的中央视学制度
(二) 古代地方官学的视学制度
第二节　近代社会的教育督导
(一) 清朝末年的视导制度
(二) 民国时期的视学制度
(三) 中共苏区的教育巡视制度
第三节　现代社会的教育督导
(一) 新中国成立后的教育督导制度
(二) 20世纪80年代的教育督导
(三) 20世纪90年代的教育督导
(四) 教育督导的新发展

三、考核知识点与考核要求

(一) 古代社会的教育督导

1. 识记:(1) 西周时期的天子视学制度;(2) 秦汉时期的帝王幸学制度;(3) 隋唐时期的天子视学制度;(4) 明清时期的皇帝幸学制度;(5) 古代地方官学视学制度的确立;

(6) 古代地方官学视学制度的完善。

2. 领会:古代社会教育督导的发展。

(二) 近代社会的教育督导

识记:(1) 清朝末年的视导制度;(2) 民国时期的视学制度;(3) 中共苏区的教育巡视制度。

(三) 现代社会的教育督导

1. 识记:20 世纪 80 年代以来的教育督导。

2. 领会:(1) 新中国成立后的教育督导制度;(2) 20 世纪 80 年代的教育督导;(3) 20 世纪 90 年代的教育督导;(4)《教育督导条例》。

3. 简单应用:了解我国教育督导制度的恢复及重建过程。

4. 综合应用:现代社会教育督导的发展。

四、本章重点、难点

本章重点:
古代社会的中央视学制度;
古代地方官学的视学制度;
清朝末年的视导制度;
民国时期的视学制度;
中共苏区的教育巡视制度。
本章难点:
新中国成立后的教育督导制度;
20 世纪 80 年代的教育督导;
20 世纪 90 年代的教育督导;
教育督导的新发展。

第三章 教育督导体制

一、学习目的与要求

通过本章学习,应了解何谓教育督导体制,并应掌握不同划分方式下教育督导的基本类型是什么,同时还应了解我国教育督导体制恢复和发展的曲折过程,在不同的发展阶段,我国教育督导体制具有怎样的特点。

二、课程内容

第一节 教育督导体制的含义及其组成
(一) 教育督导体制的含义
(二) 教育督导体制的组成要素
第二节 教育督导体制的类型
(一) 基于督导职能的划分

(二) 基于组织建制方式的划分

第三节 我国当前的教育督导体制

(一) 我国现行教育督导体系

(二) 我国现行教育督导机构的职责与权力

(三) 当前我国教育督导体制的特点

三、考核知识点与考核要求

(一) 教育督导体制的含义及其组成

1. 识记:(1) 教育督导体制的含义;(2) 教育督导体制的组成要素。

2. 领会:(1) 教育督导机构的设置;(2) 教育督导人员的配备。

3. 简单应用:(1) 理解教育督导体制的含义;(2) 了解教育督导体制的组成要素。

4. 综合应用:(1) 了解我国教育督导机构的设置情况;(2) 了解我国教育督导人员的任职资格及素质要求。

(二) 教育督导体制的类型

1. 领会:(1) 基于督导职能划分的教育督导体制类型;(2) 基于组织建制方式划分的教育督导体制类型。

2. 简单应用:(1) 独立型教育督导体制的特点;(2) 依附型教育督导体制的特点。

3. 综合应用:我国教育督导体制的类型和基本特点。

(三) 我国当前的教育督导体制

1. 领会:我国现行教育督导体系。

2. 简单应用:(1) 理解我国现行教育督导机构的职责与权力;(2) 当前我国教育督导体制的特点。

3. 综合应用:当代我国教育督导体制的新发展。

四、本章重点、难点

本章重点:

教育督导体制的含义;

教育督导体制的类型;

基于督导职能划分的教育督导体制类型;

基于组织建制方式划分的教育督导体制类型;

我国现行教育督导体系。

本章难点:

我国现行教育督导机构的职责与权力;

当前我国教育督导体制的特点。

第四章 教育督导基本职能

一、学习目的与要求

通过本章的学习,应掌握督政、督学和评价监测三种职能的含义,并熟悉了解各职能的主要内容及其意义。在此基础上,运用本章所学内容针对教育督导实践作出合理分析。

二、课程内容

第一节　督政职能
(一) 督政的含义
(二) 督政的主要内容
(三) 督政的意义
第二节　督学职能
(一) 督学的含义
(二) 督学的主要内容
(三) 督学的意义
第三节　评价监测职能
(一) 评价监测的含义
(二) 评价监测的主要内容
(三) 评价监测的意义

三、考核知识点与考核要求

(一) 督政职能
1. 识记:督政的含义。
2. 领会:督政的主要内容。
3. 简单应用:简单理解有关督政的政策文件及其重要意义。
4. 综合应用:从教育督导督政职能角度分析教育督导实践案例,并作出合理评价。
(二) 督学职能
1. 识记:督学的含义。
2. 领会:督学的主要内容。
3. 简单应用:简单理解有关督学的政策文件及其重要意义。
4. 综合应用:从教育督导督学职能角度分析教育督导实践案例,并作出合理评价。
(三) 评价监测职能
1. 识记:评价监测的含义。
2. 领会:评价监测的主要内容。
3. 综合应用:从教育督导评估监测职能角度分析教育督导实践案例,并作出合理评价。

四、本章重点、难点

本章重点:
督政的含义;
督政的主要内容;
督学的含义;
督学的主要内容;
评价监测的含义;

评价监测的主要内容。

本章难点：

督政的意义；

督学的意义；

评价监测的意义。

第五章　教育督导基本过程

一、学习目的与要求

通过本章的学习，了解并熟悉：教育督导准备阶段的基本内容，实地调研阶段的主要工作有哪些，撰写教育督导报告的方法，教育督导结果的反馈与应用。

二、课程内容

第一节　教育督导准备阶段

（一）教育督导计划的编制

（二）督导工具与技术的准备

（三）督导工作组织与动员

第二节　实地调研督导阶段

（一）听取负责人汇报

（二）分组开展工作

（三）口头反馈

（四）退离调研实地

第三节　督导信息处理与撰写报告阶段

（一）召开督导工作总结会议

（二）调研数据统计与分析

（三）撰写督导报告

第四节　督导结果的反馈与应用阶段

（一）督导结果的反馈

（二）督导结果的应用

三、考核知识点与考核要求

（一）教育督导准备阶段

1. 识记：教育督导计划的内容。

2. 领会：（1）制定教育督导计划的意义；（2）制定教育督导计划的原则；（3）评价指标体系的内容与特点。

3. 简单应用：教育督导工具。

4. 综合应用：制定教育督导计划。

（二）实地调研督导阶段

1. 识记:(1) 召开协调会议的主要目的;(2) 个别访谈的优势。

2. 领会:教育督导实地调研过程。

（三）督导信息处理与撰写报告阶段

1. 识记:(1) 督导报告的撰写要求;(2) 教育督导报告的功能。

2. 领会:(1) 督导后期主要工作内容;(2) 我国教育督导报告的行文格式。

3. 简单应用:如何处理实际调研督导阶段收集的信息。

4. 综合应用:尝试撰写一份督导报告。

（四）督导结果的反馈与应用阶段

1. 识记:督导结果反馈的概念。

2. 领会:教育督导整改阶段工作内容与流程。

3. 简单应用:选择教育督导结果反馈案例,进行合理分析。

四、本章重点、难点

本章重点:

教育督导计划的编制;

督导工具与技术的准备;

督导工作组织与动员;

实地调研督导阶段;

督导信息处理与撰写报告阶段。

本章难点:

督导结果的反馈;

督导结果的应用。

第六章　教育督导人员

一、学习目的与要求

通过本章的学习,了解与掌握:教育督导人员的含义与类型,教育督导人员的角色,教育督导人员专业化和教育督导人员的权威。

二、课程内容

第一节　教育督导人员的含义与类型

第二节　教育督导人员的角色

（一）监督者

（二）评价者

（三）引领者

（四）指导者

第三节　教育督导人员专业化

(一) 专业化的含义
(二) 专业化标准与内容
(三) 专业化的保障
第四节 教育督导人员的权威
(一) 行政权威
(二) 专业权威
(三) 技术权威
(四) 道德权威

三、考核知识点与考核要求

(一) 教育督导人员的含义与类型

1. 识记:教育督导人员的含义。
2. 领会:(1) 专职督学;(2) 兼职督学;(3) 责任督学。

(二) 教育督导人员的角色

识记:教育督导人员的几种主要角色及内容。

(三) 教育督导人员专业化

1. 识记:(1) 专业化的含义;(2) 专业化标准的含义;(3) 专业化标准的内容。
2. 领会:(1) 专业知识与能力的主要内容;(2) 专业道德的主要内容;(3) 专业自主的主要内容;(4) 专业训练的主要内容;(5) 专业服务的主要内容。
3. 简单应用:如何保障与提升教育督导人员的专业化水平。

(四) 教育督导人员的权威

1. 识记:(1) 教育督导人员权威的概念;(2) 行政权威的概念;(3) 专业权威的概念;(4) 技术权威的概念;(5) 道德权威的概念。
2. 领会:教育督导人员的权威分类。
3. 简单应用:分析教育督导人员每种权威的来源。
4. 综合应用:思考在不同教育督导条件下,如何合理发挥教育督导人员的权威。

四、本章重点、难点

本章重点:
教育督导人员的监督者角色;
教育督导人员的评价者角色;
教育督导人员的引领者角色;
教育督导人员的指导者角色;
教育督导人员专业化的含义;
教育督导人员专业化标准与内容;
教育督导人员行政权威;
教育督导人员专业权威;
教育督导人员技术权威;
教育督导人员道德权威。

本章难点：

教育督导人员专业化的保障。

第七章 发达国家教育督导制度

一、学习目的与要求

通过本章学习，应了解美、英、法、俄、日等国的教育督导制度简况，掌握发达国家教育督导制度的特点、发展变化及其对我国教育督导制度发展的启示。

二、课程内容

第一节 美国教育督导制度

（一）美国教育督导制度的历史演进

（二）当前美国教育督导制度

第二节 英国教育督导制度

（一）英国教育督导制度的历史演进

（二）当前英国教育督导制度

第三节 法国教育督导制度

（一）法国教育督导制度的历史演进

（二）当前法国教育督导制度

第四节 俄罗斯教育督导制度

（一）俄罗斯教育督导的历史演进

（二）当前俄罗斯教育督导制度

第五节 日本教育督导制度

（一）日本教育督导的历史演进

（二）当前日本教育督导制度

三、考核知识点与考核要求

（一）美国教育督导制度

1. 识记：(1) 美国各级教育督导机构设置；(2) 美国教育督导人员的聘任。

2. 领会：美国教育督导的历史。

3. 简单应用：(1) 美国联邦的督导范围；(2) 美国州一级的督导范围；(3) 美国地方学区的督导范围。

4. 综合应用：美国督导人员的聘任。

（二）英国教育督导制度

1. 识记：(1) 英国教育督导机构设置；(2) 英国督学的职责和权限。

2. 领会：英国教育督导的发展历史。

3. 简单应用：(1) 英国督学的职责；(2) 英国督学的权限。

4. 综合应用：(1) 英国督学的任职资格；(2) 英国督学的聘用。

(三) 法国教育督导制度

1. 识记:(1) 法国教育督导机构的设置;(2) 法国教育督导机构的职能。

2. 领会:法国教育督导的发展历史。

3. 简单应用:(1) 法国中央教育督导机构的设置和职能;(2) 法国学区一级教育督导机构的设置和职能;(3) 法国省一级教育督导机构的设置和职能。

4. 综合应用:(1) 法国中央一级总督学的任职资格和聘用;(2) 法国学区一级督导人员的任职资格和聘用;(3) 法国国民教育省督学的任职资格和聘用。

(四) 俄罗斯教育督导制度

1. 识记:(1) 俄罗斯教育督导的历史;(2) 俄罗斯教育督导机构的设置。

2. 领会:俄罗斯教育督导机构的职责。

3. 简单应用:俄罗斯督学的任职资格。

4. 综合应用:俄罗斯督学的工作职责。

(五) 日本教育督导制度

1. 识记:(1) 日本教育督导的历史;(2) 日本教育督导机构设置。

2. 领会:日本教育督导人员的任职资格。

3. 简单应用:日本教育督导人员的任命过程。

4. 综合应用:(1) 日本教育督导人员的职责;(2) 日本教育督导人员的权限。

四、本章重点、难点

本章重点:
当前美国教育督导制度;
当前英国教育督导制度;
当前法国教育督导制度;
当前俄罗斯教育督导制度;
当前日本教育督导制度。
本章难点:
美国教育督导的历史演进;
英国教育督导的历史演进;
法国教育督导的历史演进;
俄罗斯教育督导的历史演进;
日本教育督导的历史演进。

第二篇 评 价 篇

第八章 教育评价概述

一、学习目的与要求

通过本章学习,需要理解并掌握教育评价的概念与功能,以及评价的类型和模式,了解教育评价的历史发展阶段。

二、课程内容

第一节 教育评价的概念与功能
（一）教育评价的概念
（二）教育评价的功能
第二节 现代教育评价的历史与发展趋势
（一）现代西方教育评价的发展
（二）我国现代教育评价的发展
（三）教育评价的发展趋势
第三节 教育评价的基本模式
（一）目标导向评价模式
（二）CIPP 模式
（三）目标游离模式
（四）鉴赏模式
（五）应答模式
（六）费用-效果分析模式

三、考核知识点与考核要求

（一）教育评价的概念与功能
1. 识记:(1) 教育评价的概念;(2) 教育评价的要素。
2. 领会:(1) 教育评价的分类;(2) 教育评价的功能。
（二）现代教育评价的历史与发展趋势
1. 识记:现代西方教育评价的发展趋势。
2. 领会:(1) 现代西方教育评价的四代发展;(2) 我国教育评价的历史发展。
3. 简单应用:第四代教育评价的理念。
（三）教育评价的基本模式
识记:目标导向评价模式。

四、本章重点、难点

本章重点:
教育评价的概念;
教育评价的功能;
目标导向评价模式;
CIPP 模式;
目标游离模式;
鉴赏模式;
应答模式;
费用-效果分析模式。

本章难点：
现代教育评价的历史发展；
我国现代教育评价的发展；
现代西方教育评价的发展趋势。

第九章　教育评价方法

一、学习目的与要求

通过本章学习，需要掌握教育评价的基本方法，并理解每种方法的优势和局限。

二、课程内容

第一节　访谈法
（一）访谈法的步骤
（二）访谈法的优点及局限性
第二节　观察法
（一）观察法的种类
（二）观察法的特点
第三节　问卷法
（一）问卷结构
（二）问题类型
（三）问卷法的优缺点
第四节　测验法
（一）测验法的步骤
（二）测验法的特点及应用
第五节　表现性评价法
（一）表现性评价的定义
（二）表现性评价的本质
（三）表现性评价的环节
（四）表现性评价的优势

三、考核知识点与考核要求

（一）访谈法
1. 识记：(1) 访谈法的概念；(2) 访谈法的优点及局限性。
2. 领会：访谈法的实施步骤。
（二）观察法
1. 识记：(1) 观察法的概念；(2) 观察法的优缺点。
2. 领会：观察法的实施步骤。

(三)问卷法

1. 识记:(1) 问卷法的概念;(2) 问卷法的优缺点。

2. 领会:问卷法的实施步骤。

(四)测验法

1. 识记:(1) 测验法的概念;(2) 测验法的优缺点。

2. 领会:测验法的实施步骤。

(五)表现性评价

1. 识记:(1) 表现性评价概念;(2) 表现性评价的本质;(3) 表现性评价的优势。

2. 领会:表现性评价的环节。

四、本章重点、难点

本章重点:
访谈法的步骤;
观察法的种类;
观察法的特点;
问卷结构;
问题类型;
问卷法的优缺点;
测验法的步骤;
表现性评价的定义;
表现性评价的本质;
表现性评价的环节。
本章难点:
访谈法的优点及局限性;
测验法的特点及应用;
表现性评价的优势。

第十章　学校领导与管理评价

一、学习目的与要求

通过本章学习,需要重点掌握学校领导与管理评价内容的指标体系与评价模式,了解学校领导与管理评价的内涵、意义以及内容。

二、课程内容

第一节　学校领导与管理评价的国际经验
(一) 国外学校领导与管理评价案例
(二) 学校领导与管理评价发展趋势的分析与借鉴
第二节　学校领导与管理评价的内容

（一）依法办学
（二）管理队伍建设
（三）常规管理
（四）与家庭及校外的联系
第三节　学校领导与管理评价的模式
（一）增值性学校评价
（二）发展性学校评价

三、考核知识点与考核要求

（一）学校领导与管理评价的国际经验

1. 识记:学校领导与管理评价的发展趋势。
2. 领会:各国学校领导与管理评价的特点。

（二）学校领导与管理评价的内容

1. 识记:学校领导与管理评价的主要内容。
2. 领会:学校领导与管理评价内容的具体指标。
3. 综合应用:结合实际情况,运用学校领导与管理评价的一般指标进行学校自评。

（三）学校领导与管理评价的模式

1. 识记:(1) 增值性学校评价的概念与内涵;(2) 发展性学校评价的概念与内涵。
2. 领会:(1) 增值性学校评价的意义;(2) 发展性学校评价的特点。
3. 综合应用:增值性评价和发展性评价的实际应用。

四、本章重点、难点

本章重点:
学校领导与管理评价的内容;
增值性学校评价;
发展性学校评价。
本章难点:
国外学校领导与管理评价案例;
学校领导与管理评价发展趋势的分析与借鉴。

第十一章　学校德育评价

一、学习目的与要求

通过本章的学习,需要掌握德育评价的概念、特点与意义,德育评价的内容与过程,了解德育评价的方法与指标体系建构,以及德育评价的发展趋势。

二、课程内容

第一节　德育评价概述

（一）德育评价的概念
（二）德育评价的特点
（三）德育评价的意义
第二节 德育评价的内容与过程
（一）德育评价的内容
（二）德育评价的过程
第三节 德育评价方法与指标体系建构
（一）德育评价的方法
（二）德育评价指标体系的建构
第四节 德育评价的发展趋势
（一）多种评价方式的有效整合
（二）德育评价理念的变革
（三）德育评价责任的共享
（四）适应现代治理模式的学校德育评价机制

三、考核知识点与考核要求

（一）德育评价概述

1. 识记：（1）德育评价的概念；（2）德育评价的特点。
2. 领会：德育评价的意义。

（二）德育评价的内容与过程

1. 领会：德育评价的主要内容。
2. 简单应用：德育评价的过程。

（三）德育评价方法与指标体系建构

1. 识记：德育评价指标体系的建构原则。
2. 领会：德育评价的方法。
3. 简单应用：德育评价指标体系的建构方法。

（四）德育评价的发展趋势

综合应用：适应现代治理模式的学校德育评价机制的建构。

四、本章重点、难点

本章重点：
德育评价的概念与意义；
德育评价的内容与过程；
德育评价的方法 ；
适应现代治理模式的学校德育评价机制；
德育评价发展趋势。
本章难点：
德育评价指标体系的建构。

第十二章　学校教学评价

一、学习目的与要求

通过本章学习,能够掌握教学管理评价、课堂教学评价以及校本教研评价的含义、功能及具体的评价内容,并了解相应的评价方法。在此基础之上,能够运用本章所学内容针对教学评价实践进行合理分析。

二、课程内容

第一节　教学管理评价
(一) 教学管理评价的含义与功能
(二) 教学管理评价的内容
(三) 教学管理评价的组织形式与方法
第二节　课堂教学评价
(一) 课堂教学评价的含义与功能
(二) 课堂教学评价的内容
(三) 课堂教学评价的方法
第三节　校本教研评价
(一) 校本教研评价的含义与功能
(二) 校本教研评价的内容
(三) 校本教研评价的方法

三、考核知识点与考核要求

(一) 教学管理评价
1. 识记:(1) 教学管理评价的含义;(2) 教学管理评价的功能。
2. 领会:教学管理评价的内容。
3. 简单应用:教学管理评价的组织形式和基本方法。
4. 综合应用:综合分析实践中的教学管理评价案例,并作出合理评价。

(二) 课堂教学评价
1. 识记:(1) 课堂教学评价的含义;(2) 课堂教学评价的功能。
2. 领会:课堂教学评价的内容。
3. 简单应用:课堂教学评价的基本方法。
4. 综合应用:综合分析实践中的课堂教学评价案例,并作出合理评价。

(三) 校本教研评价
1. 识记:(1) 校本教研评价的含义;(2) 校本教研评价的功能。
2. 领会:校本教研评价的内容。
3. 简单应用:校本教研评价的基本方法。
4. 综合应用:综合分析实践中的校本教研评价案例,并作出合理评价。

四、本章重点、难点

本章重点：
教学管理评价的含义与功能；
教学管理评价的内容；
课堂教学评价的含义与功能；
课堂教学评价的内容；
校本教研评价的含义与功能；
校本教研评价的内容。
本章难点：
教学管理评价的组织形式与方法；
课堂教学评价的方法；
校本教研评价的方法。

第十三章 学校课程评价

一、学习目的与要求

通过本章学习，需要了解与掌握课程评价的含义与类型，课程评价的基本模式与主要方法。除此之外，还应熟悉课程体系评价的相关内容。在此基础上理论联系实际，能运用本章所学内容理解学校课程的评价实践活动。

二、课程内容

第一节 课程评价的含义与类型
（一）课程评价的含义
（二）课程评价的主要类型
第二节 课程评价的基本模式与主要方法
（一）课程评价的基本模式
（二）课程评价的主要方法
第三节 课程体系评价
（一）课程体系的构成
（二）课程体系评价维度与标准

三、考核知识点与考核要求

（一）课程评价的含义与类型
1. 识记：（1）课程评价的含义；（2）课程评价的主要类型。
2. 简单应用：简单理解现实中的不同课程评价类型。
（二）课程评价的基本模式与主要方法
1. 领会：课程评价的基本模式。

2. 简单应用:简单应用不同课程评价方法。

3. 综合应用:综合运用课程评价的模式,分析实践中的学校课程并作出合理评价。

(三) 课程体系评价

1. 简单应用:(1) 简单了解课程体系的构成;(2) 课程体系评价维度与标准。

2. 综合应用:综合分析实践中的学校课程体系,并作出合理评价。

四、本章重点、难点

本章重点:
课程评价的含义;
课程评价的主要类型;
课程评价的基本模式。
本章难点:
课程评价的主要方法;
课程体系的构成;
课程体系评价维度与标准。

第三篇 监 测 篇

第十四章 教育质量监测概述

一、学习目的与要求

通过本章学习,需要在掌握教育质量监测内涵基础上,详细了解教育质量监测的目的、意义以及国内外的进展情况。

二、课程内容

第一节 教育质量监测的内涵与特征
(一) 教育质量的内涵
(二) 教育质量监测的内涵与特征
第二节 教育质量监测的功能与理论基础
(一) 教育质量监测的目的与意义
(二) 教育质量监测的理论基础
第三节 教育质量监测的进展与发展趋势
(一) 国际社会教育质量监测的进展与发展趋势
(二) 我国教育质量监测的进展与发展趋势

三、考核知识点与考核要求

(一) 教育质量监测的内涵与特征

1. 识记:(1) 教育质量的内涵;(2) 教育质量监测的内涵;(3) 教育质量监测的特点。
2. 领会:教育质量监测概念的演变。

(二) 教育质量监测的功能与理论基础

1. 识记:(1) 监测的目的;(2) 监测的意义。
2. 领会:教育质量监测的理论基础。

(三) 教育质量监测的进展与发展趋势

领会:(1) 国际社会教育质量监测的进展与发展趋势;(2) 我国教育质量监测的进展与发展趋势。

四、本章重点、难点

本章重点:

教育质量的内涵;

教育质量监测的内涵与特征;

教育质量监测的目的与意义;

国际社会教育质量监测的进展与发展趋势;

我国教育质量监测的进展与发展趋势。

本章难点:

教育质量监测的理论基础。

第十五章 教育质量监测机构

一、学习目的与要求

通过本章学习,需要了解目前国际组织教育监测机构和其他主要国家监测机构的组织管理模式以及评价的流程,同时掌握我国义务教育质量监测机构的运行模式和职能分工。

二、课程内容

第一节 国际组织教育质量监测机构

(一) 国际学生评价项目(PISA)

(二) 国际数学和科学成就趋势研究(TIMSS)

(三) 国际阅读素养进步研究(PIRLS)

第二节 其他主要国家教育质量监测机构

(一) 美国的教育质量监测机构

(二) 英国的教育质量监测机构

(三) 日本的教育质量监测机构

第三节 我国义务教育质量监测机构

三、考核知识点与考核要求

(一) 国际组织教育的监测机构

1. 识记:各国际组织教育的监测机构管理的管理层与实施层。

2. 领会:各国际组织教育的监测机构的评估流程。

(二) 其他主要国家教育质量监测机构

1. 识记:其他主要国家教育的监测的组织管理机构。

2. 领会:其他主要国家教育的监测机构的评估流程。

(三) 我国义务教育质量监测机构

1. 识记:(1) 我国四级监测网络的内容;(2) 我国义务教育质量监测的组织体系;(3) 我国义务教育质量监测机构的分工及职责。

2. 综合应用:比较我国与其他主要国家的教育质量监测机构组织管理模式有何差异。

四、本章重点、难点

本章重点:

国际学生评价项目(PISA)监测机构;

国际数学和科学成就趋势研究(TIMSS)监测机构;

国际阅读素养进步研究(PIRLS)监测机构;

美国教育质量监测机构;

英国教育质量监测机构;

日本教育质量监测机构。

本章难点:

我国义务教育质量监测机构。

第十六章　教育质量监测内容

一、学习目的与要求

通过本章学习,需要了解目前国际组织正在实施的大型监测项目类型以及各自关注的对象和领域,同时掌握其他主要国家监测项目的基本内容,并且对我国正在实施的全国义务教育质量监测的目的、对象、抽样方法、学科等有一个全面的认识。

二、课程内容

第一节　国际组织教育监测的内容

(一) 国际学生评价项目(PISA)

(二) 国际数学和科学成就趋势研究(TIMSS)

(三) 国际阅读素养进步研究(PIRLS)

第二节　其他主要国家教育监测的内容

(一) 美国国家教育进步评价(NAEP)

（二）英国国家课程评价
（三）日本全国学力调查
（四）各国教育质量监测特点比较
第三节 我国教育质量监测
（一）监测目的
（二）监测对象
（三）抽样方式
（四）监测学科与内容

三、考核知识点与考核要求

（一）国际组织教育监测的内容

识记：（1）各国际组织教育监测的评价核心；（2）各国际组织教育监测的评价对象；（3）各国际组织教育监测的评价领域。

（二）其他主要国家教育监测的内容

1. 识记：（1）各国教育监测的评价对象；（2）各国教育评价的领域。
2. 领会：各国教育质量监测的特点比较。

（三）我国教育质量监测的内容

1. 识记：（1）我国义务教育质量监测的目的；（2）我国义务教育质量监测的对象；（3）我国义务教育质量监测的学科。
2. 领会：我国义务教育质量监测的抽样方式。
3. 综合应用：比较我国与其他主要国家教育质量监测的异同。

四、本章重点、难点

本章重点：
国际学生评价项目（PISA）；
国际数学和科学成就趋势研究（TIMSS）；
国际阅读素养进步研究（PIRLS）；
美国国家教育进步评价（NAEP）；
英国国家课程评价；
日本全国学力调查；
我国教育质量监测的目的、对象、内容与抽样方式。
本章难点：
各国教育质量监测特点比较。

第十七章 教育质量监测工具开发

一、学习目的与要求

通过本章学习，需要了解与掌握教育质量监测工具的研发流程，初步掌握工具开发的技能与方法，学会对工具的正确使用。

二、课程内容

第一节　试题编制
（一）编制流程
（二）题目编写
（三）预试与修订
第二节　问卷开发
（一）开发流程
（二）题目编写
（三）预试与修订
第三节　表现性评价工具开发
（一）编制流程
（二）题目编写
（三）预试与修订

三、考核知识点与考核要求

（一）试题编制

1. 识记：（1）试卷开发的流程；（2）试卷的题型。
2. 领会：（1）流程的具体操作；（2）各类题型的特点；（3）预试与修订的注意事项。
3. 简单应用：各类题型的编写。
4. 综合应用：结合流程、题型以及修订步骤，掌握如何开发整套试卷。

（二）问卷开发

1. 识记：（1）问卷开发的流程；（2）问卷的组成结构。
2. 领会：（1）流程的具体操作；（2）预试与修订的注意事项。
3. 简单应用：落实问卷研发前的四个思考。
4. 综合应用：结合流程、组成结构以及修订步骤，掌握如何研发问卷。

（三）表现性评价工具开发

1. 识记：（1）表现性评价工具的开发流程；（2）题目编写的三大步骤。
2. 领会：（1）流程的具体操作；（2）预试与修订的注意事项。
3. 简单应用：充分理解题目编写的三大步骤的具体操作。
4. 综合应用：结合流程、题目编写以及修订，理解如何开发表现性评价工具。

四、本章重点、难点

本章重点：
试题编制流程；
试卷题目编写；
问卷开发流程；
问卷题目编写；

表现性评价工具编制流程；
表现性评价工具题目编写。
本章难点：
试题的预试与修订；
问卷的预试与修订；
表现性评价工具的预试与修订。

第十八章 教育质量监测实施

一、学习目的与要求

通过本章学习，应了解教育质量监测实施的一般流程、理论基础、框架构建、标准划定的方法、报告撰写的程序与内容等。

二、课程内容

第一节 理论基础
（一）经典测量理论
（二）项目反应理论
第二节 框架构建
（一）明确监测的功能定位
（二）明确监测框架的基本构成
（三）明确实践需求，夯实理论基础
（四）确定技术路线、实施对象与方式
第三节 标准划定
（一）修正的安哥夫法
（二）书签法
第四节 报告撰写
（一）质量监测结果报告的价值
（二）教育质量监测报告的内容

三、考核知识点与考核要求

（一）理论基础
识记：(1) 经典测量理论基本概念和优缺点；(2) 项目反应理论基本概念和优缺点。
（二）框架构建
领会：框架构建的主要环节。
（三）标准划定
1. 识记：标准划定的两种主要方法。
2. 综合应用：标准划定流程。

（四）报告撰写

识记：报告撰写的价值。

四、本章重点、难点

本章重点：

质量监测实施的框架构建；

质量监测实施的标准划定；

质量监测实施的报告撰写。

本章难点：

经典测量理论；

项目反应理论。

Ⅳ 关于大纲的说明与考核实施要求

一、自学考试大纲的目的和作用

教育督导、评价与监测课程自学考试大纲是根据专业考试计划的要求，结合自学考试的特点而确定的。其目的是对个人自学、社会助学和课程考试命题进行指导和规定。

教育督导、评价与监测课程自学考试大纲明确了课程学习的内容以及深广度，规定了课程自学考试的范围和标准。因此，它是编写自学考试教材和辅导书的依据，是社会助学组织进行自学辅导的依据，是自学者学习教材、掌握课程内容知识范围和程度的依据，也是进行自学考试命题的依据。

二、课程自学考试大纲与教材的关系

大纲与教材所体现的课程内容应基本一致。大纲里面的课程内容和考核知识点，教材里一般也要有；反过来，教材里有的内容，大纲里就不一定体现。

三、关于自学教材

《教育督导、评价与监测》，全国高等教育自学考试指导委员会组编，苏君阳主编，高等教育出版社出版，2018 年版。

四、关于自学要求和自学方法的指导

本大纲的课程基本要求是依据专业考试计划和专业培养目标而确定的。课程基本要求还明确了课程的基本内容，以及对基本内容掌握的程度。基本要求中的知识点构成了课程内容的主体部分。因此，课程基本内容掌握程度、课程考核知识点是高等教育自学考试考核的主要内容。

为有效地指导个人自学和社会助学，本大纲已指明了课程的重点和难点，在章节的基本要求中一般也指明了章节内容的重点和难点。

本课程可以采取如下的自学方法。

（一）系统学习，深入重点。自学者首先应系统地学习各章内容，掌握要求识记的概念，深入理解和掌握基本理论和基本方法，在此基础上深入知识点，掌握重点。

（二）科学学习，明确相关概念、理论之间的关系。考试前梳理已经学习过的内容，搞清楚一些基本概念、基本观点与基本理论之间的关系，这样做便于记忆，也利于加深理解。例如，教育督导部分中，明确教育督导的主要内容或对象即能对教育督导的职能加以分类。

(三) 深入理解教材的基本观点,注意理论与实践相结合。教育督导、评价与监测属于基本理论类课程,因此要把日常生活中的教育实践融入理论中进行学习。例如,教育评价部分中的学校领导与管理评价、学校德育评价、学校课程评价、学校教学评价都与学校实践紧密相关,通过对此部分内容的学习以提高自学者对实践的分析能力,使得自学者做到学以致用。

五、对社会助学的要求

帮助自学者梳理重点和一般内容之间的关系。助学者在辅导时应帮助自学者梳理重点内容和一般内容之间的关系,在他们全面掌握全部考试内容的基础上,深入指导教育督导、教育评价和教育监测的重要内容,注重利用生活中的教育现象和问题引导学生思考,帮助学生举一反三,实现知识的迁移。

注重培养自学者应用知识的能力。教育督导、评价与监测具有较强的应用性,助学者应帮助自学者了解教育督导、教育评价和教育监测等基础知识与相关理论在教育实践中的应用,尽可能多增加一些案例培养自学者对教育理论的兴趣,深入理解基础理论,提高他们分析和解决教育问题的能力。

建议每学分使用 2—3 个助学学时。

六、对考核内容的说明

本课程要求考生学习和掌握的知识点内容都作为考核的内容。课程中各章的内容均由若干知识点组成,在自学考试中成为考核知识点。因此,课程自学考试大纲中所规定的考试内容是以分解为考核知识点的方式给出的。由于各知识点在课程中的地位、作用以及知识自身的特点不同,自学考试将对各知识点分别按四个认知(或叫能力)层次确定其考核要求。

考试之日前 6 个月内,由全国人民代表大会和国务院颁布或修订的法律、法规都将列入相应课程的考试范围。凡大纲、教材内容与现行法律、法规不符的,应依现行法律、法规为准。命题时也会对我国经济建设和科技文化发展的重大方针政策的变化予以体现。

七、关于考试命题的若干规定

(一) 本课程考试为闭卷考试,考试时间为 150 分钟。

(二) 本大纲各章所规定的基本要求、知识点及知识点下的知识细目,都属于考核的内容。考试命题既要覆盖到章,又要避免面面俱到。要注意突出课程的重点、章节重点,加大重点内容的覆盖率。

(三) 命题不应有超出大纲中考核知识点范围的题目,考核目标不得高于大纲中所规定的相应最高能力层次要求。命题应着重考核自学者对基本概念、基本知识和基本理论是否了解或掌握,对基本方式是否会用或达到熟练程度。不应出与基本要求不符的偏题或怪题。

(四) 本课程在试卷中对不同能力层次要求的分数比例大致为:识记占 20%,领会占 30%,简单应用占 30%,综合应用占 20%。

(五) 要合理安排试题的难易程度,试题的难度可分为:易、较易、较难和难四个等级。每份试卷中不同难度的分数比例一般为 2 : 3 : 3 : 2。

(六) 课程考试命题的主要题型一般有单项选择题、名词解释题、简答题、论述题、案例分析题等。

附录　题型举例

一、单项选择题：在每小题列出的备选项中只有一项是最符合题目要求的，请将其选出。

1. 以下选择中不属于教育督导任务性职能的是

A. 督政　　B. 督学　　C. 监测　　D. 管理

2. 以下选项中属于教育评价常用量化方法的是

A. 测验法　　B. 观察法　　C. 访谈法　　D. 德尔菲法

二、名词解释题

1. 教育督导

2. 教育督导过程

三、简答题

我国教育质量监测的主要内容、对象及抽样方式。

四、论述题

试论 CIPP 课程评价模式的优点与缺点。

五、案例分析

PISA(Program for International Student Assessment)(国际学生评价项目的缩写)是一项由经济合作与发展组织(Organization for Economic Co-operation and Development, OECD)统筹的学生能力国际评价计划。主要对接近完成基础教育的15岁学生进行评价，测试学生们能否掌握参与社会所需要的知识与技能。

2013年12月，经合组织公布了全球65个国家和地区的2012年PISA测试结果，上海学生在三个科目中均排名第一。但在计算机的问题解决能力方面稍显不足，屈居第六。

请结合 PISA 测验案例试分析其与我国义务教育质量监测内容有何关系。

后　记

2017 年 1 月，全国高等教育自学考试指导委员会办公室召开全国高等教育自学考试课程大纲、教材编前会，会上确定了《教育督导、评价与监测自学考试大纲》编写的指导思想、基本原则和要求。

本大纲由北京师范大学苏君阳教授负责编写。大纲完成后，北京师范大学韦小满教授、王璐教授，北京教育科学研究院张瑞海研究员，内蒙古师范大学朱颜杰副教授参加审稿工作，全国考委教育类专业委员会审定。

全国高等教育自学考试指导委员会

教育类专业委员会

2018 年 8 月

全国高等教育自学考试指定教材

教育督导、评价与监测

全国高等教育自学考试指导委员会 组编
主 编 苏君阳
副主编 赵 茜 吴 娱

编者的话

全国高等教育自学考试教育管理专业指定教材《教育评估和督导》于2000年由华东师范大学出版社出版，至今已18年。18年来，教育督导评价理论研究与制度实践皆取得了很大进展。为及时将其编写到教材内容之中，2017年全国高等教育自学考试指导委员会办公室启动了《教育评估和督导》教材修订工作，原教材主编刘淑兰教授推荐我负责对教材进行修订。

目前，我国教育督导具有督政、督学与评价监测三大职能。无论是督政、督学还是评价监测，就其本质而言，都属于一种价值判断活动，即皆属于评估或评价活动。因此，在教育督导实践与理论研究中教育督导有时也被称为教育督导评价或教育督导评估。督政、督学、评价监测三者之间既相互联系，又相互区别。基于我国教育督导职能内容的定位以及三者之间关系的考虑，修订后将教材名称改为《教育督导、评价与监测》。

教材共分为三篇十八章：第一篇为督导篇，共七章；第二篇为评价篇，共六章；第三篇为监测篇，共五章。第一篇与第二篇的内容参照与引用了2000年出版的《教育评估和督导》教材中的大量资料，在此对原教材编写者表示深深的感谢。各章编写分工如下：

第一篇　督导篇

第一章　教育督导概述　苏君阳

第二章　我国教育督导的历史沿革　张清宇、苏君阳

第三章　教育督导体制　张清宇、苏君阳

第四章　教育督导基本职能　张颖、苏君阳

第五章　教育督导基本过程　冯赛、苏君阳

第六章　教育督导人员　冯赛、苏君阳

第七章　发达国家教育督导制度　张清宇、苏君阳

第二篇　评价篇

第八章　教育评价概述　赵茜、焦欣然

第九章　教育评价方法　赵茜、李冰洁

第十章　学校领导与管理评价　赵茜、李冰洁、焦欣然

第十一章　学校德育评价　吴娱

第十二章　学校教学评价　张颖、苏君阳

第十三章　学校课程评价　张颖、苏君阳

第三篇　监测篇

第十四章　教育质量监测概述　赵茜、焦欣然

第十五章　教育质量监测机构　赵茜、梁雨微

第十六章　教育质量监测内容　赵茜、梁雨微

第十七章　教育质量监测工具开发　赵茜、焦欣然

第十八章　教育质量监测实施　赵茜、李冰洁

教材编写大纲是由我与赵茜老师讨论共同确定的。吴娱老师对书稿的文字进行了校对与编辑。北京师范大学博士研究生张颖同学在课程大纲编写过程中做了很多工作。全书由我负责最后的统稿工作，由于编写时间比较仓促，教材内容中可能会存在一些遗漏或错误之处，敬请广大读者、同人给予批评指正。

苏君阳

2018年7月1日

第一篇

督　导　篇

第一章　教育督导概述

学习目标

通过本章学习，需要了解与掌握教育督导的基本含义及其本质，教育督导基本类型与特征，以及了解教育督导的基本目的。

学习指导

本章学习的重点内容是教育督导的含义、类型、特征与基本原则，教育督导的本质是本章学习的难点。

建议学时

2 学时

教育督导是国家教育行政的重要组成部分，其在保障与促进本国教育事业发展过程中起到极其重要的作用。目前，世界上很多国家都已经建立了相对完善的教育督导制度。本章内容包括三个方面：(1) 教育督导的含义与本质；(2) 教育督导的基本目的与原则；(3) 教育督导的类型与特征。

第一节　教育督导的含义与本质

教育督导作为一种行政活动，概括地讲，其主要是由教育督导主体、客体以及两者相互作用的手段构成的。明确教育督导的含义及其本质，不仅有利于深化对教育督导意义与作用的理解与认识，也有利于更好地开展教育督导工作。

一、教育督导的含义

顾名思义，教育督导就是指对教育活动的督导。

教育活动是一项国家、社会、家庭以及受教育者个人都十分关注的活动。教育活动存在家庭教育、学校教育以及社会教育三种基本形式。无论是家庭教育、学校教育还是社会教育，都需要承载与传播一定的国家意志。学校是开展教育活动最为重要的组织形式，国家意志的承载与传播主要是通过学校组织形式来实现的。是否应该对哪种形式教育活动开展督导，不仅涉及督导的意义、价值比较的要求，还会受到督导成本以及督导职能定位合理性的影响。家庭教育与社会教育不仅具有很高的督导成本，而且都具有较强的私人性，尤其是家庭教育。教育督导作为国家教育管理的一项职能，其所拥有的职权是行政性与公共性的，因此，其不宜也不应该侵入到私人领域之中，亦即国家不宜对家庭教育以及具有典型私人性的社会教育进行督导。教育督导是主要面向学校教育开展的一项管理活动，而不是面向非公共性的社会教育与家庭教育开展的管理活动。

督导一词包括监督与指导两种含义。监督是指主体对客体的意志与行为进行强制影响的一种目的性活动，与其相近的概念包括监督与检查、督察、监控等几个概念在含义上无本质的区别。指导是指主体对客体的意志与行为进行的非强制影响的一种目的性活动，与其相近的概念有指点、引导、指引等，几者在含义上亦无本质差别。

教育督导是教育督导主体对客体进行监督与指导的一种行政管理活动。

教育督导主体是指参与到教育督导活动之中，对教育督导客体进行监督与指导的组织与个体。教育督导主体既有职责性的，也有非职责性的。各级政府设置的教育督导机构及其构成人员属于职责性主体，除此之外，其他的一切组织或个人都属于非职责性主体，如第三方机构、社区代表、家长代表等。

教育督导客体是指接受督导的组织或个体。接受督导的组织与个体在不同的国家其规定是不同的，美国、英国等国家只是对学校组织及其构成人员进行督导，有的国家不仅对学校组织进行督导，还会对政府组织进行督导，如我国。教育督导的客体会随着教育事业发展的形势与需求的不同而有所不同。

教育督导手段是教育督导主体与客体之间的联系中介，其形式不仅包括制度性的，如教育督导法规、教育督导规章等，也包括技术性的，如教育督导工具、方法等。

综合上述分析，教育督导就是指教育督导机构为了保障与促进教育事业的发展，依据一定时期国家教育目的、方针与法律法规要求，对教育管理活动与学校教育活动开展的监督、检查与指导的行政管理活动。

二、教育督导的本质

（一）教育督导是一种国家管理教育的行政活动

教育对一国的经济、文化与社会发展具有非常重要的作用，是人力资源再生产的重要手段。因此，自国家产生以来，教育权力一直是国家行政权力的重要组成部分。在古代社会，平民百姓并不具有接受教育的权利，接受教育是皇亲贵族以及富人子弟的特权。皇亲贵族接受的教育由朝廷提供，富人子弟接受的教育由私人提供。在我国古代社会，科举制度的设立为出身寒门的平民子弟接受大学教育提供了途径，但是，仅仅为那些出身寒门且学业极其优异者提供，能接受这样教育的人对于平民子弟而言实属凤毛麟角。

进入工业社会以后，由于生产力的进步以及经济发展的需要，平民百姓开始享有了接受教育的权利，其意味着国家管理教育权力的影响逐渐地从社会的精英阶层扩大到平民阶层，并形成了现代社会国家教育制度体系。

国家教育权力影响扩大到平民阶层以后，国家教育管理职能相对于古代社会发生了很重要的变化。具体表现在三个方面：其一，国家教育规划职能的增强。进入工业社会以后，教育在促进经济发展与提升人力资源水平过程中的作用日益凸显，接受教育不仅是每一个公民的吁求，也是整个国家发展经济以及提升社会文明水平的需要。因此，在工业社会中教育的规模得到了快速扩张，而为适应庞大规模教育管理上的要求，就必须增强国家的教育规划职能。其二，教育经费的投入与支出成为国家的重要职能。教育规模的快速扩张，其必然意味着教育经费的投入与支出的快速增加。为了保障所有的适龄儿童都能够接受过上完满生活所需水平的教育，世界上很多国家都颁布实施了义务教育制度，并扩大了高等教育的规模。因此，公立学校的规模得到了快速的扩张，国家教育经费投入与支出的职能也因此得到了快速的增强。其三，教育督导评价成为国家的一项重要行政职能。为使教育的规模发展以及质量提升能够适应一个社会、国家政治、经济以及文化发展的需求，这就需要对教育事业发展的状况进行监控，教育督导评价职能就会因此得到进一步加强。

教育督导评价从本质而言是国家管理教育的一种行政活动，其具有行政活动所具有的一切特征。

具体来说，教育督导行为具有如下几个方面特征：(1) 从属法律性。教育督导是一种执行法律规范的行为，其行为的开展须有法律根据，没有法律明确规定或授权，教育督导主体不得做出任何行政行为。(2) 裁量性。教育督导活动虽然必须依法而行，必须有法律依据，但并不意味着其就必须机械地按照法律预先设计的路线、途径和方式行事，法律规定一般都会给教育督导主体留有一定的自主裁量空间。(3) 单方意志性。教育督导主体在实施行政行为时不必与行政相对方协商或征得其同意，即可依法自主做出。(4) 强制性。教育督导行为是以国家强制力保障实施的，行政相对方必须服从并配合行政行为。否则，行政主体将予以制裁或强制执行。(5) 效力先定性，即教育督导行为一经做出，就事先假定其符合法律规定①。

（二）教育督导是一项兼具监督与指导功能的行政活动

教育督导活动是一项保障国家教育法律法规有效执行，促进教育事业发展水平提升的行政活动。在教育督导职能践履过程中，无论是前者还是后者其都具有监督与指导两种功能性特征。

教育法律法规执行的主体主要有两类：一类是教育行政组织，另一类是学校教育组织。前者是教育行政管理的主体，后者是办学的主体。无论前者还是后者，都必须做到依法行政、依法办学、有法必依。教育法律法规的意志是公众意志的体现，但未必是全体意志的体现。因此，这就会有可能在某些组织与个人身上存在着政令不通、有令不行的问题。此外，在教育执法过程中由于信息不对称与执行者寻租动机的存在，也可能会出现有法不依的问题。政令不通、有令不行不仅会对法令的尊严构成损害，还可能会对教育事业发展构成阻碍。为了保障法令的尊严，政令畅通、法令必行，就必须对教育法规执行情况进行严格的监督与检查。在检查与监督过程中，被督导对象必须严格遵循法律法规的要求以规范自己的办学、管理以及教育教学行为。政府对教育行政组织与学校组织教育执法行为的监督是强制性的，下级政府、教育行政组织与学校必须接受政府的督导，必须严格遵循教育法律法规的要求。教育法律法规的遵循是强制性的，但是如何更好地执行教育法律法规则是指导性的。因此，在教育督导过程中除了要严格依照教育法律法规的规定提出强制性要求以外，还需要根据被督导对象、任务的特点给予必要的行政指导。

教育事业发展既需要有强制力作保障，也需要有专业理念、技术的引领与指导。前者主

---

①　罗豪才.行政法学[M].北京：北京大学出版社，1996：107-109.

要解决的是教育事业发展的稳定性与外在秩序问题，其本质是一个行政建构与社会建构的过程。后者主要解决的是教育事业发展的内在秩序问题，其本质是一个技术建构与自然建构的过程。外在秩序不能取代内在秩序，否则，就会出现教育发展的畸形与异化。内在秩序建构的过程就是一个不断地探究与认识事物发展规律，并按照事物发展规律进行技术建构与自然建构的过程。教育督导一方面要保障与促进外在秩序的建构与形成，另一方面需要预防与避免教育发展的畸形与异化的发生。因此，这就需要发挥教育督导的专业引领与指导的功能。如果脱离了专业引领与指导，就难以保障教育事业发展内在秩序的建构，很容易导致教育发展的畸形与异化。指导性是教育督导功能一项重要的特征。

在教育督导过程中，纯粹的监督与指导行为都是不存在的。教育督导的监督行为带有指导性，教育督导的监督行为也具有一定的监督性。协调好教育督导中监督与指导之间的关系，对于提升教育督导效能，更好地促进教育事业的发展具有非常重要的意义。

（三）教育督导是保障受教育者身心发展的行政活动

国家设立教育督导的目的是保证教育法律、法规、规章和国家教育方针、政策的贯彻执行，实施素质教育，提高教育质量，促进教育公平，推动教育事业科学发展。这些都是属于直接的目的，更为根本的目的是促进受教育者的身心得到健康的发展。

教育目的、方针、教育政策、教育法律法规都是国家意志的体现。在国家意志中，既有意识形态的因素，也有生产力的因素。意识形态指向于人的思想，而生产力则是指向于人的潜能。因此，在教育目的、方针、教育政策、教育法律法规中隐含的双重取向，一种是意识形态的取向，一种是生产力的取向。而无论是前者还是后者，最终都是通过人的发展表现出来的。

素质教育是一种指向于人的身心发展的教育活动，它是在批判应试教育后提出的一种教育理念与政策主张。应试教育把知识与应试能力作为根本目的，而忽视人的其他方面的素质与能力的发展。素质教育就是要在知识传授的基础之上，使得学生的身体与心理都能够得到健康的发展。

教育质量是人、财、物、事等教育活动各方面要素质量的统称。教育质量存在着高低、好坏之分。人才质量是教育质量中作为核心的要素。人才质量是通过受教育者的身心发展水平进行衡量的。保障与提升教育质量最终是以受教育者身心发展水平来衡量的。

教育公平与教育质量一样，同样也会涉及教育活动要素的方方面面，诸如教育财政公平、教育教学设备投入公平、师生交往公平等，但教育公平的核心要素是受教育者机会分配的公平。每一个人的兴趣、爱好、取向不同，以及能力素质不同，不可能要求所有的人都具有相同的发展结果。因此，教育公平的核心内容就是受教育者在起点与过程中得到公平的对待。如果在起点与过程中能够得到公平的对待，那么，结果就是公平的。教育结果的公平是一种有差异的公平。

国家设立教育督导制度，推动教育事业的发展，从根本上说就是要提高受教育者的身心发展水平，提高未来人力资源或人才的再生产与竞争能力。

（四）教育督导是一项具有强专业性要求的行政活动

教育督导作为一项行政管理活动，其主要是由计划、组织、指导、协调与控制等职能组成的。不论是计划职能、组织职能，还是协调、指导与控制职能，其本质与目的基本上都是一样的，但其专业性要求却存在着很大的不同。教育督导与其他行政管理活动一样，亦是一项专业性要求很强的行政管理活动。教育督导的专业性不仅要提升教育督导人员的管理技巧与技能,也需要加深其对督导对象的理解,提高教育督导的技巧与技能等。提升与体现教育督导行政的专业性,对于保障与提升教育督导人员专业化水平,以及整体提升教育督导工作的质量具有非常重要的意义。

教育督导人员,尤其是督学在教育督导过程中必须懂得与掌握以下三个方面的专业知识与技能:(1) 督导专业知识与技能。督导的专业知识包括督导政策知识、督导理论知识、督导实践知识;督导的专业技能包括制定督导方案技能、沟通协调技能、撰写督导报告技能以及评价反馈技能等。(2) 教育管理专业知识与技能。教育管理专业知识包括与督导相关的教育政策知识、教育管理理论知识与教育管理实践知识;教育管理专业技能包括计划技能、组织技能、沟通技能、协调技能、控制技能等。(3) 教育教学专业知识与技能。既包括教的基本原理与技能知识,也包括学的原理与技能知识。

遵循事物发展本身的逻辑是专业理念与技术正当性确立的重要基础。为了更好发挥教育督导之于教育事业发展的保障与促进作用,在对与专业理念与技术相关的业务进行督导时,应该适用专业指导逻辑,而不是行政强制逻辑。

第二节　教育督导的基本目的与原则

教育督导目的与教育督导原则既相互区别,又相互联系。教育督导目的是教育督导主观意志的体现,而教育督导原则是教育督导行为需要遵循的规范性要求。

一、教育督导的基本目的

教育督导目的是教育督导行为的原初动机,教育督导活动开展的依循。概括地讲,我国教育督导目的主要有如下几个方面:

(一) 保证教育法律、法规、规章和国家教育方针、政策的贯彻执行

改革开放以后,我国的教育法律法规体系得到了快速的发展。目前,已经形成了由宪法中的教育条款、教育法律、法规、行政规章等不同层级与法律效力的法律法规构成的法律体系。《中华人民共和国教育法》《中华人民共和国义务教育法》《中华人民共和国教师法》《中华人民共和国高等教育法》《中华人民共和国民办教育促进法》《中华人民共和国职业教育法》《中华人民共和国国家通用语言文字法》《中华人民共和国学位条例》等重要法律的颁布,在规范与保障我国教育事业发展的过程中起到了非常重要的作用。

教育法律、法规、规章和国家教育方针、政策首先是国家教育意志的体现,其次才是社会教育意志与个体教育意志的体现。因此,当社会教育意志、个体教育意志与国家教育意志相冲突时,那么,二者要服从于国家教育意志的诉求。一个良善的教育法律、法规、规章和国家教育方针、政策不仅能够实现国家教育意志,也能够实现其与社会教育意志以及个体教育意志的协调与统一。

不论国家教育意志与社会教育意志、个体教育意志之间是否能够实现协调与统一,执行的过程中可能都会存在政治阻滞、经济阻滞、技术阻滞等问题,进而会阻碍教育法律、法规、规章和国家教育方针、政策目的与目标的顺利实现。因此,为了保障教育法律、法规、规章和国家教育方针、政策目的与目标的顺利实现,就需要对执行主体进行必要的督导。教育督导

的重要目的之一，就是要保证教育法律、法规、规章和国家教育方针、政策的贯彻执行。

（二）保障素质教育的有效实施

1993年2月13日，中共中央、国务院制定发布的《中国教育改革和发展纲要》（以下简称《纲要》）指出："中小学要由'应试教育'转向全面提高国民素质的轨道，面向全体学生，全面提高学生的思想道德、文化科学、劳动技能和身体心理素质，促进学生生动活泼地发展。办出各自的特色。"为了贯彻和落实《纲要》，中共中央于1994年召开的全国教育工作会议上提出："基础教育必须从'应试教育'转到素质教育的轨道上来，全面贯彻教育方针，全面提高教育质量。"同年8月，《中共中央关于进一步加强和改进学校德育工作的若干意见》明确指出："增强适应时代发展、社会进步，以及建立社会主义市场经济体制的新要求和迫切需要的素质教育。"

1997年10月29日，国家教委发布《关于当前积极推进中小学实施素质教育的若干意见》强调："在中小学全面贯彻国家的教育方针，积极推进素质教育，已经是摆在我们面前的刻不容缓的重大任务。"1999年，国务院批转教育部制定的《面向21世纪教育振兴行动计划》明确提出，实施"跨世纪素质教育工程"，整体推进素质教育，拉开了素质教育从典型示范转向整体推进和制度创新的序幕。同年，中共中央、国务院作出了《关于深化教育改革全面推进素质教育的决定》，并召开了以素质教育为主题的全国教育工作会议，进一步强调了实施素质教育的重要性和必要性，明确了素质教育的内涵，以及实施素质教育的具体举措。

素质教育作为国家的一项政策行动，已在全国范围内得到了普遍的推行。但其在实施的过程中，仍然存在着一些需要改进的问题。其一，这种理念比较抽象，在实施过程中缺乏操作性，因此，很多地方并未把素质教育的实施真正落到实处。其二，在以中考与高考为指挥棒片面追求升学率的办学实践中，由于素质教育缺乏快速着陆的实用性基础，因此，在素质教育实施的过程中形式化的问题比较严重，有的地方打着素质教育实施的旗帜，开展的却是应试教育的实践。素质教育实施的问题具有很强的结构性与区域性特点。

素质教育既是一种理念，也是我国一项基本的教育政策。保障素质教育的顺利实施，不仅是克服应试教育的需要，也是提升整个国家国民素质的长期的、战略性工程。原国务院副总理李岚清指出："素质教育从本质来说，就是以提高国民素质为目标的教育。"加强对素质教育实施状况的督导，不仅关乎个体的发展问题，而且关乎整个国家与民族的发展问题。保障素质教育的有效实施是教育督导的另一重要目的。

（三）保障与提升教育质量

质量是教育事业发展的重要属性之一，除此之外，教育事业发展的属性还包括效率、规模、效益与公平。质量与教育事业发展的其他属性之间既是相互矛盾的，也是相互统一的。质量是教育事业发展的核心属性，没有质量，那么效率、规模、效益与公平，就很难更好地发挥其效能。

教育规模主要是由一个国家与社会的经济发展水平决定的，教育效率与效益，既会受到经济发展因素的影响，也会受到专业技术因素以及制度因素的影响。教育公平主要受制度因素影响，教育质量主要受教育人力资源水平、专业技术进步与制度等因素的多重影响。教育督导制度作为国家实施的一项基本的教育制度，其在保障与提升教育质量的过程中具有非常重要的作用。

教育督导作为国家的基本的教育制度，其基本作用主要有两个方面：其一，保障与维护教育系统内部的秩序;其二,保障与提升教育质量。前者是教育督导的间接目的,后者是教育督导的直接目的。保障教育法律、法规、规章和国家教育方针、政策的贯彻执行,以及保障素质教育的有效实施具有双重作用:一重是建构有利于教育事业发展的秩序、保障教育系统的稳定,另一重是保障与提升教育质量。教育督导在保障与提升教育质量过程中,主要有三种方式:其一是制度保障,其二是专业保障,其三是技术保障。

(四)保障与促进教育公平

教育公平是教育事业发展的属性之一,保障与促进教育公平同样是教育督导重要的教育目的。

教育公平主要是由教育投入公平、教育权利或机会分配公平组成的。其中,教育投入公平又包括了人力投入公平、物力投入公平与财力投入公平三个方面。一般情况下,教育资源供给水平不同,那么教育公平原则的建构亦是不同。当教育资源供给短缺时教育公平只能保障人人享有平等的接受教育的机会,而不是人人都能够享有平等接受教育的权利。只有当教育资源供给充足的条件下,保障人人享有平等的接受教育的权利才能成为现实。此外,教育公平还会受到公共性的影响。公共性愈强,那么,平等享有教育权力的吁求也就愈强。不同教育阶段教育的公共性是不同的。义务教育具有典型的公共性,因此,义务教育公平的基本原则是保障所有适龄儿童都能够享有接受教育的权利。高等教育具有非典型的公共性,因此,高等教育公平基本原则仅仅是能够保障高中后的受教育者享有平等的受教育机会。

保障与促进教育公平具有两个方面意义:其一,保障教育系统能够建构良好的秩序。其二,让每一个人都能够平等享有发展的机会或权利。目前,我国教育公平主要是民生取向的。民生取向的教育公平就是要首先保障在教育权利或机会分配过程中,每一个人都能接受之于个体的生存、发展而言必须应该接受的教育。其次,就是要保障每一个人都能够接受基本相同的教育。

以上从制度规定的意义上,讨论了教育督导的基本目的。众所周知,教育督导制度不是基于某个人利益诉求而设立的,而是基于国家与社会利益诉求而设立的。这一根源决定了教育督导目的直接关乎的不是个人利益,而是国家利益与社会利益。教育的国家利益与社会利益是通过个体受教育的需求及其身心发展而实现的。因此,保障与提升教育质量是教育督导的核心目的与价值诉求。教育督导目的的确立需要协调好国家利益、社会利益以及个体利益之间的相互关系。

二、教育督导的基本原则

教育督导原则是教育督导活动的开展应遵循的基本要求。合理地确定教育督导的原则对于保障与促进教育事业的发展具有非常重要意义。概括地讲,在教育督导过程中应该确立以下几种基本原则:

(一)合目的性原则

人是目的性动物。因此,无论是以个体方式存在的教育督导人员、学校管理人员、教师、学生与家长,还是以组织方式而存在的政府、教育督导部门、学校等都会以一定的目的性方式而存在。为了保障不同组织与个体行为目的的一致性,就需要对他们的行为目的做出相应的约束与规定,以确保组织目标能够得到顺利实现。2012 年 9 月 9 日国务院公布,10 月 1 日起施行的《教育督导条例》明确指出,我国教育督导制度设立的根本目的是保证教育法律、法规、规章和国家教育方针、政策的贯彻执行，实施素质教育，提高教育质量，促进教育公平，推动教育事业科学发展。在教育督导过程中，不论是个体的行为，还是组织行为都不能违背《教育督导条例》中规定的目的性要求。

《教育督导条例》规定的目的是教育督导活动总的根本性的目的，是保障与促进教育事业发展需求的集中反映。在教育督导制度实施过程中，任何一项教育督导行为都有它特定的目的性，但是不管是什么样的教育督导行为，其目的的设定都必须符合教育督导总的根本性目的要求，不能与其相冲突。教育督导总的根本性目的是教育督导行为的依据。

（二）科学性原则

教育督导本身是一种行政活动，而不属于科学研究活动，但为了提高教育督导的效率与效益，在开展教育督导活动过程中就必须要遵循有关科学性原则的要求。概括地讲，在教育督导过程中应遵循的科学性原则主要包括以下两个方面内容：第一，以事实为依据。教育督导过程首先是一个对事实进行了解的过程，其次，才是一个进行价值判断的过程。没有对事实的了解，就不能进行价值判断。第二，进行科学判断。教育督导是在价值判断基础上进行的一种行政监督与指导活动。价值判断正确与否直接会决定着教育督导工作成败，因此，为了提升价值判断的准确性就必须要遵循科学性要求。科学判断包括两个方面含义：一方面是要运用科学方法进行判断，另一方面是要遵循教育教学规律的要求。

科学性原则要求应伴随教育督导整个过程。但在不同教育督导阶段，科学性原则的要求与应用是不同的。在进校督导前，教育督导首要遵循的是目的性、可行性与有效性要求，其次才是科学性要求。进入学校督导过程中在资料收集与分析以及报告的撰写等方面首要遵循的是科学性要求，而不是其他方面要求。在进校督导结束后，尤其在督导结果反馈过程中首要遵循的是艺术性与政策性要求，而不是科学性要求。

（三）客观性原则

教育督导既是一种行政活，又是一种在事实基础上进行价值分析与判断的认识活动。任何一种认识都具有主观性，为了避免一些在教育督导过程中不应存在的主观性发生，就需要把教育督导活动的开展建立在客观性基础之上。在教育督导过程中，客观性原则主要包括以下几个方面的含义：(1) 不捏造事实，并能对事实进行澄清。在教育督导过程中，既不能反馈自己不知道的问题，也不能反馈自己没有调查清楚的问题，尤其是在撰写教育督导报告的过程中。不捏造事实是保障教育督导客观性最为重要的，也是首要的要求。(2) 反馈与交流共识的结论。对于一些重要的问题要进行三角互证，三角互证目的就是为了形成共识，消除个人偏见。搁置个人的偏见是实现教育督导客观性的基本保障。(3) 按事实说话，尊重规律要求。即根据事实下结论，对策与建议以及其他的一些指导性意见不能违背教育规律要求。(4) 掌握科学方法。科学探究的过程就是一个发现事实、探究真理的过程。在教育督导过程中，如果不掌握科学的方法，那么，事实与真相就难以获知。掌握科学方法亦是保障教育督导客观性实现的重要诉求。

（四）有效性原则

有效包括效率与效益两种含义。效率与效益的含义是不同的，效率是指单位时间内完成任务的多少，而效益则是指消耗单位成本所获得的收益。效率与效益既可能是一致的，也可能是冲突的。效率高，效益未必就高。反之，效益高，效率未必就高。效率有高有低，效益也有高有低，二者之间在理论上具有四种关系类型：(1) 高效率高效益；(2) 高效率低效益；

(3) 低效率高效益;(4) 低效率低效益。如表 1-1 所示:

表 1-1　效率与效益的关系

	效益	
效率	高效率;高效益	高效率;低效益
	低效率;高效益	低效率;低效益

在教育督导实践过程中,上述效率与效益之间的任何一种关系都可能发生。在教育督导活动开展过程中,应该坚持效益优先原则。效率与效益具有双重指向:一重指向于教育督导人员,另一重指向被督导对象。教育督导所要实现的效率最终是通过被督导对象活动的效率与效益来衡量的。

第三节　教育督导的类型与特征

教育督导活动既不同于教育教学活动,也不同于政府其他部门组织开展的督导、检查等管理活动。其有自己的独特性特征。不同国家、不同时期所开展的教育督导活动是不同的,同一国家、同一时期开展的督导活动也会在内容、方式、方法等方面存在着差异,这样就会形成类型上的分化。

一、教育督导的基本类型

教育督导活动的属性与构成要素包括了对象、职能、体制、方式与方法等。从教育督导不同的构成要素与属性分析,其就会有不同类型的表现形式(见表 1-2)。

表 1-2　教育督导类型与方式

	从督导体制分析	从督导职能划分	从督导方式划分		从督导内容划分
			任务时间特征	周期特征	
督导类型	从属制 独立制 混合制	指导型 监督型 指导-监督型	过程性督导 终结性督导	定期督导 经常性督导	综合督导 专项督导

(一) 从督导体制划分

根据教育督导机构与教育行政机构之间的关系不同,教育督导可以划分为从属制、独立制和混合制三种类型。

1. 从属制

教育督导组织机构设置于教育行政机构内部,是一级教育行政机构的下属单位,接受教育行政首长的领导。教育督导组织无独立于教育行政机构的财政预算、编制与人事权。这种类型的教育督导体制有利于获取更为充分的教育事业发展信息,便于深化对教育事业发展过程的了解,发挥教育督导对宏观教育政策的制定以及宏观决策的影响。这种体制也存在着一定的弊端,如教育督导权力的行使会受到教育行政机构的制约,对教育行政机构的监督作用也难以得到有效发挥,等等。

1949年11月1日，中央人民政府教育部成立。当时教育部设办公厅、高等教育司、中等教育司、初等教育司、社会教育司、视导司等。因此，新中国成立初期的教育督导体制就属于此种类型。

2. 独立制

教育督导组织机构独立于教育行政机构而设置，是与教育行政机构平行设置的一级行政机构。教育督导职能直接受政府部门的首长领导，而不是接受教育行政机构首长的领导。教育督导组织有独立于教育行政机构的财政预算、编制与人事权。在这种体制中能够独立行使教育督导的职能。这种体制优势在于教育督导机构不会受到教育行政组织的权力制约，同时对下一级政府履行的教育行政职能也具有监督作用。不利之处在于其不能完全融入教育行政过程之中，难以获取更为充分的教育事业发展中的过程性信息，对教育政策制定与宏观的教育决策影响也比较有限。

英国现行的教育督导体制即属于独立制。其主要表现是教育标准局“有权自己决定如何开展工作，包括计划的制定与实施、督学的管理与使用等；总督学具有向国务大臣直接汇报的权力；督学提交的视导报告任何人都无权修改”①。

3. 混合制

教育督导机构没有进行独立设置，教育督导职能由教育行政机构履行，每一个教育行政人员都有督导的职责。在这种体制中，有专门的教育督导职能但没有专门的教育督导机构。专门的教育督导的职能是由教育行政机构、学校组织人员来履行的。

美国实施的是混合制的教育督导体制。美国各州、县和学校领导均是视导首长，他们既是主管负责者，也是监督者。教育督导贯串教育行政整体工作之中。但是，教育督导的事务与行政事务明确分开。

我国现行的教育督导体制兼有从属制与独立制两种类型的特点。国务院教育督导委员会是我国教育督导工作最高的领导组织机构，其不受教育部以及其他政府行政机构的领导。教育部教育督导局设置在教育部内部，受教育部行政首长的领导。地方各个省市教育督导机构有的设置在教育行政机构内部，有的则是独立于教育行政机构而设立的。

（二）从督导职能划分

教育督导具有指导与监督两种职能。根据教育督导职能来划分，教育督导有三种类型：指导型、监督性以及指导-监督型。

1. 指导型

指导型教育督导是以行使指导职能为主的一种教育督导类型。在这种类型的教育督导中，主要是以保障与促进学校发展为目的，虽然也会对学校实施一定的监督，但是以实施对学校发展的指导为主。形成性评价、过程性评价与发展性评价多属于此种类型。这种类型的督导方式具有很强的发展性、专业性的特点。

2. 监督型

监督型教育督导是以行使监督职能为主的一种教育督导类型。在这种类型的教育督导中，也有保障与促进学校发展的目的，但其主要是以实施对学校的监督职能来实现的，很少有对学校实施发展上的指导。目标达成性评价、标准参照性评价、终结性评价多属于此种类

① 石灯明.英、德教育督导制度的比较研究及其启示[J].教育测量与评估，2009(6)：57-58.

型。这种类型的督导方式具有很强的规范性、行政性的特点。

3. 指导-监督型

指导-监督型是一种兼顾指导与监督两种职能的教育督导类型。在这种类型的教育督导活动中,不仅会对督导对象管理规范、办学规范以及教育目的、方针、政策、法律法规的执行情况进行监督,也会对教育管理与学校发展中存在的问题进行诊断与指导。指导-监督型教育督导活动目的是多元性的,其兼具指导型、监督型两种类型教育督导活动的特征。

(三)从督导方式划分

教育督导的方式是多种多样的,有的教育督导方式是在同一维度上,有的则是分属不同的维度。以下从两个维度来对教育督导类型进行划分:

1. 教育督导任务时间特征维度

从教育督导任务的时间特征来划分,教育督导可以分为过程性督导与终结性督导两种类型。

过程性督导是对督导对象从事的活动未终结前进行的督导。任何一个活动都有一个终结性问题,在此前所开展的督导活动都属于过程性督导。过程性督导是以计划、项目或政策的目标为依据的。主要是对被督导对象其任务、目标完成的状况进行的督导。因此,过程性督导也具有一定的结果导向,不过这种导向指向于被督导对象行为的改进,而不是行为的终结。过程性督导是诊断性、指导性与发展性的。

终结性督导是对督导对象从事的活动及其最终产生的影响所进行的督导。终结性督导既包括活动开展预期效果的督导,也包括非预期影响的督导。与过程性督导一样,其同样也是以计划、项目或政策目标为依据的。终结性督导不是指向被督导对象行为的改进,而是指向行为的终结。终结性督导是监督性、结果性的。

2. 教育督导活动周期特征维度

从教育督导是否具有周期性来划分,教育督导可以划分为定期督导与经常性督导两种类型。

定期督导是指应用基本相同的方案对被督导对象每隔一段时间所采取的督导。定期督导具有周期性、综合性、重复性等特征。因此,定期督导的周期不能太短,否则就会对学校的正常工作构成干扰。定期督导多长时间开展一次,应该根据督导的任务、学制年限以及校长任期时间综合考虑来确定。我国实施的综合性督导就属于定期督导,一般的情况下是3—5年督导一次。

经常性督导没有明确的时间、方案上的要求,其实施具有随机性特点。虽然经常性督导没有明确的方案要求,但其实施亦需有明确的目的、对象与任务。经常性督导没有固定的周期要求,是定期督导的必要补充。尽管经常性督导没有周期性要求,但一学期对学校进行随访督导的次数也不能太多,否则,会对学校正常的工作开展构成干扰。责任区督学自主实施的督导就是属于此类督导。

(四)从督导内容划分

从督导内容的单一性与综合性来分析,教育督导可以划分为综合督导与专项督导两种类型。

1. 综合督导

综合督导的对象主要是学校,其是一项对学校全面工作开展的督导。学校的工作主要包括领导与管理、教学、课程建设、德育、师资队伍建设、科研等。综合性督导的内容应该尽可能涵盖上述几个方面，至少需要包括其中三个方面的学校工作内容，否则，就不能称为综合督导。综合督导需要投入的人力、物力很大，且进校督导的时间也会较长，一般为 2 天，最多不能超过 3 天。如果超过 3 天，就容易对学校正常工作的开展构成一定的干扰与影响。

2. 专项督导

专项督导的对象既可能是学校，也可能是政府。专项督导多是为保障特定教育政策、法律法规的实施以及特定时期出现的特定任务而实施的。其既可能涉及学校的内部工作，也可能会涉及学校外部的管理工作。专项督导的内容一般都具有影响大、政策性强、急需性强等特点。专项督导不具有周期性与重复性。

二、教育督导基本特征

教育督导是由上级政府部门对下级政府开展的教育管理活动或对本辖区内学校的教育教学活动开展的监督与指导活动，其与由社会组织对教育开展的监督、评价活动之间存在着很大的区别。概括地讲，教育督导具有如下几个方面特征。

（一）强制性

政府部门开展的教育评价活动与社会组织的一项重要区别是其具有强制性，社会组织开展的教育评价活动则是建立在双方自愿协商基础之上的。行政强制性对于保障与提高行政权威是不可缺失的前提条件。赋予教育督导职能以一定的强制性是保障与提升教育督导权威性以及教育质量的重要前提，亦是保障集体意志的达成与实现的重要条件。政府开展的教育评价活动其强制性有两方面来源：第一，法制来源。教育督导是由法律规定的一种教育行政制度与职能。教育督导的强制性是由法律赋予的，并且，也是由其被法制化后而形成的。正因如此，在教育督导工作开展过程中，不论被督导对象是否愿意，都必须要接受政府部门的督导。第二，职权来源。几乎不存在着不具有强制性的职权，因为一个科层化的行政体制中是存在着等级与层次之分的。在这种组织体系中，上一层级职权的人对下一层级职权的人在工作上拥有近乎天然的强制性要求的权利。

（二）监督性

监督在本质上是在某一主体的监视与督促下使得另一主体行为符合理性预期或制度要求的一种活动。监督的形式是多种多样的，既有直接监督，也有间接监督。既有行政监督，也有社会监督。教育督导主要属于行政监督与直接监督，而不是社会监督与间接监督。

行政性监督具有合法性、强制性、规范性、组织性、利害性等特征，其对被督导者或督导对象而言具有很大的外部性。外部性既有正的外部性，也有负的外部性。教育督导作为行政监督，对于被督导者或督导对象具有很高的利害性，因此，如果督导不当就很容易导致负的外部性发生。一个科学的有效的教育督导过程，就是一个保障增加其正外部性，而避免或降低其负的外部性发生的过程。

直接监督相对于间接监督而言，虽然监督成本高，实施起来比较困难，但容易收到比较明显的监督作用与效果。直接监督主要适合于那些政策性、规范性、行政性比较强的领域的工作。

（三）指导性

教育督导评价职能的重要目的是促进教育目的与方针的实现、教育政策与法律法规的执行以及学校组织的发展。学校组织的发展不仅要遵循教育法律法规的要求,而且也要遵循学校组织发展的自身逻辑要求。学校组织发展过程从本质上说是建立在自我发展逻辑基础上不断改进与创新的过程。在这个过程中不断地受到来自外部的信息指令与干扰,这些来自外部信息的指令只有在被学校组织认同并符合学校组织发展自身逻辑要求时,才能对学校组织的发展产生积极的促进作用。在教育督导评价过程中,除了法制规定的必须强制执行以外,其他方面职能的践履都是指导性的。为了更好地发挥教育督导评价的指导性职能,首先,需要把促进学校发展作为督导评价的根本目的;其次,在督导评价过程中之于学校评价的结论必须建立在有利于学校发展的基础之上;最后,之于学校发展的建议需要符合学校实情,取得学校组织的认可。

(四)专业性

教育督导评价是一项通过主观判断来反映与呈现客观现实并带有政策性的认识活动。这就决定了评价活动本身存在着两大局限:第一,主观性。任何一种评价活动不论其多么科学都具有一定的主观性。这种主观性无论凭借什么样的手段在评价活动中都无法得到根本消解。第二,非彻底性。教育督导评价从根本上来说是人类的一种认识活动。人的认识活动具有非彻底性,即无论在任何条件下人类都不能够达到对认识对象的彻底认识与了解。而为了提高教育督导评价的质量,就必须尽可能消解在评价活动中所潜存的主观性与非彻底性的存在。评价科学的进步与发展过程亦是一个评价的主观性与非彻底性不断消解的过程。掌握了教育督导评价的技术与方法,并不一定就能够得出相对客观的结论。为了使获得的结论更为客观,就需要对被督导评价的对象与内容有深入的认识与了解,这是教育督导评价专业性的另一体现。认识与了解教育督导评价对象与内容,一方面,需要掌握教育督导评价的技术与方法;另一方面,需要掌握同督导评价对象、内容直接相关的专业知识与经验。

本章小结

教育督导是指教育督导机构为了保障与促进教育事业发展,依据一定时期国家教育目的、方针与法律法规要求,对教育管理活动与学校教育活动开展的监督、检查与指导的行政管理活动。教育督导本质上是一种兼具监督与指导功能、保障受教育者身心发展、具有强专业性要求的国家管理教育的行政活动。保证教育法律、法规、规章和国家教育方针、政策的贯彻执行,保障素质教育的有效实施,保障与提升教育质量,保障与促进教育公平是教育督导的基本目的。合目的性、科学性、客观性与有效性是教育督导应遵循的基本原则。教育督导具有强制性、监督性、指导性和专业性四大特征。

拓展阅读

北京市海淀区创新学科督导制度

国家课程标准在中小学课堂里能不能得到落实?学校布局调整,名校有没有向分校真正投入优秀教学力量?中考改革背景下,史地政生这些传统“副科”转正是否面临困境?

一系列关乎教育质量实质的问题,只有深入中小学课堂才能发现答案。这些工作谁来做?获得首批“全国中小学校责任督学挂牌督导创新区”的北京海淀区,一直在思考这些新问题。

“责任督学挂牌督导已经覆盖所有学校，实现了教育督导‘横到边’；那么用什么方式，聚焦学校教育主阵地——课堂，实现教育督导‘纵到底’？”海淀区政府教育督导室主任乔键说：“党的十八届三中、四中全会以来，落实建设法治政府和服务型政府，要求我们在管办评分离的大背景下，提升教育治理能力，建设一支专业精湛、聚焦学科建设的学科督学队伍恰逢其时。”

“目前，海淀区政府教育督导室已建立起3个学段，覆盖语文、物理（科学）、英语、政治（品德）4个学科的12支学科督导团队。”海淀区政府教育督导室督导二科科长姚军说，“这可能是全国第一支学科督学队伍，未来，这支队伍将扩充到200余人，覆盖小学、初中、高中教育3个学段的38个学科。”

督导二科是海淀区政府教育督导室里的一个新部门。2014年12月，海淀区政府教育督导室在两委一室机关机构改革中，在现海淀区常委、时任主管教育副区长傅首清的支持下，组建成立督导二科，主要职责之一就是着手探索学科督学制度。

2015年1月，海淀区教育督导室与海淀区教委联合印发《关于建立海淀区学科总督学制度的实施意见（试行）》，搭建起督导室主管主任统领、督导二科设计管理考核、38个学科总督学带领38个学科督学团队分学段、分学科实施学科督导的管理体系架构。

按照小学、初中、高中教育学科教育体系，区教育督导室在国家级课程中分类设置学科总督学。具体结构框架包括：小学学段10个学科团队、初中学段13个学科团队、高中学段15个学科团队。每个学段、学科设置学科总督学1名、学科督学若干。

资料来源：http://www.edupsp.com/guanlizhongxin/2016-10-27/5556.html

练习思考题

一、多选题

属于教育督导基本特征的是（　　）

A. 强制性　　B. 监督性　　C. 指导性　　D. 非专业性

二、填空题

在教育督导过程中应该遵循________、________、________、________四条原则。

三、简答题

1. 教育督导的类型有哪些？
2. 教育督导的基本特征是什么？

四、论述题

1. 教育督导的目的是什么？教育督导的基本原则有哪些？
2. 什么是教育督导？其本质是什么？

第二章　我国教育督导的历史沿革

学习目标

通过本章的学习,能够掌握教育督导的产生过程,了解教育督导的发展历史。

学习指导

本章学习的重点内容是古代社会、近代社会、现代社会三个不同历史时期下教育督导的发展历史。现代社会教育督导制度的恢复及重建过程是本章的难点,也是重点。

建议学时

2 学时

我国教育督导制度的创立,最早可以追溯到西周时期。经过了长期的演进与发展,现已形成了相对完善的教育督导体系。本章主要讲述三个方面内容:(1) 古代社会的教育督导;(2) 近代社会的教育督导;(3) 现代社会的教育督导。

第一节　古代社会的教育督导

一、古代社会的中央视学制度

(一) 西周时期的天子视学制度

我国教育督导制度历史悠久,在古代社会主要表现为视学制度。视学制度最早可以上溯到周代的"天子视学"制度。西周时代,宫廷里为贵族举办的学校称为"官学",周王定期去学校检查教育工作,即称为"视学",这是中国最早的教育督导。《礼记·文王世子》记载,视学是天子亲自到辟雍举行的一种仪式,一年举行三次,分别在春、夏、秋三季,并与养老典礼结合进行,目的在于宣扬孝悌之道,表现出天子对于长者、贤者的尊重,以及对于教育的重视。视学分两天进行,第一天举行视学典礼,即天子视察学校时,天刚亮学校就要击鼓催促学生、学官和群臣早起,准备接受天子的视察;第二天举行养老典礼,《礼书》记载"天子视学有四:养老也,简帅不教也,出征受成也,以讯馘告也","养老"也是天子视学的重要内容之一。

《礼记·学记》中也有关于视学的记载。《学记》中提出的国学管理七条原则,其中的一条就是关于“视学”内容,“未卜谛不视学,游其志也”,意思是在没有举行春祭(或夏祭)之前,天子、国君或由天子、国君委命的官员不得去国学视学,为的是给生员有按照自己的志趣进行从容学习的时间。可以看出,西周已经建立重点在考核学子学业的视学制度,而且视学要在规定时间进行,不可随意,以免妨碍学子们学习。此外,金文里也有关于周天子视学的记载,进入春秋战国时期后,众多诸侯国互相兼并,各自为政,导致官学衰废,私学兴起,帝王视学制度因此中断。

(二)秦汉时期的帝王幸学制度

秦始皇统一天下之后,以法家思想为指导,实行吏师制度,并以立法的形式对教育加以监督和管理,秦国制定了《除弟子律》,这是我国教育发展史上第一次出现以教育立法的形式监督、管理吏师和弟子的做法①。汉武帝确立了儒学的正统地位,创办太学,汉代帝王都十分重视太学,会不定期到太学视学,称为“幸学”,与周天子视学类似,只是周天子视学是一种学礼,带有检查督促的意义,而汉代帝王幸学的主要目的在于提倡尊经崇儒②。幸学制度在魏晋南北朝时期又有所发展,虽然在魏晋南北朝时期战乱不断,朝代更迭频繁,但是每个朝代都纷纷效仿汉代的先例,进行幸学活动,并将课业考试与选拔官员及赏赐活动结合起来,体现了帝王对教育的重视。

(三)隋唐时期的天子视学制度

隋唐时期,教育制度趋于完备,隋朝在中央政府设立“国子监”,将天子“视学”扩大到学官“督学”,重视考察学校的教育情况。唐代形成了较为完备的教育行政系统,并对视学制度做了进一步的规范,除天子视学制度之外,相关教育行政部门也对教育进行监察和训导,唐代政府不仅对学生进行“督学”,还设立了专门的机构和标准对教师进行“督教”。

在唐代的教育体系中,教育行政官员的考课由吏部考功司主持,各官学教师的考课则归其所在机构的行政长官负责,对“六学”博士、助教的考课由国子祭酒和司业主持,地方教育管理官员的考课则由本地行政长官主持。考课机构根据教育行政官员的实际表现将考核结果纳入相应的等级之内,以此作为决定官员升迁和奖惩的主要依据。考课分为小考和大考,小考每年进行一次,大考每隔三至五年进行一次,其中小考对教育行政官员的等级进行评定,而大考则综合三至五年内的等级来决定官员的升迁和奖惩。《唐开元礼》制有《皇帝皇太子视学仪》,对皇帝、太子视学做了进一步的规范。唐代形成了相对较为完备的教育行政系统,除天子视学的制度外,相关的教育管理部门也对教育起到监察和训导的作用。宋代继承了汉代和魏晋南北朝的幸学方式,其视学的礼仪和内容也与之前的规定大致相同。

(四)明清时期的皇帝幸学制度

明朝时期,幸学制度进一步规范化。幸学仪式由明太祖朱元璋制定,每位皇帝在位期间一般只进行一次幸学,时间一般为三天,三天的日程安排为:第一天,皇帝驾临国子监,首先在孔庙举行祭祀孔子的典礼,然后来到国子监进行视学活动;第二天,国子监学官向皇帝上书谢恩,然后学官进行演讲和讨论,皇帝参与讨论;第三天,国子监祭酒率领学官进宫,向皇帝谢恩,皇帝对学官以及国子监监生分别进行赏赐。明代帝王幸学仪式和汉、唐帝王幸学仪式的不同之点是增加了祭孔大典,目的是提倡尊孔读经。朱元璋十分重视教育,亲自主持制

---

① 苏君阳主编.教育督导学[M].北京:北京师范大学出版社,2012:25.

② 江铭.中国教育督导史[M].北京:人民教育出版社,1994:46.

定国子监监规五十六款，对国子监各级学官的职责、工作原则、工作作风及监生的任务与纪律等做出了极其严格的规定，对严重违反规定的都要亲自处置。清代帝王进一步延续了明朝的幸学制度，直至雍正时期才将幸学改称为诣学，以示帝王对孔子之道和先圣先师的崇敬。

二、古代地方官学的视学制度

（一）古代地方官学视学制度的确立

古代地方官学制度始建于汉武帝时代，但直到唐代，都未出现独立的管理地方官学的行政机构，对地方官学的管理和监督一般由地方行政官员负责，地方官学兴衰也随着地方官员的文化、政治素质而变化。据《唐六典》以及"两唐书"记载，唐代政府对最高教育管理机构——礼部及其下属四部门的设置做出细致规定，对中央官学行政管理机构——国子监中的官员明确其职责，并对开设职业教育的行政职能机构明确了机构主管官员的职权，唐代虽未设地方教育行政管理机构，但对负责地方教育的长史、司功参军事（功曹）等亦明确其职权。

至北宋崇宁二年（1103年），朝廷设立了"提举学事司"，这是中国教育史上正式设立地方教育行政官署的开端。政和年间（1111年），朝廷又命令"天下州县官皆带提举管勾学事"，即在设立提举学事司的同时，州、县行政长官仍兼管学事。提举学事司的基本任务，按《宋史·职官志》记载为"掌一路州县学政。岁巡所部以察师儒之优劣、生员之勤惰，而专举刺之事"。可见，宋代的提举学事官，既是地方教育官署的行政长官，又是地方教育官署的视学，一身二任，基本任务可概括如下：① 考察审批地方官学教官；② 统计所辖州县在学的实际人数；③ 对地方教育提出改进建议；④ 监督学规的执行；⑤ 监督"学田"管理。由于提举学事官身负管理、监督学校教官、学生以及地方教化的重要责任，所以朝廷规定，提举学事官的品位"在常平官之上"。宋代虽然已经初置提举学事司官署，设立专职的或兼职的提举学事官，但尚未制定成文的工作条例，对地方教育视导还处于草创阶段。

及至元代，地方官学细分为儒学、医学、阴阳学和蒙古字学四类，除阴阳学外，其余三类分别设立了提举司和提举官。儒学提举司统一管理、监督各路学、府学、州学、县学的学校祭祀、教学、经费以及审核地方士人的著作上呈朝廷。与宋代提举学事司的职责相比，元代儒学提举司增加了学校祭祀、管理儒户、审批进呈士人的著作三项事务。此外，地方掌贰对地方官学仍然负有部分的管理和监督作用：每月初一、十五率领政府官员入学祭庙祀圣及宣讲经史活动；行省、宣慰司有权考核，任命直学、学录、教谕、学正、山长等教官；荐举本地方官学的生员出仕，经台宪考核属实后，或用为教官，或取为吏属；维护学田，保证学校费用。

（二）古代地方官学视学制度的完善

明代初年沿袭元制，于行省设立儒学提举司，且对地方官学的管理和监督比元代更加规范，如统一规定各级儒学师生的编制定额和待遇，统一规定经义的文本格式等；颁发八条禁例，命令各地镌刻于石，竖立在各级地方官学的明伦堂，因而史称"洪武卧碑"，卧碑分别规定了教官和生员的职责和纪律。明朝前期，教育监察逐渐向专门化迈进，中央对地方教育的监察，由中央选派巡按御史和省级监察官按察使双重负责。规定巡按御史到地方，有检查学校、监督地方教育行政的职权。如遇校舍损坏，就要督促地方官员修缮，还要亲临府、州、县学，当场考课生员的学业。此外，每逢各省的乡试，巡按御史要代表皇帝会同按察使巡视考场，对考试进行全面的监察，防止考场作弊。

明正统元年（1436年），为了加强管理，进一步统一事权，特置提学官专门负责提督各省学政，习称学台大人。南北两京则设提学御史，各省学政由按察副使、佥事充任。提学御史和学政奉中央政府的政令专敕行事，直接对礼部负责，不理刑狱，不受地方官员的领导和干预。尽管总督、巡抚属封疆大吏，巡按御史奉旨钦差，布政使、按察使坐镇一方，但都不得侵扰学政的职权。到英宗正统元年（1436年），朝廷在南北两京及各行省设置提督学校官，并相应制定了提督学校官的工作条例《敕谕》，从此以后，对于地方官学的管理和监督走向了制度化。设于两京的提督学校官一般都由中央都察院的监察御史出任，所以又称提学御史或督学御史，设于各行省的提督学校官称提学道，或督学道。

明朝十分重视督学官的选拔，要求督学官具备三个条件：一是要有较高的经学造诣，一般须有进士出身；二是要有较高的道德修养，能“端厚方正”；三是要有刚正不阿、执法不贷的品格，能“正己肃下”。督学官每三年一任，任期内须两次到所属各学，包括地方儒学、卫所学、社学等执行任务进行视学。提督学校官外出督查叫作“按临”或“出棚”。基本任务是监督地方官学贯彻统治者的办学宗旨。具体职责包括：① 主持各府、州、县童生的复试（即道试）。经县试、府试筛选的童生，须再参加提学官主持的复试，合格方能成为府、州、县学合格的生员，俗称“秀才”。② 主持岁试。岁试三年举行一次，凡在学的生员均须应试，考试成绩按六等划分，并进行相应的奖惩。③ 主持科试。也是每三年举行一次，实为参加乡试的选拔试，由参加岁试一、二等成绩的生员参加，获得科试一、二等的生员，即取得下一年参加乡试的资格。④ 负责考贡生员。州、府、县学每年须通过考试选送生员中食廪年久者一至二人，贡入京师，入国子监学习，名为“岁贡”。⑤ 负责清理学籍。明代学校与科举从制度上已经合二为一，府、州、县学的入学考试就是科举考试中的“郡试”（亦称“童试”），是科举考试的第一个等级考试。如不能取得州、府、县学的学籍，则几乎无法进入乡试、会试和殿试，断绝了仕途，提学官的任务之一就是清理诈冒学籍的生员。⑥ 考核学校教官的学行。明代极为重视对教官的考核与监督，认为教官为“士子观法所系”，学校能否办好，关键在教官，故要求提学官按临之时，认真考核教官的学行。⑦ 审核各地方官所呈的乡贤名宦、节妇孝子资格。朝廷在赋予督学官权力的同时，也制定了制约督学官的一套办法，使督学官置于地方监察官员以及吏部、礼部与都察院的多重监督之下。可以说，自明代开始，我国古代的视学制度开始走上了正规化轨道。

清代统治者利用儒学对汉人实行思想控制，所以十分重视发展学校教育，对地方官学的管理和监督与明代相比又有许多新的改进。清初，曾沿袭明制，在直隶设提学御史，各省设提学道。雍正四年（1726年），废除提学御史和提学道的建制，一律改称“钦命提督学政”，简称为“学政”，负责管理一省学政事务。为了提高其地位，学政任职的要求很高，一般非翰林出身不可，即使从京官中选任，也是非进士出身不可；学政出巡则同钦差大臣。提督学政的基本任务是监督皇帝亲自制定的“训士规条”的执行。基本职责是：主持院试、岁试、科试和录科、录遗，维护生员的人格尊严，奖惩生员，考核教官等。提督学政由皇帝亲自选任，并给予“钦差大臣”的尊严和荣誉，委以衡文取士、举优黜劣等的重任。学政的地位与各省的最高行政长官总督、巡抚平行，总督和巡抚不能干预学政的工作，学政见总督和巡抚可不行属员之礼。但朝廷赋予总督和巡抚监督学政是否奉公守法的特殊使命，因而学政一旦受贿徇私，总督和巡抚要一并治罪。顺治八年（1651年）开始，朝廷建立了学政考核制度，三年任期届满时,学政必须向吏部作述职,并由吏部会同礼部照例考核,“公明者优升,溺职者参处”。为了确保学政清廉守正,朝廷实行“增俸养廉”政策,为学政提供优裕的物质条件,自乾隆元年(1736年)起,省学政的养廉费就从1500两增加到了4000两,充分体现了统治者对于教育视导的重视。

第二节　近代社会的教育督导

一、清朝末年的视导制度

晚清政府实行教育改革,建立了系统的教育视导制度,并设立了视学官。从中央视导、地方视导到侨教视导,整个体系促进了清末新式学校的发展。随着中央视学官派遣逐渐走上正轨,1909年,学部颁布《视学官章程》,从此,我国教育视导第一次有了明确的法律依据。这部章程对视导人员的聘用、职责和奖惩,都做了明确规定。为此后我国相关教育法律的制定开启了一扇大门。

(一)中央教育视导制度

1. 学部的设立

科举制废除后,新式学堂如雨后春笋般迅猛发展,旧式管理制度已经不适应新形势的发展。因此,清政府开始了对新教育制度的探索,仿照日本模式进行改革。光绪三十一年九月(1905年10月),山西学政宝熙奏请仿日本文部省成规,在京师六部之上设立学部,以促进教育的发展。他在奏折中说:“拟请饬下政务处会议,速行设立学部,上师三代建学之深意,近仿日本文部省之成规,遴选通才,分研教育改良之法,总持一切,纲举目张,实于全国学务大有裨益。”对于学部设立之后都应该设置什么样的官职,宝熙也进行了说明:“查日本文部省所定官制,大臣次官之属,有专门、普通、实业三局长,参事、秘书、书记、视学、图书、审查、衙生等官之名。似可斟酌仿行,以居清要。”1905年12月,学部正式成立,在中国教育史上具有里程碑意义,既是20世纪初教育变革的重要成果,又进一步推动了教育体制的变革和发展。

2. 学官的职责

1906年4月,学部设视学官,其职责是巡视京外学务,官阶为正五品,晚清政府从中央派遣官员到京外各个省进行视学以此为开端。同年9月,清政府在《再查臣部官制章程》中再次强调“拟设视学官暂无定员,专任巡视京外学务,其巡视地方及详细规则当另定专章奏明办理……”。虽然从1906年视学制度建立以来,中央不断派遣官员到各个指定的省份进行学务的考察,但是总体上来看,中央并没有明文规定视察的区域,只是临时派遣而已,视察的区域也很有限,从学部派遣官员的区域可以看出只有直隶、河南、山东、山西、安徽、江西等几个省份,视察区域的局限性源于视导制度建立的时间短,一些规章制度还不够完善。随着实践的扩展,视导制度逐步发展和完善起来,视察区域也逐渐增多。

(二)地方教育视导制度

1. 省级教育视导制度

虽然中央会不时派视学员到各个省份进行教育视察,但是毕竟官员视察的区域和时间有限,不能对一个地区的教育时时起到监督指导作用,这就需要在各个省设置一个可以随时管理教育的专门官职。1906 年学部和政务处会奏“现在停止科举,专办学堂……各省地方辽阔,将来官立、公立、私立之学堂,日新月异……学政旧制,自宜设法变通”,建议“裁撤学政,各省改设提学使司……统辖全省学务,归督抚节制……”,清政府批准了这个奏折,提学使司的成立标志着各省有了统一管理教育的行政机构。“提学使司设在省会,其长官称提学使,秩正三品,位于布政使之后,按察使之前。”并且,“提学使有权委派科长以下官员,札派、更换劝学所总董。考核所属府、州、县的学务”。

2. 府、州、县教育视导制度

省视学员的职责是在提学使司的任命下,巡视各府厅州县的学务,但各府厅州县学堂繁多,只由省视学进行视察,很难起到完全的监督指导作用,所以在这些地方设置一定的官员来进行管理,更加有利于省视学员开展教育的视导工作。1906 年 5 月,学部奏定《劝学所章程》颁行,在章程的总纲中规定“各厅州县,应各于本城择地特设公所一处,为全境学务总汇,即名曰某处劝学所,每星期研究教育,即附属其中。凡本所一切事宜,有地方官监督之”,在官员的任免上也做出了明确的规定,“劝学所以本地方官为监督,设总董一员,总管各区之事务,每区设劝学员一人,任一学区内劝学之责。总董由县视学兼充,劝学员由总董选择本区土著之绅衿品行端正、夙能留心学务者,禀请地方官札派”,“若提学司派遣省视学查验时,应由劝学所总董将各区学堂情形详述,以便省视学酌赴各区调查”。另外,在劝学员推广学务、宣讲教育等方面章程中都做了详细的说明,特别是对学务总董、劝学员及各村学堂董事的职责权限方面规定:“均为推广学务而设,不准于学务以外,干涉他事。如有包揽词讼。倚仗凌人者,经地方管查实,轻则立时斥退,重则禀明提学司究办。”由此可见,学部对于劝学员的功过是奖罚分明的。劝学所的发展,不仅推动了地方视导制度的完善,也为地方基层新教育的发展起了关键的作用。

(三)侨教视导制度

华侨从很早以来就存在,但大批的形成还是在晚清时期。这些华侨的后代主要在西方的学校学习,对祖国的文化和语言知之甚少,有些甚至遗忘。然而有一些身居国外的开明士绅出于对祖国的热爱,希望发扬祖国的文化,于是成立团体,集资创办学堂。随着华侨兴学的旺盛,急需能对学堂进行统一规划的人进行指导。由于这一时期晚清政府的学部已经成立,各种教育机构也初步建成,特别是教育视导制度已具雏形,侨居海外绅商的呼吁得到了晚清政府的重视,开始了中央政府派员到华侨兴学之所进行视导。但是,清政府派出的侨教人员和视察的区域都是很有限的,主要集中在南洋区域,而派出到欧美地区的视导人员甚少。

二、民国时期的视学制度

1912 年,中华民国南京临时政府成立,宣告了封建帝制的结束。为了适应新形势下资本主义的发展,一批教育改革家开始对晚清旧教育制度进行改革。1912 年 1 月 9 日,南京临时政府教育部正式成立,其视导制度大体上还是沿袭了晚清旧制。直到民国二年,教育部公布了《视学规程》,自此民国的视导制度得到了逐步的确立与发展。

(一)部级视学

1912 年 1 月,南京临时政府成立,国民政府沿用了清末的视学制度,在教育部特设了主持全国视学工作的专门机构——“视学室”,并从 1913 年起,先后颁布了《视学规程》《视学处务细则》《视学留部办事规程》《视学室办事细则》等一系列有关视学的规制。这些规制除了在视察内容与范围、视学的权限、视察前的准备及视察经费等方面沿袭了清末的做法之外，在视学区域的划定、视察种类的区分、视学任用资格、视学机构的设置及视学人员的配备等方面做了很大调整。例如：将全国的视学区由 12 个归并为 8 个；将视察活动分为定时视察和临时视察两种；规定视学必须是毕业于大学或高等师范学校，且任学务职一年以上者，或曾任师范学校、中学校长或教员三年以上者；或曾任教育行政职务三年以上者；将视学机构定名为视学室，作为教育部内的特设机构，并设视学 16 人，专门视察初等教育、中等教育和社会教育；为了加强对高等专门以上学校的视导。1912 年年初，教育部又正式成立了高等专门以上学校视察委员会，设常任委员 8 人，作为部视学的重要补充，其视察程序、经费、权限等与其他部视学相同。

（二）省级视学

省视学的设立晚于部视学。民国初期，各省教育行政管理制度极其紊乱，中央政府颁布的各省官制中并无省视学一职。1914 年 6 月，在教育部的呈文恳请下，中央政府才批准设立省视学，于是各省相继制定各自的省视学规程，并委派省视学，开展省内的教育视察活动。到 1917 年，教育部才统一颁布《教育厅暂行条例》，规定各省教育厅设省视学 4 至 6 人，并于 1918 年制定《省视学规程》，从此各省视学制度始归统一。《省视学规程》规定，省视学由省教育行政长官委任，报教育总长核准备案，专门视察全省教育事宜，具体包括：地方教育行政及经济状况，中等以下学校教育状况，社会教育及其实施状况，幼儿教育及特殊教育设施，学务职员执务状况及以主管长官特命或部视学嘱托的视察事项。省视学视察前，应就视察内容及方法等写出书面意见呈请省教育行政长官核定，然后按指定地点轮流视察；视察结束后，要撰写详细报告呈省教育行政长官，由省教育行政长官摘要汇送教育部；遇部视学莅临本省时，要向部视学报告省内教育情况。《省视学规程》是我国近代由国家颁布的第一个省级教育视导规制，它结束了清末以来各省视导工作办法不一、时设时废的局面，使后来的省视学制度渐趋正常化、规范化，是近代省视学制度正式确立的重要标志。

（三）县级视学

县视学在民国初期仍沿袭清末旧制，只是各省具体办法不同。直至 1918 年教育部颁布《县视学规程》后，各省自行制定的县视学暂行规程才一概废止，全国的县视学制度开始统一。《县视学规程》共 16 条，规定各县设县视学 1 至 3 人，由县知事呈请省教育行政长官委任，报教育部备案，一般不得兼任他职。县视学的工作职责范围很广，包括督察各区学务计划执行情况，查核各区教育经费及学校经济状况，查核各区学龄儿童就学情况，视察各学校设备添置及管理状况，视察各学校课程开设及学业成绩、训育学风及操行成绩、卫生体育及学生健康等状况，视察社会教育及其设施状况和幼儿教育、特殊教育设施状况，视察学务职员执务状况，等等。《县视学规程》的颁布，是近代县视学制度的正式确立的标志，使县级视学有了统一的章法和实施保证。

三、中共苏区的教育巡视制度

（一）教育巡视制度的萌芽阶段

1930 年 5 月，闽西苏维埃政府文化委员会决定派出官员到各地巡视教育工作，并提出六项工作任务，分别为：(1) 传达上级工作方针；(2) 检查过去的文化工作；(3) 帮助计划下期文化工作;(4) 录取暑期学校学生;(5) 健全文化建设委员会组织;(6) 调查教育状况。同时,要求巡视员召集各区文委会主席联席会、参加文委会议、巡视两个以上中心区域、密切上下级关系、注重少先队工作。1930 年 8 月,文化委员会第八次会议的决议案中明确规定,上级文委会每月派人巡视所属各级文委会及各文化工作团体。在此后的汀连县文委会中进一步规定,县最少每个月巡视各区一次,区每半个月要巡视各乡一次。1931 年 7 月,《闽西各县、区文委联席决议案》重申了这一规定。

(二) 教育巡视制度的发展阶段

1931 年 11 月 7 日,中华苏维埃第一次全国代表会在瑞金叶坪召开,正式选举成立了中华苏维埃共和国临时中央政府,并确立了教育人民委员部等 10 个部为国家行政机关,任命了各部部长,开始了共和国"伟大的预演"。教育人民委员部的办公机构设在瑞金叶坪村谢氏宗祠,内设机构为:初等教育局、高等教育局、社会教育局、艺术局、编审局、巡视委员会。巡视员(又称指导员)多由教育工作经验丰富,有一定威望的同志担任,其任务是到所属各地巡视,直接领导下级工作,如考察教职员的勤怠、检阅并测验学生的成绩、教材教法指导等。具体来说,各级巡视委员会的人员构成和职责是:中央巡视委员会的组成人员均属抽调而来,他们的主要职责是检查、督促各级教育部门贯彻中央的方针、政策及教育部颁发的工作纲要和教育法规的落实,计划并领导各级教育巡视委员会的工作。强调自上而下建立巡视和工作报告制度。省教育部的下设机构为普通教育科、社会教育科、编审出版委员会、总务科、指导员。指导员的编制是 1 至 5 人,职责是负责对所属区域教育工作的巡视、指导。县教育部虽然只设普通教育科和社会教育科,但仍然设了指导员 1 至 3 人。由此可以看出,教育巡视机构网络基本建立健全,教育巡视工作进一步制度化和经常化。

(三) 教育巡视制度的完善阶段

1934 年 4 月,中共苏区出台了《教育行政纲要》,将教育巡视工作作为一条教育法规规定下来,并专门用一章的内容介绍"巡视和报告的办法",对教育巡视的目的、要求、方式等都进行了严格的规定,如:第一条规定"巡视教育工作,同时要了解当地政府一般政治的领导和工作方式";第七条规定"到下级巡视工作,每日要填写巡视日记,以备考查;尤其是要记入待解决的问题和可学习的问题";第八条规定"调查登记为着求事实的真确,必须登记自己当日所亲见最具体的事实,更补充各方面所得的材料,同时要指出错误缺点和优点,帮助改善工作";第九条规定"每次调查巡视登记的表册及开会的记录与决议,都要准备两份,一份存本部,一份送上级";第十条规定"巡视员除随时随地用简单信件报告外,在一区或一县巡视完毕时,还须作一个总的书面报告,报告所属的教育部。各级的教育部长,对巡视员的一切报告,应在教育委员会议或工作会议时,提出讨论回答;并将讨论的结果写成指示信,指示巡视员及下属教育机关"。这些规定具有很强的可行性和针对性,确保了上级的教育指示精神能够切实得到贯彻,并且使基层的教育情况能够得到及时的反馈。

除此之外,为了提高教育巡视员的工作能力,中华苏维埃时期还成立了教育巡视员训练班,每班 30 人,选拔条件是:对革命忠诚,有教学经验,社会关系清楚,有学习的精神,能吃苦耐劳,人员构成主要是列宁学校教员或识字的工农分子。培训时间为两周,主要培训方式是在下乡巡视的过程中学习和接受训练方法,培训期间的伙食由政府供给。在教育人民委员会成立之后,还创办了瑞金列宁师范学校,共培养了 600 多名教师,其中 9 人成为教育部巡视员，被派遣到瑞金的各个区去负责建立列宁小学，其余教师大都成为列宁小学的骨干成员①。

第三节　现代社会的教育督导

一、新中国成立后的教育督导制度

（一）新中国成立初期的教育视导制度

1949 年 11 月 1 日，中央人民政府教育部成立。当时教育部设办公厅、高等教育司、中等教育司、初等教育司、社会教育司、视导司。视导司是在原华北人民政府高等教育委员会研究室、华北人民政府教育部视导室、资料科等几个单位基础上组建的。教育部确定视导司初建时的工作任务要求：① 必须加强视导工作；必须派员下去视导，才能完成总结和研究工作；② 今后应有系统、有重点地检查工作，根据检查的结果，加以分析批判；③ 组织各司干部，有系统地解决些重大问题，克服视导工作上的手工业方式。视导司工作任务主要检查各大行政区对于中央人民政府的各项教育政策、决议、指示的执行情况，各司可指定专人负责，配合视导司组织视导小组。由此可见，我国的教育督导从一开始就将工作重心放在了“督政”上，即侧重对教育行政部门的监督与管理，而较少涉及学校教学的督察与指导。直到 1953 年，教育部开始注意到“督学”的必要性，于是将视导司的工作进一步细化，增加了对各级各类学校教学工作的系统视察研究工作。

1953 年，教育部正式确定视导司的工作任务有九项：① 各级教育部门对方针、政策、法令、决议执行情况的组织视察工作；② 各级各类学校教学工作的系统视察研究工作；③ 组织力量进行重点视导与典型调查工作；④ 有关教育方面政策、法令、制度、编制以及有关教育行政问题的研究工作；⑤ 部长交办的专题视导工作；⑥ 各种教育工作总结、报告与重大问题的研究处理工作；⑦ 本部各业务司、处工作情况的了解研究改进工作；⑧ 涉及几个业务司、处之重大问题的组织处理工作；⑨ 其他有关视导方面的工作。

在中央设立视导机构的同时，省、县两级也相应设立了视导机构，并开展了视导工作。但是，由于受“左”倾思想的影响，1953 年以后，从中央到地方的视导机构陆续撤销，有关的视导工作交由职能司来处理。随着“反右”和“文革”的进行，教育视导制度被淡化、削弱，到 1958 年，整个视导工作完全停顿。

（二）1977 年以后的教育督导制度

1. 教育督导制度恢复的探索时期

1977 年 9 月 19 日，邓小平同志在与教育部负责人谈话时提出：“要健全教育部的机构。要找一些四十岁左右的人，天天到学校里去跑。搞四十人，至少搞二十人专门下去跑。要像下连队当兵一样，下去当‘学生’，到班里听听课，了解情况，监督计划、政策等的执行，然后回来报告。这样才能使情况反映得快，问题解决得快。可以先跑重点大学，跑重点中学、小学。这些就是具体措施，不能只讲空话。”为贯彻落实邓小平同志的指示，1978 年年初，在王震副总理的建议和推荐下，王季青、苏灵扬、姚文、杨滨四位老同志来到教育部任巡视员，并

---

① 肖小华.中共苏区教育巡视制度发展概述[J].教学与管理，2007(18)：8-9.

在中学司设视导室，由教育部长直接领导。

1983年7月，在全国普通教育工作会议上，教育部出台了《建立普通教育督导制度的意见》，提出县以上教育行政部门都要设立督导机构，并要求先试点，而后逐步实行。时任教育部部长何东昌在会上明确指出“县以上教育行政部门都要设立督导机构”，并提出省、自治区、直辖市和地（市）、县的主任督学，应相当于同级厅局长级干部，受同级和上级教育行政部门双重领导。督学要有一定权力，负责对中小学教育进行检查、督促和指导。

2. 教育督导制度的全面恢复时期

1984年8月，国务院批准教育部设视导室，聘请了第一批视导员，负责巡视、检查和指导帮助全国各地的普教工作，1985年6月教育部任命12位教育部视导员，为以后建立教育督导制度奠定了基础。

1986年，六届全国人大四次会议通过的国务院关于第七个五年计划的报告中，明确提出：“要加强教育事业的管理，逐步建立系统的教育评价和监督制度。”1986年4月12日，《中华人民共和国义务教育法》颁布实施，这是我国关于教育的第一部专门性法律。同年9月，国务院办公厅转发国家教委、国家计委、财政部、劳动人事部《关于实施〈义务教育法〉若干问题的意见》，明确指出要“逐步建立基础教育督学（视导）制度。国家和地方逐步建立基础教育督学（视导）机构，负责对全国或本地区范围内义务教育的实施进行全面的视察、督促和指导，并协同当地人民政府处理有关实施义务教育的各项问题”。10月，国务院批准教育部视导室更名为国家教委督导司，这标志着我国的教育督导制度的正式恢复和重新建立。从此，全国各省、市、自治区才陆续恢复设立教育督导机构，并从本地实际出发开展了一系列教育督导的实践和探索。督导司一成立，即着手研究督导制度的建立和督导工作的开展。1986年年底，国家教委召开了督导工作座谈会，随即发出（87）教督字001号文件，明确提出“目前的任务是要推动全国教育系统逐步建立督导制度”，并对督导机构的性质、任务，督导聘任的条件，各项督导人员的职权，各级督导机构建立的步骤，培训督导人员，开展督导工作试点等都做了明确的规定。

1988年，国家教委、人事部联合发出《关于建立教育督导机构问题的通知》，要求“各县以上人民政府应在其教育行政部门内建立教育督导机构或配备专职教育督导人员”，并对解决教育督导机构编制的办法也做了规定。

以上这两个重要文件的下达，以及全国督导工作试点的推动，提高了各级领导对教育督导工作的认识，也促进了各级教育督导机构的建立和各地督导工作的深入开展。到1990年年底，全国已有29个省、直辖市、自治区和90%以上的地（市）、60%的县（区）建立了督导机构。其中，北京、上海、天津、辽宁、吉林等省、市县以上各级教育督导机构已全部建立起来。全国从中央、省到地（市）、县（区）已初步形成了教育督导四级网络。

为了推动教育督导的法制化，确保教育督导工作有法可依、有章可循，1991年4月，我国颁布了《教育督导暂行规定》。《教育督导暂行规定》共6章23条，明确了教育督导的任务是对下级政府的教育工作、下级教育行政部门和学校的工作进行监督、检查、评价、指导，保证国家有关教育的方针、政策、法规的贯彻执行和教育目标的实现；教育督导的范围主要是中小学教育、幼儿教育及其有关工作，同时可根据本级政府或同级教育行政部门的委托，对其他的教育工作进行督导。并且规定，地方县以上均设置教育督导机构，其组织形式及其机构的职责和编制均由省、市、自治区政府确定。各级教育督导机构应设相应的专职督学，还可根据工作需要聘请兼职督学；兼职督学与专职督学均由省级政府或教育行政部门颁发督学证书，享有同等的职权。督学必须坚持四项基本原则，坚持改革开放，忠诚于社会主义教育事业，熟悉国家有关教育的方针、政策、法规，有较高的政策水平，具有大学本科学历或同等学力，有10年以上从事教育工作的经历，熟悉教育教学工作业务，深入基层，联系群众，遵纪守法，办事公道，敢说真话，身体健康，并且必须接受必要的培训。《教育督导暂行规定》还把教育督导分为综合督导、专项督导和经常性检查三大类，并赋予教育督导机构和督学以下职权：列席被督导单位的有关会议，要求被督导单位提供有关文件并汇报工作，对被督导单位进行现场调查；对违反方针、政策、法规的行为，督导机构或督学有权予以制止。督导机构或督学完成督导任务后，应向被督导单位通报督导结果，并提出意见与建议；被督导单位如无正当理由，应当接受督导机构或督学提出的意见与建议，并采取相应的改进措施；此外，督导机构还应向本级政府、教育行政部门及上级督导机构报告督导结果，提出意见和建议，并向社会公布。被督导单位及其有关人员如拒不执行督导机构和督学的督导措施，或阻挠、抗拒督学依法行使职权，或打击、报复督学的，由其主管机关给予通报批评，并对直接责任人员和单位负责人给予相应的行政处分；督学如利用职权谋取私利、包庇他人或侵害他人合法权益的，由其主管部门视情节轻重给予相应的行政处分。《教育督导暂行规定》虽属部门规章，并且还很不完善，但它是迄今为止新中国第一部也是唯一的一部国家级教育督导法规，为全国的教育督导工作提供了可以遵循的基本准则。

二、20世纪90年代的教育督导

1993—1998年，以建立“两基”督导评价机制为标志，是我国教育督导制度恢复以来工作很有成效、社会影响逐步扩大的时期。1993年2月，中共中央、国务院印发《中国教育改革和发展纲要》，提出“各级政府要认真贯彻执行《中华人民共和国义务教育法》及其实施细则，……要建立检查、监督和奖惩制度，确保义务教育法的贯彻执行”，“建立各级各类教育的质量标准和评价指标体系。各地教育行政部门要把检查评价学校教育质量作为一项经常性任务。要加强督导队伍、完善督导制度，加强对中小学校工作和教育质量的检查和指导”。

1993年机构改革，中央编制委员会批准建立国家教委教育督导团，考虑到这是一个虚设的组织和协调机构，便下设教育督导团办公室，挂靠在基础教育司。从此，教育部没有了独立的教育督导专门机构，并且全国部分地方也参照教育部的模式，将原来独立的教育督导机构归并到了基础教育管理部门，使教育督导工作受到了一定的影响。

1995年3月，第八届全国人大第三次会议审议通过的《中华人民共和国教育法》第二十五条规定“国家实行教育督导制度和学校及其他教育机构教育评价制度”，从而奠定了教育督导不可撼动的法律地位。

三、教育督导的新发展

以1998年教育部加强督导机构和2000年教育部教育督导团更名为国家教育督导团为标志，中国教育督导机构进入了一个新的历史阶段，即面向21世纪，发展和完善有中国特色的教育督导制度阶段。

1998年7月21日，国务院批准印发《教育部职能配置、内设机构和人员编制规定》，教育督导团办公室成为教育部18个职能司(厅、室)之一。其主要职责是:承办教育督导团的日常工作,组织国家督学对各地中等及中等以下教育的督导评价和检查验收,宏观指导各地的督导工作。教育督导机构的独立和加强不仅对教育督导制度的发展,而且对整个中等、中等以下教育的发展都产生了重要影响。

1999年6月,《中共中央国务院关于深化教育改革全面推进素质教育的决定》提出"全面推进素质教育是党和政府的重要职责,……建立自上而下的素质教育评估检查体系,逐级考核省、市、县、乡各级党委和政府及其主要领导干部抓素质教育工作情况","进一步健全教育督导机构,完善教育督导制度,在继续进行'两基'督导检查的同时,把保障实施素质教育作为教育督导工作的重要任务",从而确立了教育督导在教育行政管理体系中的地位,为建立有中国特色的教育制度,促进我国教育的振兴和繁荣奠定了基础。1999年8月,教育部下发了《关于加强教育督导与评估工作的意见》,提出各级政府和教育行政部门要进一步加强教育督导机构和队伍建设,争取经过几年的努力,从中央到地方初步形成教育督导的法规体系和依法督导的工作程序。

2000年1月3日,中编办下发了《关于原国家教委教育督导团更名的批复》,同意将原国家教委教育督导团更名为"国家教育督导团",其主要职责是:研究制定教育督导与评价的方针、政策、规章制度和指标体系;对地方人民政府贯彻执行国家有关教育方针政策的情况进行指导、监督、检查、评价,保障素质教育的实施和教育目标的实现。从此,中国教育督导的"督政"职能得到了确认。同年,教育部印发了《关于转发中央机构编制委员会办公室〈关于原国家教委教育督导团更名的批复〉的通知》,要求加强地方各级教育督导机构和教育督导制度建设,为贯彻落实第三次全国教育工作会议精神,落实教育优先发展的战略地位,全面推进素质教育,做出更大的贡献。此后,全国大多数地方陆续将原来教育行政部门的督导机构更名为政府的教育督导机构,并赋予了它更大的督政职能,从而在新的世纪开创了我国教育督导工作的新纪元。

2001年5月29日,国务院印发了《国务院关于基础教育改革与发展的决定》,第39条提出:加强和完善教育督导制度。坚持督政与督学相结合,继续做好贫困地区"两基"评价验收工作,保证验收质量;对已实现"两基"的地区,建立巩固提高工作的复查和督查制度。积极开展对基础教育热点、难点问题的专项督导检查。在推进实施素质教育工作中发挥教育督导工作的保障作用,建立对地区和学校实施素质教育的评价机制。"十五"期间,国家和地方要对实施素质教育的先进地区、单位和个人进行表彰。

2004年1月17日,国务院办公厅转发了《教育部关于建立对县级人民政府教育工作进行督导评估制度的意见》,明确了对县级人民政府教育工作督导评价的内容、工作原则、程序及县以上各级人民政府在实施此项工作中的责任和相关部门的职责,标志着县级教育督导评价制度的建立。

2005年截止,全国已初步形成了中央、省、市、县四级教育督导体系,建立了一支由8000多名专职督学、20000多名兼职督学、30000多名专职工作人员组成的专兼结合的教育督导队伍,近2/3的省、市、自治区和部分计划单列市已经出台了地方的教育督导法规和规章,教育督导在推动教育的改革与发展中发挥了不可替代的重要作用。

2011年,为贯彻落实《中华人民共和国职业教育法》和《国家中长期教育改革和发展规划纲要(2010—2020年)》,全面推进《中等职业教育改革创新行动计划(2010—2020年)》的实施，督促省级人民政府及相关部门认真履行发展中等职业教育的职责，进一步推动中等职业教育的发展，教育部出台了《中等职业教育督导评估办法》。

2012 年，为进一步健全我国教育督导体制，国务院决定成立国务院教育督导委员会，研究制定国家教育督导的重大方针、政策，审议国家教育督导总体规划和重大事项，统筹指导全国教育督导工作，聘任国家督学，发布国家教育督导报告。同年，为保证教育法律、法规、规章和国家教育方针、政策的贯彻执行，实施素质教育，提高教育质量，促进教育公平，推动教育事业科学发展，国务院出台《教育督导条例》，进一步明确了督学资格条件、督学工作要求、督学管理、督导事项等方面的内容。《教育督导条例》是我国首部教育督导法规，标志着我国教育督导从此走上了法制化的轨道，必将推动教育发展方式和管理模式发生深刻变化。其颁布与实施的意义主要体现在以下几个方面：一是有利于完善教育的基本制度，形成与决策、执行相协调的更为有力的教育督导制度，推动全面贯彻落实国家有关教育法律法规和方针政策，改变当前我国教育行政管理存在的“重决策、轻落实，重执行、轻监督”的情况；二是有利于加强依法对各级政府履行教育法律法规和方针政策的监督，推动政府依法行政，切实履行所应承担的教育职责，推动教育的优先发展；三是有利于各级各类学校素质教育的实施，督促学校依法办学，按教育规律办学，全面提高教育质量；四是有利于促进教育公平，推动各级各类教育的协调发展和义务教育的均衡发展，督促当前教育中存在的学前教育资源短缺、义务教育阶段“择校热”、中小学生课业负担过重等热点难点问题的解决，推动教育健康和谐发展。

2012 年 2 月，为促进地方人民政府及相关部门切实履行发展学前教育的职责，全面实施学前教育三年行动计划，有效缓解“入园难”问题，满足适龄儿童入园需求，推进学前教育事业加快发展，教育部印发了《学前教育督导评估暂行办法》。9 月，为认真贯彻落实教育规划纲要，更好地发挥教育督导的作用，有效地促进学校加强教育教学管理、提高办学水平，教育部出台了《关于进一步加强中小学校督导评估工作的意见》，提出要明确新时期学校督导评价的总体要求、突出学校科学管理和内涵发展的主要内容、充分发挥督导评价的监督指导作用并提高督导评价工作水平。

为贯彻落实《国家中长期教育改革和发展规划纲要（2010—2020 年）》，进一步健全督导制度，推进督导改革创新，督促和引导普通中小学校（含幼儿园）贯彻执行教育法律、法规、规章和国家教育方针政策，规范学校办学行为，提高教育教学质量，教育部出台了《关于加强督学责任区建设的意见》，按照“因地制宜、分级负责、全面覆盖、推动工作”的原则，在省、市、县三级分别设立督学责任区。作为我国教育督导制度建设的重要组成部分，加强督学责任区建设，是落实教育规划纲要“坚持督政与督学并重”要求，推动“督学”工作制度化、常态化，加强对中小学校工作监督与指导的重要措施，有利于及时了解和掌握中小学校的工作状况，发现存在的问题和不足，指导和督促中小学校规范办学行为，提高教育教学质量。同时，通过对责任区内中小学校教育教学工作的监督检查，及时发现典型，总结推广经验，对中小学校工作提出改进建议，为政府和教育行政部门推进教育改革与发展提供决策参考。2013 年，国务院教育督导委员会印发了《中小学校责任督学挂牌督导办法》，实行挂牌督导，既是转变政府管理职能、加强对学校督导指导的重要举措，也是加强与学校和社会联系、办人民满意教育的有效方式，有利于延伸教育督导的触角，及时发现和解决学校改革发展中出现的问题，推动学校端正办学思想、规范办学行为，实施素质教育，提高教育质量，实现内涵发展。

2017年,为巩固义务教育基本均衡发展成果,进一步缩小义务教育城乡、校际差距,整体提高义务教育标准化建设水平和教育质量,我国开始开展县域义务教育优质均衡发展督导评价认定工作,并出台了《县域义务教育优质均衡发展督导评估办法》,坚持“依法实施、保障公平、注重质量、社会认可”的原则,对义务教育优质均衡发展县进行督导评价认定,并对评价内容、评价标准、评价程序、评价结果等内容进行了规定。同年4月,教育部出台《幼儿园办园行为督导评估办法》,进一步完善幼儿园督导评价制度,推动各地加强和改进对幼儿园的监管,促进幼儿园规范办园行为,保障幼儿身心健康、快乐成长,并对督导评价的内容与方式、组织实施、结果运用等方面进行了规定。

本章小结

教育督导制度在我国古已有之,其经历了古代社会、近代社会与现代社会三个历史时期。在教育督导历史演进过程中虽偶有中断,但很快地又得以恢复与发展。在当代,自1978年我国恢复教育督导制度建设以来,出台了一系列具有重要意义的规范文件,现已形成相对完善的教育督导体系。

拓展阅读

上海市“学校发展性督导评价”

1994年,上海市在示范性高中建设与初中薄弱学校改造等方面,开始了发展性教育督导评价的探索研究。在实践操作和理论层面进行的探索,对学校发展起到了很好的促进作用,初步形成了以“基础性指标+发展性指南”为基本框架,具有本地区特点的发展性督导评价指标体系;初步构建了“学校制订发展规划—学校实施—学校自评—阶段性督导评价—修正规划—学校再实施”的运行机制。2005年2月,上海市印发《关于深化与完善“学校发展性督导评价”工作的若干意见》,意见指出要“转变政府职能,不断完善教育决策、执行和监督相协调的行政管理体制,提高教育行政管理效益,推动与促进学校发展;发挥督导功能,不断完善与创新‘学校发展性督导评价’工作,提高教育督导评价效能,指导与服务学校发展;加强学校内涵建设,提高依法自主办学的能力,形成自我诊断、自我完善、自我发展的内在机制,促进学校持续发展”。由此,上海市逐步建立了新的教育行政管理体系,健全了学校发展性督导评价标准与机制,加强了学校制度建设,促进了学校的发展①。

练习思考题

一、单选题

1. 我国视学制度最早源自于(　　)

A. 西周　　B. 夏朝　　C. 商朝　　D. 东周

---

① 陈富聪等著.学校发展性督导[M].杭州:浙江大学出版社,2009:53.

2. 哪一年《中华人民共和国教育法》颁布规定了国家实行教育督导制度和学校及其他教育机构教育评价制度。(　　)

A.1992　　B. 1993　　C. 1994　　D. 1995

二、填空题

1. 清朝末年的视导制度体系包括________、________、________。

2. 民国时期的视学制度体系包括________、________、________。

三、简答题

2010 年以后我国颁布了哪些重要的教育督导政策法规?

四、论述题

论述 2012 年国务院出台《教育督导条例》的重要意义。

第三章 教育督导体制

学习目标

通过本章学习，需要掌握教育督导体制的基本含义及其组成要素，教育督导体制的基本类型，以及我国教育督导体制的恢复与发展的基本历程。

学习指导

本章学习的重点内容是教育督导体制的含义、组成要素、基本类型与我国当前的教育督导体制特点。教育督导体制的含义、组成要素、基本类型是本章学习的难点。

建议学时

2 学时

教育督导体制是督导活动得以运行的组织制度基础。不同国家受教育事业发展需求与行政体制的影响，其所建立的教育督导体制是不同的。本章内容有如下几个方面：(1) 教育督导体制的含义及其组成；(2) 教育督导体制的基本类型；(3) 我国当前的教育督导体制。

第一节 教育督导体制的含义及其组成

一、教育督导体制的含义

教育督导体制是人民政府教育督导室在机构设置、领导隶属关系和管理权限等方面的体系、制度、方法、形式等的总称。《中华人民共和国教育法》(1995 年)规定，国家实行教育督导制度。我国 2012 年出台的《教育督导条例》中明确指出：“教育督导包括以下内容：(一)县级以上人民政府对下级人民政府落实教育法律、法规、规章和国家教育方针、政策的督导；(二)县级以上地方人民政府对本行政区域内的学校和其他教育机构(以下统称学校)教育教学工作的督导。”

在我国，教育督导是人民政府的行政监督行为，监督的对象是下级人民政府、教育行政部门和其他有关职能部门以及学校及其他教育机构。教育督导的范围现已扩展为包括普通中小学教育、幼儿教育、职业教育及其他各级各类有关的教育工作。教育督导工作主要由教育督导人员实施，教育督导人员又称为督学，可以是专职的，也可以是兼职的。督学应当符合国家规定的政治和业务条件，并接受必要的培训，由本级人民政府或者政府的教育行政部门认定，并颁发督学证书。督导人员在进行督导活动时，可以列席被督导单位的会议和活动，要求被督导单位提供与督导事项有关的文件并汇报工作，还可以对被督导单位进行现场调查，督导任务完成以后，督导人员应当向本级人民政府、教育行政部门以及上级督导机构报告督导结果，提出意见和建议，并可以向社会公布。

2014 年，国务院出台《深化教育督导改革转变教育管理方式的意见》，指出要按照决策、执行、监督既相互制约又相互支持的原则，以及强化国家教育督导、深入推进管办评分离的要求，立足我国实际、借鉴国际经验，建立督促地方政府依法履行教育职责的督政机制、指导各级各类学校规范办学提高教育质量的督学体制以及科学评价教育教学质量的评价监测体系，形成督政、督学、评价监测三位一体的教育督导体系，为促进教育事业科学发展、办好人民满意的教育提供制度保障。

从工作目标来讲，督政的目的在于建立地方政府履行教育职责督导评价机制，严格落实问责制度，引导地方政府优先发展教育事业，提高基本公共教育服务能力和水平。督学的目的在于完善督学队伍管理，实行督学责任制，监督指导各级各类学校规范办学行为，全面提高教育质量。评价监测的目的在于建立教育督导部门归口管理、专业机构提供服务、社会组织多方参与的专业化教育质量评价监测体系，对各级各类教育进行科学、系统、权威的评价监测，为改进教育教学、管理、决策提供依据和支撑。

二、教育督导体制的组成要素

（一）教育督导机构

1983 年，教育部在《关于建立普通教育督学制度的意见》中，提出要在教育部，省、直辖市、自治区教育厅（局），地、县教育局内设置四级督学机构。1986 年，国务院批准国家教育委员会重新设立教育督导机构——督导司。1987 年，国家教委转发了《国家教委督导工作座谈会纪要》，并发出积极稳妥地建立督导机构的通知。1988 年，我国出台《关于建立教育督导机构问题的通知》，要求县级以上人民政府建立教育督导机构或配备专职教育督导人员，此后，很多省（直辖市、自治区）在其教育厅（局）内设置了教育督导机构。

1991 年，国家教委颁布了《教育督导暂行规定》，我国教育督导机构设置上获得了新的发展。首先，基本形成了中央、省、市、县四级教育督导机构网络，特别是到 1988 年年底，全国共有 31 个省（自治区、直辖市）建立了省级教育督导机构，全国大部分地（市）、县（区）也都建立了督导机构；其次，部分教委督导机构改建为政府督导机构，所谓“政府督导机构”，是各级人民政府在教育行政部门内建立的对教育工作进行监督、检查、评价、指导的专门机构，其多设于教育行政机关之内，直接代表政府去督导下级政府的教育工作。1994 年，国家教育督导团组建成立，此后，北京、上海和黑龙江也在省市县三级设立人民政府督导室，还有一些省市在省和市级建立了人民政府督导室。

从设置上来看，教育督导机构可以分为国家教育督导机构和地方各级教育督导机构两个层次。1994 年，我国设立国家教育督导团，并在教育部内设国家教育督导团办公室，独立开展督导团的日常工作。1999 年，我国颁布《关于加强教育督导与评估工作的意见》，其中规定国家教育督导团及督导办公室的主要职责是：依据国家的教育法律、法规、方针、政策，制定教育督导与评价工作的方针、政策、规章和有关文件；组织国家督学对地方各级政府和教育行政部门以及中等和中等以下各类学校贯彻执行国家教育法律、法规、方针、政策情况进行督导、评价、检查、验收、宏观指导各地教育督导和评价工作。

1991年的《教育督导暂行规定》中并没有对地方各级教育督导机构的职责作出具体规定，而是授权给地方政府，即“地方县以上教育督导的组织形式及其机构的职能，由各省、自治区、直辖市人民政府确定”。1999年，教育部出台《关于加强教育督导与评估工作的意见》，对省级教育督导机构的主要职责作出了明确规定，具体包括：对本行政区域贯彻执行教育法律、法规、方针、政策的情况进行督导检查；对下级人民政府以及有关职能部门履行教育职责的情况进行督导检查；对本行政区域内“两基”的实施和巩固提高工作进行督导检查和评价验收；对本行政区域的中等和中等以下学校和其他教育机构实施素质教育工作进行督导评价和检查验收；制定地方教育督导与评价的工作制度和指导性文件。

（二）教育督导人员

教育督导人员通常也被人们称为督学，其是代表同级政府、教育行政机构对下级政府、教育行政部门和学校进行检查、督促、评价、指导工作的人。督学在有的国家也被称为视导员，其具有很高的资格与能力要求。为了做好视导员的工作，要求督学必须具备十种能力：(1) 视导人员应该具备在公开场合主持会议及演说的能力，而且能给人留下良好的印象；(2) 视导人员应该能够代表政府或机关，提供有关的讯息给相关的个人或团体，以利于沟通的进行；(3) 视导人员应该能够与教育界以及非教育界的相关人员保持良好的关系，同时也应该能够鼓励组织中的成员，能够与其他人维持良好的互动；(4) 视导人员应该能够做到广泛阅读，随时接受新的知识与信息，并且乐意与其他人分享相关的信息；(5) 视导人员应该能够有效分配个人时间，并适当运用相关的人力、物力资源，以发挥最大的成效；(6) 视导人员应该能够协助教师获得所需之专业知识、能力，能编制教学指引及教材，也能设计、执行教师在职教育计划方案，并针对课程内容项目、教育活动加以客观的评价；(7) 视导人员在视导学校时，应该能够主动解说学校教育目标，并客观评价学校教学上进步的情况；(8) 视导人员应该能够运用适当方法介绍新观念，以激励教师提出创新的想法，能够有效影响学校教师做必要的变革，并且能够对教学努力及成效卓越者，给予奖励，特别应该在个人工作及专业态度上，能够成为教师的典范；(9) 教育视导人员应该能够分析危机形成的原因及背景，能够圆满地处理人际冲突，也能与其他人充分沟通协商，以获得圆满效果，同时，为了应对未来可能会遭遇的系统性危机，能够发展出一套危机处理的办法；(10) 视导人员应该能够圆满地处理例行性工作，并对各项问题做出进一步的追踪研究①。

20世纪三四十年代，我国学者对视学人员的任职资格及自身素质也进行了深入的探讨，如孙爱棠认为，一个好的视导人员，必须具备如下条件：在品格方面，诚挚不欺，公平无私，富有同情心，勤劳谨慎，不操切疏忽，坚毅忍耐，能任劳任怨，不为环境所左右，虚怀若谷，沉着踏实，不自满足不自矜，光明磊落，无不道德行为，有专业之自觉心，力求工作与成绩之表现；在经验方面，对于教育有深刻之研究与浓厚之兴趣，在教育休整与教学训导等方面，有实际的经验，具有丰富的普通常识，同时具有专门的学术研究，有健全合理的人生观，明了国内外之情势以及教育状况与教育思潮，深切了解本国教育宗旨与实施政策、方式，有合乎科学精神的视导方法与办事方法，明了一般的视导原则与标准，对事接物，有虚心研究精神和

---

① 王如哲.教育行政[M].高雄：丽文文化事业股份有限公司，1999：167.

精密的研究方法,能介绍新学说新方法与新出版之书报等刊物于被导视者;在才能方面,精明强干,遇事应付自如,机警敏断,能洞悉事物之是非曲直与轻重缓急,熟悉世故人情,办事有条不紊,注意周到,并能持久,记忆力强,并善于记载,有发表的能力,无论文字的还是口头的皆能畅所欲言,能指出教师教学的优点和缺点,鼓励其努力进步,或告知其改进途径,并能示范教学;在体态方面,有强健的体魄,面貌端正,感官健全,语言清晰,能说国语,精神振作,举动敏活,态度和蔼、诚挚,举止大方,令人可亲,衣着朴素整洁①。

自1983年开始我国恢复重建督导制度以来,督学的任职条件、督学的选拔等问题也一直受到重视。1991年国家教委颁布的《教育督导暂行规定》中就对督学的任职基本条件做出了明确的规定:(1) 坚持四项基本原则,坚持改革开放,忠诚于社会主义教育事业。(2) 熟悉国家有关的教育方针、政策、法规,具有较高的政策水平。(3) 具有大学本科学历或同等学力,有十年以上从事教育工作的经历,熟悉教育教学工作业务。(4) 深入实际,联系群众,遵纪守法,办事公道,敢说真话。(5) 身体健康。随着我国教育逐步走上全面依法治教的轨道,中等及以下教育的改革与发展,以及教育行政机构管理职能的转变,我国对教育督导工作不断提出新的任务,对教育督导人员也提出了更高的要求。1996年颁发了《督学行为准则》,该准则是规范督学行为的主要依据,也集中体现了国家对教育督导人员的基本要求,其具体要求是:(1) 深刻理解国家的教育宗旨,热爱教育事业,发扬奉献精神,克尽监督、指导之责。(2) 认真学习国家有关的法律、法规和方针、政策,增强依法治教观念,提高督导水平。(3) 钻研教育理论,熟悉教育管理工作,掌握教育督导与评价的理论、方法和技术,探求教育规律,支持教育改革,促进教育发展,在工作中精益求精。(4) 坚持原则,依法办事,敢讲真话。对违反法律、法规和违背教育规律的行为,态度明确,及时制止、纠正或引导解决。(5) 深入基层,深入群众,了解真情,实事求是。对被督导单位的评价,客观公正,言之有据。提出的督导建议,中肯、确切。(6) 作风民主,对人热情、坦诚,尊重被督导单位,热心为地方和学校服务。保障被督导单位的正常工作秩序,维护被督导单位的合法权益。与其他相关部门密切配合,团结协作。(7) 遵纪守法,秉公办事,崇尚俭朴,拒腐倡廉。严于律己,以身作则。

在督导人员的配备上,主要可以分为专职督学和兼职督学、官员型督学和专家型督学。教育督导工作专业性强,涉及面广,工作量大,因此,教育督导人员的职务应该以专职督学为主,并根据实际需要聘用一定数量的兼职督学。《教育督导暂行规定》中对此作出了明确规定:"行使教育督导权的机构应设相应的专职督学……""行使教育督导聘任权的机构根据工作需要可聘请兼职督学。"1996年出台的《关于加强教育督导队伍建设的几点意见》中,再次强调了专兼职督学相结合的配备原则:"县以上督导机构均应配备相应数量和职级的专职督学;同时,根据工作需要,聘请一定数量的兼职督学……实行以专职督学为骨干,专职督学与兼职督学相结合的配备原则。"专职督学的数量主要取决于各级教育行政部门的管理范围大小、学校数量布局,以及本机关人员编制等方面的情况。兼职督学则主要由各级教育行政部门中的业务部门干部、教育教学研究室的教研员、经验丰富的老校长、老干部以及民主党派人员和无党派人士兼任,根据兼职督学聘用时间的长短,则可以分为相对稳定的兼职督学和临时抽调的兼职督学。关于督学的职级,在中央可分为总督学、副总督学和督学三

---

① 江铭.中国教育督导史[M].北京:人民教育出版社,1994:192-193.

级,在地方可分为主任督学、副主任督学和助理督学。专职督学的“任免按有关人士管理权限和程序办理”,“由本级人民政府或教育行政部门颁发督学证书”;兼职督学“具有专职督学同等的职权”,一般由各级教育督导机构聘用。

在现代,多数有督学制度的国家,一般在督导人员的配备上都是行政干部型(官员型)督学与专家型督学并设。由于教育督导的内容极为广泛,随着指导建议职能的扩展,以及教育改革和提高教育督导水平的需要,对督学人员的任职资格也提出了更高的要求,产生了督学人员专业分化的现象,即不同教育阶段、不同教育领域的督导专门化。在这种情况下,很多国家都配备了行政督学(行政干部型督学)和教学督学(专家型督学)。如法国将中央一级所设的督学分为行政督学和教学督学,将地方督学分为普通教育督学、技术教育督学、情报督学和行政督学四类。随着我国教育督导制度的不断完善,在督学的配备上也会得到相应的完善和发展。

在督学的年龄构成上,1996 年颁发的《关于加强教育督导队伍建设的几点意见》中提出:“督导人员的整体应该是年富力强的。专职督学必须以中年为主,实行老、中、青结合。兼职督学的年龄可以适当放宽,但必须身体健康,能够完成督导任务。”在督学的职权上,我国《教育督导暂行规定》中明确规定:(1) 列席被督导单位的有关会议;(2) 要求被督导单位提供与督导事项有关的文件并汇报工作;(3) 对被督导单位进行现场调查;(4) 对违反方针、政策、法规的行为,督导机构或督学有权予以制止。

第二节 教育督导体制的类型

一、基于督导职能的划分

1. 指导型

教育督导的目的不仅仅在于监督和评价,更重要的是要在评价的基础上对被督导单位进行指导,以促进被督导单位更好地发展。所谓“指导”,就是上级对下级在工作目标、内容、程序、方式等方面给予具体的指教和引导。指导型的教育督导体制,就是教育督导机构及督导人员根据监督和评价的结果,帮助被督导单位在工作目标、内容、程序和方式等方面找出存在的问题及问题成因,以促进被督导单位提高工作能力,帮助被督导单位更好地发展。从教育督导的过程来看,指导是其中重要的环节之一,有效的指导以事实调查和基于事实所做的评价为依据,以督导人员与被督导人员之间的相互信任为条件。指导型的教育督导体制对于提高教育督导效能来说,是十分必要的,因为教育督导机构及其成员,不能仅凭手中的权力和法纪来进行督导,这种督导体制是静态的、刻板的,更重要的是应该通过对被督导单位积极热情的态度和有针对性的指导帮助,来发挥教育督导的动态功能。因此,教育督导机构应该更加重视通过对被督导单位的帮助和指导,激发其潜在的积极性,充分发挥其主观能动性,而不是盛气凌人、居高临下。教育督导工作取得成效的关键在于督导主体与督导对象之间的相互信任、相互理解和相互支持,不应该将监督和指导分离开来,更不应该对立起来,因为监督本身不是目的,而是要帮助、确定和纠正问题,教育督导应该成为提高教育管理水平和教学水平的强有力手段,成为管理与教学过程的调节者。

教育督导的最终目的是帮助和指导下级政府、教育行政部门和学校更好地贯彻国家的教育方针,依法治教,努力提高办学水平和教育质量。在指导型的教育督导体制中,教育督导的内容主要包括以下几个方面:(1) 宣传党和国家的教育方针,以及各级政府制定的一系列有关教育改革和发展的政策,帮助被督导对象了解、熟悉教育政策的基本精神,指导被督导对象结合当地实际在政策允许的范围内发挥创造性,制止并纠正其违反教育政策的行为;(2) 负责宣传和阐释国家有关教育的法律法规,指导被督导对象依法治教、依法办学、依法治校,正确运用教育法规约束和监督教育行为,运用法律武器对危害教育管理和教育教学安全的行为作斗争,维护教育者和学习者的切身利益;(3) 指导下级政府、教育行政部门和学校转变教育观念,树立正确的人才观、质量观、价值观,端正办学方向,深化教育教学改革,努力帮助学校提高办学效益和教育质量;(4) 指导下级教育行政部门和学校建立完善、科学、有效的管理机制,深化学校内部改革,提高学校管理水平和能力;(5) 介绍国内外先进的办学理念、办学方式和成功经验,并结合本组织的实际情况,有选择地吸纳运用;(6) 指导学校的教职工队伍建设;(7) 指导课堂教学,督导人员借鉴国内外先进的教学经验与学校管理人员和教师一起运用教育理论分析教育教学过程;(8) 指导被督导单位进行督导自评,积极的督导自评有助于被督导者及时发现问题、分析问题和解决问题,这种督导自评包括:指导被督导单位成立自评工作领导小组,制订自评工作计划,学习督导方案,了解督导目的、内容和方法,整理自评资料,撰写自评报告,等等。

要想更好地发挥指导型教育督导体制的作用,加强对被督导单位的指导,还需要注意以下几点:(1) 注重教育督导指导的全面性和重点性。教育督导作为一项复杂的系统工程,无论是对下级政府还是学校都要进行全面的督导,体现督导的全面性和全程性,对重点和难点问题又要进行重点指导。(2) 提高教育督导人员的专业性。督导人员的专业水平是教育督导工作质量的关键保证,督导人员要认真学习、领会和掌握党和国家关于教育工作的方针、政策和法规,认真学习教育科学理论,深入实际,开展调查研究,切实提高认识水平和工作能力。(3) 提高指导方式的适切性。在进行指导工作时,要实事求是、平等待人,存在意见分歧时,要进行讨论研究,还要注意与教育业务部门工作要求的一致性,以发展的思维关注学校,使教育督导工作与学校和师生紧密联系在一起。(4) 注意督导指导的及时性。在进行教育督导时,要通过深入基层、深入学校,广泛接触基层干部、学校师生和广大群众所发现的问题,听取各种反映意见,并及时反馈到相关部门,为做出决策和及时指导提供依据,对于某些不能马上指导的复杂问题,要及时报告上级主管部门以便问题得到及时解决。

2. 监督型

教育督导的重要职能之一是监督,所谓"监督",就是上级对下级、下级对上级或同级之间的监察和督促,监督型的教育督导体制是指在教育督导的过程中,教育督导机构及其工作人员,由同级政府授权,代表同级政府,根据教育行政法规对下级政府、教育行政部门和学校贯彻执行国家相关教育方针、政策、法规的情况进行的行政监督、检查,是教育督导制度本质的体现。监督型的教育督导体制能够使下级部门积极主动、正确有效地贯彻执行教育方针及各级教育政策,高效完成教育、教学和管理等方面的工作任务。教育督导机构及其成员代表政府和教育行政部门行使监督职能,检查和督促下级政府和行政部门以及所属学校全面正确地贯彻党的教育方针、政策、法令、指示和计划的情况,从而保证学校管理目标的达成,因此,教育督导机构代表政府部门行使监督职能是十分必要和重要的。

在监督型的教育督导体制中,教育督导的内容主要包括:(1) 监督和检查下级政府、教育行政部门以及学校贯彻执行国家相关教育方针、政策、法规的情况。由于各个地区实际情况的不同,教育事业的发展水平不平衡,加上各个地区、学校的领导和教师在思想认识、政策水平、教育观念、实际经验上存在较大差距,因此在贯彻国家教育方针的过程中,往往会出现很大的差别,这就需要教育督导机构和督导人员对各级教育行政部门和学校贯彻落实国家教育方针的情况进行监督和检查。(2) 监督和检查下级政府、教育行政部门以及学校的教育管理工作情况。例如,监督和检查下级政府、教育行政部门履行教育工作职责的情况,教育管理工作情况,教育经费投入和使用效果情况,义务教育均衡发展情况,学校教育教学管理、安全管理、设施配备情况,等等。(3) 监督和检查下级教育行政部门和学校的办学水平、教育质量和发展规划情况。例如,全面落实素质教育和坚持学生全面发展情况,落实德育首要地位的情况,心理健康教育情况,学校办学标准的执行情况,学校的经费、校舍、生源和师资队伍建设情况,等等。

监督型的教育督导体制在实践过程中应该注意以下几点要求:(1) 明确教育督导的性质。我国《教育督导暂行规定》认为,我国实行的教育督导制度,其根本性质定位于行政监督,行政监督是以国家强制力为基础,目的是防范和制约实践中可能产生的各种违反国家法律、法规的行为,因此,教育督导制度的建立,也要求教育督导机构依靠国家强制力,代表本级政府对下级政府、教育行政部门和学校贯彻国家教育方针、政策、法规的情况以及教育质量进行监督、检查。(2) 明确教育督导的法律地位。监督型的教育督导体制的重点就在于明确教育督导的法律地位,1999 年我国出台《教育部关于加强教育法制建设的意见》规定,要"继续完善教育督导制度,各级教育督导机构要加强对教育法律执行情况的督导检查,在继续进行'两基'督导检查的同时,强化对有关素质教育的法律规定执行情况的督导检查,推动建立实施素质教育的保障机制。教育行政部门要主动配合人大、政府法制工作部门和其他行政部门依法进行监督检查,逐步建立和完善教育执法接受群众和舆论监督的制度"。因此,监督型的教育督导体制是教育督导机构依照法定的权限、程序和方式,对教育行政机关自身以及相关教育机构,就其是否严格执行和遵守教育法的相关规定而实行的监督,这种监督是国家宪法和法律赋予行政机关的一项权力,必须依法而行。(3) 要提高教育督导工作的权威性。与行政监督相同,教育督导的权力性权威来自于其部门自身的性质、职权和法纪,教育督导机构是教育行政管理中的一个重要行政监督部门,它依法对政府、教育行政机关以及学校等部门执行教育法律法规、方针政策的情况,开展行政监督,具有一定的权威性。同时,为了更好地实现对被督导者的监督和检查,教育督导机构或督学需要拥有比被督导对象更高的权威,教育督导越来越强调督导人员不仅依靠职权去影响被督导者,更要依靠个人所具有的知识、品行、人格魅力和领导能力等方面去影响被督导者。所以,这就要求政府不仅要通过专门的法律赋予督导机构一定的权威,重视、支持督导人员的工作,而且要严格审查督导人员的任职资格和条件,真正树立起教育督导机构的权威,这样才能有助于教育督导监督作用的有效发挥。

二、基于组织建制方式的划分

1. 独立型

教育督导机构的设置在世界各国都是各不相同的,在我国各个地区之间的建制方式也各不相同。1912 年 4 月,中央教育部专门设立了视学处,相当于现在的教育督导部门。抗日战争时期，陕甘宁边区政府教育厅也设立了督导室，同时还任命了督学。中国人民共和国成立后，中央人民政府教育部设立视导司，省地县各级政府教育行政机关也都专门设置了视导机构和人员。就我国现行的教育行政体制而言，教育督导机构和教育行政各职能部门是人民政府领导下的两个独立部门，在整个教育行政体系中具有不同的职责和任务，发挥着不同的功用。教育督导机构是教育行政管理体系中的监控部门，也是教育行政管理过程中的检查和反馈环节，其主要职责是对下级、学校贯彻执行国家的教育方针、政策、法规的情况，以及教育改革与发展的状况，进行监督、检查、评价和指导；对上级行政部门进行参谋、反馈；不参与行政管理的日常工作和决策计划的执行。而教育行政部门及其内部各职能单位是教育行政管理体系中的决策、执行部门，其主要职责是根据所辖区域的实际情况，组织贯彻执行国家的教育方针、政策、法规等，提供必要的教育设施、经费、人员，提供教育教学的专业指导，以维持教育的良性运转，推动教育工作的发展。因此，在履行职责时，教育行政部门要遵循教育管理过程的一般规律，即计划、实施、检查总结、反馈调整，并且在具体的行政行为过程中，除了计划和组织实施以外，还要对本部门的工作进行自我检查、自我反馈、自我调节工作①。因此，教育督导机构与教育行政部门及其内部职能单位各有其职能范围，应该做到各司其职，各尽其责。

具体来说，独立型的教育督导机构又可以分为外独立型和内独立型。

（1）外独立型，又称为完全独立型，即独立于教育行政部门，不受教育行政部门的干预，代表国家和政府对教育进行督导，这样的督导机构实质上与教育行政部门是平行的。

（2）内独立型，又称为相对独立型，指教育督导机构设置在教育行政部门之内，受教育行政部门的领导，这样的教育督导机构既有独立性，又与教育行政部门紧密联系，有利于教育督导机构顺利开展工作，目前，大多数国家的教育督导机构基本上采用内独立型的机构设置模式②。

2. 依附型

在我国现行的教育行政体制当中，教育行政部门和教育督导机构都是人民政府领导下的教育行政管理职能部门，其工作的终极目标是相通的，即根据国家的教育方针、政策、法规，维持教育工作的良性运作，推进教育的改革与发展，从而使教育更好地为社会主义现代化建设服务，其工作的对象都是下级教育行政部门和学校。因此，教育督导机构与教育行政部门及其相关职能单位有着必然的联系，要求在履行职责的过程中做到互相沟通，密切合作。从这点来讲，又存在依附型的教育督导机构设置。依附型又可以称为非独立型、混合型或合并型，指把教育督导的职能分散于教育行政机关的各个职能科室，教育督导的职能由教育行政部门完成，如对基础教育督导就由基础教育行政部门进行，对职业教育的督导就由职业教育行政部门来进行，不单独设置专门的教育督导机构③。

综上所述，基于组织建制方式划分的教育督导体制如表 3-1 所示。

---

① 刘淑兰.教育评估和督导[M].上海：华东师范大学出版社，2000：223-224.

② 郭晓云.我国教育督导存在的问题与发展对策研究[D].福州：福建师范大学，2009.

③ 黄崴.现代教育督导引论[M].广州：广东高等教育出版社，1998：49-50.

表 3-1 教育督导组织建制类型①

组织形式	外独立型	内独立型	依附型
设置	各级政府直接设置,与教育行政部门保持相对独立,直属同级政府领导(有时由教育行政部门代管)	在教育行政部门内独立设置,与其他教育行政职能单位并列,直属教育行政部门领导	在教育行政部门中各业务职能单位设置或配备人员,直属业务职能单位领导
权威来源	人民政府	教育行政部门	教育行政部门所属职能科室
优点	1. 将政府的教育行政权和教育监督权适当分离,便于代表政府对下级政府的教育工作进行督导。 2. 可专司其职,能集中精力开展督导工作	1. 可专司其职,能集中精力开展督导工作。 2. 与其他教育行政职能部门之间的关系密切	1. 执行与监督密切结合。 2. 有利于保证教育管理过程的完整性;把决策与监督一体化,提高管理效率,避免一些矛盾和冲突
缺点	1. 与教育行政部门关系较为紧张,易产生冲突现象。 2. 与教育督导的性质相冲突,如过分重视教育督导的权力性质,就会使教育督导成为教育监督,而忽视了其指导职能	1. 与其他职能单位是平行关系,易出现职责不清和权限不明的状况。 2. 进行监督时,往往不完全了解其他职能单位对工作的部署情况	1. 各业务职能单位行政事务多而杂,督导工作易被忽视。 2. 督导人员很难超脱,往往受到日常工作的牵制,易丧失客观性。 3. 各业务职能单位的业务范围有一定的局限性,与督导工作的全面性和综合性要求相矛盾

第三节 我国当前的教育督导体制

一、我国现行教育督导体系

教育督导工作由人民政府教育督导机构实施。教育督导机构由国家教育督导团和县级以上地方各级人民政府教育督导机构组成,国家教育督导团为中央教育督导机构,县级以上地方各级人民政府教育督导机构为地方教育督导机构,分为省级教育督导机构、市级教育督导机构和县级教育督导机构三个层次。

(一)中央教育督导机构

1986 年 10 月,国务院批准原教育部视导室更名为国家教委督导司,这不仅标志着我国教育督导制度的正式恢复和重新建立,也标志着中央教育督导机构的正式成立。为了加强对教育工作的客观管理,保证国家有关教育方针政策、法规的执行,推动义务教育的实施和

① 朱琦,杨辛,蔡雯卿.问题与探析:当代教育督导研究[M].天津:天津教育出版社,2006:52-53.

整个中等以下教育的改革和发展，1994 年 4 月，经中央编制委员会审核，国务院批准，建立国家教育督导团，作为中央教育督导机构，国家教育督导团在国家教育委员会党组领导下，行使国务院赋予国家教育委员会的教育督导职权。国家教育督导团下设办公室，负责日常工作。1994 年 8 月 24 日，国家教育委员会发布《国家教委办公厅关于启用“国家教育委员会教育督导团”和“国家教育委员会教育督导团办公室”印章的通知》（教人厅〔1994〕13 号），自通知下发之日起，启用“国家教育委员会教育督导团”和“国家教育委员会教育督导团办公室”印章。这种教育督导体制确立之后，教育督导组织机构的设置与其拥有的职权之间出现了冲突。从组织机构来看，国家教育督导团隶属于国家教委，从职权范围来看，国家教育督导团平行于国家教委。这样，国家教育督导团对下属组织机构的督导范围受到限制，督导职权难以充分发挥作用。为此，2000 年，中央机构编制委员会批复教育部《关于将教育部教育督导团更名为“国家教育督导团”的请示》，经研究并报国务院批准，同意将原国家教委督导团更名为“国家教育督导团”，不增加机构、编制及领导职数。国家教育督导团由总督学、副总督学及国家督学组成，并设日常办事机构。总督学由国务院任命，主持国家教育督导团工作。副总督学协助总督学工作。国家教育督导团是由国务院设立的政府机构，指导全国的教育工作，具体负责拟订全国教育督导工作规划，制定教育督导与评价的方针政策、规章制度和标准，组织实施全国教育督导工作，监测评价教育发展水平和质量，就重大教育问题负责向国务院报告、提出建议，定期向社会发布国家教育督导报告。2012 年，为进一步健全我国教育督导体制，国务院决定成立国务院教育督导委员会，研究制定国家教育督导的重大方针、政策，审议国家教育督导总体规划和重大事项，统筹指导全国教育督导工作，聘任国家督学，发布国家教育督导报告。2016 年 2 月，根据教育督导工作需要，经中央机构编制委员会办公室批准，教育部教育督导团办公室更名为教育督导局，加挂国务院教育督导委员会办公室牌子。

（二）省级教育督导机构

中央教育督导机构形成之后，地方开始设置教育督导机构，并在实践中积累和创造了较好的做法和经验。一般情况下，省级教育督导机构由主任督学、副主任督学和督学组成，主任督学由省级人民政府任命，主持教育督导机构的工作。省级教育督导机构负责实施对本省行政区域内的教育工作的督导，包括拟订本省教育督导工作规划，制定本省教育督导与评价政策、措施，具体组织实施本省教育督导工作，就本省重大教育问题向所属人民政府和国家教育督导机构报告、提出建议。省级教育督导机构业务上接受国家教育督导机构的指导。

（三）市级教育督导机构

市级教育督导机构由主任督学、副主任督学和督学组成，主任督学由市级人民政府任命，主持本市教育督导机构的工作。市级教育督导机构负责实施对本市行政区域内的教育工作的督导，包括拟订本市教育督导工作规划，制定本市教育督导与评价政策、措施，具体组织实施本市教育督导工作，就本市重大教育问题向所属人民政府和本省教育督导机构报告、提出建议。市级教育督导机构业务上接受省级教育督导机构的指导。

（四）县级教育督导机构

县级教育督导机构由主任督学、副主任督学和督学组成，主任督学由县级人民政府任命，主持本县教育督导机构的工作。县级教育督导机构负责实施对本县行政区域内的教育工作的督导，包括拟订本县教育督导工作规划，制定本县教育督导与评价政策、措施，具体组织实施本县教育督导工作，就本县重大教育问题向所属人民政府和本县教育督导机构报告、提出建议。县级教育督导机构业务上接受市级教育督导机构的指导。

二、我国现行教育督导机构的职责与权力

(一) 教育督导机构的职责

1. 制定教育督导规划及政策

国家教育督导团指导全国的教育工作，负责拟订全国教育督导工作规划，制定教育督导与评价的方针政策、规章制度和标准，组织实施全国教育督导工作，监测评价教育发展水平和质量，就重大教育问题负责向国务院报告、提出建议，定期向社会发布国家教育督导报告。

县级以上地方各级人民政府教育督导机构负责实施对本行政区域内的教育工作的督导，业务上接受上级教育督导机构的指导。负责拟订本地教育督导工作规划，制定地方教育督导与评价政策、措施，具体组织实施地方教育督导工作，就当地重大教育问题向所属人民政府和上级教育督导机构报告、提出建议。

2. 对教育督导范围内的工作进行督导

教育督导工作的主要内容包括：督导教育法律、法规、规章的执行情况；国家教育方针和素质教育的贯彻实施情况；义务教育普及水平和均衡发展状况；普通高级中等教育、中等职业教育等各类教育协调发展情况；学校教育教学管理、教育教学秩序、安全管理制度建设和执行情况；教育经费投入情况和使用效果；学校办学标准的执行情况；学校教育教学水平、质量情况；学校教学和生活设施、设备配备和使用情况；教师、校长队伍建设及条件保障情况；本级人民政府或者上级教育督导机构要求开展的有关教育督导工作。

3. 执行国家规定的教育标准

《国家中长期教育改革和发展规划纲要(2010—2020年)》将坚持以人为本、全面实施素质教育作为教育改革发展的战略主题，把促进人的全面发展、适应社会需要作为衡量教育质量的根本标准。要求建立以提高教育质量为导向的管理制度和工作机制，把教育资源配置和学校工作重点集中到强化教学环节、提高教育质量上来。因此，教育督导应当按照国家规定的有关教育标准和要求进行，不能以升学率作为督导标准。

4. 统筹协调和指导规范对学校的检查评比

由于学校工作涉及的范围较广，所以对学校工作的检查评价往往导致学校过重的负担。因此，教育督导机构需要负责统筹、协调政府有关部门对学校的检查和评价，指导和规范社会组织对学校的评比。

5. 公布教育督导报告

教育督导机构实施教育督导后，应当向社会或者有关部门公布教育督导报告；公众可以查阅。教育督导报告公布前应当经教育督导机构所属人民政府批准。

6. 组织督导人员培训

教育督导机构要开展教育督导理论和实践研究，组织督导人员培训，不断提高督导工作水平。教育督导人员属于专业人员，其专业素质应不断提高。目前，美国等发达国家对教育督导人员要求有博士学位和一定年限的教育实践工作经历，这也是我国教育督导人员努力的方向。

（二）教育督导机构的权力

教育督导机构在实施教育督导时，可以行使下列职权：

第一，要求被督导单位按督导事项自查自评；

第二，要求被督导单位报告情况，提供与督导事项有关的文件、资料、财务账目及其他有关材料，进行查阅或者予以复制；

第三，要求被督导单位就督导事项涉及的问题做出解释和说明，向相关单位和个人就督导事项有关的问题进行调查；

第四，对被督导单位违反教育法律、法规和教育方针政策的行为，提出警告和处理建议；

第五，根据督导结论，对被督导单位及其相关负责人的考核、奖惩提出建议；

第六，向本级或者下一级人民政府提出意见和建议。

三、当前我国教育督导体制的特点

（一）体系比较完善

我国现已形成了从中央到地方比较完善的四级教育督导网络。各级教育督导体系之间既是相对独立的，又具有上下级之间的工作隶属关系。并且，每级教育督导机构职能重心定位是不同的，中央教育督导机构职能重心定位是督政，省级与地市级教育督导机构职能重心定位是督政与督学并重，县级教育督导机构职能重心定位是督学。每一层级教育督导机构又根据各自职能定位需求，设置了不同的职能部门与机构。国家教育督导局内设综合处、义务教育督导处、专项督导处、学校督导处、督学管理处、评估监测处六个处。地方教育督导机构内设的部门存在较大的差异，有的设置三个部门，有的设置四个部门，各不相同。目前，北京市教育督导机构设置比较完善，内设了综合处、督政处、学校督导处、专项督导处、督学管理和信息化处、评价与监测处六个处室。

（二）权力配置多样化

尽管在《教育督导条例》中，对教育督导机构权力设置做出了明确的规定，但每一层级教育督导机构在权力配置上则存在着较大的差异，其在地方教育督导机构权力配置中的表现尤为明显。有的地方教育督导机构的权力配置比较集中，而有的权力配置比较分散。

随着教育管办评分离的不断深入推进，权力将会在各级政府、教育行政机构以及社会机构之间重新进行配置。这将会使得我国教育督导体制内部权力配置更为多样化。权力配置多样化符合了我国教育督导体制建设的阶段性需求，其对于教育督导工作的顺利开展以及保障教育事业的顺利发展具有非常重要的意义。

本章小结

教育督导体制的类型有不同划分方式，根据督导职能不同，教育督导体制可分为指导型和监督两种类型；根据组织建制方式不同，教育督导体制可分为独立型和依附型。我国教育督导制度的恢复和重建，经历了一个曲折的过程，大致可以分为新时期教育督导体制的恢复以及教育督导体制的变革与发展两个时期。

拓展阅读

朝阳区的经验是一个创造

北京市教育督导有很多创造,朝阳区的经验又是一个创造。社区教育督导网络是朝阳区争创北京一流教育的举措;是落实全教会精神,实施素质教育的有力保障。它不仅符合朝阳区的实际,也是对北京市、对全国教育督导发展的贡献。朝阳区300多所学校只有9个督导人员,北京市有17人,全国省一级督导室,大部分只有六七个人,北京市是最多的,但是马上面临机构精简,肯定还要减人,所以朝阳区搞督导网络建设是一个创举,一个突破。

当前的督导工作应注意以下几点:

第一,要坚持督政、督学相结合。督学为本,但督政这一条还是离不了的。在中国目前状况下,督导如不督政,可能就失去了一大块存在的理由。要通过督学来督政,发现和监督学校的问题并向政府反馈。

第二,督导要督学校的领导班子、校长和教师队伍建设。我们的学校管理中现在存在一些问题。"五四"以来我们就开始解决两个问题,一个是科学,一个是民主,可这两个问题都还没解决好。在一个学校里面领导班子之间,领导班子与老师之间,老师和学生之间,如果没有一种民主的和谐的关系,实施素质教育可能会遇到很大的困难。

第三,督导工作要督查指导教学工作。什么是一堂好课?素质教育的核心是培养良好品德和创新意识、创新思维、创新能力。这些问题需要通过督导去检查、指导。

第四,要督导热点难点问题,如课业负担过重、书包重等。督导工作者要勇敢地把这项任务承担起来,力争在解决学生负担过重问题上做出一些成效来。

现在我国许多地方督学是几年督一轮,搞了一轮以后觉得情况老在变化,督导跟不上这种变化。朝阳区尝试的不仅是教育督导的新模式,而且是教育管理的新模式;寻找的不仅是解决教育督导及时性和时效性的出路,也是教育管理体制改革的出路。这样一个模式,一条出路,在全面推进素质教育的新形势下,有着重大的意义。我们国家现在有七八十万所学校,绝大多数都是中小学、中等及中等以下教育。现在我们全国的督学人员只有三万多人,如果三所学校或五所学校一个督学的话,我们至少应发展到一二十万人。如果都能采取朝阳区的办法,我们国家的督导就会出现一个新的局面。朝阳区的经验,确实给我们提供了一个督导工作适应教育工作需要的新模式、新道路。

资料来源:1999年9月6日在北京市朝阳区教育督导工作会议上的发言,根据录音整理。

练习思考题

一、单选题

以下不属于教育督导体制基本类型的是:(　　)

A. 指导型　　B. 监督型　　C. 附属型　　D. 独立型　　E. 评价监测型

二、填空题

1. 教育督导是指县级以上各级人民政府为保证国家有关教育的法律、法规、方针政策的贯彻执行和教育目的的实现,对所辖地区的教育工作进行________、________、________、

________的制度。

2. 教育督导体制的类型有不同的划分方式，根据不同的督导职能，教育督导体制的类型可分为________和________；根据不同的组织建制方式，教育督导体制的类型可分为________和________。

三、简答题

教育督导体制的含义及其组成要素是什么？

四、论述题

1. 论述教育督导体制的类型都有哪些？

2. 试述我国当前教育督导体制的发展历程？

第四章　教育督导基本职能

学习目标

通过本章学习，需要掌握督政、督学和评价监测三种职能的含义，并了解各职能的基本内容与意义。

学习指导

督政与督学两种职能是本章学习的重点内容。其中，督学职能既是本章学习的重点，也是难点。

建议学时

2 学时

教育督导职能是指教育督导所具有的职责与功能。目前，我国教育督导具有督政、督学和评价监测三种基本职能。督政、督学和评价监测三者在含义、目的、内容等方面均存在着很大差异。

第一节　督政职能

一、督政的含义

督政是一项由我国特殊国情所决定的具有中国特色的教育督导制度。根据《教育督导条例》中的规定，督政定义为：县级以上人民政府对下级人民政府落实教育法律、法规、规章和国家教育方针、政策的督导。具体来说，督政主要包括三个方面的内涵：第一，督政在性质上是属于行政监督行为；第二，督政对象是地方政府及其相关职能部门；第三，督政内容不仅包含了政府必须承担的教育工作职责，还包含了政府部门的教育行政行为①。我国建立与实施督政制度的原因有如下几个方面：

第一，督政是由我国现行的教育管理体制决定的。《中华人民共和国教育法》规定："国务院和地方各级人民政府根据分级管理、分工负责的原则，领导和管理教育工作。中等及中

① 杨颖秀，郭莲荣.督政与督学相结合：中国教育督导制度的显著特色[J].教育科学，2005，21(2)：37-40.

等以下教育在国务院领导下,由地方人民政府管理。高等教育由国务院和省、自治区、直辖市人民政府管理。”“国务院教育行政部门主管全国教育工作,统筹规划、协调管理全国的教育事业。县级以上地方各级人民政府教育行政部门主管本行政区域内的教育工作。县级以上各级人民政府其他有关部门在各自的职责范围内,负责有关的教育工作。”地方政府在举办与发展教育事业过程中具有举足轻重的作用。为保障地方政府更好地践履教育职责,办好教育事业,就需要权威部门对其进行及时的监督、检查、评价和指导。

第二,督政是快速普及义务教育的需求决定的。1985年《中华人民共和国义务教育法》颁布以后,让适龄儿童都能够接受九年义务教育已经成为教育事业发展的一个重要目标。但在我国经济发展相对落后的前提下,普及九年义务教育具有非常大的困难。为保障九年义务教育的普及,整体全面地提升国民素质,就需要政府加大教育投入,大力发展基础教育,以保障人人都能有学上。加强对政府履行义务教育普及职责的督导,对于快速实现普及九年义务教育目标无疑将会起到非常重要的作用。事实也证明了在义务教育普及过程中督政所发挥的重要作用与影响。

第三,督政是统筹协调教育事业发展的需求。教育事业的发展与其他社会事业发展之间是相互作用、相互影响的。当政府组织其他部门与教育部门以及教育部门内部发生冲突以后,就需要有一个能够统筹协调几者之间关系的专门机构承担起沟通协调的职责。不同时期教育事业发展的阶段性任务与目标也是不同的。为了能够尽快地实现教育事业发展任务与目标的转型,亦需要建立一个权威性的组织机构来协调教育事业发展过程中的各种矛盾关系,这样才能够保障教育事业的健康、协调、可持续发展。

二、督政的主要内容

督政主要监督下级政府或教育行政部门切实履行教育职责,是推进教育事业发展的有效办法。督政职能主要包括以下几个方面的内容:① 组织工作的督导,教育行政组织是否完善,组织建设是否符合本地教育事业发展的需要。② 领导工作的督导,是否确立了“教育必须为社会主义建设服务,社会主义建设必须依靠教育”的指导思想。③ 教育政策法规执行的督导,按照法规政策和上级决定、指示做好对教育发展的行政管理工作,根据国家法规政策和上级决定制定一系列实施细则并以行政手段推动下级教育部门对其的执行。④ 教育事业发展规划的督导,教育规划制定是否科学、合理,各级教育是否结构协调,整体规划是否有实施的具体方案和步骤。⑤ 教育管理工作的督导,分级办学、分级管理的基础教育管理体制落实情况,县、乡、村和学校领导者的教育目标管理责任制,建立有效的管理运行机制。⑥ 教育队伍建设的督导,师资队伍建设和教育管理队伍建设。⑦ 教育经费的筹措和使用,是否逐步提高国家财政性教育经费,各级政府是否贯彻了《教育法》规定的“三个增长”。⑧ 教育社会效益的督导①。

政府的教育职责是督政的重要内容,督政内容的确立需要有法律依据。我国教育事业发展不同时期的矛盾重点不同,不同地方的教育发展情况也不同。因而,地方政府在制定督政方案时在督政具体内容上会存在一定程度的差异。表4-1是山东省《2014年对市级政府教育工作督导评估方案》,其中,督政内容包括了义务教育均衡发展情况、教育资源配置差

---

① 陈孝大.教育行政概论[M].北京:中央广播电视大学出版社,2001:261-262.

异系数以及义务教育经费保障三个方面。

表 4-1　山东省 2014 年对市级政府教育工作督导评价指标及分值表

一级指标	分值	二级指标	分值	评估要点
A1 市级政府推进义务教育均衡发展情况	40	B1 制定工作方案	10	市按照省的要求,制定了推进全市义务教育均衡发展整体工作方案和“一县一方案”,对存在问题有切实可行措施,效果明显。
		B2 完善考核机制	10	建立推进县域义务教育均衡发展激励机制和问责制度,把均衡发展作为评价县级政府教育工作的重要内容和表彰奖励的重要依据。
		B3 规划完成情况	20	按照《山东省推进县域义务教育均衡发展进度规划》(鲁教基函(2011)30 号)的要求,完成 2012 至 2013 年的规划目标。
A2 小学初中教育资源配置差异系数	20	B4 全市差异系数	10	按县数平均的全市小学、初中教育均衡发展差异系数达到先进水平。
		B5 县域差异系数	10	所辖县均衡配置教育资源,小学、初中校际间 8 项指标差异系数分别不高于 0.65、0.55。
A3 义务教育经费保障情况	40	B6 支出比例	10	财政预算内教育经费(含教育费附加)占财政支出的比例达到规定要求,并保持稳定增长。
		B7 三个增长	10	近三年教育财政拨款的增长高于财政经常性收入的增长,按在校学生人数平均的教育费用逐步增长,教师工资和学生人均公用经费逐步增长。
		B8 两项附加	16	近三年教育费附加、地方教育附加做到足额征收,足额及时拨付用于教育。
		B9 其他资金	4	从国有土地出让收益中计提 10%教育资金。从地方分成的彩票公益金中安排一定比例用于教育。
合计	100		100	

资料来源:山东省人民政府教育督导委员会关于印发 2014 年对市级政府教育工作督导评估方案的通知。http://jydd.sdedu.gov.cn/jydd/zcwj16/905745/index.html

督政职能的践履主要有两种形式与途径:一是配合全国人大对有关的教育法律的执行情况进行监督、检查。例如,配合全国人大先后在江苏、湖南、四川、浙江、黑龙江、甘肃六省检查《义务教育法》的贯彻执行情况。这种检查是以人大为主的,对地方政府的执法状况进行检查,教育督导处于配合的地位。二是由教育督导机构单独进行。教育督导机构是受同级政府的委托,根据教育法律、教育政策以及教育事业的规划等对下级政府及其教育行政部门的执行情况进行检查、监督。这种检查因受同级政府委托而进行,故带有权威性,所检查的项目都属于当前教育工作中的难点和关键点，具有很强的针对性，所提的检查指标具有一定的超前性，因而具有导向作用。此种形式的督政在促成“普九”目标的实现和提高教育质量方面具有重要意义①。

三、督政的意义

（一）促使政府履行教育职责

我国实行分级办学、分级管理的教育管理原则，对政府及其教育行政部门的督导，可以帮助其有效地履行职责，切实担负起领导和管理本地区教育的责任。在2012年以前，教育督导工作的主要范围是基础教育，按照中共中央《关于教育体制改革的决定》，基础教育已全面实行地方负责、分级办学、分级管理的领导体制，中央只把握大政方针和宏观规划，县、乡两级政府对基础教育事业发展具有统筹权和决策权。把基础教育的办学权限下放到地方，有利于充分发挥县、乡、村的办学积极性，使各类教育面向经济，协调发展。许多县委和县政府、党委和乡政府对本地各类教育统筹规划，正在逐步解决教育与地方经济“两张皮”的现象。但也必须看到，各地县、乡政府对教育的重视程度是不同的，有相当数量的领导仍然是重生产、轻教育。同时，由于教育体制改革涉及面广、问题多，领导干部的素质、经验和管理水平短时期内还很难适应新体制的需要，往往存在想管不会管的问题，以致违背教育方针、违背教育规律的现象时有发生。要改变这种状况，必须发挥教育督导的导向、激励、促进等功能，通过督政，使地方政府领导真正认识到教育强国的战略性意义，切实承担起发展、领导、管理地方教育的责任，以保证我国基础教育事业顺利发展。这些责任主要有教育法规、政策的贯彻，教育发展规划的制定，教育领导与管理，教育筹措，教师队伍和管理队伍建设，等等。

（二）促使教育改革不断深化

教育改革的根本目的是使教育适应经济和社会发展的需要，提高劳动者素质，多出人才、出好人才。这一问题的解决主要是看一个地区的教育是否适应经济和社会发展要求。而教育督导工作的目的，就在于促进政府及其有关部门进一步提高对教育工作的认识，发挥统筹管理教育的职能，坚持贯彻“两个必须”的方针，坚持督政与督学并重、监督和指导并重，统筹规划、分步推进，不断开创督导工作的新局面。对县、乡两级来说更为重要，教育督导通过对该县、乡各类教育与本地内经济和社会发展相适应情况的检查、评价、指导，使地方教育因地制宜，从实际出发，保证教育更好地适应经济和社会发展的需要。在这一过程中不断地深化教育改革，使本地的教育事业得到合理、有效的发展。随着教育改革的不断深入，根据本地实际情况，教育行政部门在不断地探索和推进教育改革方面会出现新的经验和好的做法，教育督导机构可以帮助其总结经验、及时推广，用以指导教育实践，促进教育改革，适应社会主义市场经济建设的需要。

（三）保证国家教育法规政策的贯彻

督导机构有一定的行政职能，因此对下级政府、教育行政部门和学校教育工作的督导在一定范围内带有行政指令性和权威性，可以对违背教育法规和教育方针的错误倾向和违背教育规律的错误做法进行有效的监督、检查和制止，再借助教育评价的科学手段，对被督导

---

① 吴志樵.教育督导与素质教育实施方案[M].沈阳:辽海出版社,2011:7.

单位的工作按一定的标准和要求进行衡量,做出客观的价值判断,进行具体的帮助和指导,使下级政府、教育行政部门和学校改正错误,也可以有效地防止一些错误倾向的发生发展,保证教育工作沿着符合国家法规政策和教育方针的轨道向前发展。就基础教育的督导来说,主要是对县、乡两级政府的督导,国家的教育方针和各项政策、法规,上级政府科学决策以及教育行政部门的指示、决定,只有通过县、乡人民政府的组织实施,才能落到实处,真正发挥其应有的作用。例如,教育与经济、社会与学校、"依靠"与"服务"、数量与质量、"为主"与"兼顾"等关系能否正确处理好,对发展本地区教育事业关系极大。只有通过上级教育行政管理的监控组织,即督导机构进行监控、评价,才能及时向地方领导提供调整和决策的依据,才能纠正一些违背党的教育方针、政策和教育规律的做法,才能保证地方教育行政和学校教育的正确方向,使教育方针和各项政策、法规得到正确的贯彻落实。

(四)促进教育行政管理科学化

在新形势下,教育监督保障的责任更加重大,完善素质教育评价制度的要求更加迫切,规范办学行为的任务越来越重,建立监控与沟通制度已经成为教育改革和发展的当务之急。诚然,保证党和国家有关教育方针、政策的贯彻执行和教育目标的实现,是教育督导部门的重要职责。教育督导工作本身具有很强的专业性和科学性,对政府教育履责督导过程实际上就是使教育行政管理科学化的过程。旨在检查教育规划是不是合理、教育决策是不是科学、教育管理过程是不是有效、教育行政机构是不是完善、教育行政是不是符合管理的科学原则;督导政府依法治教、依法行政,保证教育投入,维持教育的社会公平,推进教育的均衡发展;督导学校重视每一位学生的全面发展和终身发展,重视教师德育和专业成长,重视教育方式和学习方式的转变,重视形式与新课改理念相适应的学校文化,等等。所有这些就是强化教育行政管理的科学化和有效性。所以,教育督导过程是促使政府及其教育行政部门教育管理科学化的过程①。

第二节 督学职能

一、督学的含义

国务院颁布的《教育督导条例》于2012年10月1日正式施行,条例第二条规定:县级以上地方人民政府对本行政区域内的学校和其他教育机构(以下统称学校)教育教学工作的督导。对学校的督导简称督学,它是教育督导工作的最基本任务。

督学的根本任务,是督导学校全面贯彻党的教育方针,依法依规办学,全面实施素质教育,切实提高教育质量。对此,要重点做好四项工作:一是加强督学责任区建设。各地要结合本地实际加强督学责任区制度建设,合理规划本区域内督学责任区,合理配备督学,建立督学工作长效机制。建立中小学校责任督学挂牌督导制度,实现中小学校责任督学挂牌督导全覆盖。二是加强学校视导队伍建设。建立学校视导员制度,加强学校内部督导工作。三是积极开展对各级各类学校教育教学质量、办学条件、规范办学行为和实施素质教育的督导评价,督促指导学校全面贯彻党的教育方针,坚持立德树人,做好德育、智育、体育、美育等

---

① 黄崴.教育督导学[M].北京:中国人民大学出版社,2008:247-249.

工作,促进学生全面发展、健康成长成才。四是针对教育热点难点问题,认真开展专项督导,促使问题有效解决,特别是破解义务教育择校难题,减轻学生课业负担,及时回应社会关切。

督学具有以下几个特点:其一,由法定的机构组织实施的活动。对学校教育的监督、检查、指导、评价活动在现实社会中是普遍存在的,但是,并不是所有对学校的监督、检查、指导与评价都可以称为督学。被称为督学的监督、检查、指导与评价活动应该是在法律上有明确规定,具有法律效力的活动。其二,任务重心随时代的变化而变化。督学是为一定社会、一定时期教育事业发展而服务的一种独立的教育行政管理活动。不同时期、不同社会教育事业发展所面临的主题不同,那么督学任务重心也会随之产生一定的转变。任务重心随时代的变化而变化体现了教育督学制度存在的现实意义与价值。其三,活动实施具有很强的专业性要求。人既是教育活动主体,也是教育活动的对象。人的心理与行为在教育活动中的表现是非常复杂的。督学必须是合法化和科学化的统一,不但要遵循国家教育法律法规,同时还必须符合教育教学规律、人的成长与发展规律的要求。从事教育督学的工作人员不但要通晓相关教育法律政策,还必须是相关教育领域和学科领域的专家,这是确保督学活动合法化和科学化的必要条件①。

二、督学的主要内容

政府部门对学校教育工作的监督、检查、指导主要有以下八个方面的内容。

(一)学校办学理念与思想

1. 坚持正确的办学方向

结合本地区和学校实际,确定本校的具体办学目标。确定办学目标的依据是:国家教育目的、教育法规,学校类别与性质,社区实际情况及其对学校的要求。坚定不移地贯彻教育与生产劳动相结合的原则,使教育为社会发展、经济发展服务,改变过去教育在一定程度上脱离实际、脱离劳动、脱离本地发展与人民需要的状况。要大力开展素质教育。制定学校发展规划,发挥本校优势,形成办学特色。办学目标要体现到学校发展规划中,学校要有短、中、长期发展规划,使学校不断得到发展。特别是我国社会发展日新月异,学校也要不断地发展,以适应不断发展的社会形势。

2. 面向全体学生,因材施教

不管一个人的出身怎样、家庭怎样,都有受教育的权利。基础教育是一项基本人权。所以,基础教育是面向每一个学生的教育,是面向全体学生的教育,其目标是使全体学生都得到发展。

3. 促进人的全面发展的教育

"人的全面发展"思想是我国教育目的的理论基础,也是人才培养的最高目标。在实施学校教育过程中,德、智、体、美和劳动技术教育合理安排,以课堂教育为主,课内外、校内外教育相结合,使学生全面综合发展,保障教育目标的实现。

(二)学校组织与管理

1. 学校组织机构健全

根据学校的实际情况,健全学校组织机构。设校长一名,副校长协助校长管理学校工

① 吴新典.论我国教育督学制度的立法及其完善[D].南昌:江西师范大学硕士学位论文,2014.

作，下设办公室、教导处、教研室、政教处、总务处作为职能部门分别负责各方面的工作。办公室处理日常的各种事务；教导处协助校长负责管理年级组，年级组具体负责管理教师教学和学生学习；教研室负责各教研组的教研工作，各教研组负责组织教师的教学研究工作；政教处配合教导处负责学生政治思想品德教育；总务处负责学校校园建设、财务管理、资源利用和开发等。

2. 校长负责制运行良好

校长负责制是我国中小学校实行的一种领导体制，其基本含义是：校长对学校工作全面负责，党支部保证监督，校务委员会审议，教职工代表大会民主管理与监督。学校实行校长负责制，实行民主管理，校长应当符合规定的任职条件，学校依靠教职工办好学校。

3. 领导班子结构合理

领导班子结构合理，团结协作，机构健全，指挥畅通，有提高思想政治水平和业务能力的计划和措施。校长和其他领导成员知识化、专业化、革命化、年轻化，有效地履行职责，不断地提高业务水平。

4. 依法治校

依法治校是我国教育发展的基本趋势，依法治校主要表现在两方面：一是政府及其教育行政部门依法行政，二是学校依法治校。依法治校就是根据国家的法规政策管理学校的教育事务，贯彻国家的教育法规政策，使学校由传统的人治走向法治。

（三）教职工队伍建设

教师队伍建设主要包括教师在数量上和质量上达到国家规定的要求。主要内容有：教师的学历达标，师生比例与教师工作量符合国家的要求，职称结构合理，年龄结构适当，各学科教师资源满足基本教学需要，城乡区域之间教师资源基本均衡，教师职业道德水平和业务水平不断提高，教师工作质量也不断提高，教师聘任制得到实施，形成了良好的教风，教职工比例适当，教师与教辅人员相互协助，实行岗位责任制和绩效考核制度，等等。

（四）制度建设

制度建设主要看学校管理、教育教学、总务后勤、档案资料等各项制度的完善程度，即检查学校各项规章制度是否健全；党组织发挥政治核心与保证监督作用情况；民主管理与教育工作、教职工代表大会的建设及发挥作用情况；机构设置及职责划分、团结协作、工作效率情况；规划、计划的制定与实施，规章制度的建立与落实情况；档案资料齐全，使用方便，保管妥善；依法制定学校章程和发展规划，教职工按规定程序参与制定；办学目标明确，思路清晰，有实施方案及年度工作计划，实施情况良好，教职工知晓率高。

（五）各项工作管理

1. 德育工作

建立健全以校长和党委书记为首的德育工作领导机构；认真学习和贯彻《中学生守则》《小学生守则》《中学生日常行为规范》《小学生日常行为规范》《中学德育大纲》《小学德育大纲》等德育法规，形成良好校风；完善政治课教学及德育渗透其他学科教学工作，班集体建设和班主任工作，团、队、学生会工作；加强校内外教育力量的协调，健全学校、家庭、社会三结合教育；进行德育改革方面的新探索。

2. 教学工作

教学是学校的中心工作，综合督导必须重视对教学工作的督导：认真执行教学计划，课程开全，课时开足，负担合理；年级组和教研组建设完备，有效地组织教师的教学工作，组织教师参加教学管理、研究教材教法、开展教学改革的研究和实验；关注教学常规管理，如备课、上课、作业、考试以及对各种学习程度学生的因材施教的问题，教学质量不断提高；根据学生特长和兴趣爱好开展课外活动；严格学籍管理，入学率、巩固率、完成率符合要求。

3. 体育卫生工作

贯彻《学校体育工作条例》《国家体育锻炼标准》，上好体育课，开展“两操一活动”，保证每天一小时锻炼时间，培养学生锻炼习惯，增强学生体质，提高达标率；贯彻《学校卫生工作条例》和卫生保健的有关规定，培养学生良好的卫生习惯，开设生理卫生课，开展防病治病工作。

4. 美育工作

按教学计划开设音乐、美术课，在其他学科教学中渗透审美教育；开展多种类型的课外美育活动；学校环境按美育要求进行，校园整洁、美化。

5. 劳动技术教育工作

培养学生热爱劳动的习惯、热爱劳动人民的态度，是教育的一项重要工作。劳动技术教育督导的主要内容有：劳动技术课按规定开设；建立劳动教育基地（校办工厂、农场等）；组织学生参加社会实践活动，培养学生正确的劳动观念、劳动态度。

6. 心理健康教育工作

学生的良好个性和心理与学生的个人发展及其学习、生活、工作质量的提高密不可分，培养学生良好心理素质的形成也是学校教育的重要工作。督导过程中必须重视学校心理健康教育的开展情况、学生心理健康档案的建设情况、心理健康咨询室的建设情况与心理健康教师的配备情况。

7. 安全管理与教育

中小学生安全问题日益成为中小学生发展中的重大问题，对学生进行安全教育，为学生的身心健康发展创设安全的环境，成为学校、家庭、社区、政府共同的责任。学校安全教育是学校教育的重要内容，学校教育综合督导不能忽视这一方面。督导的主要内容包括：学校安全设施、设备完善情况；学校教授学生使用安全设施、设备进行逃生、自救演练；定期邀请公安机关工作人员或社区服务人员为学生讲授公共安全知识。

8. 总务工作

总务工作是为学校教育提供物质保证的工作，是学校整体工作中的重要组成部分。不能只重视教学，而忽视总务。总务工作督导主要内容有：树立为教育、教学和师生服务的思想，提高服务质量和工作效率，改善服务态度；勤俭办学，合理使用经费，执行财经制度；加强校舍、设备管理，合理利用，提高效益；因地制宜开展勤工俭学活动，多渠道筹集教育经费，改善办学条件，提高教职工福利。

（六）办学条件

办学条件是教育督导的重要内容，主要包括教育经费、校园建设与教学设备。教育经费是办学的经济保障。学校按照国家规定获得办学经费，包括生均经费和生均公用经费，除此以外，学校还应积极筹措经费，以供改善办学条件和教师生活之需。校园建设是学校办学条件的重要方面，主要包括校园硬件环境建设和校园软件环境建设。硬件环境建设指校舍建设、教育场地和其他教育教学设施都要符合国家或地方政府的要求，注意校园的整体规划，注意学校环境建设，使整个学校环境优美，景色宜人；软件环境建设包括尊师重道的校风、勤奋刻苦的学风等。同时，办学条件要适应时代发展的要求，学校教育教学设备齐全，图书资料充足，特别是现代信息技术引入到教育领域，需要一些必备的现代化教育设备，如电脑、电视、投影仪、录音录像机等。

（七）学生发展

学校教育质量主要体现在学生身心发展水平方面，这也是教育督导的根本内容。对学生身心发展水平的督导主要包括思想品德、知识能力、身体素质、心理素质与个性发展、审美意识与能力和劳动态度与技能等。

1. 思想品德

思想品德主要有道德观念和道德行为两方面。在思想观念和知识方面，热爱祖国，热爱人民，关心祖国的前途和命运，有民族自豪感和自信心，拥护党的基本路线，了解改革开放的政策，树立信息观念、竞争观念和时效观念，有为振兴中华而勤奋学习的志向和决心，学习政治理论常识，了解国内外重大时事政策；在道德行为方面，热爱集体，积极参加集体活动，认真完成集体任务，个人服从集体，维护集体名誉，团结友爱，乐于助人，遵守学校各项规章制度，遵守国家法律和社会公共秩序，文明礼貌。

2. 知识能力

教育必须使学生掌握知识、形成能力，知识能力是学生质量的重要标志。知识能力主要包括基本知识和基本技能。要求学生的基础知识、基本技能达到各科《教学大纲》要求；在掌握知识过程中，认知能力，如观察力、记忆力、想象力、注意力等也得到发展；掌握科学的学习方法，形成良好的学习习惯；在学习活动中，善于思考，有独立见解。

3. 身体素质

学生的身体素质是学生学习、生活的基础。学校必须重视体育活动以提高学生的身体素质。主要从以下几个方面来衡量学生的身体素质状况：身体形态（身高、体重、胸围等）、素质（耐力、灵敏度、速度、柔韧性等）以及抵抗疾病的能力。学生应掌握适合自己条件的锻炼方法和技能，养成锻炼习惯；有讲求个人卫生和保持环境卫生的习惯，如注意用眼卫生，不吸烟、不过量饮酒，等等。

4. 心理素质与个性发展

学生的心理素质与个性发展直接影响学生学习、生活、工作等各个方面。中小学教育中应重视学生良好心理素质与良好个性的培养。学生心理素质与个性发展督导，应注意学生的个性发展情况。学生心理素质与个性发展的要求主要有：兴趣广泛，积极参加各学科课外活动；有一定特长，在课内外活动中有突出表现；有自控力、毅力，有积极进取和克服困难的精神。同时，学校应配备心理健康咨询室与专门的心理咨询教师，建立学生的心理健康档案，定期开展心理健康教育活动，培养学生的良好心理素质，维护心理健康，提高学习、生活质量。

5. 审美意识与能力

通过美育培养学生的审美意识和审美能力，包括掌握一定的表现美的基本能力，如能够歌唱、绘画等；对自然美、艺术美有初步的鉴赏能力，对社会思想行为的美丑具有分辨能力；注意加强美的修养，如注意仪表美、语言美、行为美等。

6. 劳动态度与技能

通过劳动技术教育培养学生良好的劳动态度和劳动技能。学生良好的劳动态度和劳动技能主要表现在以下方面:热爱劳动,乐意参加劳动,不怕吃苦,尊重劳动人民;爱护劳动成果,爱护公共财物,勤俭节约,爱惜劳动果实;有一定的生活自理能力,有参加家务劳动和公益劳动的习惯和能力等。

(八) 社会评价

重视社会评价,建成学校、家庭、社会综合教育网,对于充分获得校内外的理解与支持,提高学校教育教学质量,促进学校的发展有着重要意义。在学校教育综合督导过程中,对学校教育效益的评价不仅要看到学校内的情况,还要看学校外的情况,要重视社会对学校的评价:看毕业生升学或就业后的适应情况、社区对学校的反映和用人单位对该校毕业生的反映以及学校获奖情况①。

督学主要内容亦可参阅原国家教委《普通中小学校督导评估工作指导纲要》有关规定。

三、督学的意义

(一) 促进学校管理科学化、法制化

学校管理包括上级教育行政部门对学校的行政管理和对学校自身的管理。上级政府及其教育行政部门对学校的管理一方面是运用行政手段,是以直接的权力为后盾的;另一方面是运用督导手段,以科学为基础,行政权力是辅助性的。这两方面的管理是相辅相成的。很久以来,我国只重视国家对学校的直接的行政管理,不重视国家的督导作用,并且把学校看作政府或教育主管部门的附属机构。1985 年以后,教育体制开始改革,政府及其教育行政部门对学校的直接管理权开始缩小,中小学校管理体制实行了校长负责制,学校管理自主权增大。这在客观上要求国家对学校既要有直接的行政管理,也要以督导的方式对学校进行监督和指导。为保证学校管理科学化,需要充分发挥督学职能的监督、指导职能,及时发现学校教育教学工作中的问题,及时沟通,加以解决,以保证学校教育能够遵循身心发展的教育规律科学开展育人工作。除此之外,随着教育法制建设的逐步完善,依法治校也成为学校管理的重中之重。督学就是要促进教育行政部门法治意识增强,依法行政,帮助学校建立依法决策、民主参与、自我管理、自主办学的工作机制和现代学校制度,不断推进学校管理法制化。

(二) 有利于端正办学思想

片面追求升学率是一种违背教育规律,忽视全面发展,单纯以提高学生升学率的办学倾向。它危害学生的身心健康,把他们引向只注重死记硬背知识的发展道路上,使教育脱离为社会发展服务的轨道,对国家教育资源是一种极大的浪费。

毫无疑问,教育具有选拔功能,这种选拔功能是促进社会有序流动的重要机制。考试是教育选拔功能得以实现的重要途径。追求升学率是一种正常现象,但问题是过分追求升学率,就危害了学生身心和教育的健康发展。学校教育综合督导对抑制片面追求升学率的错误倾向具有重要的作用。综合督导是对学校教育的全面评价和监督,不仅要看结果,也要看过程,既要看升学成绩,也要看平时成绩,既要看学生的学业表现,也要看教师的教学水平以及学校领导的表现,等等,也就是要全面地督导一所学校的教育工作,包括管理、教育、教学、校长、教师、学生、职工等诸方面。全面督导,可以使学校坚持正确的办学方向,引导学校面

---

① 黄崴.教育督导学[M].北京:中国人民大学出版社,2008:275-280.

向全体学龄儿童和少年，使学生在思想品德、智力、体力等方面全面健康发展，促进国民整体素质的普遍提高。

（三）有利于增强学校办学活力

通过对中小学教育工作的综合督导，各类学校办学水平高低、工作优劣在一个统一的标准之下能够比较客观地、具体地体现出来，既使先进单位看到自身的不足之处，又使后进单位看到自己的可取之处，从而采取切实可行的措施，使先进更先进，后进赶先进，有效地开展校际竞赛。同时，在校内，各项具体工作也可以通过评价展开竞争。这样，学校办学的活力就增强了。在评价指标体系中，学校各项具体工作都有一些量化了的或较具体的评分标准，学校各部门可根据标准，分析自己工作的优缺点，有利于提高各部门工作积极性，也有利于改变过去树立典型、表彰先进只靠推荐评选，缺乏科学依据的现象。学校综合督导工作逐渐加强对群众关注的热点问题、重点问题的督导，努力化解各种矛盾，把教育督导与人大的依法监督、政协的民主监督和社会的舆论监督结合起来，共同营造促进教育健康发展的民主氛围，同时在依法办学、办学质量和效益等方面对学校提出要求的基础上，进一步发挥学校优势，形成自我约束、自我发展的机制，规范办学行为，提升办学层次，促进学校自主、协调发展。

（四）有利于促进学校的均衡发展

《中华人民共和国义务教育法》明确规定“国务院和县级以上地方人民政府应当合理配置教育资源，促进义务教育均衡发展”，还规定“人民政府教育督导机构对义务教育工作执行法律法规情况、教育教学质量以及义务教育均衡发展状况等进行督导”。教育的均衡发展必然落实到学校的均衡发展上，学校发展的不均衡体现在学校的各项工作的水平不一上，例如办学水平不一、教育教学质量不一、组织管理水平不一、学生的发展水平不一等。在教育法律法规的指导下，开展学校教育综合督导，有利于发现学校发展的不均衡，作为上级政府与教育行政部门在制定教育均衡发展的方针政策时有所偏重的依据，以进行有倾向性的帮助与指导，同时帮助学校有针对性地改善教育教学，实现学校的均衡发展，促进学生的均衡发展。各级各类学校应当将学校综合督导评价结果的运用作为提高督导实效的关键环节来抓，促进学校办学行为的不断规范、管理水平的不断提高。根据本地中小学分布、教育资源、师资水平等实际以及督导结果，集中区域内优质教育资源，使城区优质学校与农村学校组成联动体和教育学区，共享优质资源，校际差距得到缩小，教育教学水平得到提高①。

第三节　评价监测职能

一、评价监测的含义

教育质量评价监测也称教育质量监控，“是指监控组织通过对本国关键年龄段学生学习的若干主要课程在一定时间间隔内进行的抽样测试，及时发现可能存在的质量问题，以便教育决策部门调整教育政策、控制教育行为，从而稳定与提高国家教育质量的过程”②。

---

① 黄崴.教育督导学[M].北京：中国人民大学出版社，2008：271-274.

② 苏红.国际基础教育质量标准：趋势、类型及对我们的启示[J].中小学管理，2011(12)：20-23.

20世纪70年代以来，对学生学业质量实施监测，越来越受到世界各国和一些国际组织的重视。如经济合作与发展组织的国际学生评价项目（PISA），主要测量义务教育即将结束时的年轻人（15岁）为走向社会而准备的知识和能力情况，评价的主要领域为阅读素养、数学素养、科学素养，评价周期为3年，每个评价周期对一个领域进行深入评估，其他两项则进行综合测评，并从质量和公平两个视角分析整个教育体系、学校和家庭等不同层面因素对学生成绩的影响，评价结果则主要用于改进教育政策。进入21世纪以来，我国开始逐步重视基础教育质量的监测工作，并积极探索通过教育质量评价监测促进教育质量提高。2002年，“义务教育质量监测项目”启动，2007年，经中央编办批准，教育部依托北京师范大学，成立了基础教育质量监测中心，负责我国的基础教育质量监测工作。2010年，《国家中长期教育改革和发展规划纲要（2010—2020年）》提出“制定教育质量国家标准，建立健全教育质量保障体系”。2013年，《中共中央关于全面深化改革若干重大问题的决定》提出“深入推进管办评分离”，“强化国家教育督导，委托社会组织开展教育评估监测”。2014年，国务院教育督导委员会办公室印发《深化教育督导改革转变教育管理方式的意见》，在教育督导督政、督学的基础上，明确提出了教育督导的另外一个工作内容——评价监测，要求建立教育督导部门归口管理、专业机构提供服务、社会组织多方参与的专业化教育质量评价监测体系，对各级各类教育进行科学、系统、权威的评价监测，为改进教育教学、管理、决策提供依据和支撑。2017年，国务院印发《国家教育事业发展“十三五”规划的通知》以及《对省级人民政府履行教育职责的评价办法》，提出要进一步完善评价监测制度体系。由此，教育评价监测作为教育督导的“一员”被政策文件定格于教育督导体系中，成为教育督导体系的有机组成部分①。

科学的评价监测，是发现问题的手段，是有效开展督政、督学工作的前提和基础。要提高教育质量，教育质量监测是抓手，也是途径。通过评价监测，全面准确把握教育质量的状况，诊断教育质量存在的问题并探究原因，为教育决策提供科学依据。并在此基础上，不断探索教育发展、人才成长和教育管理的规律，将有助于引导全社会树立正确的人才观和教育质量关。《深化教育督导改革转变教育管理方式的意见》中指出，评价监测要重点做好四项工作：一是统筹规划教育质量监测工作，建立健全各级各类教育质量监测指标体系。完善基础教育质量监测标准和工具。建立县域义务教育均衡发展监测制度和对地方政府发展教育事业情况监测制度。二是根据各级各类教育的发展现状和实际需要，开展教育质量监测工作。开展全国义务教育阶段学生学习质量监测以及学前教育、高中阶段教育质量监测，对高等教育、职业教育依法办学、教育质量及资源配置的情况进行监测。三是培育和扶持一批专业评价机构，引导社会力量参与教育质量评价监测。四是加强教育质量监测国际交流，积极参与国际组织的教育质量监测项目。

二、评价监测的主要内容

目前，世界各国都越来越重视对基础教育质量的监测，并力图通过质量监测来推进基础教育的改革与发展。根据国际经验，非常有必要建构具有中国特色的基础教育质量监测体系，即结合学业能力测试和背景信息的大规模教育评价，为教育决策提供科学、有效的信息，

---

① 杨文杰，范国睿.教育督导制度改革：1977—2020[J].教育发展研究，2017（21）：1-15.

及时纠正教育改革和发展中任何不利的趋势以应对激烈的国际竞争。

教育部基础教育质量监测中心自2007年成立以来，围绕学生数学、语文、科学、英语学习质量和心理与体质健康状况，有计划、分步骤、分学科地完成了不同规模和范围的测试。2012年，中心开展了我国第一次全国性的监测，建立了我国第一个全国性的基础教育质量数据库。根据我国基础教育的实际状况和基本国情，借鉴国际基础教育质量监测的经验，现阶段对我国基础教育质量的六个方面进行监测，监测内容包括学生德智体美及影响因素等各个方面，而不仅仅是对学生学业成绩的测试。具体介绍如下：

第一，学生的思想品德和公民素养。对基础教育阶段学生在自尊、自强、遵纪守法、诚实守信、保护环境、积极参加公益活动、具有社会责任感等思想品德和公民素质方面进行监测。

第二，学生的身体和心理健康水平。对基础教育阶段学生的身体形态、机能、素质、体育锻炼和个人健康习惯等身体健康方面进行监测，同时也对学生的情绪、意志品质、个人行为习惯、与他人交流合作等心理健康方面进行监测。

第三，学生的学业水平和学习素养。不仅对基础教育阶段学生各学科的学业水平进行监测，同时也对学生的学习兴趣、学习习惯、学习方法等方面进行监测。

第四，学生的艺术素养。对基础教育阶段学生参与艺术活动的兴趣、审美情趣、艺术欣赏与表现能力等方面进行监测。

第五，学生的实践能力和创新意识。对基础教育阶段学生的动手操作能力、在实践中运用所学知识的能力以及创新意识和创新能力等方面进行监测。

第六，影响学生发展的教育环境与社会环境。对基础教育阶段学生的动手操作能力、在实践中运用所学知识的能力以及创新意识和创新能力等方面进行监测。

三、评价监测职能意义

开展教育评价监测，是执行中央决策、落实国家意志的要求。《中共中央关于全面深化改革若干重大问题的决定》提出“深入推进管办评分离”，“强化国家教育督导，委托社会组织开展教育评估监测”。《国家中长期教育改革和发展规划纲要（2010—2020年）》提出“制定教育质量国家标准，建立健全教育质量保障体系”。根据中央决策和规划要求，2015年4月，国务院教育督导委员会办公室印发《国家义务教育质量监测方案》，标志着国家义务教育质量监测制度正式建立，这项工作成为国家实施基础教育的重要制度。

开展教育监测评价，是实现教育现代化、加强教育治理的重要举措。国家教育现代化目标的实现，离不开评价监测的支撑，需要建立现代化的质量保障体系。在教育部出台《关于深入推进教育管办评分离促进政府职能转变的若干意见》中，作为“管办评”教育治理格局的重要一环，评价监测工作体制机制的建立，有利于通过发布质量监测结果，督促政府落实教育责任，推动教育科学决策，促进教育法律法规体系和执法体制机制不断健全，促进教育标准、监管、评价、督导、投入保障、教师队伍建设等基础性制度体系不断完善，引导社会树立正确的教育质量观念，营造依法治教、支持教育改革发展、促进学生健康成长的良好氛围。

开展教育监测评价，是提高教育质量、促进教育公平的迫切需要。长期以来，由于没有国家的监测标准，既没有完整的指标体系，也没有基于标准和指标组织大规模的监测，因此无法获取反映教育质量状况的客观数据。过去单纯以成绩和升学率为标准评价教育教学质量，不全面也不科学；对教育质量存在的地区差别和城乡差别，也不能有效判断并诊断存在的问题及其根源。通过教育质量监测评价，我们就能够准确地掌握区域或学校教育质量现状，在政策制定、资源投入、教育教学改革等方面更加有效地开展工作，为持续提高质量、促进公平提供依据和支撑①。

本章小结

教育督导职能是教育督导所具有的职责与功能。不同国家、不同历史时期教育事业发展所面临的任务不同，教育督导的职能定位也会有所不同。目前，我国教育督导具有督政、督学和评价监测三种基本职能。不同层级的教育督导机构，其职能定位的重心也不一样。每一种职能的践履皆具有很高的专业化要求。有效地践履教育督导职能，对于保障与促进教育事业发展具有非常重要的意义。

练习思考题

一、多选题

教育督导基本职能包括(　　)

A. 督政　　B. 督学

C. 评价监测　　D. 政策制定

二、填空题

教育督导督学职能是指县级以上地方人民政府对本行政区域内的学校和其他教育机构________工作的督导。

三、名词解释

1. 督政含义
2. 督学含义
3. 评价监测含义

四、论述题

1. 论述督政的主要内容及其意义。
2. 论述督学的主要内容及其意义。
3. 论述评价监测的主要内容及其意义。

① 林仕梁. 强化教育督导职能，完善国家教育监测制度[J]. 人民教育，2017（15）：96-97.

第五章　教育督导基本过程

学习目标

通过本章学习,需要了解教育督导基本阶段、教育督导工具、教育督导报告撰写方法,以及如何对教育督导结果进行反馈与应用。

学习指导

本章学习的重点内容是教育督导的流程,实地调研阶段的主要方式。教育督导计划的内容和制定原则是学习的重点,也是难点。学会撰写教育督导报告是检验本章学习效果的重要方式。

建议学时

2 学时

教育督导是由一系列活动组成的,每一活动在教育督导工作中都具有阶段性特征与要求,这样就形成了教育督导活动的基本环节。概括起来,教育督导活动主要有准备阶段、实地调研、撰写督导报告、督导结果反馈与应用四个基本环节。

第一节　教育督导准备阶段

一、教育督导计划的编制

编制督导计划是督导准备工作的核心,它是根据督导活动的任务、目的以及实现的目标所采取的一系列规则、步骤和方法。

(一) 制定教育督导计划的意义

教育督导工作范围甚广,内容复杂,且政策性强,要使督导工作顺利进行并达到预定的目标,取得良好效果,就必须在思想和物质等方面做好充分的准备。

1. 保证正确的工作方向

教育督导的任务是对下级人民政府的教育工作、下级教育行政部门和学校的工作进行监督、检查、评价和指导,以保证国家有关教育方针、政策和法规的贯彻执行和教育目标的实现。

教育督导工作一定要坚持目标导向和问题导向，紧紧围绕教育改革发展的重大决策部署，瞄准需要解决的难点和热点问题，认真制定督导计划，精心研制督导工具，确保取得预期成效。制定计划需要克服督导工作的随意性，避免督导人员目标不清或凭主观意志进行督导，以保证教育督导正确的工作方向。

2. 实现教育督导工作的科学化、规范化

通过制定教育督导计划，可以使教育督导工作按照一定的合理程序，科学地、有条不紊地进行，避免教育督导工作出现片面性、盲目性和随意性。一般说来，形成督导计划，要经过科学的预测，分析存在的根本性问题，然后确立督导目的和督导内容，明确督导的重点和督导步骤，形成指导督导过程的周密、系统和全面的计划。

通过制定教育督导计划，也利于实现教育督导的规范化。教育督导部门作为教育的监督、指导部门，严明的计划是做好工作的不二法宝。以计划为指导，把涉及面广、内容复杂、有相互联系的督导工作连贯起来，并按照一定顺序开展督导活动，将使教育督导活动有序、协调发展，逐步走上正规化和规范化的轨道。近年来，教育部先后出台了《教育督导人员十不准》和《教育督导检查地方接待十不准》，有效规范了教育督导工作纪律，树立了教育督导系统的良好形象。

3. 提高教育督导的工作效率

依据教育督导计划，教育督导人员在督导过程中可以有计划、有步骤地做好监督检查、评价监测、反馈、整改、报告和结果运用等各个环节的工作，提高教育督导工作实效。

（二）制定教育督导计划的原则

1. 民主性

教育督导是多方参与、多主体参与的活动。督导过程中的参与主体涉及教育行政部门、教育督导机构、社区（街道办）机构、学校、学生、家长，以及其他一些相关的利益群体。因此，在制定教育督导计划过程中，需要综合多方的时间、意愿、工作计划，通过民主参与的形式进行共同协商，保证各主体能够在督导过程中有效参与。

2. 客观性

客观性原则要求督导计划的编制要符合客观实际。督导计划要从督导机构和被督导机构单位的客观实际出发，设置合适的目标、时间、场地、参与人员等。根据不同单位的情况，也可对评价指标、评价方式等进行适当调整，以保证对被督导单位进行客观的监督、检查、评价。同时，编制督导计划应与本部门及上一级教育督导部门的工作计划相结合，避免工作的重复和冲突。

3. 科学性

教育督导计划的制定应以科学的教育理论和方法为指导，设置科学合理的评价目标、评价工具和评价指标体系，以保障教育督导计划、方案的科学性与有效性。确定评价项目与指标体系时，必须坚持定性与定量相结合的分析方法，能定量表述的尽量定量表述，不能定量的不要勉强，因为“量化”并不能完全反映复杂的教育现象。在确定人员分工与督导步骤时，要各司其职、各负其责。统筹兼顾各方面工作，既能保证全面又能突出重点，使计划尽可能科学、完善、周密。

4. 灵活性

教育督导计划在实施中难免遇到可变性因素，督导计划毕竟属于事先制定的观念形态的内容,在督导实施过程中进行必要的调整也是正常的。因此,教育督导计划需要留有一定的变化余地,以便于教育督导人员在不影响大方向的情况下,灵活、机动地推进计划的实施。例如,访谈时间、地点、对象的临时变化等。

5. 可行性

编制教育督导计划要保证现有资源和条件能够满足计划执行的需求,使其能够得到顺利执行。计划的可行性是以民主性、客观性、科学性、灵活性为前提的,教育督导计划的可行性包括环境可行、经济可行、政策可行、技术可行和道德可行等几个方面。

(三) 教育督导计划的内容

编制教育督导计划应主要包括以下六项内容:

1. 督导目的

教育督导目的是教育督导行动的依据,是结合政府部门、教育行政部门的工作规划和安排,而确立的一种未来行动所要实现的结果状态。目的应当简要、明确、切实和便于实现。切忌笼统、抽象、烦琐、含混和空洞。

2. 督导事项

教育督导事项是根据教育督导目的而确立的任务内容与行动举措。教育督导事项有先后、难易、轻重之别。确定的督导事项既要力求全面,又要突出重点。

3. 督导对象

督导对象的确定有两种方式,一种是在督导工作计划前确定好的,另一种是根据督导目的和督导事项,确定需要接受督导的是哪些单位。《教育督导条例》指出,教育督导的任务是:对下级人民政府及其有关职能部门的教育工作,下级教育行政部门、学校和其他教育机构及其举办者的工作,进行监督、检查、评价、指导,保证国家有关教育方针、政策、法规的贯彻执行和教育目标的实现。这就明确规定了教育督导工作的对象包括三个方面:一是下级政府及其有关部门,二是下级教育行政部门,三是学校和其他教育机构及其举办者。教育行政部门实际上也是政府的组成职能部门、政府教育工作的归口部门和指挥部门,只是教育行政部门的特殊性,值得将其从政府的其他职能部门中分离出来,置于突出的地位,专列予以讨论和评价①。这些都需要在教育督导计划中说明。原则上,督导通知下发后不得变更。

4. 参与人员

根据督导对象的实际情况和现有督学队伍情况,成立督导小组,合理安排督导人员。考虑需要多少督学参与督导活动,专职督学、兼职督学、特约督学的比例为多少,是否根据需要聘请其他人员,等等。如需抽调其他教育行政人员、学校领导和教师参与督导,也应明确安排。对于承担特殊工作任务的人员,更应在计划中加以明确。参加督导的人员名单应明确列入计划,确保把具体工作落实到每个成员,最后将人员组成及分工写入督导计划。

5. 督导日程

结合工作计划及被督导单位的工作特点,设置几个重要的时间节点,包括督导通知的发布时间、督导单位的自评时间、督导活动的开展时间和督导结果的公布时间。不论哪种类型

---

① 周德义.论教育督导的几个关系[J].当代教育论坛(学科教育研究),2007(05):8-12.

的督导，都应有时间限制。对学校的督导，还要充分考虑学校工作的特殊性，参照上课时间表安排督导时间。

6. 相关方案

一个完整的督导计划，应该是全面具体，在充分考虑各部门、人员参与配合的基础上，保证教育督导过程中人、财、物的到位。最终，在结合以上内容的基础上，制定督学培训方案、宣传预案、安全预案、经费预案等。

（四）制定教育督导计划的步骤

1. 确定督导主题

确定督导主题，是确定督导的中心内容、核心、主旨等。督导主题须因时、因校而异。首先，需要督查国家重大决策、方针政策颁布后的实施情况；其次，考虑教育现状、社会关注的热点教育话题，清查问题，督查问题解决情况；最后，依据地方教育行政部门的教育常规，对一些基本的教育方针、制度的执行情况进行督导。

确定主题时，可以征询教育行政当局或有关业务处室的意见。无论采用何种方法，通过何种渠道确定督导主题，均须进行分析比较，区分主次轻重缓急，选取其中主要的或是当务之急的内容，作为督导主题。

2. 确定督导目的

确定督导目的，是考虑为了什么开展督导活动，以及督导活动最终要达到什么效果。督导目的须依据督导主题，避免督导主题与目的之间的偏差。找到了督导主题，便应提炼明确的督导目的。督导目的明确了，督导工作的各个方面都必须围绕这个目的来进行，不能越轨，不许离题，以保证督导效果。

3. 草拟督导计划

一份完整而且行之有效的计划书是指导督学更好开展工作的一个重要指标。有目标才有方向，有计划才有手段。督导计划包括督导目的、督导对象、督导事项、督导时间安排、督导工具与标准的确定、参与督导人员的组织分工、工具资料的准备等，都要一一考虑就绪，然后写出计划草案。草拟的督导计划须与年度工作计划相协调，须考虑各部门与督导对象的工作安排等，后续可根据具体情况继续调整。

4. 审议、报批督导计划

确定督导计划草案后，应与有关部门、专家和参加督导的人员，共同商讨，或用开会、通信等方式，向有关单位或专家征询意见，虚心请教，然后对考虑不周的部分一一加以修正。待计划完善后，再提请教育行政主管领导审核、批示。

领导审批督导计划，要深思熟虑、潜心研究，计划是否十分周到，是否规定了要检查的所有问题，调查工作的方针与方法是否正确，督导人员能否在规定的期限内完成任务，然后根据这些情况作出必要的指示、补充意见和评语。督导计划草案经领导审慎地研究、批准后，即为正式计划。

5. 印发正式督导计划

正式督导计划确定后，应及时印发给每个督导人员，同时抄送有关单位，并通知被督导单位。通知内容包括督导的目的要求、主要内容、日期、人员组织，以及对被督导单位的要求等。督导计划印发的时间，一般在正式督导开始之前半个月至一个月。

二、督导工具与技术的准备

（一）调查问卷

调查问卷又称为调查表或者询问表，其通过提问题的方式系统地记录调查内容。问卷调查法常用于需要在较大范围进行调查、获取相关信息的问题。借助问卷调查，一方面能够在短时间内收集大量数据，节省时间、人力和财力；另一方面通过对数据进行统计处理和分析，能够直观反映调查结果，从问卷上了解被调查者的想法、态度和行为。在督导工作中，调查问卷作为一种重要的量化工具被广泛运用。例如，在对学校进行综合督导时，教育督导人员往往会设计学生问卷、教师问卷和家长问卷，在实地督导前会提前利用问卷收集数据，初步了解学校的各项情况。

（二）访谈提纲

“访谈是一种有目的性、个别化的研究性交谈，是通过研究者与被研究者口头谈话的方式从被研究者那里收集第一手资料的一种研究方法。”①访谈是通过面对面交流获取信息的一种重要方式，也是一种使用方便、行之有效的沟通方法和技能，访谈分为个别访谈和小组访谈。访谈是质性研究中收集资料的重要方式。

在督导过程中，督学可以对校长、教师、员工、学生进行访谈，或者召开学生、教师、家长座谈会，了解学校管理、教育教学等方面的情况，获得不同群体对学校各项工作的评价意见。

访谈过程是一个耗费时间的过程，一个有效的访谈往往要做好充分的准备，包括抽取访谈对象、确定访谈时间和地点，建立访谈联系、设计访谈提纲等。设计访谈提纲的前提是教育督导人员对督导目的、督导对象有了基本的了解，而通过提前设计访谈提纲，帮助督导人员在访谈过程中的提问更有结构性和层次性，最终获取想要收集到的信息。访谈提纲是督导人员访谈的“支架”，但在具体的访谈过程中，还需要教育督导人员根据现场情况适当使用，灵活变通。

（三）评价指标体系

评价指标体系是指由表征评价对象各方面特性及其相互联系的多个指标，所构成的具有内在结构的有机整体。

设计评价指标体系，主要包括确定督导内容、指标分解、确定指标权重三个阶段。通过构建教育督导评价指标体系，选择评价内容中最能反映评价对象本质特征的因素，对评价内容进行归类，并附以评分细则。对每项指标进行量化考核和打分，其结果既能够反映被督导单位在不同项目上的表现，还可以从综合得分上反映被督导单位的整体工作成果，并在不同督导对象间进行对比分析。

评价指标体系要求兼具科学性和可操作性。其科学性是指评价标准的测量结果具有较高的信度和效度；可操作性是指用当前的技术手段、设备可以取得测量结果。其中，科学性主要表现在：(1)评价指标的方向性，即是否符合教育方针和素质教育的方向；(2)评价指标的一致性，即一级指标与评价目标一致，下级指标与上一级指标一致；(3)同一层次指标的独立性；(4)评价指标体系的完整性，包括下一层次指标全面反映上一层次指标，指标体系全面反映评价目标。可操作性主要表现在：(1)评价程序是否规范；(2)评价时间确定是否

---

① 杨威. 访谈法解析[J]. 齐齐哈尔大学学报(哲学社会科学版)，2001(4)：114-117.

恰当;(3)评价计划行文是否规范,语言是否简明扼要①。

评价指标体系的实施主体可以分为被督导者与督导者,即自我评价和他人评价。自我评价是对督导对象进行评价的重要手段,通过自我评价过程,及时发现自身所存在的优点和问题。他人评价是督导者从外在立场上依据指标对被督导单位的客观、全面评价。

2012年,教育部督导办印发了《中小学校素质教育督导评估指标体系框架(试行)》(见表5-1),此后,全国各级督导机构依照框架体系,分别制定了适用于地区的素质教育督导评价体系,成为素质教育评价的重要工具。此外,根据评价项目和内容的不同,各级督导机构在综合督导及各类专项督导中,也会制定相应的督导评价体系,实现督导评价工作的专业性、科学性和公正性。

表5-1　中小学校素质教育督导评价指标体系框架

指标和权重	内容要点
办学思想(10%)	树立德育为先,能力为重,全面发展的育人理念。遵循教育教学规律,办学思路清晰,工作目标明确
制度建设(15%)	制定学校发展规划,建立以服务教学、服务学生为导向的岗位责任制度;全员参与、全面考查的学校自评制度;科学有效的教育质量评价机制和学生综合素质评价机制;切实可行的学校安全、卫生管理制度
规范办学(15%)	严格执行教育法规政策,依法维护教学秩序和学生教育权利。义务教育学校不设重点班,不增加课时和课程难度。不组织学生节假日、双休日集体补课。不对学生考试成绩排名。不以学生成绩和升学率作为唯一依据评价教师。不违规收取各种费用。无重大安全事故发生
德育与活动(20%)	制定有递进层次、适合学生年龄特点的德育目标、德育计划,德育渗透于教育教学各个环节。科学安排学生学习、生活时间,保证学生每天校园体育活动不少于一小时。学校、家庭、社会教育紧密结合,有效开展校内外活动,师生参与面广
课堂教学(20%)	严格执行课程方案,开足开好规定课程。开展启发式、探究式、讨论式等多种形式教学,重视校本课程开发使用。关注学生不同水平和个性差异,对学生进行科学评价和分类指导。合理安排课内外作业和考试次数
办学成效(20%)	学生的学习和活动得到保障,学校办学特色突出,德育的针对性、实效性增强,教育教学效果显著,学生、家长和社会对学校的满意度不断提高;学生良好品质逐步形成,学业成绩进步幅度大,学习、实践和创新能力提高;体质健康达到规定标准;审美情趣和人文素养逐步提升;各年级学生全科合格率、毕业年级学生毕业率和按时毕业率达到规定要求

(四)活动记录表

活动记录表是记录督导考察的主要内容,记录要点,并对各项内容进行评分的重要指南。根据督导内容的不同,活动记录表一般会有不同的形式。活动记录表通常包含活动项目、项目评分细则、项目最高分值、评分者打分和活动意见反馈等几大项。

① 刘淑兰.教育评估和督导[M].上海:华东师范大学出版社,2000.71-72.

在对学校的督导活动中，大多时候需要督学走进课堂，感受学校教学，观察学生的课堂反应，详细记录课堂情况。课堂记录表也是后期评价和反馈的重要依据，往往需要督学提前携带听课记录表，做好听课记录。督导中，督学走进的课堂往往也会根据督导内容的不同，不拘泥于传统的学科教学课堂，还可能走进班（队）会课堂，学生兴趣社团等。一份课堂记录表，通常包括听课时间、地点、授课教师等基本信息，还包括课堂的教学目标、教学内容、教学过程、学生活动、教学技能、教学效果，以及相应的评分标准细则、分值比重、打分。课堂记录表的最后，还需要评分者留下评分意见或建议。根据课堂内容或形式的不同，课堂记录表一般还会有其他形式，在此不一一列述。

（五）活动反馈表

反馈是督学参与活动的心得记录，是对参与活动的意见集合，也是被督导者问题改进的参照表。心理学研究中证明，反馈在自我调节学习中有重要作用，有效的反馈能提高学习者的学习动机水平。“上司不当督导会通过抑制下属的反馈寻求行为进而影响下属的绩效。”①而一项准备充分的督导活动，通常伴随着活动反馈表。督导结束后，会对这些活动反馈表进行收集整理，作为撰写督导反馈意见和督导报告的重要参照。

三、督导工作组织与动员

督导前的准备工作主要包括以下几个方面：成立督导工作小组；开展教育督导培训；下发督导工作通知；征询被督导单位的意见；召开督导准备工作会议；被督导单位准备督导材料；检查与督促各项工作的准备与落实情况。其工作基本流程如图 5-1 所示：

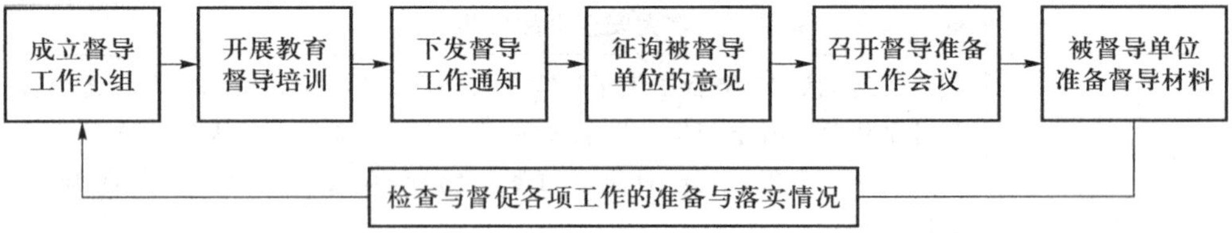

图 5-1　督导准备工作流程

（一）成立督导工作小组

督导小组由 3 名以上督学组成，确定参与督导的专职督学、兼职督学和特约督学人员名单。教育督导机构可以根据需要联合有关部门实施专项督导或者综合督导，也可以聘请相关专业人员参加专项督导或者综合督导活动。一般应包括：督导部门的负责人；相关部门代表；教育行政领导机关人员；教育研究部门人员。如果实施的是大型的综合督导，一般会根据督导内容的不同，在“督政组”“督学组”划分的基础上，再进行细致分工。

（二）开展教育督导培训

督导活动前，为使参与督导的人员明晰督导的目的、方针、评价指标体系，掌握相应的政策思想、评价理论和方法，需要对教育督导人员开展工作培训。培训内容一般包括：(1) 学习相关政策或文件；(2) 学习“评级指标体系及细则”；(3) 学习评价工具的使用方式；

① 申传刚，马红宇，杨骤，等. 上司不当督导与下属绩效：反馈寻求行为和学习目标定向的作用[J]. 心理学报，2012，44(12)：1677-1686.

(4) 了解被督导单位的基本情况;(5) 统一对督导目的和意义的认识;(6) 明确人员分工和纪律要求。除教育督导人员需要接受培训外,教育督导对象也要接受一定的培训。通常由教育督导室组织被单位的负责人,开展关于自评工作、督导准备工作的培训,让被督导单位通过自评工作促进各项工作有效改进,同时保障督导工作顺利开展。

(三) 下发督导工作通知

教育督导机构实施专项督导与综合督导,应当事先向被督导单位发出书面督导通知。如果开展综合督导,教育督导部门会委托学校向街道办事处发送综合督导通知和征求意见表。

(四) 征询被督导单位的意见

在督导通知下发一周以后,督导部门应该主动征询被督导单位的意见与建议,并根据情况,可对督导工作计划做适当的修改与调整。对于一些重要的意见与建议,要做好记录,以便在实际督导工作过程中给予重点关注与解决。

(五) 召开督导准备工作会议

教育督导室召开的督导动员会一般要求督学、被督导单位、相关街道办、相关科室等部门的负责人参加,保证参与人员对督导工作知情,认识督导工作的重要性和严肃性。通过督导动员会下达各部门责任分工,便于各部门着手准备督导前的准备工作。

各部门在接到督导工作的相关任务要求后,会在本单位(部门)召开督导动员会,将督导通知和精神下达给本单位所有教师(职工),安排督导准备工作的步骤,划分职责,调动全体力量着手准备各项材料。

(六) 被督导单位准备督导材料

被督导单位根据督导要求和评价指标体系准备督导材料,整理归类,提炼重点。如果教育督导机构要求被督导单位组织自评,被督导单位应当按照要求在督导前期进行自评,并将自评报告报送教育督导机构,督导小组对被督导单位的自评报告进行审核。

(七) 检查与督促各项工作的准备与落实情况

检查与督促工作包括阶段性与结果性两种形式。督导组组长在督导通知下发以后,应该定期对各项工作的准备情况进行检查与监督。向参与教育督导工作的人员介绍具体的督导日程安排,明确人员的责任分工,以及被督导单位迎接督导的准备情况。组织督学审阅被督导单位的自评报告、自评报告书等材料,了解学校情况,确定访谈对象,拟定访谈提纲。

在召开督导工作准备会议之际,对各项工作准备的结果做最终的监督和检查。下发督导相关资料,主要包括学校自评资料和各类表格。在督导评价工作开始前,将资料发给将参与督导工作的所有教育督导人员。为保证督导工作的顺利完成,应提前一周完成所有的督导准备工作。

第二节　实地调研督导阶段

教育督导评价时间原则上为期 2 天,特殊情况(如学校规模过大、校区数量较多等)经向教育督导室领导申请批准,可调整为 3 天。

实地调研督导阶段主要包括以下几个方面:听取负责人汇报,一般由主要负责人介绍本单位的基本情况;分组开展工作,收集相关信息;对收集的信息进行初步的分析与整合;退离

调研实地。在调研过程中,组长督学对督导小组工作情况进行监督与调控。基本工作流程如图 5-2 所示:

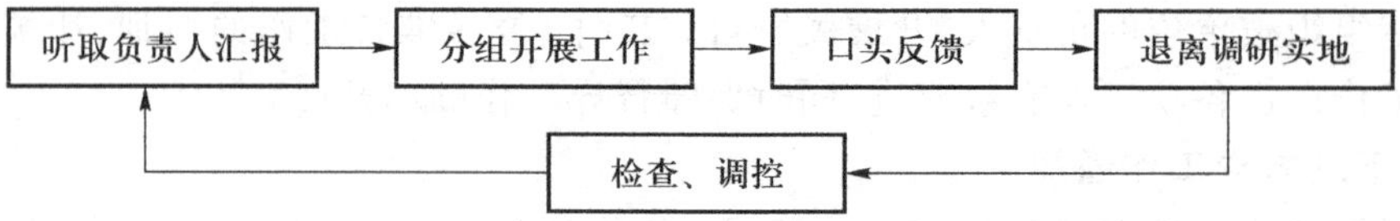

图 5-2 教育督导实地调研过程

一、听取负责人汇报

对被督导单位进行督导时,一般由单位的主要负责人进行汇报,例如对学校进行督导时,一般是由校长进行汇报。负责人根据自评结果,介绍本单位的基本情况,汇报近 3 年取得的主要成绩与经验,总结出目前面临的主要问题,帮助与会人员进一步了解单位的基本信息。除督导人员外,参加对象有学校代表、教育行政部门负责人、学生家长、社区代表等。自评报告会时间一般控制在 45 分钟内。

二、分组开展工作

(一)随堂听课

对学校开展督导时,教育督导人员进入课堂听课,是查看教师授课水平和学生课堂状态的重要内容。学校发展性教育督导评价的听课要求是,做到全学科、全班级覆盖,每位督学在中小学听课 2—3 节,在幼儿园观察 1 个班级的半日活动,并在规定时间内完成书面汇总信息。督导人员还应同时加强对教师教案、学生课堂笔记和作业的检查力度,观察班级教育环境等。督导听课活动不仅是对教师课堂教学情况进行评价,也要从课堂观察的具体信息中分析学校教育、教学的管理情况。

(二)查阅资料

督导过程中,需要督学调阅被督导单位的相关文件和档案材料,凡涉及指标的资料皆为查阅范围。按照评价指标体系,督导小组会进行任务分工,按小组分别检查负责指标的资料。督导人员应特别关注被督导单位提供的原始材料,如行政例会记录、员工工作手册、活动记录等为必看内容。综合督导或专项督导一般需查阅被督导单位近 3 年的工作资料。对学校的督导,需要查阅的资料内容主要包括学校发展规划与计划、学校干部队伍、教师队伍建设情况、学校组织机构制度建设、教育活动管理、资源管理、教科研管理、安全管理和学校发展绩效等。通过查阅资料,教育督导人员能够相对充分地掌握被督导单位的发展现状,了解工作进展、方法、经验、成果和不足,作为评价的重要依据。

(三)召开座谈会

督导除了发挥督学人员的外部评价机制,还要充分发挥评价人员的主体作用,注重相关利益群体参与督导的积极性,例如学校干部、教师、学生、家长及社区代表等,增强评价过程的主体性和民主性。因此,教育督导机构实施专项督导或者综合督导,应当征求公众对被督导单位的意见,召开座谈会或者采取其他形式专门听取学生及其家长和教师的意见,应在督导期间召开社区家长、学生、教师、教研组长等座谈会。

座谈法一般以小组的形式进行，又称焦点小组访谈法，即采用小型座谈会的形式，挑选一组具有同质性的群体，由一个经过训练的主持人以一种无结构、自然的形式与一个小组的具有代表性的对象进行交谈，座谈会人数控制在10人以下，时间控制在半小时至1小时。参与座谈会的学生、家长、教师、社区代表可以由召开座谈会的督学随机制定。座谈会过程中，督学除了按照访谈提纲科学地提出有效问题，还需要根据现场反应和气氛，以灵活的访谈技巧获得真实有效的评价信息，以防弄虚作假。

（四）个别访谈

个别访谈，是指督学与个别访谈对象独立进行的访谈活动，具有保密性强、访谈形式灵活、调查结果准确、访问表回收率高等优点。为深入了解被督导单位的情况，获得一些主观性的认识和看法，个别访谈是督学常用的一种收集信息的方式。每位督学在督导评价中都要根据督导工作的具体要求，从全局出发，合理安排被访人、时间、地点。例如，对学校的督导，可以分别选择学校领导者、干部、教师、学生、家长、街道办负责人等进行个别访谈。

个别访谈有以下几点优势：(1) 获取的信息更加深入、详细和全面；(2) 可以进入访谈对象的内心，了解他们的心理活动和思想观念；(3) 深入地了解行为发生的背景和影响行为的广泛决定因素；(4) 督学有更多机会分享和了解应答者的观点，以及他们在更广泛问题上的信念、经历等。

（五）调查和测试

为全面收集信息，获得不同类型数据，督学通常还会广泛选择学生、家长、教职员工、社区群体进行问卷调查。为实现问卷调查的便捷性，教育督导部门多采用网络问卷调查的方式。问卷的发放与收集，应由专门督学进行协调与监督，被督导单位及相关部门应给予积极配合。

问卷调查或者测试，一方面要考虑抽选样本的广泛性、代表性；另一方面需要考虑调查对象的特征，即选择的调查和测试是否适合调查对象填答。例如，幼儿园与小学1—3年级的学生就不适合参与问卷调查，他们在理解题目表述和问卷填答上都会存在一定困难。

（六）巡视校园环境

全体督导人员必须根据各自负责的领域，有重点地进行现场观察，观察内容涉及教师办公室环境、专用教室、图书馆、阅览室、风雨操场、学生入校、升旗仪式、午餐、三课两操两活动等。通过现场观察，了解学校常规活动是否符合要求，能否组织有序、有效，学校基础设施是否齐全，学校的卫生环境、教师办公环境、学生学习环境是否符合要求，校园文化建设环境是否体现学校特色，学生活动场地是否存在安全隐患，等等。

除考察以上基本内容外，学校作为教书育人的地方，校园环境是校园文化最为直接的体现，校园中的每一座建筑、每一处景点，都成为一种思想的传递，一种文化的表达。优美的校园环境总能以“无声胜有声”的育人效果，熏陶感染着师生，丰富净化着师生的灵魂。学校是否充分开发与利用校园环境，打造符合学校特色的育人环境和学校文化，已经成为督导调查与考核的重要内容。在参与活动中，督学要细心观察、留心发现，并及时填写活动记录表。

三、口头反馈

信息反馈。在初步的意见与结论形成以后，督导组应该向迎评小组对督导组进校后发现的问题以及督导工作的进展情况进行口头反馈。口头反馈的信息必须做到客观、准确，对于一些需要进一步考证以及深入分析才能够获得的结论,不宜以口头的方式进行反馈。督导人员在小组汇总基础上,再进行大组交流,由主管督学负责对信息不对称情况进行重点协调与反复核实。对于一些重要的、复杂的信息或问题,一定要待评估小组经过后续的讨论与分析后,才能够以书面报告的形式予以反馈。

四、退离调研实地

督导按计划开展后,要按规定时间,在不影响被督导单位正常工作或学校正常教学秩序的前提下,教育督导人员退离调研实地。在退离调研实地前,负责人须将督导过程中填写的各种表格,包括活动记录表、活动反馈表等收集完毕。待后期做详细的资料整理,并作为督导报告撰写的重要依据。

第三节　督导信息处理与撰写报告阶段

离开被督导单位后,教育督导室应尽快召开进校督导工作总结会议,并明确下一阶段的任务安排。督导后期主要工作内容包括如下几个方面:召开督导工作总结会议;调研数据统计与分析;撰写督导报告。其基本工作流程如图 5-3 所示:

图 5-3　教育督导后期主要工作内容与流程

一、召开督导工作总结会议

督导工作总结会议是衔接督导中与督导后两个阶段工作非常重要的一个环节。督导工作总结会议不仅要总结督导工作经验与存在的问题,还需要对下一阶段任务做出明确的安排,其中包括对子报告撰写的任务进行分工,规定完成与提交子报告的时间以及确定总报告撰写的人员等。

二、调研数据统计与分析

(一) 问卷统计分析

督导通过问卷调查的方式收集量化数据,在对收集的数据进行统计分析之前,必须完成数据准备阶段。数据准备是研究者进行统计分析之前的一个重要步骤。主要目的是确认研究数据的正确性,确保研究数据的完整性与可用度。数据准备可以分成数据核查与清理,以及数据整备两个阶段。

第一,为确保数据输入的正确性,研究人员必须适时进行数据检核的工作。数据核查方式分为过程检核和终点查核两种,数据核查的目的是确保数据输入过程的正确无误,可以说是甄别错误的过程。

第二,遗漏值处理。遗漏值或不完全数据是量化研究中最容易出现且干扰结果分析的一个问题。遗漏值发生的原因很多,可能是作答者的疏忽,拒绝作答,或者是数据收录出现的失误。遗漏值的处理方式有事前预防法、删除法、取代法、虚拟变量法。

完成数据处理与查核，便可选用适当的统计方法进行分析检验。而选择正确的统计方法是进行数据分析的首要工作。统计方法一般多涉及卡方、t 检验、方差分析等。

（二）访谈信息分析

首先，筛选访谈信息。督导小组将采集的信息进行筛选、审查、核对。首先，对于访谈收集的信息进行整理，剔除无效信息；其次，核对相关信息有没有遗漏；最后，确定信息的全面性、真实性和有效性，确定信息能否用于督导结论。

其次，对信息进行整理归类。在信息筛选的基础上，督导小组需要对信息进一步整理和提炼。结合指标体系和评分细则，以数据统计和文本信息相结合的形式，统计调查结果，将同一指标的信息归集到一起。

最后，督导小组根据问卷统计分析与访谈信息分析结果，结合被督导单位的自评报告、现场考察情况和公众的意见进行评议，形成初步督导意见，在组内讨论通过。

三、撰写督导报告

（一）督导报告的撰写程序

专项督导或者综合督导结束，督学需要根据督导评价目的和评价标准，在对督导过程中收集的信息进行整理后，在共同讨论的基础上，根据督导小组的初步督导意见，综合分析被督导单位的申辩意见，撰写出反映督导对象实际的重要内容，形成督导报告初稿，报督导室领导审阅，最后形成正式的督导报告，以文件形式上报有关部门，下发学校，并在本地区教育网上进行公告。

教育督导机构向本级人民政府提交督导报告；责任督学还要负责做好督导学校的资料归档工作，并上交教育督导室统一归存。县级以上地方人民政府负责教育督导的机构还应当将督导报告报上一级人民政府教育督导机构备案。

（二）督导报告的内容

督导报告应包括督导任务、督导过程、典型经验、突出问题、督导结论以及督导建议等。我国教育督导报告的行文格式上一般分为四个主要部分：一是在督导报告的开头，简述本次督导的时间、地点、目的、督导小组名称或人员、督导对象及督导内容等；二是肯定被督导单位已经取得的成绩；三是指出被督导单位仍然存在的问题；四是提出整改或指导性的意见和建议①。

（三）督导报告的功能

教育督导报告主要有以下四点功能：(1) 汇报工作。教育督导人员通过教育督导报告的形式，如实向有关领导机关（包括上级教育督导部门、上级政府及其教育行政部门）汇报督导评价的情况。(2) 反馈结果。督导报告是反映被督导单位教育工作或质量总体水平的呈现形式，其中既要肯定成绩，又要指出不足和改进建议。(3) 总结经验。教育督导中，对于被督导单位的积极经验和成功做法要进行宣传和推广，对于一些共性问题，需要提醒教育行政部门进行重视，建议教育行政部门予以集中解决。(4) 积累资料。教育督导报告需要最后留档保存，作为历史资料给日后工作提供指导和借鉴②。

---

① 朱琦，杨辛，蔡雯卿.问题与探析：当代教育督导研究[M].天津：天津教育出版社，2006：166.

② 苏君阳.教育督导学[M].北京：北京师范大学出版社，2012：223-224.

（四）督导报告的撰写要求

1. 反映真实情况

督导报告的撰写要在基于调研、观察、数据分析等大量真实有效的证据基础上，真实反映政府的教育工作能力、业绩，或者学校的教育教学成果、特色，不得伪造数据与结论。

2. 评价客观公正

督学在整理信息数据和撰写督导报告的过程中，应秉持客观公正的原则，避免因个人的感情和主观判断，影响到信息的筛选和最后的结论。在撰写过程中，阐述的观点都要严格符合国家和地方的教育法律、法规和政策的要求，紧密结合督导单位的实际。多发挥团体智慧，不断地听取团队人员的意见，规避少数人的主观意志。

3. 发挥指导价值

督导工作具有高度的权威性，督导报告是对学校各项工作评价的正式性回应，也是指导学校下一步工作改进的指导范本。因此，督导报告的价值是在客观指出督导对象优点、问题的基础上，进一步提出改进方向和改进策略，体现督导报告的针对性和可操作性。督导报告作为传递评价反馈信息的重要载体，能对学校发展中存在的瓶颈问题作出正面回应，可以极大地激发学校在督导评价活动中的“积极心理”①。一份能回应学校问题的报告，能有效激发学校督导后的发展动力，指导学校走出发展问题的困境，帮助学校寻找到新的发展空间。

4. 行文简明扼要

督导报告最终是要上报给同级和上级人民政府的规范性文本，具有较高的严肃性、规范性和权威性，因此，督学在形成督导报告的时候往往是“字斟句酌，反复推敲”。首先，明确肯定学校的发展成果，清晰指出学校要解决的问题是什么。其次，扼要阐述问题产生的原因，即让学校知道发生此问题的主要原因，包括主观的、客观的、历史性的、现实的等方面。最后，对问题的解决提出方法、策略和建议。

在实际督导工作中，除了督导报告，还可以通过督导意见书、督导工作报告的形式来总结督导工作。在学习中，对它们三者进行区分，有助于更好地了解督导报告的撰写特点。

第四节　督导结果的反馈与应用阶段

关于督导结果的反馈与应用，我国《教育督导条例》有以下规定：“第二十条，督导小组应当对被督导单位的自评报告、现场考察情况和公众的意见进行评议，形成初步督导意见。督导小组应当向被督导单位反馈初步督导意见；被督导单位可以进行申辩。第二十一条，教育督导机构应当根据督导小组的初步督导意见，综合分析被督导单位的申辩意见，向被督导单位发出督导意见书。督导意见书应当就督导事项对被督导单位作出客观公正的评价；对存在的问题，应当提出限期整改要求和建议。第二十二条，被督导单位应当根据督导意见书进行整改，并将整改情况报告教育督导机构。教育督导机构应当对被督导单位的整改情况进行核查。”

---

① 汤赤.需求视角下的学校督导报告撰写[J].教育测量与评估，2012(5)：9-12.

一、督导结果的反馈

督导结果反馈，就是将督导结果告知被督导对象，同时上报上级教育主管部门。反馈的形式可以是书面的，也可以是口头的。口头反馈主要适用于督导工作过程之中，而书面反馈主要适用于督导工作结束之后。

反馈的内容除了肯定被督导单位的工作成绩和突出成果，指出督导过程中发现的主要问题，还需适当地给出整改建议或意见。

督导的结果是否应向全社会进行公布，除了要征求相关部门的同意以外，还应该符合相关政策与法律上的规定，根据实际情况的需要，既可以以督导报告全文的形式进行全面详细的反馈，也可以以督导报告摘要的形式进行反馈。督导部门应该在督导组撤离学校的 15 个工作日内把督导评价的结果以报告全文的形式反馈给被督导学校。

二、督导结果的应用

督导结果的应用阶段，指的是被督导单位根据督导报告中提出的问题与建议，进行具体的改进与落实。整改阶段主要内容有：被督导单位制定整改计划；被督导单位落实整改措施；督导部门进行复督；结果应用。具体流程如图 5-4 所示：

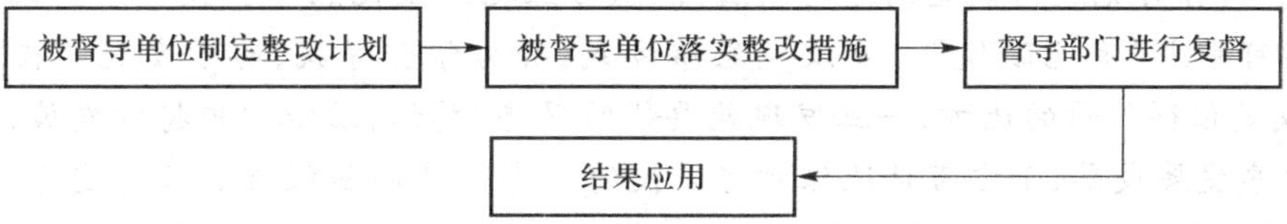

图 5-4　教育督导整改阶段工作内容与流程

（一）被督导单位制定整改计划

督导报告下发后，被督导单位在教育督导部门规定的时间内，与单位成员共同协商制定“整改计划”。首先，整改计划应具有针对性，回应督导报告提出的主要问题。其次，整改计划应具有可操作性，每一项任务与目标都应该有明确的时间规定以及具体的改进措施，在整改期限内能达到一定的整改效果。最后，整改计划需要上报教育督导室，由办公室转给各相应督导小区。

（二）被督导单位落实整改措施

在规定的时间内，一般是一年，由被督导单位依照整改计划落实整改措施。在被督导单位改进计划制定过程中，要有不同群体的参与，计划中规定的任务与目标必须明确，责任分工必须清楚。采取具体的措施和办法，对问题进行深入改进。

（三）督导部门进行复督

整改时期结束后一年内，教育督导室将组织督学进行回访，进行复督或核查。听取校长汇报学校一年来的主要改进情况，有针对性地对学生、教师、干部进行个别访谈，查阅资料等验证“整改计划”落实情况，并填写督导回访表。复查结果会收入档案，并上报教育主管及上级部门。

（四）结果应用

对于督导过程中发现的个别学校的问题，以及学校亮点，可通过跟踪反馈来强化结果应用。通过宣传推介,引导学校之间相互交流学习,起到"以点带面、横向迁移"的作用,既整改问题,又总结成绩,共同进步。

本章小结

教育督导主要包括准备、实施、撰写报告与反馈四个阶段。在教育督导前期,教育督导人员需要根据督导活动任务、目的编制一系列的规则、步骤与方法,准备督导过程中所需的问卷、访谈提纲、评价指标体系等工具,并做好督导前的组织与动员工作。在教育督导中期,教育督导人员需要通过听取负责人汇报、查看教育教学活动、查阅资料、召开座谈会、进行个别访谈等展开全面深入调查,力求对被督导单位做出客观公正的评价。在教育督导后期,教育督导人员需要整理督导过程中的信息,形成督导报告,并将督导结果反馈给被督导单位。

拓展阅读

慧眼识"亮点" 达思维共识

责任督学肩负"督"与"导"的责任。在督导过程中,发现好亮点推介好亮点同发现问题同样重要。要努力克服只偏重问题的做法,注意防止把此校优点与彼校不足相比较的思维定式,切不可带上"有色眼镜"。要改变思维方式,努力学会寻找、善于发现学校工作中的"亮点",或是值得传承的地方,一旦发现就要帮助提炼、总结,助推学校持续发展,还要推介好亮点,共享发展成果,千方百计地保护好学校的教育热情和积极性。只有这样,我们才会带着平和的心态,用"慢慢走,多欣赏"的眼光看学校,在交流中多了解学校的工作,这样学校也会觉得付出的辛勤努力被发现、被理解、被接纳。内心的接近才会带来同僚的认同,此时的沟通才是开放的,才会主动敞开心扉、提出困惑、探寻良策、接纳意见,做到"有话好说",努力不断改进和创新学校的工作。在我们视野中才能发现每所学校在发展中都有着不同的内涵和动人的故事,做到慧眼识"亮点",带给我们的是别样感动和对教育的精心思考与熟悉帮助。

实践证明,没有平等的交流,就换不来真诚的接纳,即使找准了问题,但还是不能解决问题,达不到整改的效果。凭借"亮点",沟通思维才能走向共识。

资料来源:上海督导工作月刊,2017 年第 5 期。

练习思考题

一、多选题

1. 评价指标体系的科学性主要体现在(　　)

A. 评价指标的方向性　　B. 评价指标的一致性

C. 同一层次指标的独立性　　D. 评价指标体系的完整性

2. 评价指标体系的可操作性主要体现在(　　)

A. 评价程序是否规范　　B. 评价时间确定是否恰当

C. 评价计划行文是否规范　　D. 语言是否简明扼要

二、填空题

1. 编制教育督导计划应主要包括以下 6 项内容：________、________、________、________、________、和________。

2. 制定教育督导计划，主要遵循的原则是________、________、________、________和________。

3. 评价指标体系是指由________各方面特性及其相互联系的多个指标，所构成的具有内在结构的有机整体。

三、简答题

1. 请简述制定教育督导计划需要遵循的原则有哪些。

2. 在教育督导工作开展的过程中运用的工具主要有哪些？

3. 实地调研主要有哪些形式？

四、论述题

1. 试论述教育督导计划主要包括哪些内容？

2. 请论述教育督导报告的撰写要求。

第六章　教育督导人员

学习目标

通过本章学习，需要了解教育督导人员专业化的基本概念，掌握教育督导人员的几种角色作用、教育督导人员专业化的内容，以及教育督导人员权威的构成与类型。

学习指导

本章学习重点内容是教育督导人员的几种角色作用，教育督导人员专业化。教育督导人员的权威及其类型既是本章内容的重点，也是难点。

建议学时

2 学时

教育督导人员是教育督导活动的主体，其角色定位、职责践履与作用发挥的状况，对于教育督导工作顺利开展及其质量提升具有非常重要的影响。本章内容包括四方面：(1) 教育督导人员的含义与类型；(2) 教育督导人员的角色；(3) 教育督导人员专业化；(4) 教育督导人员的权威。

第一节　教育督导人员的含义与类型

教育督导人员有广义和狭义之分。广义上，教育督导人员泛指参与教育督导过程，并承担一定教育督导职责的所有人员，除督学外，还包括家长、社区代表、教研员等相关利益群体代表①。管理学意义上的相关利益群体，是指组织外部环境中受组织决策和行动影响的任何相关者的集合。这里是指教育事业的发展与其自身利益密切相关的、有权开展教育督导活动的人员的集合。狭义上，教育督导人员又称督学，是受县级以上人民政府聘任和任命，教育督导机构指派，代表同级政府、教育行政机构对下级政府、教育行政部门和学校进行检查、督促、评价、指导工作的人员。

我国督学主要包括专职督学、兼职督学和责任督学。由于教育督导工作兼具政策性和专业性，而且涉及面广，工作量大，在教育督导人员的设置上，一般以专职督学为主，并根据

---

① 苏君阳.教育督导学[M].北京:北京师范大学出版社,2012:112.

需要聘用一定数量的兼职督学，随着督学责任区建设，又出现了一部分对学校进行经常性督导的责任督学。

1. 专职督学

专职督学即全职督学，是指在教育督导系统中，专门从事教育督导工作的人员。《督学管理暂行办法》规定专职督学由县级以上人民政府按照干部人事管理权限和程序任命，其中并没有关于专职督学任期的规定。

2. 兼职督学

兼职督学由县级以上人民政府教育督导机构根据教育督导工作需要聘任，并颁发聘书和督学证。兼职督学的任期为 3 年，可以连续任职，连续任职不得超过 3 个任期。

3. 责任督学

2013 年 9 月，我国开始推进挂牌督导制度，国务院督导委员会办公室下发《中小学校责任督学挂牌督导办法》，特别规定：县（市、区）人民政府教育督导部门（以下简称教育督导部门）为区域内每一所学校设置责任督学，对学校进行经常性督导。责任督学主要从在职和退休的校长、教师、教研人员和行政人员中遴选，由教育督导部门聘任，颁发督学证，实行注册登记，直接管理。设立责任督学，是延伸教育督导触角，及时发现和解决学校改革发展中出现的问题，提高教育质量，实现学校内涵发展的重要举措。

专职督学和责任督学的督导对象指向政府及有关部门、各级各类学校，主要进行综合督导和专项督导；责任督学的督导对象则直接指向其挂牌督导的学校，实行经常性督导。《督学管理暂行办法》《中小学校责任督学挂牌督导办法》有关于督学和责任督学的职责要求（见表 6-1）。

表 6-1　督学和责任督学的职责要求

督学的职责要求	责任督学的职责要求
（1）对政府及有关部门履行教育职责情况进行督导。 （2）对各级各类学校教育教学工作情况实施督导。 （3）对师生或群众反映的教育热点、难点等重大问题实施督导。 （4）对严重影响或损害师生安全、合法权益、教育教学秩序等的突发事件，及时督促处理并第一时间报告上级教育督导部门。 （5）每次完成督导任务后，及时向本级教育督导机构报告督导情况，提交督导报告。 （6）完成本级人民政府及教育督导机构交办的其他工作事项。 ——《督学管理暂行办法》	责任督学的基本职责： （1）对学校依法依规办学进行监督。 （2）对学校管理和教育教学进行指导。 （3）受理、核实相关举报和投诉。 （4）发现问题并督促学校整改。 （5）向教育督导部门报告情况，并向政府有关部门提出意见。 责任督学的督导内容： （1）校务管理和制度执行情况。 （2）招生、收费、择校情况。 （3）课程开设和课堂教学情况。 （4）学生学习、体育锻炼和课业负担情况。 （5）教师师德和专业发展情况。 （6）校园及周边安全情况，学生交通安全情况。 （7）食堂、食品、饮水及宿舍卫生情况。 （8）校风、教风、学风建设情况。 ——《中小学校责任督学挂牌督导办法》

第二节 教育督导人员的角色

我国各级教育督导机构是行使教育督导职能的专门机构，依法对教育工作进行监督、检查、评价、指导。督学是教育督导的主要执行者，其在督导过程中主要发挥着监督者、评价者、引领者、指导者的作用。

一、监督者

教育督导的重要职能之一是监督，督学由同级政府授权，代表同级政府，根据教育行政法规对下级政府、教育行政部门和学校贯彻执行国家相关教育方针、政策和法规的情况进行行政监督、检查。我国提出教育实行“管评办”分离的原则，即政府依法治校、校长依法办校、社会依法评校。而督学作为监督者则是依法评校、依法督政的重要组成部分，是教育督导制度本质的体现。

《教育督导条例》中规定，我国教育督导实行“对政府履行教育工作相关职责的督导与对学校教育教学工作的督导并重，监督与指导并重”的原则。因此，教育督导人员的第一项任务就是作为监督者，对政府及有关部门、各级各类学校进行监督。对政府及有关部门的监督，即“督政”，通过考察义务教育普及水平和均衡发展情况，各级各类教育的规划布局、协调发展等情况，监督政府及有关部门履行教育职责情况。对各级各类学校的监督，即“督学”，主要是通过经常性督导、专项督导和综合督导的方式，考察学校以下内容：(1) 学校实施素质教育的情况；(2) 教育教学水平、教育教学管理等教育教学工作情况；(3) 校长队伍建设情况；(4) 教师资格、职务、聘任等管理制度建设和执行情况；(5) 招生、学籍等管理情况和教育质量；(6) 学校的安全、卫生制度建设和执行情况，校舍的安全情况；(7) 教学和生活设施、设备的配备和使用等教育条件的保障情况；(8) 教育投入的管理和使用情况。

督学作为监督者，重在通过对以上各项内容的监督，保障我国各项教育政策、法律法规得到有效贯彻实施，保证有关行政部门做好教育的各项保障和服务工作，保障学校依法依规办学。同时，围绕社会、家长普遍关注的教育热点、难点问题开展调研，提出意见和建议；挖掘总结学校先进经验和典型事例，在学区范围内广泛宣传，推动学区内教育质量的有效提升。

二、评价者

在教育督导过程中，督学作为评价者，依据相关的评价指标体系或督导任务要求，通过定性评价、定量评价的方式，真实客观地评价政府及有关部门、各级各类学校相关工作的开展情况，形成督导意见书反馈给被督导单位，并将最终的督导报告反馈给本级人民政府，向社会公布。

在综合督导或专项督导中，督学发现被督导单位的优势和不足，形成反馈意见，由教育督导单位向被督导单位发出督导意见书，对存在的问题，提出限期整改要求和建议。督导结束后，教育督导单位向本级人民政府提交督导报告，督导报告包括督导结果、学校整改情况等。此外，我国县级人民政府负责教育督导的机构根据本行政区域内的学校布局设立教育督导责任区，指派督学对责任区内学校的教育教学工作实施经常性督导。经常性督导中发现违法违规办学行为或者危及师生生命安全的隐患，督学会及时督促学校和相关部门处理。教育督导人员的评价不仅对被督导单位的工作整改起到指导作用，还是对被督导单位及其主要负责人进行考核、奖惩的重要依据。

教育督导人员的评价者角色是监督者角色的延伸，是在监督过程中发现问题、提出问题的基础上，进一步以专业的视角给出评价结果和改进建议，成为考核被督导单位工作情况的重要方式。

三、引领者

督学在教育督导过程中，还将以自身的行政权威、专业权威、技术权威和道德权威，发挥引领作用，给被督导者以政策引领、专业引领和道德引领。

首先，督学发挥着政策上的引领作用。一方面，督学作为政府行政人员，基于工作的要求，熟悉掌握国家的法律法规和相关教育政策，了解最前沿的政策动向，具有政策上的专业优势；另一方面，相对于一线教育工作者来说，他们是政策的传达者，给被督导单位以政策上的引领，帮助学校把握好、实施好相关法律法规和政策要求。

其次，督学发挥着专业上的引领作用。一方面，他们一般是来自工作绩效突出，从事10年以上教育管理、教学或者教育研究工作的优秀教育者，并且具有较强的组织协调能力和表达能力。在教育领域，督学通常以其专业上的优势和能力赢得同行的尊重和认可。另一方面，督学在督导过程中，不仅要对学校规划、队伍建设、教育教学管理、安全卫生等各方面进行专门考察，还需要从专业角度，有针对性地提出相应的建议或解决策略，以此发挥专业引领作用。

最后，督学发挥着道德上的引领作用。他们以其自身的道德素养、客观公正的行事作风以及博大真挚的教育情怀赢得同行的敬重。

四、指导者

教育督导以“导”为主，具有“督”“导”并行的双重作用，教育督导的最终目的是帮助和指导下级政府、教育行政部门和学校更好地贯彻国家的教育方针，依法治教，努力提高办学水平和教育质量。督学作为“导”的实施主体，发挥着指导者的角色作用。

督学指导的内容主要包括以下几个方面：(1) 指导被督导对象了解、熟悉我国的教育法律法规和政策要求，保证依法治教、依法办学、依法治校，制止并纠正被督导对象存在的违反教育法规和政策的行为；(2) 指导下级政府、教育行政部门和学校树立科学的人才观、质量观、价值观，努力提升办学效益和教育质量；(3) 指导学校管理和教学工作，指导学校的教职工队伍建设；(4) 对社会或师生反映的教育热点、难点等重大问题实施监督和指导；(5) 介绍先进的教育理念、办学方式和成功经验，宣传和推广适合本地实际的经验和案例；(6) 指导被督导单位开展督导自评，撰写自评报告。

美国学者比奇和莱茵哈茨认为“督导是以协作关系与教师和其他教育工作者展开合作，从而提高学校的教学质量，并促进教师职业发展的一个复杂过程”。即他们认为督导是督导员和教师在相互交流中共同成长的一种互惠过程，督导员不是一个可以处理一切问题并且知晓万事的上司，相反，由于督学一般均为较资深的校长、教师和教研人员，他们在教育督导工作中，能比较广泛地了解有关学校的办学特色，会将其中一些学校宝贵的办学经验传送给其他学校。从而,督学起到一种催化剂的作用,指导、支持或鼓励教师,并和他们一起不断成长①。

从监督者、评价者,到引领者、指导者,教育督导人员在督导过程中将四种角色融于一身,通过督导的方式,将外部监督的力量转化为被监督者内在的发展动力,以外部的问题发现、引领指导带动学校的问题改进,促进学校内涵发展和区域教育质量提升。

第三节 教育督导人员专业化

一、专业化的含义

"专业化是一个社会学概念,其含义是指一个普通的职业群体在一定的时期内,逐渐符合专业标准、成为专门职业并获得相应的专业地位的过程。"②社会学家涂尔干指出:"在高等社会里,我们的责任不在于扩大我们的活动范围,而在于使它们不断集中,使它们朝着专业化的方向发展。我们必须划定我们的范围,选择一项确定的工作,全心全力地投入进去。"因此,专业化是从"职业"向"专业"转换的一个动态过程,该过程需要多主体共同努力,不断丰富专业知识,提升专业技能,规范专业道德,获得专业自主权。

二、专业化标准与内容

(一) 专业化标准

专业化标准是衡量职业是否发展成熟并成为一门专业的依据。广义上讲,它包括了专业知识、能力,专业自主,以及要经过长期的专业训练并形成成熟的专业组织等;从狭义上讲,它于我们所说的应具备的能力等概念是一致的③。

美国社会学者格林伍德(C.E.Greenwood)认为专业化需要具备的是:(1) 系统的知识体系;(2) 专业的判断标准;(3) 专业的道德及信条;(4) 获得社区的认可;(5) 一套专业的文化。

班克斯(O.Banks)在《教育社会学》中认为专业的标准有六项:(1) 须有长期的专业训练;(2) 有确定的知识领域;(3) 具有伦理规范;(4) 强调服务重于利益;(5) 具有专业资格的限制;(6) 具有相当的自主权④。

全美教育协会(National Education Association)提出的专业化标准包括以下内容:(1) 属于高度的心智活动;(2) 具有特殊的知识领域;(3) 受过专门的职业训练;(4) 经常不断地在职进修;(5) 把工作视为终身从事的事业;(6) 以服务社会为最高目的;(7) 设有健全的专业组织⑤。

林清江认为专业的标准主要有六项:(1) 系统而明确的知识体系;(2) 长期的专业训

① 陈德祥.姜玢玢.欧阳荣华.美国中小学教育行政[M]北京:中国人民大学出版社,2013:107.

② 教育部师范教育司. 教师专业化的理论与实践[M].北京:人民教育出版社,2003(1):45.

③ 褚宏启. 中国教育管理评论:第3卷[M].北京: 教育科学出版社, 2005:233.

④ O. Banks, The Sociology of Education[M].London: Batsford, 1968:157.

⑤ National Education Association.Division of Field Service"The Yardstick of a Profession", Instiutes on Professional and Public Relations, Washington D. D. ,NEA, 1948:8.

练;(3) 适度的自主权力;(4) 为公众提供重要的服务;(5) 选择组成分子、组成自治团体;(6) 遵守伦理信条①。

由上,我们认为,教育督导人员的专业化标准是指教育督导人员符合督学的任职要求,具备教育督导领域的系统知识,有规范的专业道德,在工作中有相当的自主权,长期进行着专业训练,能够不断自我超越,提高督导服务质量。教育督导人员的专业化标准主要包括道德素质、岗位知识和岗位能力三个方面②。

(二) 专业化内容

1. 专业知识与能力

专业知识与能力是教育督导人员专业化的基础。教育督导人员的专业知识与能力主要包括四个层面:一是教育督导的基本知识,包括督导的目的、内容、过程、方法等职业知识与能力;二是国家教育方针、政策、教育法规、教育财政等方面的基本知识及相应的业务能力;三是关于教育基本理论和实践的知识与能力,包括学校管理、教育教学、课程、卫生与健康、学生心理、教师专业发展等;四是具有相应的岗位能力,包括独立工作、观察判断、组织协调、表达能力等。

《教育督导条例》和《督学管理暂行办法》中关于督学专业知识与能力方面的要求有:熟悉教育法律、法规、规章和国家教育方针、政策,具有相应的专业知识和业务能力;熟悉教育督导业务,掌握必要的检查指导、评价验收以及监测方面专业知识和技术;具有大学本科以上学历,从事教育管理、教学或者教育研究工作 10 年以上,工作实绩突出;具有较强的组织协调能力和表达能力。

专业知识与能力是教育督导人员从业的基础,是发挥教育督导职能的重要保障,也是教育督导人员在专业化道路上需要经过学习、培训、积累不断提升的重要内容。

2. 专业道德

专业道德是指专业人员在专业环境下应具备的行为规范和道德品质的总称。《教育督导条例》和《督学管理暂行办法》中关于督学专业道德方面的要求有:坚持党的基本路线,热爱社会主义教育事业;热爱教育督导工作,能够深入一线、深入学校、深入师生开展教育督导工作;督学实施教育督导,应当客观公正地反映实际情况,不得隐瞒或者虚构事实;坚持原则,办事公道,品行端正,廉洁自律。

专业道德是教育督导人员在督导过程中的行为准则。教育督导人员热爱教育督导事业、坚持办事原则、秉持客观公正性是保障自身道德权威,影响教育督导结果有效性的重要因素。

3. 专业自主

教育督导人员的专业自主是在督导工作中享有自主开展工作的权力,即教育督导人员在工作时能利用专业知识和能力对被督导对象进行监督、检查、评价和指导的权力。专业自主是教育督导人员工作自主性的表现,也是发挥创造性、激发主动性的基础。

《督学管理暂行办法》第十一条中明确规定,督学受教育督导机构指派,实施教育督导时可行使以下权力:(1)就督导事项有关问题进入相关部门和学校开展调查;(2)查阅、复制与督导事项有关的文件、材料;(3)要求被督导单位就督导事项有关问题作出说明;(4)采取约谈有关负责人等方式督促问题整改落实;(5)对被督导单位的整改情况进行监督、检查。

---

① 朱琦.杨辛.蔡雯卿.问题与探析:当代教育督导研究[M].天津:天津教育出版社,2006:79.

② 黄崴.教育督导学.北京:中国人民大学出版社,2010:112.

实现教育督导人员的专业自主，一方面需要外在法律、制度对其职权行使的保障，以及保证教育督导机构的独立性；另一方面，需要教育督导人员发挥内在的主动性，通过主动学习、积极行使职权强化自身的专业自主性。

4. 专业训练

专业训练是教育督导人员从"职业"走向"专业"的必经之路。教育督导人员的专业训练是教育督导人员在工作的同时，通过自主学习或培训等形式，不断学习教育理论、政策、督导知识等，使自身的专业知识与能力不断提升，实现自身的专业化发展。

我国教育督导人员的培训形式有岗前培训和在岗培训。在训练内容上，《督学管理暂行办法》第二十二条提出培训主要内容包括：(1)教育法律、法规、方针、政策、规章、制度和相关文件；(2)教育学、心理学、教育管理、学校管理、应急处理与安全防范等相关理论和知识；(3)评价与监测理论、问卷与量表等工具开发在教育督导工作中的应用；(4)督导实施、督导规程和报告撰写等业务知识；(5)现代信息技术的应用；(6)教育督导实践案例。《督学管理暂行办法》中规定督学每年参加集中培训时间累积应不少于 40 学时。

在专业训练中，一方面，需要将岗前培训和在职培训有效结合，并适度发展职前教育；另一方面，需要教育督导人员在实践工作中不断总结、反思，深入学习最新的国内外教育理论与实践知识，以自我教育实现专业发展。

5. 专业服务

教育督导人员专业化发展最终体现在服务教育改革与发展的水平上。教育督导以实施素质教育，提高教育质量，促进教育公平，推动教育事业科学发展为最终目的。为实现这一目的，教育督导人员要有学生发展、学校发展以及社会教育质量整体提升的专业服务观念和专业服务能力。

教育督导人员的专业服务主要体现在教育督导人员对学校发展的指导作用上，即教育督导人员根据国家教育方针和学校的现有条件、能力，从校园安全、学校办学理念、学校规划、各项规章制度、校园文化建设、教育教学活动、课程建设、教师专业能力等方面，考察学校教育是否符合、能否满足学生发展需要，从专业化的角度，提供改进建议，指导学校改进工作，以促进学校的内涵发展。

教育督导人员的专业服务能力和水平是提升教育督导队伍影响力、推动教育督导事业科学发展的助推器。为此，教育督导人员需要明确自身的岗位职责，提升专业服务意识和能力。

三、专业化的保障

（一）严格选拔方式

表 6-2 英国、美国和中国的督学遴选条件

国别	英国	美国	中国
遴选条件	(1) 女王督学：女王督学是国家督学，一般来说具有硕士学位，有较高的学术声望，有很强的管理能力、分析能力和写作能力，有丰富的经验，有很强的解决实际问题的能力，年龄在 30—49	(1) 美国的教育督导人员分为两类：一类是教育行政人员兼任教育督导人员，一类是专职督学。兼职督学人员有学	《教育督导条例》第七条规定，督学应当符合下列条件：(1) 坚持党的基本路线，热爱社会主义教育事业；(2) 熟悉教育法律、法规、规章和国家教育方针、政策，具有相应的专业知识和业务能力；(3) 坚持原则，办事公道，品行

续表

国别	英国	美国	中国
遴选条件	岁，身体健康。 (2) 注册督学：具有督学资格；有5次以上参与督导评价活动的经验；有评价英语、数学、科学等学科的经历；有较强的分析能力、管理能力和写作能力。每3年进行一次考核，合格者留任。 (3) 督学：具备4年的教学经验和学校管理经验，有指导能力、管理能力、评价能力以及写作能力。须有注册督学培训，考试合格后，由教育标准局颁发督学证书，70%的时间用于帮助指导所在地区的学校教育教学工作。 (4) 非专业督学：来自非教育领域，没有学校管理和教育教学经验。非专业督学参与督导过程，参与调查学生和家长提出的问题，与家长、社区互动，参与各种座谈会，但不对学科教学进行评价，以保证督导的独立性和客观性	监、副学监和校长。 (2) 各州都建立了督学人员资格证书制度。专职督学任职资格主要包括：具备硕士学位；主修过教育行政、教育督导、教育心理学、教育测量与评价、教学方法等课程；有2—10年的教育教学经验	端正，廉洁自律；(4) 具有大学本科以上学历，从事教育管理、教学或者教育研究工作10年以上，工作实绩突出；(5) 具有较强的组织协调能力和表达能力；(6) 身体健康，能胜任教育督导工作。 除以上条件外，《督学管理暂行办法》第六条规定，督学还应达到以下要求：(1) 热爱教育督导工作，能够深入一线、深入学校、深入师生开展教育督导工作。(2) 熟悉教育督导业务，掌握必要的检查指导、评估验收以及监测方面专业知识和技术。(3) 能够保证教育督导工作时间

本表格内容根据如下参考文献整理而成：

苏君阳.教育督导学[M].北京：北京师范大学出版社，2012.2：45-65；

黄崴.教育督导学[M].北京：中国人民大学出版社，2010：49-57；

《教育督导条例》；《督学管理暂行办法》。

表6-2为英国、美国和中国的督学遴选条件。

教育督导工作的成败一定程度上取决于是否有一支政治合格、业务过硬的督导工作队伍。没有专业化的教育督导人员，就没有专业化的教育督导机构，也就没有专业化的教育督导①。就任职入口环节，就是根据督导工作需求和特点，明确任职条件，让符合专业化标准的德才兼备者进入。

目前，我国各级教育督导机构以参照《教育督导条例》《督学管理暂行办法》中关于督学任职的条件，通过推荐、审核、公示、公布的程序进行聘任，并颁发聘书和督学证。可以看出，以上选拔程序存在两个主要缺陷：第一，聘任并颁发督学证的程序方式，形成了“先上岗后获证”，只要参加培训基本上都颁发证书的局面，难以发挥督学证书作为选拔标准的真正价值。第二，以上选拔程序并没有明确要求考试、面试的环节，推荐的形式在操作层面没有统

① 黄崴.我国教育督导体制现状、问题与改革路径[J].教育发展研究，2009，28(12)：16-20.

一的门槛与标准，容易造成督学的专业素质参差不齐。同时，以推荐的方式也规避了自主考试的通道。一项调查显示，49.67%的县区没有督学准入制度，教育督导机构沦为了老干部局①。可见，以上选聘标准和程序不足以满足督导专业化需求。

为保障督学专业化水平，首先需要通过严格选拔的方式保证督学入职门槛，进一步优化选拔程序，探索多样化的选拔通道，突出对督学专业素养的考察。第一，建立督学任职资格认证制度，为督学队伍建立人才储备库。其中，督学任职资格认证制度是“先培训，再上岗”的重要体现，是全方位考察督学政策理论水平、道德修养、业务素质、学历水平的重要方式，为更多有志于从事教育督导的人员提供了准入的机会，为督学队伍规范化、专业化建设打下了基础，同时有利于保障督学年龄结构，保证队伍人才质量。第二，建立督学聘任制度，面向社会公开招聘。根据教育督导职能分工，从公开招聘、选拔考试、面试、见习实习几个环节选拔、培训督学。转变当前国家督学推荐任命的方式，确保吸引优秀人才终身从事督导工作。

（二）健全培训机制

要引领广大督学和督导工作者不断加强政治学习、业务学习，为顺利完成教育督导使命打下坚实的基础。在专业化发展上，通过健全培训机制，以持续和多样的培训形式不断增强督学专业素质，提升督学工作能力。教育部2016年出台的《督学管理暂行办法》从培训内容、培训方式，到培训学时，对督学培训工作进行了明确规定。其中，国务院教育督导委员会办公室负责指导全国督学培训工作及组织相关培训，地方各级教育督导机构负责本区域督学培训工作的组织实施，这使全国督学的培训工作有了方向性的指导。

目前，我国各地在督学培训的质量上还参差不齐，还应从多方面完善培训机制，保障培训质量。第一，建立培训师资库。对培训师资的资质进行严格把关与考核，师资库的资源也可在不同地区共享。第二，构建培训课程库。集中优秀课程资源，对不同内容的课程进行分类整合，利用网络、公开课等信息传播平台，扩充培训资源，方便督学自主查找和学习，也能实现优质课程共享。第三，研制督导培训教材。通过集合督导优秀案例、总结国内外督导的先进方法与经验、选取关于督导的高质量科研成果等形式，分类别、分阶段地编制督导培训教材。第四，举办督学研修班。为不同类型的督学开设专题研修课程，提高培训的针对性和专业性。第五，探索职前培养模式，构建职前培养、入职教育、职后培训“三位一体”的培训体系，实现督学培养、培训的贯通性。

（三）构建职业通道

督学是一个专门的职业，职业晋升路径的多样化能够激发员工愿意投入更多的精力与时间，提升员工的工作积极性，增强督学工作的吸引力。

我国目前并没有关于督学职业晋升的相关规定，督学人员缺乏相应的职业晋升通道。《关于建立教育督导机构问题的通知》中规定：“调任教育督导工作的人员，调任后明确了职级的，按《关于国家机关和事业单位工作人员职务变动后确定职务工资问题的通知》的有关规定办理；调任后未明确职务的，目前可暂保留原级别和待遇。”根据各地教育督导部门的实际情况，教育督导人员的工资和待遇并未得到提高，社会地位还很低。有调查显示，仅有5.23%的县区有督学职级制度，专职督学工作积极性较好的仅为32.68%，仅有15.69%的县区有专门文件落实责任督学和兼职督学待遇，78.43%的责任督学和兼职督学津贴没有保

① 高政．督导队伍走进专业化时代[N]．中国教育报，2018-01-23(005)．

障,43.14%的县区连责任督学下校督导产生的交通费都无法解决①。一些地区的教育督导人员是由当地中小学的校长、副校长或教务主任等校领导调到教育督导部门进行督导工作,除了自己在原单位的基本工资外,基本上没有其他奖金或补助,而组织关系所在的原单位福利待遇又享受不了,同时他们的关系不在教育督导部门,也就不能享受教育督导单位的有关福利待遇,其福利和待遇不但没有提升反而下降了②。这也在一定程度上影响了督学专业化发展的动力。

(四)试行退出机制

所谓"退出机制"是根据组织发展战略的需要,以定期的绩效考核结果为参照,按照"人岗匹配""能力、绩效与薪酬匹配"等原则,对达不到要求的人员采取降职、调岗、离职培训、解雇和退休等不同程度措施的一种人力资源管理方式③。

退出机制是人员管理、实现人员流动的一种重要方式,一方面可以达到"人尽其用",保障人员的利用效率和工作质量;另一方面,可以使退出的人员寻找其他更合适的职业。试行退出机制需要以公平合理的绩效考核为前提,将绩效考核结果作为退出机制的重要参考。同时,退出机制需要设置多种灵活的退出方式,如转岗机制、临时退出机制、长久退出机制等。

第四节　教育督导人员的权威

马克思·韦伯认为:"权威是指得到普遍承认的组织、集团或个人对一定的社会生活领域所起的影响。这种影响所产生的后果是,其他人在自己的生活和观点中服从或依赖这个组织、集团或个人。从某种意义上说,权威是一种社会关系。这种关系保障人们的活动服从于社会确立的目标、规范和在一切社会形态中发挥作用。"④根据以上对权威的认识,我们认为,教育督导人员的权威是在教育督导领域中,督导者(即督学)对被督导者(通常是教师)所产生的感召力、控制力和影响力。根据教育督导人员的权威性质、来源和功能的不同,我们把教育督导人员的权威分为行政权威、专业权威、技术权威和道德权威。由于只有督学是正式受县级以上人民政府按照干部人事管理权限和程序任命和聘任的,其他的教育督导人员并不完全拥有督学的权威,所以本章中教育督导人员的权威主要指督学的权威。

一、行政权威

行政权威也称为科层权威,以教育督导人员所具有的合法化权力为基础,是教育督导人员依赖于一定的制度、法规、规章和命令所产生的力量、威望和影响。行政权威是一种权力性权威。

探讨教育督导人员的行政权威,首先需明确的是教育督导人员拥有行政权力。2012年,国务院正式发布了《教育督导条例》,从保障教育督导机构职能和职权两方面确保教育

---

① 高政. 督导队伍走进专业化时代[N]. 中国教育报,2018-01-23(005).
② 袁振国.中国教育政策评论:2003[M].北京:教育科学出版社,2003:61.
③ 苏君阳.教育督导学[M].北京:北京师范大学出版社,2012.2:135.
④ 辛科.马克思列宁主义哲学词典[M].北京:东方出版社,1991:285.

督导的行政权威。《教育督导条例》规定:教育督导机构在本级人民政府领导下独立行使督导职能。这说明教育督导人员拥有行政权力,是代表政府对教育工作实行的行政监督。《教育督导条例》第十二条又明确规定,教育督导机构实施教育督导,可以行使下列职权:(1)查阅、复制财务账目和与督导事项有关的其他文件、资料;(2)要求被督导单位就督导事项有关问题作出说明;(3)就督导事项有关问题开展调查;(4)向有关人民政府或者主管部门提出对被督导单位或者其相关负责人给予奖惩的建议。

行政权威主要有以下特点:(1)公共性。行政权威主要是通过执行国家的教育法律、法规、政策等来有效地实现国家意志,而国家意志本质上是公共利益的体现,是社会中个人利益和各组织、团体利益的一种整合。因此,国家教育行政机关及其人员在行使权力时,必须是以为社会提供教育服务为指导,以实现社会公共教育利益为宗旨①。(2)垄断性。由于行政权力的法律效力,我国的教育督导行为只能由我国政府或政府授权的机构和组织承担,因此任何未经授权的组织或个人不得以国家的名义从事教育督导活动②。(3)强制性。权力的实现在于它的强制性,即行政客体不管是否愿意都必须执行行政主体的意志。不过,权威在于客体主动信从的前提下执行行政主体的意志。因此,在权威客体理性认同并自觉服从的基础上,行政权威才能得以实现。

教育督导人员在督导过程中拥有独立于教育行政部门的职权,以"期望和检查"为手段,督导结果作为对被督导单位及其主要负责人进行考核、奖惩的重要依据,以此保证被督导单位有效执行教育法律、法规、规章和国家教育方针、政策。

如果教育督导人员过分依赖行政权威,超越了被督导者的"可接受范围",则容易导致被督导者对教育督导人员行为的合理性和合法性的怀疑甚至不满。在保障教育督导人员行政权威的同时,需要建立有效的监督机制,防止教育督导人员行政权威的过度膨胀。

二、专业权威

专业权威也称"专家权威",是在一定职业范围内,由专门的知识和技能或某个人的专长所产生的影响力。专业权威是教育督导科学性和专业性的重要保障。专业权威不同于行政权威,它是一种非权力性权威,来源于工作环境、专业知识、训练与经验、社会价值观四个方面③。

督学是开展督导工作的主体,在督导过程中,督学不仅仅是以行政命令的手段来行使自己的职责,更多的是在专业引领上发挥自身控制和影响的作用。教育督导工作"督"和"导"的双重性质决定了督学队伍必须具备专业化的特点。专业权威主要具有以下特点:(1)专业知识性。是指教育督导拥有特有的规律性知识和研究方法,依赖于教育督导人员所拥有的相关专业理论和专业水平。(2)自主发展性。专业权威来源于教育督导人员的专业背景和知识水平,专业能力的提升则主要依赖于专业主体的不断自主学习创新。(3)主动适应性。专业权威的发挥不是一成不变的,而是以专业知识和能力为基础,面对不同的环境和客观条件,具有不同的专业表现方式和水平。

---

① 苏君阳.教育督导学[M].北京:北京师范大学出版社,2012:268-272.

② 鲍竹林.我国教育督导研究述评[J].宁波大学学报(教育科学版),2002,24(6):41-45.

③ 尤莉.理性的呼唤:教育督导中专业权威的来源与构建[J].现代教育管理,2011,(10):68-70.

为保障督学的专业权威，主要采取以下三种方式：

第一，在选人用人上要保证督学拥有较高的专业素养。即，除了较为全面地了解国家政策、教育理论，具有教育实践经验外，督学还需要是学校管理、课程建设或某一学科领域的领头人，以保证在督导过程中，督学跟学校教师开展专业性的对话，并提出专业性的指导意见或问题解决方案。

第二，在督导过程中要保障督学专业优势的充分发挥。即，督学一方面要有一整套系统教育评价的标准和一套收集信息的工具作为工作的指南，收集客观和准确的信息；另一方面需要依赖督学自身的理论水平、政策修养、实践智慧等专业优势，以定性评价的方式收集信息，对学校的教育、教学、管理工作做出审慎的分析和评定，并对学校改进提出科学化、合理化的建议，保障教育、教学、管理工作遵循教育规律，实现提高教育质量的目的。

第三，以专业化发展保障督学专业权威。在教育政策不断变革，信息化学习工具走进课堂，校园日益开放，教师和学校教育教学水平日益提升的情况下，教育督导人员需要以开放包容的心态迎接变革，不断了解国家和本区域内教育发展动向，学习国家教育改革的政策以及相关法律法规，学习教育督导的专业知识和方法，在实践中总结经验，以较高的政策理论水平、较高的文化水平、较强的业务能力、扎实的现代教育理论构建和提升自身的专业权威。

教育督导人员的专业权威一旦形成，就会产生巨大的威力，使被督导对象能够自觉、积极、主动地服从督导、配合督导。但任何专业权威都不是永恒的真理，它仅仅适用于部分领域。过分崇拜专业权威，容易导致专业霸权，使教育督导工作僵化，不利于督导者与被督导者间的平等地位。

三、技术权威

技术权威以特有的专业技术为基础，是一种非权力性权威，指在某一专业领域当中从事某项特定工作所需的知识和操作技巧产生的影响力。技术权威的获得需要通过专门的理论和实践训练，掌握特定的操作技巧，拥有技术权威的人员能适应该领域的发展和变化。

萨乔万尼（Thomas J. Sergiovanni）认为，技术权威也称为技术——唯理性权威，它是从逻辑推理或科学研究当中所得出的结论，通常被认为是真理性的东西所具有的权威。技术权威强调科学知识是经验的唯一来源，着重于逻辑和科学研究所定义的证据，而且期望被督导者遵守这些被认为是真理性的规定①。教育督导具有一定的独特性，从事该项工作的人员是有限的，且有一套专门的工作方法和工作程序。教育督导人员凭借专业能力和成熟的督导工作经验，发现教育行政部门和各级各类学校存在的问题，并能提出有价值的建议，对教育质量提升起到重要的把关和推动作用，能获得被督导对象的认可和尊重。所以，对于教育督导人员来说，技术权威更体现了一个动态性过程，即在督导过程中的一系列操作性工作所发挥的影响力。技术权威与督导的指导职能密不可分，“督”主要反映的是技术与手段，而“导”凸显的是追求的目的，通过督导的过程，借助教育督导人员所拥有的专业知识、督导方法，对学校工作给予指导，给学校开出解决问题的“药方”，获得被督导对象的认可和信服。

---

① 王明洲，李稚琳. 教育督导的权威来源及其督导策略[J]. 民办教育研究，2005(06)：66-70，108.

四、道德权威

道德权威一般指由广泛认同的价值、观点和意识产生的效力和威望，是使人们自愿服从的道德力量。道德权威属于非权力性权威。英国法学家哈特认为，道德和法一样，它们对人的行为以及在此基础上形成的社会秩序的规范有两个逻辑：一是强制性的逻辑，即所谓“必须”，它保障规则的基本有效性；二是价值性的逻辑，即所谓“应当”，它赋予规则以价值的内涵①。

我国研究者莫飞平认为，道德权威具有诱导性、说服性和精神强制性等三个特点：(1) 诱导性。它通过形成广泛的道德舆论、培育良好的道德环境来增强人们的道德责任感，使人们认识到，如果一个人不能履行自己应尽的道德义务或者违反了社会的道德要求，就必定要受到舆论的谴责和公众的批评。(2) 说服性。利用道德的权威原则和说服技巧来启迪人们的道德觉悟、培养人们的道德情感、增强人们的荣辱观念、提升人们的精神境界，使人们以自愿选择的道德信息作为自己后续行为的依据，使人们在内心深处形成道德行为的内在动因。(3) 精神强制性。也就是通常所说的“社会压力”，侧重于体现价值合理性的“应当”逻辑，透过“应当”的内在判断和能动努力，将外在强制转变成内在的强制，将“应当”转变为“必须”②。

我国《教育督导条例》中明确规定了督学应符合“坚持原则，办事公道，品行端正，廉洁自律”的条件。督导工作中，要求督学“遵守教育法律、法规、规章和国家教育方针、政策的规定，实事求是、客观公正”。

从外在约束力上来讲，教育督导过程和结果需要接受社会监督，我国现有的法规也对督学品行、行为规范构建了道德要求。从内在的自我精神追求上看，督学所形成的道德权威，不仅是来自外在法律和舆论力量的约束，更重要的是以道德法则约束自身行为。此外，“从文化价值的角度看，道德权威对于世人生活的基本意义有二：一是引导精神生活的方向；二是维系社会交往的秩序”③。在实际工作过程中，督学如何发挥道德权威的作用，处理好与政府、学校、教师间的关系，对于教育督导的有效开展具有重大的意义。因此，教育督导人员在督导过程中需要与督导客体坦诚地交换意见，与督导客体建立良好的协调合作关系，以形成共同明确的价值观和信仰。

本章小结

教育督导人员是教育督导活动的主体。广义上教育督导人员除了督学以外，还包括参加教育督导活动的其他人员。教育督导人员主要有监督者、评价者、引领者、指导者四种基本角色。提升督学专业化水平，对于保障与提升教育督导工作质量具有非常重要的意义。在提升督学专业化水平过程中，需要严格选拔方式、健全培训机制、构建职业通道、形成退出机制。在教育督导过程中，督学需要不断地提升自己的感召力、控制力和影响力，并充分发

---

① 哈特. 法律的概念[M].张显文，译.北京：中国大百科全书出版社，1996：176-179.

② 莫飞平. 论道德权威[J]. 江西社会科学，2002，(04)：48-50.

③ 鲁芳. 道德权威及其认同：兼论走出道德教育的困境[J]. 湖南师范大学教育科学学报，2007，(05)：55-60.

挥行政权威、专业权威、技术权威和道德权威的作用与影响。

拓展阅读

关于督学角色与专业素养的认识

（一）较高的政策理论水平

督学机构代表政府和教育行政部门，在整个视察、督导过程中，督学人员扮演着上级委派的政策执行者角色，肯定什么，否定什么，对督导对象影响甚大。在教育发展过程中，每个地区、每个学校情况不同，都有其实际情况和发展过程，这就要求教育督导人员具有较高的政策水平，有一定的认识和概括事物的能力，实事求是地评价一个地区和一所学校的工作。

（二）良好的思想品德修养和心理素养

督学人员的言行和工作不仅关系到督学机构的威信，更关系到上级教育行政部门乃至政府的威信，因此，督学人员必须具有良好的思想品德修养，严格要求自己，谦虚谨慎，廉洁清正，平易近人。不仅如此，督学还应具有较好的涵养和心理素养，妥善地处理各方面的关系，以创造良好的督导气氛，使督导工作在和谐、融洽、自然的环境中有效地开展。

（三）较高的文化水平和较强的业务能力

为了有效地开展督导工作，督导人员必须有较高的文化水平和较强的业务能力，既要有一定的管理教育工作的实践和能力，又要有一定的教育工作和教学经验，熟悉和掌握各种教育业务。督学人员要能够指导教师进行教学设计、课堂教学和教学设备的运用；帮助校长进行教育改革和规划学校发展，帮助校长对学校进行个性发展、改革和创新，以提高学校的竞争力；组织校长和教师在职提高学习能力，对校长和教师知识结构进行更新，满足教育发展的需要；有一定的口头表达能力，在充分分析被督导单位的主客观条件后得出应有的结论，实事求是，敢讲真话；具备文字写作能力，能够对被督导单位取得的成绩充分肯定，对存在的问题予以指出，文字简洁明了，切中目的；具备独立开展工作的能力，由工作的需要时常一个人对被督导单位进行督导；具备迅速适应新环境的能力。

（四）扎实的现代教育理论

在督学实践中，督学既要为基层单位和学校提供指导性服务，在理论和实践的结合上帮助被督导单位自觉地遵循教育规律，按照党和国家的教育方针、政策和法规办事，又要为上级和同级领导机关提供参谋性服务，以利于党和国家教育方针、政策和法规的贯彻落实。对教师的教育教学工作给予指导和帮助就必须懂得教育史、教育教学规律，掌握学校管理学、教育行政学、督学方面的理论、教育心理学和教育评价与测量等方面的知识及训练。能够运用教育科学理论的知识来分析和解决在督学中遇到的实际问题，为同级或下级政府、教育行政部门及学校提供指导性的服务。

（五）强烈的事业心和务实的工作作风

督学的对象是学校，需要经常深入基层调查研究，了解情况，处理问题，工作十分辛苦，在客观上要求督学必须热爱本职工作，具有强烈的事业心，有较高的工作热情，这是督学进行创造性工作的基本动力，也是做好督学工作的基础条件。为正确履行督学的职责，督学人员必须具有扎实的工作作风，对工作认真负责，既能坚持原则，善于发现问题，又能尊重和依靠群众，广泛听取基层单位、学校和教职员工的意见，共同研究和解决问题。在督学实践中，切忌督学人员以钦差大臣自居，发号施令，乱表态，瞎指挥。如果督学人员工作不深入，走马观花，满足于一知半解，就难以完成督学的任务。

资料来源：http://www.hdjydd.org/Article/Detail/458

练习思考题

一、单选题

1. 以下不属于教育教育督导人员权威的是（　　）

A. 行政权威　　B. 专业权威　　C. 教育权威　　D. 道德权威

2. 以下不属于教育督导人员专业化内容的是（　　）

A. 专业态度　　B. 专业知识与能力　　C. 专业道德　　D. 专业训练

二、填空题

1. 教育督导人员在督导过程中主要发挥着________、________、________、________的角色作用。

2. 教育督导人员的权威是在教育督导领域中，督导者（即督学）对被督导者（通常是教师）所产生的________、________和________。

三、简答题

1. 请简述教育督导人员的主要分类。

2. 教育督导人员有哪些角色作用？

3. 教育督导人员专业化主要包含哪些内容？

4. 请简述教育督导人员的权威类型。

四、论述题

1. 试述如何保障教育督导人员专业化。

2. 试述我国督学责任区制度的影响与作用。

第七章　发达国家教育督导制度

学习目标

通过本章学习，需要掌握美国、英国、法国、俄罗斯、日本五国教育督导制度的特点。同时，学会将五国教育督导制度与我国教育督导制度进行比较。

学习指导

每个国家教育督导制度都有各自发展的历史与特点。美国、英国、法国的教育督导制度是本章学习的重点内容，对西方国家教育督导制度与我国教育督导制度进行比较是本章的难点。

建议学时

4 学时

世界上很多国家都建立了教育督导制度。一般情况下，一个国家的经济与教育事业发展水平愈高，其教育督导制度建设水平也就愈高。本章内容包括如下几个方面：(1) 美国教育督导制度；(2) 英国教育督导制度；(3) 法国教育督导制度；(4) 俄罗斯教育督导制度；(5) 日本教育督导制度。

第一节　美国教育督导制度

一、美国教育督导制度的历史演进

(一) 早期公共教育事业活动与教育督导的产生(17 世纪初—19 世纪初)

美国教育督导的产生与发展是与公共教育产生与发展的历史联系在一起的。由于公共教育的承办主体是政府机构，因此，政府机构必然对公共教育实施的效果做出一定的检查和控制，使其按照其自身的意志来开展教学工作。正是在这种意义上，最初的教育督导活动也就出现了。

到了 18 世纪初，学校督导的组织和内容都有了进一步发展，变得更为具体了。1709 年，波士顿地区成立了由牧师、市镇委员及市民代表组成的“学校委员会”。

18 世纪初，马萨诸塞州开始实行教师检定制度，建立教师检定制度的原因是教学工作已具备一定的专门性，而人人可以胜任教学工作，一个教师任教几门课程的状况，已不适应教育事业和社会发展的要求。

（二）专职教育督导人员的产生及其督导职能的变化（19世纪—20世纪初）

19世纪二三十年代，蓬勃发展的工业革命使美国的经济得到了迅速发展。工业革命不仅对普及教育提出了迫切要求，也为教育发展提供了必要的物质基础。马萨诸塞州教育厅厅长贺拉斯·曼极力提倡德国的教育经验，也在一定程度上推进了美国公立学校的发展。

（三）现代督导制度的发展（20世纪20年代—50年代）

美国真正的现代意义上的教育督导制度是在20世纪20年代开始发展起来的。巴尔、布尔顿和鲁克勒在《教学督导：提高教学的原则与实践》一书中指出，“美国真正的现代督学”是在20世纪20年代开始发展的。他们在此书中指出“现代督导”与“传统督导”的区别在于：传统督导是自上而下具有权威性的行政督导，教师是被监督的对象；传统督导缺乏明确的目的，在实践上有相当的随意性。现代督导目的明确，是一个科学的、民主的、有组织有计划改进和提高教学的活动。

（四）美国教育督导的新发展（20世纪80年代以来）

1. 发展性督导与合作性督导

（1）发展性督导

20世纪80年代后，受到人力资源开发理论的影响，美国教育督导由传递式督导向发展性督导转变，督导不再局限于传递与指导，而是给教师充分的自由，以教师的需要为出发点，并不局限在教师原有的水平上为教师创造更好的工作条件，督导的目标在于不断地提升教师的工作潜能，让教师自身的能力得以发挥，并且能在最大的限度之内获得自我实现。

（2）合作性督导

从20世纪80年代开始，美国从工业社会向信息化社会转变。在信息化时代，沟通、合作是学校管理的基本理念。教育督导在开展工作时也较为重视与学区委员会、学校校长、教师及学区公众等各方面的沟通。

2.《不让一个孩子掉队》法案对教育督导的影响

20世纪90年代以来，社会各界对中小学教育质量低下普遍不满，2001年《不让一个孩子掉队》教育改革法案通过，美国新一轮的教育改革拉开大幕。

（1）问责成为督导的重点

在《不让一个孩子掉队》法案中提到，问责（Accountability）制度是企业成功的秘诀，所以，美国教育改革也要建立在问责的基石之上。法案特别强调政府对学校教育绩效责任的监督和评价职能。

（2）关注处境不利学生的学业成绩

《不让一个孩子掉队》法案的副标题是“联邦政府在教育方面的职责不是服务于教育体系，而是服务于儿童”。该法案将缩小优等学生和处境不利的学生学习成绩差距作为主要改革方向。

（3）增值性评价

教育督导密切配合教育教学改革，帮助学校提高学业成绩。增值评价（Value-added Assessment）开始在学校教育督导中出现。

在督导评价学校教育过程中，增值评价的基本思想是将学生入学时的学业成绩和毕业时的学业成绩加以比较，其中的差就是在学校接受教育过程中的增值。这种评价方式可以避免某些学校为了得到学生毕业时的好成绩而在招生时就不择手段争取优秀生源的弊端。虽然有人对增值评价持反对意见，但是，增值评价在美国的影响还是在不断扩大①。

二、当前美国教育督导制度

（一）美国各级政府教育督导范围

美国教育督导有一个重要特点，就是虽然各级各类教育中均存在教育督导，但是全国并没有一个统一的教育督导制度，也没有统管全国教育督导工作的机构。因此，教育督导的内容、形式和方法因地而异。

1. 联邦的督导范围

美国联邦一级的教育机构不掌握教育实权，只是为州一级提供经费支持。因此，联邦主要通过控制经费来实施权力，在经费审批的过程中，间接实行教育督导工作。州一级在申请项目经费时，必须呈交申请报告，由联邦教育部相关部门审查申请报告，必要时派员进行实地调查，然后决定是否拨款，拨出经费以后，联邦教育部可以以各种方式进行随访，如发现不符合要求之处，可以采取措施予以纠正甚至停止拨款。有些教育项目如果成为经常性项目，联邦教育部可以在各地设立办事机构，或委托各州教育厅有关部门，监督指导项目的落实情况，联邦教育部还可以根据教育发展的需要，主办一些督导性较强的项目。

除联邦政府以外，还有一些全国性的组织以推动或实施教育督导为宗旨，如美国教育协会下属的辅导及课程发展协会，是著名的教育督导学术组织，还有全国学校评价研究会，主要出版学校教育标准和辅导指南，供各地民间督导机构参考等。

2. 州一级的督导范围

州一级的教育督导主要由州教育厅负责，州教育厅各部门就其工作范围，对各个学区实行对口督导，一般都设有专人督导各学区的教育工作，并与学校直接联系，其任务是协助地方学区解决教育中的问题，帮助教师改进教学工作。各州督导人员的分工方式各不相同，有的州按教育层次划分职责，如初等、中等、职业教育等；有的以学校所设课程学科分工，如科学、体育、艺术等。专职督导人员可直接向州教育厅长负责，州教育厅长也可通过部门负责人对督导人员实施领导。州教育厅会定期组织督导工作组，在院校自我评价的基础上，全面检查院校工作，检查内容包括本科与研究生阶段各个教育专业的组织与管理、专业设置、课程设置、专业课程与教育课程的配备等（见表 7-1）。

表 7-1　州教育厅功能②

（发挥功能的）领域	基本责任
实施州和联邦宪法	保证地方学区依从
解读州和联邦宪法	提供指示、方向和法律建议
技术协助	为地方学区提供服务

① 何玉林，袁桂林.美国教育督导的特征及其变革趋势[J].外国教育研究，2008(10)：44-45.

② 科瓦尔斯基.学区督导：理论、实践与案例[M].兰英，译.北京：中国人民大学出版社，2012：6.

续表

（发挥功能的）领域	基本责任
联邦援助	作为分发和责任机构
统计数据	建立、维护并分配数据
撰写报告	编纂和归档州范围内的报告
员工培训	为地方学区提供计划和协助
课程开发	监测课程的一致性并提供资料
研发设备	制定并执行标准
成文法和政策建议	为议会和州董事会提供原始材料
需求评价	指导州范围内的研究
评价测试	管理/评价州范围内的测试计划
质量鉴定	评价学区和学校
基金管理	制定州基金和管理方案

3. 地方学区的督导范围

地方一级的教育督导由学区负责，负责人是学监。学监对学区内的教育督导负主要责任，或可以任命副学监负责督导工作。学监下设若干专职督导人员，负责各个专门领域的督导工作，包括课程与教学事务、学生事务、教育项目等。学区和学校是实施教育督导的基层单位，承担着大量的细致工作。除了督导各学科教学工作之外，学区和学校还负责主办师资在职培训活动、改革课程设置和教学方法、解决教师教学中的具体问题、调解家长与教师之间的矛盾，以及保证学校仪器设备和场地的养护维修等。

（二）美国督导人员的聘任

美国的教育督导人员主要分为两类：一类是教育行政人员兼顾教育督导，另一类是专职督导人员。兼顾教育督导的行政人员一般指学监、副学监和校长等。州一级行政人员一般在此类行政人员之下设若干专职辅导员，代行其督导责任。

学区一般由一名副学监主持课程与教学工作，他就是学区负责督导的行政人员。负责课程与教学的副学监在学区范围内，对课程和教学实施领导；负责协调和审定学区内各个学校的课程设置；帮助教师选择教学材料；鼓励教师开展教学实验与研究；为学校提供最新教育信息，介绍可为学校改进工作提供咨询的人员；就课程与教学方面的工作，征求校长、教师与当地居民的意见，并帮助学校和教师解决相关问题。负责课程与教学的副学监下设若干专职辅导员，其中至少一人负责从幼儿园到高中最后一年的一般性督导工作①。表 7-2 显示的是全美学校管理者联合会拟定的督导标准。

① 顾明远.外国教育督导[M].北京：人民教育出版社，2002：123.

表 7-2　全美学校管理者联合会拟定的督导标准①

标准	焦点
领导和区域文化	制定集体愿景;形成学校文化和氛围;为个人和团体提供目标和方向;加强对影响教育的国际事务的理解;形成战略性计划与目标,并且同其他人员和社区共同努力;优先考虑社区、学生和人员的需要;在一个多元文化背景下成为一个为所有学生福利服务的能言善辩的发言人
政策和管理	为有着共同期望的教育董事会制定程序;为外部和内部的计划制定区域政策;使地方政策与州和联邦的要求,宪法条款和标准以及常规相一致;认识并包含民事和刑事责任的标准
理顺社区关系	向社区和大众传媒清晰地表达本地区的目的和优势;对社区反馈进行回应;加强意见统一以及进行必要的冲突调停;识别、发现并处理事件;形成内部和外部交流并执行计划;展现对学区作为政治系统的理解并且将交往技巧应用到加强社区支持方面;在区域优先权支持方面调整选民;建立联盟来获得财政和有纲领的支持;为公民投票形成民主策略;将政治优先权和孩子的福利联系起来
组织管理	阐述对学区收集数据、分析数据和依据数据作出决定的系统过程的理解;管理数据变化;发现和解决问题;制定优先发展方案和形成解决方案;帮助其他人形成合理的意见;作出符合逻辑的结论;为实现内部和外部期望而作出高质量的决定;计划和安排个人与组织工作;建立管理活动和项目的程序;在合适的组织水平上进行委派和授权;获取和配置人力和物质资源;制定和管理区域预算;保持精确的财政记录
制定课程计划	设计课程,制定有效的教学计划;提供职业发展趋势以及相应的职业教育发展方案;识别教学目标,确立单元学习流程;使用有效而可靠的标准和测试程序来测量教学效果;说明如何合理使用电脑与其他学习的信息技术
人力资源管理	制定一个人员评价和发展计划以改进所有人员的表现;基于成人动机研究来选择合适的督导模式;充分认知不同员工的利益;拟定并执行招聘、发展、保留和开除职员的合法条例
价值观引导	理解和制定合适的价值系统、伦理和道德标准;知晓民主社会的教育角色;体现多元文化观、道德及相关的行为;促使教育计划适合各选民的需要;考虑学生利益;平衡复杂的社区要求;监测工作人员和学生的机会环境;科学合理地应对新闻媒体;促进社会机构和服务机构和谐发展,以帮助各个学生健康成长

第二节　英国教育督导制度

一、英国教育督导制度的历史演进

(一) 女王督学团的产生:19 世纪 30 年代至 19 世纪末

1. 督导制度产生的教育背景

19 世纪末,英国处于一种私人或宗教团体兴办教育的局面,许多慈善学校由公共认捐

① 科瓦尔斯基.学区督导:理论、实践与案例[M].兰英,译.北京:中国人民大学出版社,2012:6.

建立起来。尽管教会和民间组织在平民初等教育方面发挥了重要作用,但是就英国普及初等义务教育的整体状况而言还是不能令人满意的。面对这一情况,要求政府承担教育发展责任的呼声不断。

2. 督导制度的产生及初步发展

英国枢密院教育委员会的第一任主席凯-沙特尔沃思博士(Later Sir James Kay-Shuttleworth)起草了一份备忘录,建议任命督学对接受补助的学校首先进行检查,并且对这些视督导情况而定的学校给予一些资助。于是,政府在 1839 年 12 月,首次任命了两名督学艾伦(Revd J.Allen)和特曼赫尔(H.S.Tremenheere),这标志着英国教育督导的开端。

(二)女王督学团的扩展:19 世纪末至“二战”前

1. 中等教育督导的开端

与初等教育的情况相似,在建立国民中等教育之前,英国的中等教育主要由教会、私人团体兴办,中等教育虽然形式多样,但缺乏协调与统一,管理也比较混乱,发展状况滞后。19 世纪后期,随着国民初等教育的发展和发展国民中等教育的呼声越来越高,政府于 1864 年成立汤顿学校调查委员会调查学校教育状况。

2. 督学与职业技术教育、成人教育和特殊教育

与此同时,女王督学在职业技术教育和成人教育方面的督导范围也在扩大。女王督学团内的新的技术处并未单纯延续南肯辛顿(South Kensington)督学的工作,而是很快转变为覆盖夜间继续教育学校、各类技术教育学院,涉及工程、建筑、矿业和商业学科的专家团队。他们还对工人教育协会和其他组织所举办的迅速扩大的政治、经济和扫盲班进行督导。

(三)起伏与变革:“二战”后至 20 世纪 80 年代

1. 起伏

从“二战”结束到 1960 年,被称为教育上的“乐观和共识”的时期,教育上的投入有好的回报,在国家层次上有很强的动力建立更多高质量的学校。在这样的情况下,女王督学团保持低调是很自然的。而这种低调不可避免地导致了人们对他们持续重要性甚至持续存在的疑问。

1956 年,政府感到有必要成立一个工作小组对女王督学的作用给予评价。评价对女王督学团的工作乃至是否有必要存在产生了疑问。但议会委员会的报告也暗含着对教育部的批评,认为教育部没有有效地利用女王督学团的专业知识和能力,认为只有高级主任督学在公务员的等级中提升到副部长的级别,才能有效地发挥其权威性。

2. 进一步发展

从 20 世纪 60 年代末到 80 年代初,女王督学团对普通教育质量展开了全面的专题调查,出版了各种专题督导报告。此外,督学也继续参与师范教育的发展。为了进一步解决师范学院与大学的关系问题,1942 年成立了“麦克纳尔委员会”(McNair Committee)。督学参加了该委员会,并根据调查指出,师范学院条件差不受重视,只有通过与大学发展密切关系,才能提高师范学院的地位。最后政府接受了委员会的方案,即大学建立教育学院,使当地师范学院附属于教育学院。1945—1960 年,这一政策得到普遍推行,督学参加了地方和中央两级协调组织。

(四)以教育标准局取代女王督学团:20 世纪 90 年代后

《1988 年教育改革法》导致了英国普通教育领域的一系列重大变化,对教育督导制度提

出了新的要求：

《1988 年教育改革法》宣布实施全国统一课程计划，在新的统一课程大纲实施后，督导必须按照统一课程所提出的标准进行督导。因此，中央督导机构实行大改组后更名为教育标准局，目的是适应普通教育改革的需要，加强对统一课程的实施的监督与评价。另外，全国统一课程也为“学校督导大纲”的制定奠定了基础，使之有了政策法令依据。

20 世纪 80 年代末，英国基础教育改革的基本思路是统一与分散相结合，即在专业上实行统一，为此颁布了全国统一课程计划，而在管理体制上则实行权力分散。

20 世纪 90 年代初，梅杰政府分别颁布了“家长宪章”和“公民宪章”。“家长宪章”强调，为了更有效地行使选择学校的权利，家长需要有关学校更客观、更系统、更准确的信息。“公民宪章”特别指出：“公民有权对公共事业的服务提出要求，要求它们出版明确的标准，减少隐蔽性，以通俗的语言提供全面的信息；对公共事业有实际选择的权利，并对方便顾客的要求做出反应。”

二、当前英国教育督导制度

（一）教育督导机构设置

英国的督导机构分为中央和地方两级。中央设皇家督学团，督导人员称为“督学”；地方设视导机构，督导人员称“视导员”。中央与地方两级督导机构各自独立，是互相帮助的合作关系，而不是领导与从属的关系。其中，中央的皇家督学团侧重于为政策制定提供参考信息，而地方视导员则主要在进行视导之后帮助学校改进工作。

1. 中央一级

英国皇家督学团设在教育科学部之内，为局级机构，主要负责人为副部长级职务，在中央督导机构工作的 60 人中，设有高级主任督学 1 人，主任督学 7 人，高级督学 42 人。高级主任督学直接向教科部长负责，主任督学向高级主任督学负责。主任督学一般为某一学科的重要专家，负责调查研究工作，研讨各地区的教育问题，并将研究结果上报督学长会议作为重要参考。7 名主任督学分别负责初等教育、中等教育、继续高等教育与职业技术教育、16—19 岁青年教育、课程和地方教育局及私立学校、教师培训，以及人事、督学培训与外事等工作。高级督学在主任督学的领导下，分散在各个教育领域工作，按照学段、学科和专题进行分工，督导规定区域内的教育工作。除此之外，督学团还配备了一些辅助性机构和人员，主要包括专门负责数据分析的统计学专家、负责储存和提供学校详细数据资料的办公室、负责文字处理和材料整理的督导报告处理室等。此外，还配备了一定数量的秘书来辅助督学进行督导工作。

2. 地方一级

英国地方一级的教育督导机构称为“郡（市）视导处（团）”。这一机构的主要负责人为首席视导员或称主任视导员，另外还设有若干名高级视导员和一般视导员。视导处之下又分为若干个地区，每区设有视导办公室，办公室主任称为地区视导员，直接向首席视导员或主任督学负责，其下又有视导员若干。在全国 104 个郡市均设有视导机构，共计 4000 余名视导员，200—300 名教师就配有一名视导员，视导员的数量在各郡市之间存在一定的差异。

（二）督学的职责和权限

1. 英国皇家督学团的职责和权限

英国皇家督学团负责“向国务大臣报告教育制度的好坏”，其基本职能主要有：

（1）在督导基础上，对全国的教育质量和学生学习质量的现状和发展趋势作出评价，为中央教育部门的决策提供信息依据、专家建议，通过督导报告和刊物向社会、家长和教育界提供教育信息。

（2）对目前各级教育部门能否为社会提供足够的教育服务和运用教育资源的状况作出评价，从而有效保证教育资源的合理利用。

（3）监督和了解当地教育部门和学校的实际工作情况，总结、支持和推广好的教育经验，发现教育中存在的问题，从而引起政府和公众的重视，为教育部门和学校提供政策指导。

（4）参与师资培训工作，制定教师培训方案，并且协助师资培训的组织和实施。

（5）宏观监督课程设置和教学改革，向教育和科学大臣报告教育质量以及学生学习情况。

（6）为社会、家庭和教育界提供可供参考的教育信息，从而帮助各界更好地了解教育现状及存在的问题，共同参与教育事业的发展。

（7）协助各部门沟通联系，指导学校按中央的精神和指示办学，并向中央反馈各项方针政策的实施情况。

从皇家督学团的职权来看，它是中央一级的督导机构，督导的范围很广泛，除了大学以外，对学前教育、初等教育、中等教育、继续教育、师范教育等，皇家督学团均有权进行督导。皇家督学团虽然设在教育部之内，但在其工作领域内拥有相当大的独立性，主任督学在教育部内享有高级教育顾问的资格，拥有与教育部长直接接触的权利；高级主任督学则可以直接向国务大臣报告。督学提交的督导报告其他人不得任意更改，以保证督学能够根据自己的独立判断发表意见，督学团有权自己决定如何开展工作以及人员的管理和使用方式。督学团经常以专家性的建议来影响全国的教育决策，国会、教育部在进行教育决策之前，督学往往会先就教育现状和改进措施提出自己的意见，督学的意见会受到相当大的重视，对教育决策产生较大影响。从 1983 年起，教育督导报告开始在社会上公开发行，通过这种方式，督学的意见、建议会对全社会产生很大的影响，从而可以引起大家的重视。皇家督学团成员多数也是教育领域的专家，在教育改革方面起到了很大的作用，也可以加强中央与地方教育的联系。

2. 地方视导员的职责和权限

地方教育督导机构和视导员的基本职责主要是协助地方政府和教育部门办好学校，工作范围是除全日制大学之外的所有教育机构，实行分区、分类、分科视导。其主要任务为：

（1）为制定地方教育政策提供信息和建议，通过对地方教育进行视察，为当地政府制定本地区教育政策提供各种信息，以保证决策的科学性。

（2）对学校工作进行视导和评价，每四年对学校工作进行一次全面评价，专项评价则可以随时进行。督学有责任帮助不同的学校制定和实施适当的自我评价方案，研究关于教师的评价方式，在学生评价方面进行改革。

（3）帮助和指导学校改进工作。主要是与校长相配合，帮助学校对人、物进行合理管理，对学校内部组织结构进行合理的调整，并与教师一起研究探讨改进教学的方法和途径，促进学校的课程改进。

（4）制定教师在职进修计划，举办校内及校级专题讨论会和学习小组，来参与教师培训工作,促进教师专业能力的提高。

(三) 督学的任职资格与聘用

1. 督学的任职条件

(1) 在某一专业学科领域中,具有一流的知识水平,要求具有大学文凭,最好有更高的学历。除一门主要专业之外,还必须有一门次要专业,在实际工作中,一名督学要同时视导两方面的工作。

(2) 要对专业范围以外的教育领域具有广泛兴趣,了解教育发展的基本问题和最新趋势。督学除了正式视导之外,还要负责本地区学校的日常、一般性视导,包括了解学校办学思想、哲学基础和办学方向等问题。

(3) 督学需要具有一定的教学经验和出色的教学能力。督学必须从有教学经验的中小学教师和管理人员中选拔,规定至少要有 10 年的教龄方能参加督学招聘考试,并且其教学能力和教学水平必须是一流的。

(4) 良好的个性品质。已有的实践经验和研究表明,督学应该具有以下几方面的个性品质:其一,敏锐的感觉和观察力,特别是要能察觉别人不易察觉的变化和细微之处,督学应该对各种人对同一政策的不同反应加以体察;其二,容易接近,为了不引起别人的误解和畏惧,督学应该平易近人、不摆架子,督学应使校长和教师乐于接近并取得有益的指导和帮助,但也不能过于温和亲密,否则会影响督学坚持自己的立场;其三,督学必须具有能够说服他人的能力,不是单单直率地提出反对意见,还应该提出可供选择的参考意见,并试图讲明道理说服对方,必要时,还要有礼貌地坚持自己的观点。总之,督学的个性品质,概括来说就是诚实、公正地评价教师和校长,给予善意的、不会引起对方反感的批评,批评要有建设性,并且伴随着补救的建议。

(5) 女皇督学团工作的重要目的之一就是写报告,并且需要公开发表。因此,文字工作是视导工作的重要组成部分,督学要有迅速有效地应付文字工作的能力,视导报告的写作要求简洁明了,因此督学需要能够胜任文字工作。

(6) 督学还应该具有适应新环境的能力。督学与教师不同,教师是在教室和办公室中工作,督学多数时候是独立外出工作,因此需要具有适应新环境的能力,并且督学经常在外奔波,既进行紧张的脑力劳动,也进行辛苦的体力劳动,这就要求督学具有坚持巡视生活所必需的健康的身体条件。

随着教育的发展及教育督导制度的不断改进,对督学的资格和素质也不断提出新的要求,柏奇和邓莱(Burch & Daniey)认为,视导人员应该具备以下十项能力:

第一,视导人员应具备在公开场合主持会议及演说的能力,并且能够给人留下良好的印象。

第二,视导人员能代表政府或机关,提供有关的信息给相关的个人或团体,以利沟通的进行。

第三,视导人员能与教育界及非教育界的相关人员保持良好的关系,同时也鼓励组织中的成员与其他人维持良好的互动。

第四,视导人员能广泛阅读,随时吸收新的知识与信息,并乐意与其他人分享相关的信息。

第五,视导人员能有效分配个人的时间,并适当运用相关的人力、物力资源,以发挥最大的成效。

第六，视导人员能协助教师获得所需之专业知识、能力，能编制教学指引及教材，也能设计、执行教师在职教育计划方案，并对课程内容项目、教育活动进行客观的评价。

第七，视导人员在视导学校时，能主动解说学校教育目标，并客观评价教学上进步的情况。

第八，视导人员能运用适当方法介绍新观念，以激励教师提出创新的想法，能有效影响学校教师做必要的变革，能对努力及成效卓越者，给予奖励，尤其应在个人工作及专业态度上，成为教师的典范。

第九，视导人员能分析危机形成的原因及背景，能圆满处理人际冲突，也能与他人充分沟通协商，以获得圆满效果，同时，为了应对未来可能遭遇之危机，能发展出一套危机处理的办法。

第十，视导人员能圆满处理例行性工作，并对各项问题做进一步的追踪研究①。

2. 督学的聘任程序

在皇家督学团时代，实行公开招聘制度，具有一套严格的选拔程序。

（1）正式在全国性和教育性报刊上刊登招聘广告，说明督学招聘的具体条件，包括学历、工作经验要求、工资待遇、申请渠道等，申请人还需填写申请表格。

（2）招聘工作大部分都由督学团完成，但招聘委员会主席则由“中立”的文官特派员担任，其他成员包括高级主任督学、若干名主任督学和高级督学，此外，教科部人事与组织部门派一名平时与督学团联系较多的人参加。选拔委员会在众多申请者中选出“可能录用者”，一般每一空缺都选出五名候选人，在口头答辩之前，需要先将候选人的所有相关材料备齐，并开始与候选人有所接触。

（3）选拔委员会对“可能录用者”进行面试，即答辩。答辩的主要目的是考察候选人是否符合上述基本素质要求，答辩的主要内容包括：其一，由选拔委员会主席提一些关于候选人历史情况的问题，这样做的目的是缓和气氛，使候选人放松情绪；其二，由高级主任督学请候选人说明为什么要选择督学这一职业，在此过程中，主要了解对方在教育领域所具有的兴趣和深度；其三，由一名主任督学就候选人的工作经验进行提问，并就他所负责的学段，让候选人谈自己的观点；其四，另一名督学让候选人谈谈对他所负责领域的看法，其目的是考察候选人对各方面教育情况的熟悉和关心程度；其五，由高级督学就学科专业知识进行提问，最后教科部代表提一些一般性问题。概括来说，面试主要考察候选人的个人历史情况、参加督学工作的原因、对不同教育领域的观点和兴趣，以及学科、专业知识水平。

（4）通过口头答辩，委员会采用五分制（A—E）来评价候选人，D 或 E 代表否定，在英国，选拔委员会中只要有一人打 D 或 E，就给予否定，C 以上才意味着值得考虑。每一层次又分为三个等级，最后根据个人得分情况来决定。

进入教育标准局时代之后，所有督学都面向社会公开招聘，政府将各种督学职位空缺对外公开，符合招聘条件的人员均可申请应聘。对女王总督学和女王督学的聘任，由政府部门考核录取，注册督学的聘任，由标准局组织实施，并由英国女王签发聘书，督学小组成员和外行督学直接由督导签约方按照一定标准招聘合适人选。英国的督学有自身不可替代的职业

① 王璐.英国教育督导与评估：制度、理念与发展[M].北京：高等教育出版社，2010：101-102.

要求和职业特点，有相应的职业培训机构和职业任职资格制度。可以说，英国督学从事的是一项专门的职业。

第三节　法国教育督导制度

一、法国教育督导制度的历史演进

（一）18世纪下半叶至19世纪上半叶：萌芽与建立

1802年5月1日，以拿破仑为首的首届法国执政府颁布《国民教育总法》，对法国的教育和教育管理制度实行改革，该法令规定设立教育督导制度，提出设立总督导机构，其职责是：监督学校管理，督察初等、中等和高等教育，考察教员素质。因此，《国民教育总法》的颁布和实施标志着教育督导制度在法国的正式建立。

（二）19世纪下半叶至“二战”结束：巩固与发展

1. 中央督导制度的发展

19世纪下半叶到“一战”爆发（1852—1914年）是法国教育督导制度开始向多元化、专业化发展和逐步走向健全的时代，呈现一些新的特点：

（1）督学的政治地位得到明显提高。从1852年起，教育总督学的任免改由教育部长提名、共和国总统颁布任免令。

（2）在教育部内独立设置督导机构。1854年，拿破仑三世签署法令，正式成立教育总督导处，内设高等教育总督学8名，负责国立、市立和私立中等教育的总督学6名，负责小学教育的总督学2名。

（3）总督学的队伍人数明显扩大。虽然1888年取消了高等教育总督学，总督学（不包括幼儿园总督学）的人数还是从原来的16名增加到31名。

（4）督学队伍的专业化倾向得到发展，总督学的等级制度开始形成，中等教育总督学、财务总督学、幼儿园总督学在招聘条件、工作领域和待遇等方面的差别日趋明显。

2. 地方督导制度的发展

1854年6月14日的法国教育行政法规定“每个学区设数量与所辖省份相同的学区督学”，称为“驻省”学区督学，协助学区长工作；各省设公立教育委员会，学区督学为当然成员。1886年10月30日颁布的小学组织法规定“公立或私立初等教育机构由学区长学区督学负责督导”。次年1月18日的法令指出，“只有学区督学和小学督学有权保证学区关于小学教师的任命，罢免和调动决定的执行”。

（三）“二战”以来

“二战”结束后，法国教育督导制度一方面不断接受法国教育改革的挑战，另一方面继续朝着多样化和专业化发展，一些教育督导的新团体应运而生。首先，在国家一级，1968年中等教育总督导按学科划分为数学、物理、自然、哲学、文学、历史和地理七个团体，技术教育出现了工业技术总督导和经济技术总督导两个总督导团体。学前教育、初等教育和师范学校的职业教育组成了联合总督导团体，艺术教育、困难儿童教育、农业教育、劳技教育和家政教育也形成相应的联合总督导团体。其次，由于人口、学生人数和学校数量的增长，以及教育和教育行政管理体制改革的不断深入，1964年地区教育督学开始产生，与学区督学一起，协助学区长对学区范围内的教师进行督察评价。最后,1965 年设立了国家教育行政督导处,将原来分散在部内各部门的行政总督学统一在一个新的督导团体里,他们不必深入课堂,但有权过问与教育环境有关的所有问题,并且负有从行政和经济的角度对公立大学进行督导的职责,这一举措从一定意义上是将 1888 年中断的对高等教育的督导重新引入高等学校。

二、当前法国教育督导制度

(一)教育督导机构设置

1. 中央

在中央一级,教育督导机构设在教育部之内,由教育部长领导,对教育部长负责。中央教育督导机构设置了国民教育总督导处、国民教育行政总督导处与图书馆督导处。

(1)国民教育总督导处

国民教育总督导处是在 1980 年由过去的公立教育总督导处改名而来。该处约有总督学 160 人,按学科分成人数不等的组(如初等教育和职业教育组,负责督导初等教育、师资训练、学校内的职业教育以及农业教育等;艺术、手工及家政教育组,负责学校教育内相关科目的督导工作;还有自然科学组、物理组、数学组、哲学组等),每组设组长 1 人,由本组提名、教育部任命,任期两年。全处工作由教育部任命的主任负责。

对国民教育总督导处的任务和职责,总的来说可以概括为以下四个方面:① 评价教育体制,这是它的主要任务,只有审查了教育体制的效率、结果和潜力,才能正确制定和实施教育的总政策;② 评价教师的教学质量并提供帮助;③ 参与教师的招聘和培训工作;④ 与有关专家学者合作,制定中小学《教学大纲》。

(2)国民教育行政总督导处

该处成立于 1965 年,约有 60 名成员,其名称除总督学之外,还有副总督学和督学两种职称。国民教育行政总督导处的机构设置相对来说比较灵活,既有按教育阶段分组(如高等教育与中小学教育组),又有按功能分组(如负责学校布局和设备的组与负责学校行政的组),还可以根据每年的工作中心调整各组成员甚至小组的数量。

国民教育行政总督导处的使命是“在行政、财政、会计和经济方面,对受国民教育部长领导或管辖的人员、部门机构实行督导”。它对高等教育机构也进行一定的督导,从而超出了国民教育的范围。可以说,国民教育行政总督导处的工作涉及除教学和大纲之外的所有领域。

(3)图书馆督导处

该处成立于 1969 年,其任务是检查各图书馆的组织和运转,督导有关工作人员。它的工作范围一再扩大,由国家图书馆到大学图书馆,再到文化部领导的各种公立图书馆,均须接受其督导。

2. 学区

学区一级的教育行政机关为大学区,每一学区设总长 1 人,代表中央教育部长及其有关部门监督区内的教育及其他有关事项。设在学区总长公署内的区域督学处是学区一级的教育督导部门,内设分科分类督学,主要督导中等学校。学区督学按其职能来讲可以分为三种:① 教学督学,一方面与总督导处的有关学科组联系,受其指导,完成其布置的任务;另一方面也接受学区长的指挥,向其提供信息、建议和意见,与总督学的职能基本相同。② 名为督学的行政人员,负责管理省辖区内高等教育以外的各种教育机构,主要负责行政事务管理和上下级之间沟通的工作。③ 参谋顾问人员,是学区长的参谋班子和行政机构的主要人员。

3. 省

省教育厅设省督学室。省内一般分若干分学区,每个分学区设一名国民教育省督学。省督学以督导小学教育为主要任务。法国政府规定,省督学在学区督学的领导下工作,与之共同处理公立、私立的学前和小学教育的所有事宜。他们没有行政领导权,是"纯粹"的督导人员,主要任务是检查小学教师的工作并评分,也负责对中学里级别最低的教师和特殊教育教师的督导,参与上述各类教育的职前和在职培训,组织有关的教学和研究活动。督导结束后,督学需提出督导报告,向各校提出建议,并向学区提出有关教师任用、调动、奖惩方面的建议。在学生较多的省份,学区长可挑选一名省督学作为学区督学的副手,省督学就有了督导和行政两方面的职能。

另外,省里还设技术教育督学、学徒督学、青年督学和体育督学、信息与方向指导督学等。他们既是学区督学和省教育局长在有关方面的顾问,又负责各自领域内的督导工作,把督导、参谋、行政等多种职能融于一身。

(二)督学的任职资格和聘用

1. 中央一级的总督学

(1)任职资格

对中央一级的总督学,提出应聘者必须具有很高的专业水平和能力,同时又关心教育工作,可以从事教学或其他教育工作;了解教育体制及其运转情况;善于创新;为人和蔼并且威严,办事公正而且坚定。对应聘者的经历要求只有一点,即"必须是公立教育部门的工作人员"。虽然要求条件并不高,但由于招聘总在高层次进行,因此应聘者具有很高的学历和资历。

(2)聘任办法

中央一级总督学出现空缺或需要增补时,一般通过有关部门审议的方式来进行招聘。一般先由教育部从学区督学、学校校长、教育部各司处副主管以及资深教授中择优提名,然后进行审议。初审由总督导处内有关学科组负责,考察有关人员的资格、经历和性格特点,了解其业务水平和工作能力。复审由一个联席会议负责,联席会议由国民教育总督导处主任担任主席,成员包括总督导处内各组组长和教育部有关司的司长。经联席会议复审后决定的名单,报请教育部长批准。

2. 学区一级的督导人员

(1)资格要求

招聘条件比总督学具体,要求具备国家文科或理科博士学位,或为中等学校教员考试通过者,或持有"初等视学及师范学校行政资格证书",或持有"师范学校及高等小学教授资格证书",或持有"教育硕士证书";曾任下列职务之一,即大学文科或理科教授或讲师、国立中学校长、国立中学学监或教授、师范学校校长、初级视学员。

(2)聘任办法

首先要向学区长提出申请,在被列入备选名单后才有应聘的可能。初选在学区一级进行，学区长在谈话等审查手续后公布候选名单。然后学区长将相关材料上报教育部，作出推荐。经总督导处有关学科组审议和讨论通过后，由教育部长确定最后人选，总统任命。被任命的学区级督导人员，由教育部长分配实习地点，时间是 2 年。只有学区总长和总督导处对其表现满意方可转正，正式成为学区督学。

3. 国民教育省督学

(1) 资格要求

国民教育省督学采用考试的形式来进行选拔，报名者须满足下列条件之一：持有教育学学士学位、硕士学位、中学教师能力证书、技术课教师能力证书、师范学校教师能力证书等其中一种，即至少受过 3 年高等教育，年满 26 岁，有 3 年教龄；或具有初中普通课教师（中学里级别最低的教师）资格证书，且年满 28 岁，有 5 年教龄；或通过专门预考的小学教师或持有大学第一阶段（指大学前两年）结业文凭，年满 30 岁，有 7 年教龄。对这些人员的共同要求是：必须在公立教育部门任教，是正式教师，年龄不得超过 45 岁。若无上述资格，但有教育部规定的同等学力者，也可以报名。

(2) 聘任办法

考试分为预考和正式考试两个步骤，预考的内容为普通文化知识，一般由考生选择科学、经济、技术和文学、哲学、艺术两大领域中任一题目作答。阅卷委员会由教育部长任命，一名总督学主持，其半数成员应为正式考试委员会的成员。正式考试又分为初试和复试两部分，初试为笔试，内容为分析研究一份或一组关于一般教育教学问题的资料；复试为口试，由考生对涉及小学教育学、学前教育学或初中某门课程教学法的问题阐述自己的见解，并回答考试委员会的问题。

第四节 俄罗斯教育督导制度

一、俄罗斯教育督导的历史演进

俄罗斯的教育督导制度具有悠久的历史。早在 1869 年，沙皇政府就设置了国民学校检查机构；十月革命后，苏维埃政府废除了旧的学校督导机构，代之以专门的国民教育督导员来对普通学校进行督导。1923 年和 1926 年，先后在俄罗斯联邦教育人民委员部（相当于后来的教育部）和一些国民教育局设置了第一批学校督导员。1945 年，俄罗斯联邦人民委员会第一次颁布了《学校督导员条例》。《学校督导员条例》规定，学校督导员是各级国民教育机关对普通学校实行国家监督的工作人员。学校督导员主要从具有高等师范教育或综合大学教育程度的优秀教师、中学校长中委任。担任市、区一级的督导员，其教育工作工龄不得少于 5 年；担任州和自治共和国一级的督导员，其教育工作工龄不得少于 7 年；担任加盟共和国一级的督导员，其教育工作工龄不得少于 10 年。

2004 年，俄罗斯对联邦政府机构进行改组，取消了俄罗斯联邦教育部，将原联邦教育部的职能按决策、执行、监督三部分分别划设为三个部门，其中决策部分与科技部一部分合并设立为教育与科学部，执行部分设立为教育署，监督部分设立为督察署，三者互不隶属，各自独立运行，且部长和署长均为俄联邦政府内阁成员，俄联邦教育督察署署长由联邦政府任命。此外，在各联邦主体教育局和地区、市教育委员会设置专门的教育督导机构。从联邦到地方形成了三级教育督察机构。联邦教育督察署与地方没有领导与被领导的关系,只对地方的教育督导工作提供政策法规,帮助协调,对地方的各种督导决定不做任何干涉。

二、当前俄罗斯教育督导制度

(一)教育督导机构设置

俄罗斯的普通教育督导机构分四级设置。第一级是中央教育部,在教育部内设有国民教育视导总局,负责检查各加盟共和国和自治共和国、边疆区和州的教育行政机关对党和政府关于普通学校的决定、教育部的命令和指示的执行情况。第二级是各加盟共和国教育部的学校督导机构,负责对本加盟共和国范围内普通学校和各级国民教育机关的工作进行监督、检查和指导。第三级是边疆区、州的学校督导机构,负责对本地区范围内的普通学校和市、区一级国民教育局的工作进行监督、检查和指导。第四级是市、区的学校督导机构,负责对本市、本区范围内的普通学校的工作进行监督、检查和指导。

以上四级学校督导机构各自有分工明确的工作和职责范围,上一级督导机关不能随意缩小自己的工作和职责范围,下一级督导机关也不可超越自己的工作和职责范围。各级教育督导机构的职能概括起来有三个,分别是监督、检查、指导和帮助。监督职能主要是对各级国民教育机关和学校执行党和政府有关教育的方针、政策和决定,教育部的有关命令和知识、教学计划和《教学大纲》以及其他标准文件的执行情况实行国家监督。检查职能主要是对各类学校和教育机构的教学、教育、人事、财务、物质保障等主要工作进行检查。指导和帮助的职能主要是对被检查单位在克服工作中的缺点方面给予实际的指导和帮助。

2004 年 6 月,俄罗斯联邦教育与科学督察署成立,根据俄罗斯总统令《关于联邦制执政机关的体系和结构》中的规定,联邦教育与科学督察署是联邦执行机关,履行教育与科学领域的检查和监督职能。并且联邦教育与科学督察署由认证、评价和评定管理局,教育质量监督局,行政法律管理局,联邦教育法律监督局,以及国家评价科学教育工作者管理局五个局组成。除了上述执行权力机关之外,督察署还配有五个直属研究机构:联邦教育测评研究所、联邦测验中心、国家教育评价总鉴定中心、国家教育鉴定代表处、教育组织评价信息教学法中心。这五所研究机构是督察署完成其检查和督导功能的理论研究阵地。其中,教育署和教育局是同一个等级,都是在教育与科学部部长的直接领导下开展工作,改变了原先俄罗斯教育管理机构分别设在教育与科学部部长和副部长权限之下的混乱状态。

(二)督导员的聘任

学校督导员要从最有经验的和最有威信的普通学校领导者、教师和其他具有广博教育科学知识、组织能力、通晓教育机关的组织原则和活动、具有高等教育程度和一定教育工作工龄的教育工作者中委任。教育工作工龄方面的要求是:市(区)、州、边疆区国民教育局和自治共和国教育部的督导员,其教育工作工龄不得少于 5 年,加盟共和国教育部和苏联中央教育部的督导员,其教育工作工龄不得少于 7 年。在工作能力方面,督导员应当是国民教育方面的专家;应该是善于在深入了解问题的基础上进行一定的组织工作,执行领导机关在国民教育方面的决定的人;应该是善于对实际执行情况进行监督并给学校领导者和教师以具体指导的人。另外,督导员应该具有多种优秀的个性品质,如善于团结广大教师和干部来共同解决问题,善于创造关心同志和相互协商、相互帮助的气氛,礼貌待人、平易近人,和广大教师交朋友，等等。

督导员的工作职责主要为：检查校内领导和校内监督的情况；检查和组织教育教学过程的情况，各学科教学、综合技术教学和劳动教学的情况，学生知识的质量和教养的程度，教育集体在课内、课外和校外提高教学水平和共产主义教育水平的工作情况，学校教育委员会的活动；检查保护儿童权利方面工作的组织情况；检查在教学工作中、班外工作中，进行社会公益劳动时执行安全技术要求的情况，以及遵守生产保健和消防安全规则的情况。俄罗斯的学校督导活动主要有许可证评价、教学评价和国家认证评价，三种评价活动分别由教育管理机关组建相应的评定委员会，人员的构成不尽相同。许可证评价委员会成员采用回避制，不能是在许可证申请者所在机构获取工资的人。教学评价委员会由 7—20 人组成，一般由学校（不包括申请鉴定的学校）的代表、学术机构的代表、教学法部门的代表、职业的社会组织或团体的代表，以及教育管理机构或主管部门的代表组成，以保证评定工作的客观性、公正性、公开性、权威性。认证委员会成员由俄联邦各主体的教育管理机构、地方自治机构或地区（市级）教育管理机构的代表、职业的社会组织和团体的代表，以及完成了对该校进行教学评价的委员会代表组成。

第五节 日本教育督导制度

一、日本教育督导的历史演进

（一）视学制度的形成与发展（1872—1945 年）

1. 对于视学制度的摸索（明治前期）

（1）关于督学局的构想

日本的视学制度最早见于 1872 年明治政府颁布的《学制》。其中规定：在文部省中设立督学总局，同时在全国八大学区内各设一个督学局并配置督学。督学遵从文部省的指挥与地方官员协作监督大学区内的各个学校，对其教学规则和升学情况等进行检查以做进一步的讨论和修改。此外，督学还需通过各中学区的“学监”（学区取缔）了解学校教学的进展情况。

然而，这番构想在提出后不久便夭折了。事实上，日本于同年 9 月在文部省内设置了大督学、中督学和小督学负责巡视大学区，并于随后的 10 月在东京设立了第一大学区督学局，但其余的大学区却未设有督学局。1874 年 4 月，大学区的督学局被废止，仅文部省内的督学局被保留了下来，但该局在 1877 年 1 月也被撤除。此后的 1879 年和 1880 年颁布的两次《教育令》均未涉及视学制度，直到 1885 年 2 月，文部省内设置视学官为止，其间 8 年日本都没再出现任何视学机构。

（2）地方教育督导的设置

明治前期的视学制度虽然没有沿着文部省最初的意图进行下去，但从结果上来看，它认可了结合地方实情的操作方式，开辟了新的道路。在创设近代学校、普及近代教育的问题上，视学发挥着至关重要的作用。基于这样的认识，地方上建立起了各种视学机构。其中，最值得一提的是名为“巡回训导”或称“督业训导”的，专为小学教师提供指导和建议的机构。

2. 视学制度的确立(明治后期)

(1) 中央视学机构的确立

经过《学制》时期和《教育令》时期的摸索,直至日本废除太政官制改用内阁制以后,文部省内才再次出现视学机构。1885 年,日本全国被划分为 6 个地区,各个地区配置了 1 名部长和数名属下专门进行学事视察。翌年,文部省内设置了视学官,全国重新划为 5 个地区,各由 1 名视学官负责。1893 年,由于行政上的调整,视学官被废除,视察的工作也由参事官来承担。然而,到了 1897 年,文部省内再次设立了 7 名专职的视学官。

(2) 地方视学机构的确立

1890 年,随着第二次《小学校令》的颁布,郡内设立起郡视学,这也就是地方视学机构的开端。该法令规定,郡内应设置 1 名由府县知事任命的郡视学;郡视学听从郡长的指挥监督郡内的教育事务,其薪资等均由郡来承担。此外,郡也可以申请不设置郡视学,而由郡吏从事相关工作。郡视学的工作既类似于明治前期以指导教育内容和方法为中心的"巡回训导"或称"小学督业",又继承了郡书记作为监督行政官的角色特点。

3. 视学制度的发展(大正·昭和至战前时期)

(1) 中央视学机构的发展

1908 年,中央视学官已增加到 11 人,但随着 1913 年文部省官制的修改,视学官改称督学官,人数减少至 7 人,主要工作也不仅是学事视察了,而是执行专门学务局和普通学务局的相关事务,同时承担学事的视察与监督。

1918 年,临时教育会议对内阁总理大臣关于改善视学制度的咨询作出回应。其建议是:在文部省内设置一个特别官职,专门负责学事的视察和监督,再将全国划分为数个视学区,每个区安置数名学事视察官;地方设置专职学务官、增加视学的人数并提高视学的待遇。另外,还提到扩充文部省视学委员制度——在地方也设置视学委员,等等①。

1929 年,社会教育受到重视,文部省内也设立起社会教育官。之后的 1937 年,又设立了教学局和教学官。而到了 1942 年,视学官和社会教育官都被归为教学官,直至战后的 1946 年才再度出现视学官一职。

(2) 地方视学机构的发展

1905 年,被废止的地方视学官一职经过 1913 年地方官官制的修正后恢复设置。不同于从前的是,这时的地方视学官充当了理事官的角色,也被视作内务省内年轻的高等官们发迹前的过渡性职位。即使是在 1926 年地方官官制修正后,地方视学官也是扮演着学务部长,即书记官的角色。而直到 1928 年修改地方官官制以后,地方视学官才真正算得上是"名副其实"了。

(二) 战后督导制度和组织的发展变化(1945 年—)

1. 教育委员会的设立

1947 年,日本颁布的《教育基本法》和《学校教育法》规定延长义务教育年限至 9 年,同时改战前的"6-5-3-3"学制为美国式的"6-3-3-4"制。翌年,《教育委员会法》(旧法)公布,日本采纳了与战前截然不同的教育行政体制,开始了战后的教育改革。

1984 年,临时教育审议会(简称临教审)成立。为了使教育能够适应社会变化和文化发

---

① 教育史编纂会.明治以降教育制度发达史:第 6 卷.东京:东京龙吟社:633-637.

展、更好地迎接21世纪的到来，临教审提出了对教育作出改革的意见。作为教育行政和财政上的根本课题，临教审围绕以下几个方面展开了讨论：在教育中官民的任务分配；在教育中中央和地方的责任以及任务的分配；学校管理和运营的应有方式；教育财政的应有状态。另外，还谈到了推进地方教育分权化、增强教育委员会灵活性的有关策略。

2. 指导主事（督导）制度的建立

战后，伴随着教育委员会的成立，指导主事一职也诞生了。鉴于战前督导制度的种种弊端，旧法规定指导主事不得行使命令和监督，而是以提供专门指导和建议为本务。旧法废除后，《地方教育行政法》和《地方自治法》都对教育委员会的职务和权限进行了新的规定，但指导主事制度基本被延续下来，并有了更详细的规定。

3. 地方指导部门的成立

1948年，日本成立了东京都教育委员会，同时编制了教育厅以及指导部门。教育厅包括教育长、副次长（2次长）和7课1室，指导室中首次安排了指导主事一职。翌年，鉴于完善教育制度条件的需要，东京都教育厅进行了重新编制，在教育长和副次长之下设立了4个部门（总务、学务、指导、社会教育）13课，其中，指导部内设有指导主事。

1951年，指导部的工作分为一般杂务、教育咨询、学生指导、教育诊断、教育课程及学习的相关事务、教员进修的相关事务6个部分，并设置了主查①、指导主事和教育指导员。而在1953年，指导部的工作经重新规划后分为杂务、初等教育、中等教育、策划、职业教育5个部分。

4. 地方指导组织的扩充

战后进行的各种制度改革让人眼花缭乱。1955年，东京都教育委员会再次调整了组织结构并创设了人事部。当时的指导部内又划分为4课：管理课、指导第一课（初等教育）、指导第二课（中等教育）和指导第三课（策划·学校体育）。1957年，指导部内除了管理课以外均采用主查制度，这种组织模式能更加有针对性地、更加灵活地应对各种教育课题。

二、当前日本教育督导制度

（一）教育督导组织机构

日本的教育督导机构分为两类，三级。第一类是文部省的“视学官”，注重宏观督导；第二类是地方教育委员会的“指导知（主）事”，侧重于微观督导。第一级是中央（文部省），其初等中等教育局和高等教育局设有视学官，负责全国的中小学和高等教育的检查和指导工作；第二级是都道府县，其教育委员会的事务局内设有指导主事，负责本地的中小学教育视导；第三级是市町村，其教育委员会的事务局也设有指导主事，负责本区中小学教育视导。三级督导机构纵向关联，不是隶属关系，不能直接发号施令，上一级对下一级不具有管理权而只有行政关系，因此日本的教育督导机构是相互独立和相互联系的。上级督导机构可以到下级督导机构或管辖的学校进行视导，但须经下级教育委员会和学校的允诺。按日本法律的规定，上级督导机构在得到下级教育委员会的允诺后，学校校长不得拒绝视导。另外，日本实行的是地方自治的教育行政原则，实行私立学校的办学与管理由学校设置者负责的

① 主查是中央省厅、地方公共团体和各种公共机关、民间企业等组织中的职位之一，隶属职能部门。在独立处理业务的同时，负责监督和指导一般职员的工作。

原则,因此教育督导机构不对私立学校负责,只是对国立学校和公立学校进行督导。

日本的督导工作,以导为主,以督为辅,中央主要由文部省的视学官在宏观方面就学校设置、教育管理、教学工作向各级教委提供指导、建议和帮助。在地方,地方的指导主事在微观方面就课程安排、教材使用、教法选择、学生个性调查、学校设备配置等提供具体指导。“二战”前,在以中央集权制为特点的日本督导制度中,督导制度金字塔的塔顶为文部省,文部省拥有教育督导的最终决定权,在这之中也出现了一些冲突,过度的集权化导致对基层学校的过度控制,学生及家长对学校管理的参与度降低。2006 年 3 月 27 日,日本文部科学省颁布了《义务教育学校评价指导方针》,这是一部用以指导各学校及各地方自治体进行学校评价的纲领性文件,同时也是目前日本教育督导制度中最重要的指导方针。在《义务教育学校评价指导方针》中规定,学校评价体现多元化的特征,不再是单一机构进行的单一评价方式,在学校督导与评价中分为外部评价和内部评价。日本文部科学省只负责《义务教育学校评价指导方针》的制定和监督执行,主要的督导和评价主体由校长、学校全体员工、学生、家长、社区居民、大学研究者、他校教师及有相关知识和经验的人员等组成。从宏观来看,日本的教育督导机构职责也发生了变化,从最初强化的中央集权制度逐渐向基层放权,向与学校发展息息相关的个体放权,将更多的督导与评价权力下放给学校本身、社区、学生及家长,中央以及地方的督导行政部门逐渐演变成为监督权力实施和指导权力实施的机构。

(二)教育督导人员

1. 教育督导人员的任职条件

日本的督导制度实行中央和地方合作的方式。“二战”后,受美国使节团的影响,日本转变了教育行政机构的职能,实行分权化,成立教育委员会管理教育事务,在其中的督导人员主要以个人能力和提供专业化的建议来体现其专业性。在日本,都道府县和市町村的教育督导人员统称为指导主事。指导主事属于教育公务员,通常由两种身份的人员组成:一种是教育委员会事务局的指导主事;一种是以学校教员身份出任的指导主事,大多由大学以外的公立学校的教员担任。据统计,日本中央和地方教育督导人员达 7000 人之多,其中文部省督导人员编制较小,总数不足百人,而都道府县教育委员会事务局的指导主事多达 4000 多人,市町村教育委员会事务局(科)的指导主事多达 3000 人。日本的教育督导人员大多由各大学以外的公立学校教师、行政人员出任,大多是具有相应的专业知识、技术和见识的专家,要求既专又全,既要对某一学科有深刻研究,又要熟悉掌握课程和教学法、教育心理学、教育法令制度、管理规则、学校工作的特点和内容等。同时,督导人员的品德同样重要,在品德上要有真实的友谊,对他人的问题和感情能给予理解,有敏锐的洞察力和批判力,有理解和协助他人的亲切心,对他人的观点和工作有宽容心,不惜时间和精力帮助他人,能尊重所有人。并且,日本督学在选拔中也采用多样化的选拔方式,包括笔试、面试及推荐,文部省的视学官通常要通过国家公务员考试,委任和解职由文部大臣批准,地方的教育指导主事通过考试或推荐产生。在入职后,督导人员要经过一系列的专业化培训才可以正式上岗,培训包括培训会或是讲习班,以帮助督导提高知识教养水平,但是这其中的培训内容和培训体制还有待加强。

现行日本的教育督导人员由大学以外的公立学校教师或行政人员出任,其任职条件除了重视教育经验外另有三条:(1) 要有广博的学识,要精通课程、教学法及教学心理学,要懂得学生个性差异与评价,认识教育的价值等;(2) 要有良好的个人品质,拥有真实的情感并理解、协助他人,对人宽容和尊重;(3) 要有较强的管理能力,要充分掌握法令制度以及教育理论和工作方法等。日本教育督导人员的任命与解聘分为两级:文部省视学官由文部大臣任免;地方指导主事由地方教育长任免,指导主事的产生需要推荐、考试,而推荐权和选考权都掌握在教育长手中。地方指导主事的任免、工资、惩罚均按地方公务员法进行,教育指导主事属于公务员。

2. 教育督导的职责和权限

文部省的督导机构对地方教育的工作权限范围是:(1) 指导、建议、帮助——包括指导建议权、经费补助权、规划调整权等;(2) 施加某种制约力与压力——纠正违反法令的措施权、无监督色彩的调查权、要求地方提供各种资料的索取权等。

地方教育监督机构的职责任务是:(1) 管理——包括对人事管理和财务管理;(2) 指导——对学校工作和教学工作给予指导,它的职权只涉及有关学校的组织编制、课程、教学、教科书、教材和学生指导、职业指导等。

地方指导主事从事指导学校的教育课程、学习指导以及其他有关学校的专门事项,其主要职责有:(1) 有关就学奖励事项,包括就学督导和奖励,另外,对教育委员会或地方公共团体所办理的育婴事业给予辅导;(2) 有关教科书、参考书及教学资料事项;(3) 有关课程,如对教学科目、授课时间、教材选择以及教材组织等的辅导;(4) 有关学生的学习、个性、学生的组织以及课外活动的指导;(5) 有关学校教学设备、图书馆的视导;(6) 有关智力测验、教育测验、兴趣测验等;(7) 有关校长和教师的进修;(8) 有关学校行政的辅导事项等。

本章小结

教育督导是一个国家基本的教育制度。一个国家建构一种什么样的教育督导制度,主要受这个国家教育事业发展需求以及教育行政体制影响。一般情况下,教育行政体制比较集中的国家,教育督导体制也相对比较集中。而教育行政体制比较分散的国家,教育督导体制也相对比较分散。英国、美国、法国、俄罗斯与日本五国教育督导制度有着各自的特点,其发展历程也各具特色。每个国家的教育督导制度在保障与促进国家教育事业发展过程中都具有非常重要的意义与作用。

拓展阅读

美国:一所好学校的评估

一、合格评估——学校认证制

所谓认证制度,是指通过得到社会、学校和政府认可的社会中介组织,根据恰当合适的标准对学校尤其是私立学校进行评估的一种制度。认证实施过程重点有以下几个步骤:

1.制定标准。由教育机构和认证机构共同建立,申请认证的学校必须妥善运用人力、物力、财力以持续符合这些标准。

2.自我评估。被评估学校对自身潜力与效能所做的自我分析,是一种持续的自我改进过程。其重要性在于发现和解决问题。

3.实地评估。由认证机构选择专家组成团队对学校目标进行评估，并以其自身专业知识和外部观点提供判断，但认证机构保留随时评估的权利。

4.追踪评估。认证机构定期追踪评估学校，去探究其认证是否持续，以激励被评估学校持续努力而不至于流于惯例。

认证制已成为美国帮助学校发展的有力助手。美国的私立学校申请认证比较普遍，最好的学校是得到认证的。美国地区认证协会和国家私立学校认证委员会承认的机构，已认证了大约35000所美国和世界其他国家的学校。

二、水平评估——教育绩效责任制

美国《教育周刊》对于绩效责任制的定义是：州或学区要求学区或者学校对成就负责的相关政策。学校及学区绩效责任制通常包括依据学生成就及其他指标评比学校或学区的表现，以及基于他们的表现或进步情况施以奖惩。

由于联邦政府对全国性统一核心课程标准以及富有挑战性的学业标准极力倡导，基本上各个州都通过有关教育质量标准的法律。越来越多的州用它们的绩效责任制和学生成就来评估学校绩效。虽然具体评估方法各州迥异，普遍的做法则是根据现有的数据，即按照该校某年级学生在全州统考中的平均分数或达到某一成就指标的人数，以及各个不同的水平学生的百分比来评估学校。除按照学生现在的表现进行评估以外，各州也逐渐重视提高的变化率。各州对绩效实施的后果问题，都有明确的规定。模范学校将会获得金钱奖励甚至免受州法令规定的束缚，而成绩太差的学校将给予惩罚及补救，如学校在一定时期内仍无改进，学校将被州接管或关闭。

但绩效责任制中，仅仅以学生的学业成绩来评估学校和学区的做法一直都受到批评，美国教育绩效责任制在提高学校质量方面的效果如何，依然缺乏科学的证明。

三、选优评估——“蓝带学校”

“蓝带学校”计划是1982年由当时的美国教育部部长贝内特发起的，分为中学认可计划和小学认可计划，也就是“国家蓝带学校奖励计划”，获奖学校将被授予“国家蓝带优秀学校”称号，并派代表去华盛顿出席颁奖仪式。评奖每隔一年举行一次，已有4000多所学校获此殊荣。

蓝带学校是“卓越”教育与“均等”教育的模范。学校若想脱颖而出而受到表扬，必须展现并提供所有学校卓越教育的承诺。蓝带学校计划欢迎达成这些目标及克服困难并有显著进步的学校提出申请。通常，州教育厅选拔公立学校并向教育部推荐，美国私立学校协会推荐私立学校，另外联邦印第安事务局、国防部则分别推荐所属学校，之后，由教育部召集全国小组进行评鉴，经评审小组讨论认为比较好的学校将接受为期两天的实地考察和核证，实地考察人员由富有经验的专家，包括已被评定为蓝带学校的学校校长构成，考察结果以报告的形式递交给国家评论专门小组，经小组审议合格的学校由该专门小组向学校授予蓝带学校的荣誉称号，并在学校里树起蓝带学校的旗帜。

蓝带学校的申报标准有定性和定量指标两部分，定量指标包括入学率、巩固率、参加公开考试的分数等，定性指标是根据评审小组制定的标准来进行评估的。具体来说，包括以下八大项目：(1) 学生的重视与协助；(2) 学校组织与文化；(3) 挑战性的标准与课程；(4) 教学活动；(5) 教育专业；(6) 领导及教育活力；(7) 学校-家庭-社区伙伴关系；(8) 成功的指标。评审小组根据以上标准把所有申请学校的等级分为：模范、优秀、合格、薄弱和不适当。

只有模范和优秀等级的学校才能得到表彰。

资料来源:邱白莉.如何评估一所好学校[J].中小学学校管理,2004(10).

练习思考题

一、填空题

1. 俄罗斯的普通教育督导机构分四级设置,第一级是________,第二级是________,第三级是________,第四级是________。

2. 日本的教育督导机构分为两类,三级。第一类是________,第二类是________;第一级是________,第二级是________,第三级是________。

二、简答题

1. 美国教育督导制度具有怎样的特点?

2. 英国教育督导制度具有怎样的特点?

3. 法国教育督导制度具有怎样的特点?

4. 俄罗斯教育督导制度具有怎样的特点?

5. 日本教育督导制度具有怎样的特点?

第二篇

评　价　篇

第八章 教育评价概述

学习目标

通过本章学习，需要理解与掌握教育评价的概念与功能、教育评价的类型和模式，以及教育评价发展的历史与阶段。

学习指导

本章学习的重点内容是教育评价的要素、功能、类型和主要模式，西方现代教育评价发展的历史进程是本章学习的重难点。

建议学时

3 学时

教育评价是开展教育督导活动不可剥离的一种专业技术活动。教育督导活动本质上就是一种价值判断，即教育评价活动。本章内容主要包括：(1) 教育评价的概念与功能；(2) 现代教育评价的历史与发展趋势；(3) 教育评价的基本模式。

第一节 教育评价的概念与功能

一、教育评价的概念

教育评价是一种科学性要求很高的专业技术活动。为了对教育评价有更深入的理解，首先需要了解其含义、构成要素与分类。

(一) 教育评价的含义

教育评价是指评价者为了实现一定的教育目的，根据一定的价值观与标准，运用科学手段，通过信息收集与分析，对教育活动进行价值判断的过程。

教育活动有广义与狭义之分。狭义上，教育活动仅仅是指学校内部开展的人才培养活动，它包括德育与教学两种活动。广义上的教育活动，除了包括德育、教学活动以外，还包括教育管理活动(包括教育行政活动与学校管理活动)。在教育评价中所指向的教育活动是指广义上的教育活动。在广义上，教育评价亦可以说是德育、教学与管理活动评价的总称。其评价对象包括教育主体、教育客体与教育手段。教育活动中的主体是人，其包括教育行政人员、学校管理人员、教师与学生。教育活动客体不仅包括教育活动物与参与教育活动的人,也包括人与人、人与物相互作用而形成的事,即教育事务。在广义上,教育事务包括德育、教学与管理三种基本事务。教育活动物是指学校建筑、教育经费以及教学设备设施等。教育主体、教育客体、教育手段(教育事务、教育活动物),都是属于教育评价的对象。

价值判断是依据一定目的、标准、法律法规进行价值分析,并给出结论的过程。价值判断具有很强的主观性色彩。教育评价则要求对教育活动进行的价值判断必须建立在客观性的基础之上。因此,在进行教育评价或价值判断的过程中,应尽量排除个人的主观情感和价值偏见。但在教育评价过程中,主观性是不可避免的,但其可以通过以下两种手段进行消解:其一,保障评价手段的科学性与可靠性。其二,保障评价依据的客观性与可靠性。

(二)教育评价的要素

评价涉及主客体的价值关系。开展任何一项评价,都要回答为什么评、谁来评、评什么、怎么评、评价谁、结果怎样应用等问题,这些就是评价的要素。

1. 评价目的

所谓教育评价的目的,就是人们在开展教育评价之前所设想和规定的教育评价活动所要达到的效果和结果。教育评价的本质是价值判断,是以教育工作达到教育目标和标准的程度作出价值判断,但判断本身不是目的。评价的目的是教育评价的出发点,所有的教育评价都是围绕评价目的展开的。

2. 评价主体与对象

“评价谁”“评什么”和“谁来评”探讨了评价的主客体的问题。评价对象是评价的客体,即价值判断的对象,可以是教育的参与者,如教师、学生、教育管理人员等,也可以是教育现象和活动,如教育方针、教育政策、教育活动、教育过程等。

评价主体是指实施评价的组织机构和人员。评价主体可以来自被评价组织外部,也可以来自组织内部,组织内外不同评价主体的评价,也就是通常所说的“他评”和“自评”。

3. 评价指标体系与标准

教育评价指标体系就是在评价目的指导下,将评价目标逐层分解而构成的一系列相互联系的评价指标。评价目标是在评价目的指导下所要达到的具体结果,是具体化的评价目的。由于评价目标比较抽象,需要把评价目标具体分解,成为具体化、可操作化的条目,这些条目就是评价指标。由评价目标分解出不同层级的评价指标,相互联系,构成指标体系。不同层级的教育指标被称作“一级指标”“二级指标”等。

评价标准是基于价值判断的,与指标一一对应,是指标的可操作化和可评价化的重要因素。评价标准并非“公认、一致的”,而是指根据社会需要和人的发展规律的要求,根据评价目标确立的标准,将指标进一步描述,以开展判断。

4. 评价方法和技术

教育评价在实施中有独有的方法和技术,是指实施教育评价的技术和方法、基本技能和能力。包括各种搜集评价信息的方法和技术、统计处理评价信息的方法和技术以及进行综合分析判断的方法和技术等。在评价实施过程中,使用到的评价方法既有定量的,也有定性的。使用的评价方法没有优劣之分,因评价目的和评价内容不同,可选择适当的方法。

(三)教育评价的分类

教育评价有多种类别,根据教育督导评价中的不同用途,采用不同的分类标准,可将教育评价划分为不同的类型。

1. 根据评价的时间和作用划分

（1）诊断性评价

是指在教育、教学活动开始之前，为使计划更有效地实施而进行的预测性、摸底性评价。其目的是摸清评价对象的基础和情况，分析存在的问题，为解决问题搜集必要的资料，以找到解决问题的办法。

（2）形成性评价

是指在教育、教学活动计划实施的过程中，对计划、方案的执行情况进行的评价。其目的是了解动态过程的效果，及时反馈信息，及时调节，使计划、方案不断完善，以顺利达到预期的目的。

（3）总结性评价

是指某一教育、教学活动项目告一段落或完成以后进行的评价。其目的是了解这项活动达到预期目标的情况以及它的最终效果或效益。

2. 根据评价的标准划分

（1）相对评价

是指在评价对象团体中确定一个基准，或以某一团体的评价状况为基准，对团体中的个体成员在这个团体中所处的相对位置进行评价，又称常模参照评价。相对评价的特点为：一是评价基准是在评价对象团体内部确定的；二是参照的标准是对团体进行测量以后确定的；三是它关心的是团体成员在该团体中所处的相对位置。

（2）绝对评价

是指以预先制定的目标为评价基准，评价每个对象达到目标或基准的程度，也称目标参照评价。绝对评价的特点为：一是评价基准是在评价对象团体以外确定的；二是参照标准是在对团体进行测量以前确定的；三是它关心的是评价对象达标的程度。

3. 根据评价的主客体划分

（1）自我评价

是指教育中的个体或组织按照一定的评价目的与要求，对自身的表现进行的价值判断。自我评价能充分发挥评价对象在评价中的积极性，激发被评价者的自尊心、自信心。

（2）他人评价

是指被评价者或组织以外的人或组织实施的评价，又称外部评价。他人评价一般较严格、慎重，也比较客观，可信度较高，具有一定的权威性。

二、教育评价的功能

教育评价的功能是指教育评价所具有的效能或作用，其通过评价手段或结果作用于评价对象显示出来。教育评价的功能概括起来主要有：鉴定与筛选、导向与激励、诊断与改进。

（一）鉴定与筛选功能

教育是有目的的活动，评判教育是否达到其目标所规定的标准，也即鉴定和筛选，这是教育评价最基本的功能。

教育评价的鉴定与筛选功能可以分为三种类型：（1）水平鉴定，即根据一定的标准，确定评价对象达到标准的程度。通过评价，可以在鉴定水平的基础上，对某种符合标准要求的评价对象进行筛选,如我国古代科举制度、现代的高考制度就是此类功能的典型代表。(2) 评优鉴定,即对评价对象相互之间进行比较,评定优胜者,如评价示范学校、评选优秀教师等。(3) 资格鉴定,即对评价对象是否具有从事某种活动资格作出决定,如教师资格的认定、学校办学资质的认定等。

(二) 导向与激励功能

教育评价是根据教育目标进行的,它通过对现状与目标之间的距离的判断,能有效地促进被评对象不断接近预定的目标,发挥导向功能。评价目标、指标体系、评价标准,是评价的"指挥棒",评价标准所肯定的内容,就成为有价值的、值得追求的东西。评价的导向功能是客观存在的,不以人的意志为转移,它对教育目的的实现和方针的贯彻有相当强的制约和保证作用。

在多元价值取向并存的时代,发挥教育的导向作用,将社会所倡导的健康的、可持续发展的教育理念通过评价传递给教育中的利益相关方,包括教育管理部门、学校、受教育者,引导各方形成符合社会发展趋势和个体需要的教育价值观,越来越重要。

合理有效地实施教育评价,能够激发评价对象的内在动力,发挥激励功能。教育评价会激发评价对象争先的欲望和情绪,从而创造出一种正式或非正式的竞争环境。

(三) 诊断与改进功能

现代教育评价更强调评价结果的运用,利用评价的诊断结果,促进教育改进。通过教育评价,发现教育、教学过程中存在的问题和不足,针对这些薄弱环节提出改进的措施,是教育评价的诊断与改进功能的体现。例如,通过对教育管理或教学活动的评价,判断出学校管理、教师教学或学生学习的薄弱环节或存在的问题,为有效地指导和改进其工作提供可靠的依据,从而达到直接促进教学发展和提高的目的。对于教育工作者来说,这才是最有实际意义的。另外,教育评价的改进功能还来自于评价对象的自我反思和自我评价。

评价目的和功能可以分为三个观点。第一,绩效责任评价的观点。从评价者的立场而言,评价目的在于判断教育实施单位对其任务达成程度的绩效责任,评价的目的指向问责。第二,知识性评价的观点。对于大部分的研究者及学术机构的评价工作者而言,评价的目的是用来协助了解事情的缘由,并解释各种现象的方法与工具,评价是为了了解和解释世界。第三,发展性评价的观点。从被评价客体及其内部成员的观点来看,评价的目的具有回馈性,并且评价发挥了促进作用,可提升并增进学校的效能。三类评价目的和功能观点的差异如表 8-1 所示。

表 8-1 三类评价目的和功能观点的差异①

观点 方面	绩效责任评价的观点	知识性评价的观点	发展性评价的观点
目的	评价投入资金的结果或价值、决定费用代价并评价效率	了解问题、计划及历程,发展新方法、批判旧方法	强化组织机能、建立组织自我评鉴领域

① Chelimsky E, Shadish W R. Evaluation for the 21st century[M]. SAGE, 1997: 1-26.

续表

方面 \ 观点	绩效责任评价的观点	知识性评价的观点	发展性评价的观点
达成目的的自我需求	否	否	是
基本效用	政策导向、启发、机构改造	启发导向、研究及其复制、知识库建立	机构效能为评估历程的一部分
评估者的角色	疏远	视评价设计方法决定彼此亲疏关系	亲近:评价者扮演“评论的朋友”角色
独立性	不可或缺	重要	微乎其微
辩护	不被接受	不被接受,但现在仍处争议中	常不可避免,但可借独立的外部检视修正
当事人或使用者接受度	通常难被接受,但可经由协商解决	使用者可能忽视不喜欢的发现或束之高阁	如果威胁不存在,则容易被接受
公正性	高	高(辩护不存在时)	不确定(视独立性及控制度而定)
为政策辩论的立场	可能强有力(视领导能力而定)	可能强有力(如果支持宣传管道存在的话)	不确定(视独立性及控制度而定)

第二节　现代教育评价的历史与发展趋势

自人类社会形成,人类祖先为了生存、延续,自发地产生了原始生产经验和生活规范的传递,这种传递就是教育的萌芽。随着社会经济、政治和文化的发展,特别是由于古文字的出现,就产生了专门的教育机构——学校。各种教育机构都有了相应的教育内容,从而也产生了衡量教育结果的手段和规定。我国早在西周时代,就已经形成了较完备的考试制度。如《学记》中记载:“比年入学,中年考校。”自隋炀帝大业二年(公元 606 年)置“进士科”开始的科举取士,分科选拔、逐级考试,在考生来源、考试科目与方法、录用程序等方面都形成了一套较完备的制度,这也可以看作有系统的教育评价活动的萌芽。古代西方教育盛行以口头提问和实际操作来评定学生的学业,如古希腊哲学家授徒方式就是以评论、谈话为主,提倡辩论,注重思维训练。因此,考查学生能力偏重于口头提问和背诵。从中世纪到 19 世纪的学校,基本上以口试作为考查学生成绩的方法。教育评价思想在我国渊源已久,但作为现代教育学科的一门分支学科却是西方的舶来品①。教育评价源于中国古代教育的考试,孕育于西方教育测量的批判。现代西方教育评价的发展与中国教育评价的发展呈现出不同的发展脉络。

① 陈玉琨,李如海.我国教育评估发展的世纪回顾与未来展望[J].华东师范大学学报,2000:1.

一、现代西方教育评价的发展

美国学者古贝和林肯把现代教育评价的发展分为四代:测量、描述、判断与回应①,体现了教育评价发展的工具理性到价值理性的脉络。

(一) 第一代评价:测量

随着社会科学迅速发展,在物理和化学领域取得了巨大成功的"科学"方法,逐渐引入社会科学。1873 年和 1879 年,高尔顿和冯特分别建立了有关心理测量研究的实验室,逐渐开始对个体心理特征进行精确的定量测量。同时,商业和工业出现的科学管理运动,影响了学校测试的发展。科学管理运动的研究重点在于工作时间和工人动作,是为了确定最有效率的工作方式。20 世纪二三十年代,借鉴科学管理思潮的学校测试迅猛增长,各类学生测试量表大量出现,尤其是智力量表。"测量"和"评价"两个概念开始互换使用,并且"测量"总是在"评价"之前。在这一阶段,评价者的角色是技术性的,要求其使用测量工具进行客观测量。

(二) 第二代评价:描述

这一阶段的教育评价始于 1933 年的"八年研究"。20 世纪 20 年代末 30 年代初,美国经济危机爆发,许多工厂倒闭,工人失业,大批青年为了提高劳动市场的竞争能力,重新进入中学学习。但当时美国的中学所开设的课程是为升入大学服务的,不适应当时社会需要。美国一些受杜威教育思想影响的教育家,组织了进步主义教育联盟(PEA)。他们提出,教育的目的在于生活、在于儿童,反对旧的传统的死记硬背的考试测验。他们以新教育理论为依据,以全面发展人的才能为主要目标,设计了一套新的课程,并在 7 所大学和 30 所中学进行了教育实验。为了达到实验目标,需要研究一套新的考查教育成就的方法。以泰勒教授为首的评价委员会于 1933—1940 年进行了为期 8 年的课程设置和成绩测试的改革实验,史称"八年研究"。

1940 年由泰勒提出了第一个报告,这个报告被后人称为"划时代的教育评价宣言"。在这个报告里,泰勒第一次提出了"教育评价"这个概念。泰勒认为,实施教育评价首先必须分析教育应达到的目标,再用这个目标来评价教育的效果,运用评价来促进教育活动向理想的目标逼近。教育评价就是确定教育目标在实际上达到程度的过程。他第一次将测验目的与课程目标和教学计划联系起来,并且认为测验目的不只是揭示个人差异,而是要努力寻找造成差异的原因。他曾提出过三种评价手段:(1) 由评价专家组织测验,通过这些测验测得学生的行为变化情况;(2) 把学生置于特定情境之中,对学生的特定行为进行有目的的观察;(3) 用提问的形式使学生表达观点,借以引起学生作出能体现其知识和能力的回答。泰勒在运用这些手段时,提出过三个重要准则:客观性、信度和效度。任何一种手段违背了这三条准则,都将是无效的手段。"八年研究"提出的教育评价思想、评价原则和方法是系统的、完整的,促进了现代教育评价的产生。泰勒的评价模式被称为目标导向评价模式。

"二战"以后,教育评价领域在维持泰勒模式基本思想的同时,又从标准化测验和教育目标分类学两个方面对评价手段做了进一步的发展。前者通过避免人的因素对测验的干扰,使评价手段的客观化程度进一步加强,后者通过对行为目标的精细化研究,使评价手段

---

① 古贝,林肯.第四代评估[M].秦霖,蒋燕玲,译.杨爱华,校.北京:中国人民大学出版社,2008.

的可操作性又向前迈进了一步,这又加强了评价手段和方法的实证化倾向。

第二代评价以描述关于某些规定目标的优劣模式为特征,评价者的角色是描述者,尽管评价者要坚持评价的技术性,但测量不再等于评价,而是成为评价的工具。

(三)第三代评价:判断

20 世纪 50 年代以前相当长的一段时间里,许多美国人都认为,无论是美国的社会经济还是美国的科技与教育都是世界上最先进的。但是 1957 年苏联的人造卫星先于美国上了天,它沉重地打击了美国人的优越感并开始引起他们的反省。经过一番争论,美国的政府和公众都把科技落后的原因归咎于教育的落后。为了改变这种状况,1958 年美国联邦议会通过了《国防教育法》,提出了新的课程研制计划,要求政府拨巨款投资于教育。在投入大量经费发展教育的同时,政府和公众要求对教育工作实行科学的评价。于是,教育评价很快就从过去仅是学术机构和民间的研究转而被纳入各级政府和各地方教育当局的议事日程。1963 年,美国政府正式提出要对教育的效能和质量进行评价,并拨出大量专款用于教育评价理论、技术与方法的研究和专门的教育评价工作人员的培养。在这种情况下,教育评价理论、技术和方法得到了大发展。

1963 年,克龙巴赫发表的《通过评估改革课程》一文指出,评价的内容不应仅仅是课程或教学目标及其被达到的程度,而应更关心教育决策及其所依据的准则。评价不应仅限于对结果的评价,为决策提供信息更应是评价的中心。同年,格拉泽指出相对评价的不足时,提出在今后学校教育中应着重进行绝对评价。他的观点受到大家的认可,并迅速被付诸实践。

第三代评价以判断为特征,评价者在评价中扮演评判员的角色,同时保持了早期技术性的和描述性的功能。评价并不能是完全中立的,必须将价值观渗透进科学的、公认的价值中立的事业的标准中。

1967 年后,出现了一系列新的评价模式:新泰勒主义模式,如斯泰克的全貌模式和差异评价模式;决策导向模式,如 CIPP 模式;效果导向模式,如目标游离模式;以社会实验方法出现的新策略模式;直接判断模式,如鉴赏力模式。这些模式都主张评价者应当是评判员,但在什么样的评价者适合做评判员的认识上存在分歧。本章第三节中将会探讨这些模式。

(四)第四代评价:回应

第四代评价是以利益相关者的主张、焦虑和争议作为组织评价焦点,并决定所需信息的基础的一种评价形式,主要使用建构主义调查范式的方法论。

在这一阶段中,教育评价方法论的人文化特点得到迅速发展,并有超过实证化倾向的势头。"二战"后,随着美国经济的增长,公民权运动开始高涨,特别是 20 世纪 60 年代的社会动乱和社会变革时期,迫使人们在研究教育问题时,开始考虑人的需要和人与人之间交互作用对教育的影响,在方法论上逐渐向人文主义哲学靠拢。教育评价也顺应这种潮流,出现了一系列新的教育评价模式,如古巴和林肯的自然主义评价模式、斯塔克的应答评价模式等。这些评价模式的共同特点就是在评价中不只是单纯从评价者的需要出发,而是考虑到所有评价参与人的需要,强调个体的经验、活动和主观认识的作用,不过分追求客观性,并试图摒弃数量特征,而是从人的角度出发,重视人文社会科学方法在评价中的运用。

第四代评价是对前三代评价中存在的管理主义倾向、忽略价值的多元性以及过分强调调查的科学范式的批判和改进。

评价中的管理主义倾向导致:(1) 管理者作为评价的局外人,评价结果呈现的管理失败并不能对管理者问责;(2) 管理者拥有最大权力,而评价者无权,评价的问题、资料的收集与阐释、向谁及多大范围公布评价结果,其决策权都在管理者手中;(3) 评价中的利益相关者的权益得不到保障;(4) 管理者和评价者变成暧昧的同谋,管理者通过各种办法得到利好的评价结果,评价者用管理者认可的方法进行评价,以得到评价经费。

社会价值观具有多元性,而实际上每个评价行为都必须有价值判断,但前三代评价中强调价值中立,忽略评价中的政治。

前三代评价强调使用科学范式,而对于科学方法的过分依赖产生了一些不良的后果:(1) 科学范式强调对条件的控制,得出变量之间的关系,而获得更具普遍性的结果,但恰恰是这种评价过程中对条件的控制,导致评价后,面对现实中无法控制的条件,评价结果无法推广使用。(2) 依赖于正规的定量测量工具,收集可以精确测量出来并且能用数学和统计工具进行分析的"硬数据",而无法被定量测量的事务被忽视。(3) 科学方法强调评价提供事务真实的信息,这种"事实的强制性"认为评价数据毫无争议,导致评价者只需对数据真实性和客观性负责,不必为评价的结果负责。(4) 科学的方法强调评价途径的唯一性,其他的替代性方法都不能被接受。(5) 评价者只需要遵循科学范式得出评价结果,评价者的角色在提交评价报告后就结束了,不必为评价结果的使用负责。

第四代评价强调评价是一个社会政治过程,而非科学技术过程。评价结果是有关评价对象及其意义的一个或者多个理论框架,而且是利益相关者通过协议达成的。强调:(1) 评价描述的是共同的心理建构;(2) 评价中存在着多元的价值判断;(3) 评价对象参与评价对评价结果有着重大影响;(4) 评价要重视评价结果的推广与使用;(5) 评价中要重视对个人的尊重;(6) 评价结果表现为案例报告。

在这一阶段,教育评价方法论的人文化倾向得到迅速发展的同时,实证化特征并没有完全消失,而是在新的形势下得到了进一步的发展,如泰勒的目标导向评价模式在这一时期经过波帕姆和布卢姆的改进后,仍在教学领域中广泛使用。另外,20 世纪 70 年代末 80 年代初出现的费用-效果分析方法,则是教育经济学的数量化方法在教育评价中的独特运用。

二、我国现代教育评价的发展

1905 年,当我国废止已承袭 1300 年的封建科举制度之时,正值西方教育测验运动方兴未艾。在内与外、主动与被动两种力量的共同作用下,西方教育测量理论很快就传入了中国,并进而在二三十年代形成了中国的教育测量运动。

1918 年,俞子夷仿造了一种小学生国文毛笔书法量表,但并未引起广泛注意。1920 年,廖世承和陈鹤琴在南京高师开设测验课程,并以心理测验量表测量了学生,次年正式出版《智力测验法》一书,当时影响较大。

我国的教育测验运动,从"五四"前后到 1928 年可谓第一个高潮。其间,西方以智力测验为代表的各种理论传入我国。我国学者在翻译、引进的同时也结合中国的具体情况做了修订、改造,并积极开展了自己的探索和研究工作。其间出版的一大批教育测验类理论著作,充分表明了当时研究的活跃状况。其中智力测验方面翻译出版的国外著作主要有法国比奈(原题宾尼特,Binnet,A.)和西蒙(原题欣蒙,Simon,T)所著、费培杰翻译的《儿童心智发达测量法》,由上海商务印书馆于 1922 年 5 月初版。我国本土出版的有由张秉洁和胡国钮编的测验理论著作《教育测量》，由北京高等师范于1922年8月出版；还有华超主编的《教育测验纲要》，由上海商务印书馆于1925年1月初版。这些著作表明，当时我国教育测量起始于引进与传播法国、美国、日本等多国较为先进的智力测验理论与方法。稍后，我国学者就积极开展了大量创造性的研究。与同时期出版的译著相比较，当时国内的研究方法、广度、深度及成果的数量，都并不逊色。

然而我国教育测验运动在发展过程中也出现了严重偏差，主要因为"一是人们赶时髦，东也测、西也测，把测验弄得非驴非马；二是搞测验的人夸大测验的功能，对测验结果翻译不慎重，导致社会对之发生反感"，以致1929—1930年，"测验运动竟一蹶不振，社会对之几乎有淡然抛弃之势"。

这场在20世纪20年代初期蓬勃兴起，至20年代末跌入低谷，到了30年代有所回升但进展缓慢的中国教育测验运动，由于1937年7月开始的日本帝国主义大举入侵而被迫中断。在当时的历史背景下，"八年研究"及其他一系列的研究成果自然是不可能介绍到我国来的，甚至连"教育评价"的概念都未能引进，我国教育评价理论的研究水平自此与世界拉开了距离。

新中国成立以后，全盘照搬苏联做法，当时西方正蓬勃发展、日渐成熟的教育评价研究和理论自然不可能被引进中国。此时，我国的教育评价研究，实际上主要是学习以五级分制为核心的苏式成绩考评法。20世纪50年代末期中苏关系破裂后，我国的教育评价研究遂陷于无所适从的困境，而再次被迫中断，到1977年恢复高考，我国教育评价理论研究中断已足有20年。

高考制度的恢复，受到社会各界的普遍欢迎，也极大地刺激了我国教育评价研究的发展。它对我国教育评价理论研究的发展提出了需求，提供了动力，并为其积累了必要的实践基础和研究素材。

从20世纪80年代初开始，我国的许多教育期刊陆续译介了国外及我国台湾地区有关教育评价的文章及专著，如中国台湾李聪明的《教育评估的理论与方法》(台湾幼狮书局1972年版)、加拿大梅森的《教育与评估》等。这些著述将现代教育评价的基本概念和大体内容首次介绍到了中国大陆。1983年，我国加入"国际教育成就评估协会"(简称IEA)，并于1984年1月正式签署了入会文件。与此同时，教育部指定在原中央教育科学研究所建立"中国国际教育成就评价中心"。我国学者也开始本土化的研究，心理测验研究再度蓬勃兴起。吴天敏第三次修订并于1982年出版了《中国比纳测验》，林传鼎和龚跃先分别主持修订了韦克斯勒儿童和成人量表，龚跃先完成了艾森克个性问卷的修订工作，并由宋维真主持修订了全国常模，等等。1982年，华东师大心理系和上海市教科所联合进行了新的学科考试研究，这是我国学科评价的开端。1983年，在武汉召开的有关会议提出要对重点学校进行评议后，有的学校结合实践着手研究适合我国国情的评价制度和评价高校工作状态的理论和方法。

1985年5月，《中共中央关于教育体制改革的决定》的颁布，标志着我国教育评价的研究和实践进入了全面开展阶段。其中提出，教育管理部门还要组织教育界、知识界和用人部门定期对高等学校的办学水平进行评价。其后，国务院在《关于第七个五年计划的报告》中又指出"要加强教育事业的管理，逐步建立系统的教育评价和监督制度"。由于国家的引导、组织和扶持，80年代中后期，教育评价理论研究在我国轰轰烈烈地大规模开展起来。包括举行了一系列全国性教育评价学术会议，开展了一系列教育评价理论研究对外交流和合作活动，迅速地拉近了我国与世界先进研究水平的距离，出版了一批有特色有影响的教育评价理论著作，发表了大量研究论文，对于普及评价理论、加强指导实践、提高研究水平具有重要作用。1990 年 10 月，在总结"七五"期间我国教育评价理论研究成果和试点工作经验的基础上，国家教委发布第 4 号令，正式颁布了《普通高等学校教育评估暂行规定》，带有浓重的计划经济的色彩，对教育教育评价的目的与作用、基本形式、组织和程序以及某些政策都作出了规定。这是新中国成立以来我国第一个关于教育评价的行政法规性专门文件，是教育评价一般规律同我国具体国情相结合的重要成果，标志着我国教育评价的理论和实践工作走向了规范化，并为其进一步发展提供了重要的制度保证。1993 年 12 月，中共中央、国务院颁布的《中国教育改革和发展纲要》对与社会主义市场经济相适应的教育体制改革目标及与之相应的教育评价的地位、作用做了明确的规定。

1995 年颁布的《中华人民共和国教育法》明确规定"国家实施教育督导制度和学校及其他教育机构教育评价制度"，确立了教育评价的法律地位。1998 年颁布的《中华人民共和国高等教育法》强调了高等教育评价的重要作用。1999 年，中共中央国务院《关于深化教育改革，全面推进素质教育的决定》提出"建立自上而下的素质教育评价检查体系"，"加强对高等学校的监督和办学质量检查，逐步形成对学校办学行为和教育质量的社会监督机制以及评价体系"，强调评价在教育改革中的作用。

20 世纪 90 年代以来，随着国外教育质量保障运动的兴起，教育质量保障的思想方法也在我国得到传播。从借鉴工业质量管理实践中最常用的 ISO 模式，到 2000 年以后逐渐强调全面的质量观，注重学生的全面发展，加强教育质量监测。2009 年，我国开始加入由 OECD 发起的国际学生测试项目（简称 PISA），2015 年国家教育质量监测开始实施。这些大型测试都是从教育质量角度衡量我国教育水平，教育评价的内容和方法进一步规范，在教育评价特别是教育测量领域，我国逐渐处于国际领先水平。

从评价方法论角度考察我国教育评价的发展过程，不难看出，我国教育评价方法论的一个主要特点就是实证化倾向非常突出，而人文化特征明显不足。出现这种情况是由于我国的教育研究主要偏重于主观内省和抽象思辨，或是教育经验的简单总结，或是抽象思辨的理论推导，极少数量化的分析。直到 80 年代初，随着教育统计学、教育测量学的研究，以定量化为主要特征的实证化方法才在我国广泛运用。教育评价就是在这种背景下在我国开始研究和运用的，因此教育评价最初的研究者和实践者很容易倾向于把实证化方法运用到教育评价之中。另外，最早影响我国同时也是在我国影响最大的教育评价模式是以泰勒为代表的目标导向评价模式，这一模式本身的倾向性也对我国教育评价方法论的实证化倾向起到了推波助澜的作用。近年，在评价实践中单纯追求数量化，忽视人的因素在评价中的作用的做法，引起一些抵触和反思。国外教育评价新思潮的不断介绍，以及国内教育理论界围绕教育研究方法论的讨论，促进了教育评价研究人员对评价方法的进一步思考，并提出定性评价与定量评价相结合的新想法。要走出教育评价方法论目前的困境，必须从教育评价的两种方法论的特点出发，寻求解决问题的途径。

三、教育评价的发展趋势

为适应 21 世纪对教育的挑战，结合世界其他国家的教育评价改革的实践，未来的教育评价大致呈以下走势：

第一，在指导思想上将更加重视全面发展的学生素质和培养创造性人才的教育评价观。反对单一片面的价值取向，所有对学生素质发展有意义的活动都应成为评价的对象，不仅要评价学生知识技能的发展水平，还要评价其兴趣、爱好、情感、态度、意志、品质等多方面的发展状况。尤其要注重保护学生的创造性的评价。通过评价，不仅促使学校、教师、学生全面实施素质教育，而且不断探索教育创新的新路子，以有利于培养学生的创新意识、创新精神和创新能力，从而更好地适应未来高度信息化的社会对创造性人才的需求。

第二，在评价的功能上将更加重视发挥评价的教育和管理功能，表现为诊断性评价、形成性评价和终结性评价的有效结合，慎重对待评价的结果。教育评价将不再把评价作为对评价对象的检查和鉴定的一种异己力量，而是把评价的功能放在改进和提高被评价对象的教育质量上。

第三，在评价方法上更加注重科学主义和人文主义的统一，形成定性评价与定量评价、绝对评价与相对评价有机结合的立体评价方法体系。教育评价方法的发展经历了主观主义→科学主义→人文主义的历史演进，科学主义取代主观主义是注重评价的严谨性和精确性，而人文主义取代科学主义则是注重评价的人际适应性。将科学主义方法和人文主义方法有机结合，并在两者之间保持必要的张力，既注意引进先进的科学方法和技术，又充分注意评价方式的民主性和社会性，必将成为教育评价方法发展的历史趋势。

第四，在评价制度建设上将更加注重科学化、规范化。主要表现为，重视教育评价的立法建设，完善相关的法规，实现教育评价的法制化、规范化，开展教育评价的理论研究和实践研究，不断完善教育质量评价体系；重视教育评价队伍的专业化，通过教育和培训不断提高教育评价人员的整体素质；广泛应用新科学方法，尤其是系统科学和现代信息技术，不断促进教育评价手段的现代化。

第五，重视发挥元评价的作用，强化教育评价的监督机制。元评价是评价主体对评价的评价。从元评价的角度来看，评价过程并非简单地对被评价者的认识过程，同时也是对评价活动进行积极的监控、调节的元评价过程，也就是说评价者要选择评价策略，监控活动过程，评价策略执行的效果，及时反馈并修改评价过程的进度、方向和所采用的评价策略。元评价还可以衡量一个评价是否有再实施的价值和推广的价值，对于改进评价活动，提高评价质量具有十分重要的意义。注重对教育评价的元评价已开始为人们所重视，因此有可能开辟教育评价的新领域。

第三节　教育评价的基本模式

教育评价模式是教育评价基本理论与方法的总体概括，是关于某种教育评价类型的总体构想。一个完整的教育评价模式基本包括评价的范围、程序、主要内容和一般方法等几个方面①。从 20 世纪三四十年代泰勒提出的第一个教育评价模式诞生以来，陆续又诞生了许多新的教育评价模式，其中，影响较大的评价模式主要有以下六种。

① 金娣，王刚.教育评估与测量[M].北京：教育科学出版社，2002：24.

一、目标导向评价模式

目标导向评价模式也称目标达成模式，是泰勒提出的第一个较为完整的教育评价模式，也是影响最大的模式。该模式要求先制定评价目标，再根据评价目标选择和组织学习经验，最后再评价目标的达到程度。

在这种模式中，需要把评价的内容分成具体可见的、可操作的行为目标，以便在评价中能够围绕这些行为目标进行观察和测定。同时，也需要对学习和教育的结果进行客观的测量与统计。通过专家测验行为变化、特定情境观察以及提问等形式作为评价手段，来保障评价的客观性、有效性（效度）与一致性（信度）。任何一种评价手段与方式，都不能违背客观性、有效性与一致性要求，这是评价必须遵循的三项基本原则。

评价程序包括：确定教育方案的目标并进行分类；根据行为和内容对每个目标加以定义和表述；构建使学生内部产生预期行为的情境；选择或编制测定技术；设计取得记录的途径，选择评价方式；决定获取代表性样本的方法；修改方案，重新执行方案，如此循环。

泰勒模式工作流程相对比较简单，结构也比较紧凑，且逻辑严密、层次分明，得到了社会的广泛认可与接受，在国际社会上产生了广泛的影响。但泰勒模式也有其自身固有的局限性，比如，它只重视对结果的评价，忽视了对过程的评价，另外也忽视了教育的价值问题。

二、CIPP 模式

CIPP 模式是 1966 年美国的斯塔弗比姆（Stufflebeam）创立的以决策为导向的评价模式。它是用组成这种评价模式的四种活动，即背景评价（context evaluation）、投入评价（input evaluation）、过程评价（process evaluation）和成果评价（product evaluation）四个英文单词的第一个英文字母进行命名的。

背景评价：在某一具体的教育背景中，确定评价问题和评价需要。

投入评价：对为达到目标所需的条件而投入的资源、评价方法、行动策略方案进行评价，并进行目标实现的可行性评价。

过程评价：对方案实施情况的监督检查，也就是方案实施过程中的形成性评价。

成果评价：测量、判断、解释方案的成就，确定在多大程度上完成了目标。

CIPP 模式是在泰勒模式的基础上直接衍生出来的。首先，它将评价目标本身纳入评价活动之中，目标本身的合理性受到评价，使目标更加全面科学，体系更加完整。其次，CIPP 模式对形成性评价比较重视，注重为决策提供信息。最后，CIPP 模式把评价看成是教育活动的一部分，使评价成为改进工作、提高教育质量的工具。

CIPP 模式过分注重评价的决策功能，导致其缺乏完全意义上的价值判断。同时，由于其要求各类信息源的配合、充足的经费以及可靠的分析技术，从而使得它在实际应用中受到了很大的限制①。

三、目标游离模式

目标游离模式是美国的斯克里文（Michael Scriven）提出的。斯克里文在考察了教育活

---

① 高尔 M D，博格 W R，高尔 J P.教育研究方法导论（第六版）[M].许庆豫，译.南京：江苏教育出版社，2002：574-575.

动的实际效果后认为,依据事先确定的目标进行评价往往使评价的范围受到限制,因为实际的教育效果除了预期效果的影响外,还会产生许多非预期的效果,这些非预期效果的影响有时甚至是至关重要的,而泰勒将评价仅限于衡量达到目标的程度显然是不全面的。

教育评价的预定目标主要反映评价者的意图,而评价方案实际上起到了什么作用却被忽视了。斯克里文认为,评价活动的重点应由"方案想干什么"改为"方案实际干了什么"。他认为实际的教育活动,除了产生预期的效应外,还会产生各种"非预期的效应",这种"副效应"有时会有很大的影响,因此评价人员应进行研究,以便发现实际效果,而这些效果可能与方案发起人宣称的目标大相径庭。在任何一次教育评价的过程中,都可能存在目标偏离的情况,即出现目标游离。目标游离模式主张不把方案、计划制定者的预定活动的目的告诉评价者,以利于评价者收集有关方案的全部成果信息。

目标游离评价模式具有很强的民主性,将活动参与者的意图作为评价的依据和准绳,从而使评价活动变反映方案决策者的意愿为反映"群众"的意愿,因而是一种"没有偏见"的、自由的评价;该模式强调评价者的独立性,强调对所有方案结果进行考核的重要性,强调对评价方案目的本身进行精心分析的必要性。

目标游离模式突破了目标的限制,认为评价的依据不是方案制定者的预定目标,而是活动参与者的实际成效。当然,如果评价组织中的各个评价者具有不同的价值标准,就会给评价的操作带来很大困难。

四、鉴赏模式

鉴赏模式由美国埃斯纳(Eisner)等人提出,又称为专家评价模式。这种模式认为教育现象是复杂的,在教育评价中应借鉴评酒员和艺术鉴赏家凭自己的经验对酒和艺术品进行整体评价的方法。

鉴赏模式包括两个方面:鉴定和批判。鉴定是深入把握评价对象的质量及含义的过程,批判是对已鉴定过的对象进行描述和评价。该方法没有固定的操作程序,比较灵活,其有效性主要依赖专家的能力。

五、应答模式

应答模式是由美国的斯塔克(R.E.Stake)于1973年提出的,也称为响应式评价模式、反应式评价模式或当事人中心模式。这一模式的主要特点是以问题,特别是直接从事教育活动的决策者和实施者所提出的问题,作为评价的先导,而不主张以预定的目标或假设为出发点。应答模式要求评价者同与评价有关的人员之间进行持续不断的对话,了解他们的愿望,对教育方案作出修改,对大多数人的愿望作出应答,以满足各种人的需要。斯塔克认为解决教育问题只有依靠那些直接接触问题的人,教育评价应该帮助被评价者更好地了解自己的优缺点,明确今后改进工作的方向。

应答模式评价的重点放在评价资助者关心的事件和问题上。事件是指任何资助者感到受威胁的事情,或者是任何他们想证实的主张。问题是资助者认为的任何有争议的问题①。该模式在评价中不只是单纯从评价者的需求出发,而是考虑到所有评价参与人的需求反映。"该

① 高尔 M D,博格 W R,高尔 J P.教育研究方法导论(第六版)[M].许庆豫,译.南京:江苏教育出版社,2002:576.

方法是以牺牲某些测量上的准确性，换取评价结果对方案有关人员来说更多的有用性。”①

应答评价模式的实施包括十二个重点事件，分别是：① 识别方案范围；② 了解方案活动；③ 确定评价目的和人们的兴趣所在；④ 形成议题和问题的概念；⑤ 识别所需的资料；⑥ 选择观察者、判断者和评价工具；⑦ 观察指定的前提条件、相互作用和结果；⑧ 理论总结、描述性材料的准备、个案研究；⑨ 确认或否定某些证据，提高评价可靠性；⑩ 整理出供评价听取人使用的材料；⑪ 收集正式报告；⑫ 与方案评价的委托人、评价听取人和方案执行人交谈。

应答模式强调在评价活动中使用非正式的观察、访谈和定性描述分析的自然主义的方法。应答模式在有效作出价值判断方面优于泰勒模式，但它在评价活动中耗费人力、物力，且时间较长、实施难度较大。

六、费用-效果分析模式

费用-效果模式的提出者是美国人列文（Levin），该模式认为对教育方案的评价不仅要判断其教育效果，还必须判断实施该方案所花的费用，力求使教育效果最大化的同时使所需资源最小化，以达到追加的教育资源发挥最大的作用，使减少的教育资源对教育成果产生最小的影响。该模式在使用时必须具备两个条件：一是必须存在备择的教育方案；二是每种备择方案必须既有费用分析又有效果分析。费用-效果分析模式有四种表现形态：费用-效益法、费用-效果法、费用-效用法、费用-可行法。

本章小结

教育评价是教育管理的重要手段，现已发展成为一门独立的教育科学。在教育督导过程中，科学地开展教育评价不仅有利于了解教育事业发展状况，而且也有利于提高决策质量，优化教育管理，提升学校与教育管理组织的改进能力与水平，保障国家教育法律法规与政策的有效贯彻与执行。本章主要介绍了评价的基本概念、教育评价的历史与发展趋势以及六种教育评价模式。

拓展阅读

经济合作发展组织（OECD）教育评价指标体系

A类：教育机构的产出与学习的影响	B类：教育中的财政与人力资源投入	C类：教育机会、参与与过渡	D类：学习环境与学校的组织
指标A1　成人学历水平如何？	指标B1　生均支出是多少？	指标C1　哪些人接受教育？	指标D1　学生有多少时间用于课堂学习？
指标A2　预计有多少学生完成高中教育？	指标B2　国民财富用于教育的比例是多少？	指标C2　世界范围内的早期教育体系有何差别？	指标D2　生师比是什么？班额有多大？

① 斯塔克.方案评价的特殊方法：应答评价[A]//教育学文集（教育评价卷）[C].北京：人民教育出版社，1989：325.

续表

A类:教育机构的产出与学习的影响	B类:教育中的财政与人力资源投入	C类:教育机会、参与与过渡	D类:学习环境与学校的组织
指标A3　预计有多少学生完成高等教育?他们的基本情况是什么?	指标B3　教育的公共投入和私人投入是多少?	指标C3　预期多少学生升入大学?	指标D3　教师工资是多少?
指标A4　父母受教育程度对子女的学历影响有多大?	指标B4　公共教育经费总支出是多少?	指标C4　谁在国外学习,在哪些国家学习?	指标D4　教师有多少时间用于教学?
指标A5　受教育程度如何影响劳动力市场参与程度?	指标B5　高等教育学生交多少费?得到多少公共补贴?	指标C5　从学校向工作过渡:15-29岁的青年人何去何从?	指标D5　哪些人从事教师职业?
指标A6　教育的收入回报是多少?	指标B6　教育经费用于哪些资源和服务?	指标C6　多少成人参与教育和学习?	指标D6　已经建立了什么样的教育评价机制?
指标A7　教育投资的经济动因是什么?	指标B7　哪些因素影响教育经费支出水平?		指标D7　已经建立了什么样的教师与学校领导评价体系?
指标A8　教育的社会效益如何?			指标D8　信息与通信技术(ICT)在教学中的应用程度如何?
指标A9　技能对就业与收入有何影响?			
指标A10　教育与就业中的性别差距体现在哪里?			

资料来源:European Communities.European Report on the Quality of School Education,Sixteen Quality Indicators[R].Luxembourg:Office for Official Publications of the European Communities,2001.

思考与练习

一、单选题

教育评价按时间和作用来分主要有(　　)。

A. 宏观教育评价、中观教育评价和微观教育评价

B. 诊断性、形成性和总结性评价

C. 相对评价和绝对评价

D. 自我评价和他人评价

二、填空题

教育评价的要素包括________、________、________、________。

三、简答题

1. 当前教育评价主要有哪些典型模式？
2. 未来我国教育评价有哪些发展趋势？

第九章　教育评价方法

学习目标

通过本章学习，需要掌握教育评价的基本方法，并理解每种方法的优势和局限。

学习指导

掌握教育评价方法是本章的重点内容，对各类型的教育评价设计作出区分，并能够进行正确的应用是本章的难点。理解和把握每种方法的优点和局限是本章的重中之重。

建议学时

3学时

教育评价是建立在信息资料收集、占有与分析基础之上的。在正式实施教育评价之前，需要对评价的策略和方法进行规划和设计，以确定使用何种评价理念、模型以及方式来进行评价。本章将对评价设计的主要方法进行介绍，并详细阐述每种方法的适用情境和优缺点。

第一节　访谈法

访谈，就是研究性交谈，是以口头形式，根据被询问者的答复搜集客观的、不带偏见的事实材料，以准确地说明样本所要代表的总体的一种方式①。尤其在研究比较复杂的问题时需要向不同类型的人了解不同类型的信息。访谈广泛适用于教育调查、求职、咨询等，既有事实的调查，也有意见的征询，更多用于个性化、个别化研究。访谈有正式的，也有非正式的；既有个别访谈（individual interview），也有团体访谈（group interview）。

一、访谈法的步骤

访谈法的实施，一般可以分为以下五个步骤：

（一）制定访谈提纲

访谈提纲是访谈实施过程中的一种重要工具，对于访谈起直接的指导作用。访谈提纲中一般都规定了每个访谈问题的表述形式、引申意义以及附加情境等。访谈者如果有可能

---

① 裴娣娜.教育研究方法导论[M].合肥：安徽教育出版社，1995：180.

应尽量参与到访谈提纲的设计中，不仅应牢记访谈提纲中的相关问题，还要明白通过该问题需要得到哪些有效信息。例如，在农村寄宿制学校发展现状这一调查研究中，教师访谈提纲中有这样一个问题："教育局、学校在住校学生的管理和指导方面有哪些支持性措施？"在这一问题中的"支持性措施"是一个很模糊的概念，到底什么是支持性措施？其需要在正式实施访谈前应该有准确的界定与理解。否则，一旦受访者接受访谈出现了理解障碍与歧义时，访谈者就无法对其给予正确解释与指导，从而会影响到访谈结果的有效性。只有正确细致地把握好访谈提纲中的各个环节，才能更好地处理访谈中所遇到的问题。

（二）说明访谈的目的、一般规则和保密性

访谈者在开始访谈时，一般有以下三个方面需要事先向受访者说明。第一，说明访谈的目的等。说明访谈的目的和必要性，是为了使访谈对象对于访谈的意义和访谈者的动机有所了解，能够在一定程度上认同该动机，从而在一定程度上自觉地与访谈者进行配合。第二，说明访谈的一般规则。访谈以了解访谈对象真实的看法或说法为目的，所以在访谈时访谈对象应该尽可能直率，知无不言、言无不尽，即使是不愿说明的事情，也需要公开地说明不愿意告知，尽可能避免假话。进行访谈规则告知，可以在一定程度上提高访谈的信度。第三，承诺对访谈得到的信息进行保密或在有限场合使用。承诺对于访谈得到的信息进行保密，或在使用该访谈得到的信息时不公开访谈对象的个人信息（隐匿姓名、单位等）可以使访谈对象消除顾虑。

（三）恰当提问，准确捕捉信息，及时收集有关资料

访谈进程中，访谈氛围是否融洽、访谈者提问问题的语气、措辞甚至标签等，对于受访者是否能真实、清楚、全面地表达出访谈需要的信息有很大影响。例如：在民族地区和农村地区的短期教育研究中，访谈家长时会受到当地民族文化、风俗习惯的影响；如果在访谈中使用普通话进行访谈，那么，就很有可能导致被访谈者在听讲与理解上的障碍。如果不能使用当地民族语言或方言进行访谈，那么就需要放慢语速，同时查看受访者听讲时的表情，如果发现了听讲与理解上的障碍，要进行必要的补充与解释。要避免与消除受访者因听讲而产生的距离感与陌生感，进而导致受访者的紧张、封闭，从而影响访谈的顺利进行。正确合理的访谈导入、亲切和蔼的表情、平易近人的态度和语言等会让受访者在轻松愉快的气氛中更容易表达出自己的真实想法，从而有助于访谈者收集更有效的访谈资料。

（四）适当地作出回应和追问

访谈是一个访谈者和受访者双方沟通的过程，这一过程进行的是否顺畅，受访者是否能在访谈者的引导下敞开心扉是衡量访谈成功与否的一个重要标准。深入的访谈需要访谈者对受访者的回答能够进行及时回应，抓住受访者语言中模糊但却对研究有意义的问题进行有效的追问。除此之外，访谈中要对受访者理解有障碍的词语、语句用恰当的语言解释说明，可采取客观的举例方式对其进行启发引导，防止访谈中出现的各种模糊回答，从而影响到研究的分析。

（五）及时做好访谈记录

访谈过程中的记录对于访谈后整理和分析资料都十分重要。访谈中由于时间和访谈者记录技巧和方式等因素的限制，难免会遗漏或误解受访者所要表达的真实意思。为了尽可能全面准确的记录访谈内容，包括受访者的语言、动作、表情等，访谈者应该根据具体情况采取最适合自己的记录方式，例如录音、速记、图形等。其中采用录音方式应经过受访者的同

意才可使用,优点是可以最大限度地保存访谈信息,但是访谈后的整理和录入量较大;采用传统的纸笔速记方式则可以快捷选择记录访谈者认为重要的信息,但要求访谈者具有较好的信息筛选能力,否则遗漏的信息很难再现;图形可以简单明了地呈现大量信息,但要求访谈者具备较好的抽象思维能力,以便在整理过程中重现访谈信息。无论采用何种记录方式,其目的都是保存访谈信息,便于整理和分析工作的进行。

二、访谈法的优点及局限性

访谈法的优点有以下几个方面:首先,访谈法可以获得更为丰富广泛的资料,有助于对人的心理活动、教育规律进行多层次、多方面的探索①。其次,访谈法能够灵活地、有针对性地开展资料的收集。它可以根据访谈过程的具体情况,灵活地采取各种方法,有针对性地、有效地收集资料。再次,可以保证收集到的研究资料具有较高的可靠性。当访谈者认为访谈对象回答不完整、不明确时,都可以追问,以了解更为确切的信息。最后,它的适用范围比较广。因为它是口头进行的,访谈者可以对问题进行阐释说明,它适用于一切具有口头表达能力的不同学历背景、不同认知水平的访谈对象。

访谈法并非一种完善的资料收集方法,它仍然有一些缺点和局限性,主要包括:

第一,成本较高。访谈调查常采用面对面的个别访问,面对面的交流必须寻找被访者,路上往返的时间往往超过访谈时间,调查中还会发生数访不遇或拒访,因此耗费时间和精力较多;另外较大规模的访谈常常需要训练一批访谈人员,这就使费用支出大大增加。访谈要付出更多的时间、人力和物力,故难以大规模进行,所以一般访谈调查样本较小。

第二,缺乏隐秘性。由于访谈调查要求被访者当面作答,这会使被访者感觉到缺乏隐秘性而产生顾虑,尤其对一些敏感的问题,往往会使被访者回避或不作真实的回答。

第三,被访谈者容易受到访谈者的主观影响。由于访谈调查是研究者单独的调查方式,不同的访谈员的个人特征,可能引起被访者的心理反应,从而影响回答内容;而且访谈双方往往是陌生人,也容易使被访者产生不信任感,以致影响访谈结果;另外,访谈员的价值观、态度、谈话的水平都会影响被访者,造成访谈结果的偏差。

第四,记录困难。访谈调查是访谈双方进行的语言交流,如果被访者不同意用现场录音,对访谈员的笔录速度的要求就很高,而一般没有进行专门速记训练的访谈员,往往无法很完整地将谈话内容记录下来,追记和补记往往会遗漏很多信息。

第五,处理结果难。访谈调查有灵活的一面,但也增加了这种调查过程的随意性。不同的被访者回答是多种多样的,没有统一的答案,这样,对访谈结果的处理和分析就比较复杂,由于标准化程度低,就难以做定量分析。

因此,访谈法一般在调查对象较少的情况下采用,且常与问卷法、测验法等结合使用。

第二节 观察法

所谓观察法(observation method),是指人们有目的、有计划地通过感官和辅助仪器,对

---

① 董奇.心理与教育研究方法[M].北京:北京师范大学出版社,2004:178.

处于自然状态下的客观事物进行系统考察，从而获取经验事实的一种科学研究方法①。科学研究如果没有关于研究对象的第一手原始资料，就无法进一步认识事物的本质和规律。恩格斯正是通过对英国伦敦市区居民的社会经济状况和具体生活条件的详尽观察、了解和分析，才于1844年完成了《英国工人阶级状况》一书。该书不仅全面地描述了当时英国工人阶级作为一个社会阶级的真实状况，也揭示了资本主义的经济发展、社会发展和社会意识之间的关系。

一、观察法的种类

观察的方式是多种多样的，从不同角度划分，观察法的种类是不同的。

（一）按照观察程序形式化程度，可分为非结构化观察和结构化的观察

非结构化的观察是研究者在进行科学研究时，对研究的目标与问题未做明确界定，也没有制定出严格的观察项目和观察步骤，只需确定对象即可。运用这种方法时，由于人的能力、视野有限，要同时把客体的每个方面都看到是不可能的，因此在观察过程中，研究者的观察范围可能会随着工作的进展而缩小，逐渐把目标指向客体诸多因素中的一个或几个。在这个改变之中，研究者的主观性常常容易表现出来，导致观察问题时犯主观主义错误。因此，非结构化观察常常用在科学探究过程中的探索性阶段。而结构化的观察是在观察之前预先确定好观察的目标和问题，找出客体中对于研究工作最有意义的因素，制定出周密的计划，然后集中力量对某些方面进行观察。采用结构化观察一般有一个前提，即对观察对象有初步的了解，这样才能将对象的各种因素分清有用和无用，区别主要和次要，有所取舍。

（二）按照观察的地点和组织条件，可分为实地观察和实验观察

所谓实地观察，就是指在自然环境、现实生活状态中所进行的观察。实验观察则是通过实验手段先给被观察对象创造一定的环境条件（比如实验室），然后再进行观察。采用这种方法，研究人员可以根据自己的需求来设计环境，把研究对象投入到特定的环境里去。实验观察法的优点在于可以借助录音、录像等一些现代化的技术手段获取数据资料，但它也容易破坏观察环境的自然形态，掩盖真相。

（三）根据观察者的立场，可分为参与式观察和非参与式观察

参与式观察是观察者直接参与到研究中去，与被观察者发生面对面的联系，成为他们团体中的成员，参加团体的一切活动，但自己仍然保持着客观态度从事研究。比如进行学校管理评价时，直接作为见习者参与学校管理的相关活动，承担学校管理事务，与学校教师、校长成为“同伴”，同时进行观察，从而达到管理评价的目的。非参与观察是指观察者不参与观察对象的组群活动，通过观察对象的行为痕迹，如文字、作品、产品等进行研究分析。非参与式观察是间接的，不接触观察对象，所以不存在观察对象反应性行为改变等问题。

二、观察法的特点

观察法作为一种科学研究方法，其具有目的性、客观性和能动性三个主要特点。

（一）目的性

观察是根据评价目的的需要，为解决某一问题而进行的。因此，观察前应有明确的观察

---

① 李秉德.教育科学研究方法［M］.北京：人民教育出版社，2001：184.

目的,并确定观察的范围、形式和方法。

(二)客观性

观察是在自然状态条件下,综合运用各种途径和方式,对观察结果做明确、详细、周密的记录,直接观察某教育现象发生发展过程的一种方法。由于观察法是在自然条件下进行的,并且要求观察人员不能干预被观察对象的活动,这样就使得评价所收集到的一手资料更为真实与客观,从而保证了观察与评价得出结论的有效性与客观性。

(三)能动性

观察法具有很强的客观性,但在观察过程中始终会伴随有观察者能动性的发生。观察者的能动性主要体现在以下几个方面:(1)观察目的的建立。观察目的是预先建构的,而不是自然生成的。(2)观察内容的确定。观察内容是根据预设的观察目的而确定的,其本身就是观察者能动性的反映。(3)观察记录与分析。不同的人对同一事物进行观察,其所得出的结论很可能是不同的。原因就在于观察的记录与分析受观察者的能动影响。观察者的能动性不同,那么,其在观察中所做的记录与分析也必然会存在差异。

观察法的设计实施主要包括以下几个阶段:(1)确定观察的目的;(2)确定观察的基本方法;(3)选择观察的对象;(4)确定观察的时间或事件,明确观察项目的精确定义;(5)设计记录表格或记录手段和方法;(6)提出实施过程中的注意事项;(7)拟定观察后的统计分析办法,制订观察后的教育措施。

观察法尽管在教育评价中具有十分重要的作用,但其也存在着固有的局限。具体表现在以下几个方面:(1)不能回答"为什么"这一因果关系的问题,只能说明"是什么"和"有什么"的问题。(2)由于观察时间和观察情境的限制,在研究对象人数多且分散的情况下应用较为困难。(3)由于教育现象复杂且处于不断变化之中,推断结论的可能性太多,影响评价结果信度。(4)观察的资料琐碎不易系统化,普遍性程度不高。要将观察结论推论到一般总体中时,应小心谨慎。

导致上述局限的原因,主要有两个方面:(1)观察是在自然条件下进行的,会受到错综复杂的偶然因素干扰。(2)研究者在观察时不能轻易支配和控制研究对象及其发展过程。

第三节　问　卷　法

"问卷"译自法文 questionnaire 一词,其原意是"一种为统计或调查用的问题单"。问卷法就是指在社会调查中采用问卷作为工具直接从被调查者那里收集有关资料的方法①。

一、问卷结构

一份完整的问卷通常是由标题、前言、指导语、问题、结束语五大部分组成的。

标题是对研究课题的简洁、高度概括的反映,它既要与研究内容一致,又需要注意对被试的影响。

前言是对研究目的、内容的概要说明,目的是能引起被试回答问题的热情、消除顾虑而能够愉快地合作。

---

① 风笑天.方法论背景中的问卷调查法[J].社会学研究,1994(3):13-18.

指导语说明填写问卷的方法及注意事项,有时还附有例题,以帮助被试理解填写问卷的方法与要求。

问题是问卷的主要组成部分。问题是问卷的核心内容,编拟问题必须具体、清晰、客观、可操作、通俗易懂,问题是被试所熟悉的事情。

结束语是问卷的最后部分。包括两部分:一是提出开放式问题,或让被试提出对本研究的建设性意见;二是表示对被试合作的感谢。

二、问题类型

问题类型主要有开放式、封闭式和半封闭半开放式三类。在制定问卷时,需要使用哪种类型的问题,需要根据评价目的与内容进行确定。

在开放式问题中,不会向受测者提供具体的答案与回答要求,受测者只能根据自己对问题的理解用自己的语言和陈述方式自由回答。如对幼儿园教师的评价中,在问卷中设置:"您认为幼儿园教师开创一个好的班级环境需要具备哪些能力",就是典型的开放式问题。开放式问题不会给受测者提供答案进行选择、也不会对怎样作答提出要求,这样就有利于受测者基于自己的理解与了解作出真实的回答。开放性问卷若能够得到受测者认真作答,那么,其就会收到更为丰富、更有价值的信息。这种问题的缺陷主要有以下几个方面:第一,受测者作答的随意性。因为通常完成问卷的时间都有所限制,所以受测者很可能为求快速完成而随便地填写,甚至不填写,结果本想得到更多信息的开放式问题就被废置了。第二,受测者对表述的理解不一。不同人对文字的内涵与外延的表达和理解都不尽相同,特别是受文化影响的一些方言等,所以作为研究者也很难作出客观的解读与分析。第三,难以对开放式问题作答的信息进行明确分类、编码与数据统计。如果不能进行统计分析,就失去了问卷信息的统计意义。所以在运用开放式题目时必须认真权衡其优点和缺点的影响,或者说要根据具体的评价目的来使用。

封闭式问题是指受测者只能在该问题下提供的答案中进行选择或作答的问题。封闭性问题具有很强的目的性、针对性与客观性。因此,在心理学和教育学中通常把封闭式问题称为客观题,其形式包括选择、排序、列表、匹配、等级评定等。封闭式问题相对开放式问题而言,受测者耗费的精力较少,所以能在更短的时间内收集更多的、更具体的、更有针对性的受测信息,有利于进行数据统计分析。如面向农村教师流动意愿进行评价时,在问卷中设置:"您现阶段有转去其他学校工作的打算吗?"设置选项:"1 有;2 没有",这就是一道典型的封闭式问题。但由于封闭式问题是以具体的题目和答案来引导受测者的,所以在题目和答案的文字和内容表达上要求必须做到清晰而明确,否则,有歧义或语法太复杂就会妨碍受测者对题目的理解,影响问卷的信度。设计封闭式问题时,注意以下几点:第一,选项尽量包括所有可能的回答,如选项不能对问题答案进行全面覆盖,则需要加入"不知道"或"没有出现题目中的情况"这样的选项。第二,当选项是李克特量表(Likert scale)时,要令选项保持平衡,即设计平衡量表(balanced scale);选项数目尽量设置偶数个,以避免趋中效应的产生。

为了提高作答的效率与有效性,一般情况下会将比较容易回答的题目放在问卷的前面部分,比较难与耗时长的问题,如开放式问题放在问卷的后面,其旨在消除受测者的时间压迫感与烦躁感。另外,一定要对问题数量进行控制,否则,一旦受测者产生疲倦感后,那么,问卷后面的问题不论是开放性,还是封闭性的都容易导致草草填写或忽略不填。

三、问卷法的优缺点

和访谈法、观察法一样,问卷法作为教育评价中应用广泛的一类方法,也有其固有的优点和局限性。

(一) 问卷法的优点

所收集的资料便于定量处理和分析。通过问卷法所收集得到的资料相比于质性方法更容易被转化为数字,从而进行定量分析。

节省时间、经费和人力。与访谈法、观察法等质性评价方法相比,问卷法能够以较少的人力、较低的费用在较短的时间内,以多数人为对象实施较大规模的调查。调查结果经统计处理后,具有一定的代表性。

可以避免某些人为的偏差。研究对象在统一的指导语下,填写相同的问卷,可以避免人为的偏差。

问卷法有很好的匿名性。研究对象可以充分考虑,然后回答。不受他人干扰,自由地表达意见,结果更可靠。

(二) 问卷法的局限性

问卷的回收率有时难以保证。当被调查者对该项调查的兴趣不大、态度不积极、责任心不强,或者受时间、精力、能力等方面的限制而无法完成问卷时,会降低问卷的有效回收率。

问卷法对被调查者的年龄和文化水平有一定要求。问卷法要求研究对象具有一定的文字阅读和理解能力,因为被调查者起码要能看懂问卷、理解其含义,才能填答问卷。但实际生活中并不是所有人都能达到这种程度的,因此,它常常使问卷法的适用范围受到限制。

问卷调查资料的质量常常得不到保证。在进行问卷发放与作答时,在调查人员没有在场,或调查人员在场但对问卷中存在的问题不能给予正确的解答与解释时,那么,问题理解不清而导致的错答、误答、缺答、乱答情况就可能发生。

通过问卷法得到的结论往往还需要进行更深一步的分析讨论。问卷法虽然可以比较广泛地了解研究对象的内心世界,但是难以深入,通常采用一些办法加以弥补,即针对某一问题,用多个条目提问,或增加开放式问题等。

第四节 测验法

测验法是指借助各种测试题对人的知识、技能和能力以及某些心理特征进行测量,从而获得评价信息和资料的方法。与问卷法相比,测验法更像一把编制精确的尺子,需要严密的编制流程,并且具备较高的信度和效度。在教育评价中,常通过测验来检测、改进、提高教学质量。同样是通过数字来收集信息,测验法更倾向于以分数本身来说明问题,目的性强,评价对象在测验中的分数很大程度上就是测验所要测量的指标上的特质表现,如专门用来测查教师自我效能感的《教师自我效能感量表》,评估校长教学领导力高低的《校长教学领导力量表》等。

测验法种类很多,可以根据不同的分类标准,把测验分为不同的类型。认识测验的类型,有利于我们有针对性地选择和有效地使用测验。比如按照测验的性质,测验可以分为学业成就测验和心理测验;按照测验的方法,测验可以分为标准化和非标准化测验;按照测验的时间,测验可以分为速度测验和难度测验;按照测验目的,测验可以分为发展性测验和诊断性测验。

一、测验法的步骤

设计一个完整的测验,一般包括以下几个步骤:

(一) 确定测验目标

首先要确定测验目的,从而考虑运用何种测验类型,比如是发展性的还是诊断性的。其次是要明确测试对象,即测验用于什么范围,是个人还是团体,有什么个性特征或社会经济背景特征,等等。最后要明确测试目标,即测什么,比如测学生的创造能力,那么具体测验的目标就是思维的流畅性、独特性和变通性等。如果测认知,布鲁姆的目标分类提供了初步依据。

(二) 制定一个达到目的的双向计划

一般采用双向细目表(见表 9-1),如对某一学科教学内容测验题目分布数。

表 9-1　某一学科教学内容测验题目分布数

	理解	记忆	应用
定义	7	5	0
历史	7	4	3
技术	2	10	20

(三) 编制测验题目

测验题目要与双向细目表相匹配,同时,要尽可能地收集全面的、有代表性的有关资料,同时合理选择测验题目的形式。比如,针对幼儿和低年级学生,考虑到他们认知水平发展的程度,最好采用口头测验而不是纸笔测验的形式。

(四) 检查测验题目并判断题目质量

判断题目质量最好的办法是,在小范围内试测并进行题目分析,主要分析题目的信度、效度、区分度和难度,信度指题目的可靠程度,效度指题目与所测特质的匹配程度,难度和区分度指题目的鉴别力。

(五) 进行正式测验

施测时要按测试指导语及操作程序进行。

二、测验法的特点及应用

作为一种教育评价设计方法,测验法也有其自身的优势及局限。一般而言,测验法的优点包括:

第一,标准化,效果可靠。测验法的编制流程十分严谨,效果可靠。

第二,量化程度高。测验法用数字对人的心理或行为进行描述,施测容易控制,减少了被试在回答问题过程中的主观因素的影响,数据比较客观。

第三,有常模对照。在心理测验中,通常根据一个人在所比较的团体内的相对等级来报告他的成绩,这里用来做比较的参考团体叫常模团体,常模团体的分数分布就叫常模。测验法通过设立常模，可以清楚地解释分数意义。

测验法的缺点包括：

第一，间接测量，结果很难准确。测验是一种间接测量，即通过对行为的测量，来推断要测量的心理。如果行为样本未选准，项目所引起的反应就难以推断所要测量的心理。

第二，受经验和文化影响。测验不可避免地受到经验和文化条件的影响。

第三，对施测者专业知识和技能要求高。测验法对施测者要求较高，他们应该具有一定的专业知识和较熟练的测验技能，熟悉测验手册的各种要求。

如今，测验法在教师评价、班主任评价、校长评价、学生心理健康评价、学生学业成绩的实验设计等方面都发挥了重要的作用。例如在教师评价中，我们认为教师的身心素质在教学过程中起着调节作用，合格的教师必须具备良好的身体素质和健康的心理品质，教师良好的身体素质是保证教学工作有序开展的前提，教师健康的心理品质是学生得以潜移默化受其影响的基础。那么在对教师的身心素质进行评价时，包含对其人格、情绪、性格等方面的测量，就属于对测验法的应用范围。同样，在班主任评价中，有时要对其意志、情感、性格等心理品质进行测量。当前我国校长素质评价的一般内容包括政治素质、品德素质、法规素质、专业素质、管理素质、能力素质、心理素质等七个方面，对这些指标进行量化和归类时也需要测验的相关方法。

此外，大规模学业成就测验用于评价个体学生，以便更好地开展教育工作。通过对每个个体进行准确的评价，确认其能力水平及优缺点所在，从而制定恰当的目标，采用相应的教育方式及方法，以达到个性化或有针对性教育。国家宏观把握教育决策，也需要对区域教育质量进行监测，以作出科学合理的评价，这其中最常用、最被广泛接受的也是测验法。

测验法既可用于评价人们在学习和能力上的差异、人格特点及相对优缺点，评价学生或儿童已达到的发展阶段，也可用于评价教师的素质和教学效果。随着心理测量学的发展，各种教育心理测量方法都会在教育与心理领域显示出其理论和应用价值。

第五节　表现性评价

20世纪80年代末90年代初以来，教育界对标准化选择题测验的批判引发了学者们对选择一种方法作为选择题测验的替代性评价方法的讨论，因而表现性评价作为“为测量学习者运用先前所获得的知识解决新异问题或完成特定任务能力的一系列尝试”①，以强调被评价者的主体性、注重评价过程、重视评价任务的真实性以及着眼发展等特点，引起了一系列有关课堂教学观念、理论的转变。表现性评价不是要求学生在已经设置好的选项中选择出答案，而是要求学生自己构思出答案、制造出成果、完成特定活动。它的形式很广泛，包括简答、分析写作、实验设计与操作、调研与分析等。

一、表现性评价的定义

表现性评价目前没有一个公认的定义，但综合前人研究者对表现性评价的操作性

---

① Stiggins R J. Design and Development of Performance Assessments[J]. Educational Measurement Issues & Practice, 1987, 6(3): 33-42.

定义，一致认为表现性评价由一系列表现性评价任务组成。表现性评价任务是指在测验中为学生创造结构性情境，提供可分析的材料和信息，要求学生自己构思作答，并根据详细明确的评分标准对学生作答的过程和成果的质量高低进行评分。根据这一定义，表现性评价包含四个关键要素：结构性情境、启发性材料、明确的作答方向以及清晰的评分标准。

（一）结构性情境

每一个评价任务都需要设计在一个标准化的结构性情境中，限定时间、空间、材料获取等条件，这使得同样的测试可以在不同地区被不同的参与者复制和操作，并使得测试成果具有可比性。

（二）启发性材料

每一个评价任务都需要提供一定的启发性材料和信息作为学生作答的基础。因为这些材料并不需要像选择题一样明确地引出几个具体的选项作答，因而可以提供更为多样、复杂和生动的分析信息。

（三）明确的作答方向

每一个评价任务的问题都需要有明确的回答方向，使得不同的被测试者对在测试中要做什么有同样的理解。相比选择题测试，表现性评价的作答形式会更为多样和宽泛，因而需要避免模糊性的提问。

（四）清晰的评分标准

作为建构反映类（constructed response）测量，学生在测评中提供的答案通常是开放的、复杂的，尽管如此，大部分任务在被发布之前就需要有清晰的完整的评分标准，这就需要任务开发者对什么样的作答属于高质量的作答有明确定义。因而，未被标准化的档案袋方法（free-choice portfolio），尽管可以记录和促进学生的学习过程，并不被认为是合适的大规模表现性评价测试的方法。

二、表现性评价的本质

（一）对内在能力（或倾向）与行为表现进行评价

能力（或倾向）与行为表现的区分是现代心理学家，尤其是认知心理学家的一个重要思想。正如R.M.加涅所言："学习过程，得到教学条件的支持，就导致在学习者心里形成多多少少持久的状态。这些状态当然是从观察他的作业（performance）而推论出来的，因为这些状态是在许多场合下的具体情境里表现出来的。为了强调这些状态具有习得的和持久的性质，可以管他们叫作能力和倾向。"①内在的能力和倾向要通过外在的行为表现才能展示出来。通过行为表现，可以推论出所习得的能力或倾向。奥斯特霍夫（A.Oosterhof）也主张区分学生的能力与表现："能力是学生的知识，我们想评价但不能直接评价，因为我们看不到另一个人知道什么或在想什么。我们应当确定出一种提供了学生知识迹象的表现。"②

明确了能力与行为表现的关系，就不难理解表现性评价的含义。表现性评价是一种

---

① 皮连生.智育心理学[M].北京：人民教育出版社，2000：224.

② Oosterhof A.Classroom Applications of Educational Measurement[M].3rd ed.Classroom application of educational measurement，2001：445.

对人的能力或倾向的行为表现进行的系统评价。需要指出的是,表现性评价并不仅仅局限于评价认知能力,也可用来评价非认知的结果,如自我定向、与人合作的能力以及社会知觉等。这种对情感态度领域学习的关注,反映出人们认识到复杂任务的熟练表现,不仅涉及回忆信息、形成概念、进行概括及解决问题的能力,也涉及用脑的习惯、态度与社会技能。

(二) 对能力(或倾向)表现的直接评价

表现性评价是一种直接的评价,这主要是相对于传统纸笔测验而言的。传统的纸笔测验在评价人的能力(倾向)表现时,采用的是间接的方式,即通过受测者在纸笔测验上的表现,来预测他未来的工作或学习表现,从而间接地对其能力(倾向)表现作出评价。例如,通过多项选择、完形填空等形式的纸笔式测验,可以间接地对一个人使用外语的能力作出评价。正如林(R.L.Linn)等人指出的,纸笔测验、多项选择测验的价值,主要在于它是作为其他有价值表现的征兆或相关因素①。与传统的纸笔测验相反,表现性评价则绕过了中间的作为预测或征兆的纸笔测验,直接对能力(倾向)的行为表现进行评价。

三、表现性评价的环节

实施表现性评价一般要经过三个环节:设计表现性任务、指导学生完成任务、展示与交流。

设计好表现性评价的任务是实施表现性评价的基础和关键。设计表现性评价任务一般有六个步骤:(1) 确定要评价的知识、技能和认知行为以及什么是能够反映学习成绩的证据;(2) 创造情境,即选择一个有意义或重要的问题,使学生置身其中;(3) 写出指导,即有清晰的语言描述希望学生知道什么和做到什么,描述出让学生做的产品和应有的行为表现;(4) 确定受众对象,即告诉学生完成这个任务是为谁而做,谁将从这个任务中受益;(5) 给出评分规则;(6) 回顾前面设计的任务,进行修改。

表现性评价任务设计好之后,教师要与学生进行充分的交流,向学生说明任务目标的要求、评分规则的内涵,并采取有效方法引导学生积极、认真地完成任务,同时给予必要指导。在学生完成任务的过程中,教师要根据评分规则对学生的实际操作情况、行为表现进行仔细观察和记录,这是教师评分的依据。当学生完成任务之后,可以将其学业成果——作品进行展示和交流,教师给予点评,必要时可以进行优秀作品的评选,以引导学生参与评价过程,培养和提高学生的自我评价意识和能力。

总而言之,表现性评价是对能力(或倾向)与行为表现进行直接评价的方法,是在教育理论与实践的呼吁之下产生的,它与传统的客观测验不是对立而是互补的关系。表现性评价有多种形式,在进行编制时,首先要明确所要评价的能力或倾向,而后再编制表现性任务,最后确立具体的评价方法。

四、表现性评价的优势

表现性评价可以更真实地评价学生高层次的能力,对教学实践有直接的促进作用,并且

---

① Oosterhof A.Classroom Applications of Educational Measurement[M].3rd ed.Classroom application of educational measurement,2001:445.

可以促进评价的公平性，有着标准化选择题测试不可替代的优势。

（一）深入性：测查高层次认知能力

表现性评价的关键不仅仅在于期待学生完成一个开放性任务，而在于期待学生在测评中展现出高层次的能力，因而，它的特征之一是可以更真实地测量学生的高层次的能力。根据布鲁姆（Bloom）的认知能力分层金字塔，学生的能力可以分为六个层面：知识层面（记忆事实）、理解层面（证明对概念的领悟）、应用层面（运用对知识的理解完成任务或解决问题）、分析层面（检验论断、作出推论以及寻找证据支撑解释）、综合层面（运用不同的方法组合信息，从而综合出新的模式或不同的解决方案）、评价层面（根据多方面证据和严格的标准，表达观点并提供论据支撑）。随着时代的发展，社会对学生高层次能力水平的需求日趋增加。表现性评价在测试中需要学生更多地分析和操作已知信息来证明自己的观点，为学生展示出更高层次的认知能力（分析、综合、评价）提供媒介。

（二）实用性：促进教学实践

表现性评价的另一个优势特征是其在促进教学方面的后效作用。教育评价的目的不仅仅是测试学生的知识水平，更要进一步促进教学实践，增加学生的知识、能力以及对世界的理解。已有对表现性评价的结果效度研究表明，在教学过程上，设计良好的表现性评价测试鼓励教师使用更能激发学生推理能力、解决问题能力以及沟通能力的教学方法，促进教师更多关注研究型和创作型的教学活动；同时，在教学成果上，表现性评价的应用也促进学生的学习积极性，提高学生能力。例如，对美国马里兰州表现性评价项目中 90 所中小学的 5 年学生成绩评价表明，教师在教学过程中积极调整教学方法，学生阅读和写作能力都有所提升，同时，在有更多家庭社会经济地位较低的学生的学校，学生成绩有更大的提升。

（三）公平性：更有利于弱势群体学生

有研究表明表现性评价比标准化测验更公平，有助于减少测试在不同家庭背景学生之间的成绩差异。有学者指出，表现性评价的一些特征使得它如果设计完好，可以更好地为弱势群体学生服务。例如，帮助识别家庭背景较差或者属于少数族群的有天赋的学生，降低测试中语言表述方面的干扰，帮助学生建立群体认同，减少测试中的歧视现象，等等。表现性评价有以下三个优势可以更好地服务于这些学生。首先，在表现性评价任务中，语言表述并不是唯一的测试媒介，许多任务通过其他方式，例如图表、可操作元素等，使学生多方位参与测试，因而降低了对学生语言能力的要求，对使用第二语言测试的学生更为公平。其次，在表现性评价中，教师可以直观看出学生在这一问题领域可以表现出来的能力，例如掌握了一个相关的数学公式等，因而可以给学生更全面细致的评价，而非只是根据正确与否进行评价。第三，正如上文提到的，表现性评价可以给教师提供更多的学生学习进展信息，以帮助教师更好地诊断学生对一些复杂问题的理解程度，从而提供更有针对性的教学帮助。

本章小结

很多科学研究方法都可以直接或间接运用到教育评价之中。若想提高教育评价工作的科学性与有效性,就必须把一些科学研究方法恰当地应用到教育评价工作实践之中。本章概要性地介绍了访谈法、问卷法、观察法、测验法与表现性评价五种常用的教育评价方法。每种方法都各有优势与局限。在教育评价过程中,应该根据评价目的、内容、评价实施的可能性来对各种方法进行恰当的选择与应用。

拓展阅读

表现性评价在 TIMSS 中的应用

TMISS(The Trends in International Mathematics and Science Study,国际数学科学测评趋势)的表现性评价以任务单的形式展现,分成 12 个任务单,5 个数学题,5 个科学题,还有 2 个包含数学和科学的题目。每个任务单有一个问题需要解决,设计了一系列小问题来引证学生的认知和步骤水平,小题由简到难。

任务单示例——骰子

给一对骰子,一个摇动器

- 将所得点数转换成数字,并且记录在表格中
- 确定和描述数据特点
- 投 30 次骰子,利用给的算法转化得出数据并且记录下来
- 计算出表格中数据的频数
- 确定频数最大的数据,并且试着解释

评分标准:

◆ 按照提示将正确的数字填入表中,如 0,2,4,6,8(2 分)

◆ 描述数据特点和趋势,都是偶数或 4 出现两次等(1 分)

◆ 将数据正确的填入表中(2 分)

◆ 计算频率,需与数据相同(2 分)

◆ 最大频率数和原因各 1 分(2 分)

12 个任务均以这种形式进行分数统计,进一步统计数学题汇总和科学题汇总,来比较各国成绩和男女差别等。

资料来源:the student math test of The Trends in International Mathematics and Science Study.https://timss.bc.edu/

思考与练习

一、多选题

以下属于教育评价中量化方法的是(　)

A. 问卷法　　B. 测验法　　C. 信息计量法　　D. 观察法

二、填空题

1. 通过让学生执行一定的任务(模拟的或现实的),来评价学生解决实际问题的能力,这种评价方法一般被称为________。

2. 实施表现性评价一般要经过三个环节:________、________、________。

三、简答题

1. 观察法有哪些优点与局限?
2. 简述访谈法的主要实施步骤。
3. 表现性评价的优势有哪些?
4. 问卷法和测验法有何异同?

第十章 学校领导与管理评价

学习目标

通过本章的学习，需要了解学校领导与管理评价的国际经验，掌握学校领导与管理评价的内容及模式。

学习指导

本章学习的重点是学校领导与管理评价的内容与学校评价模式，难点在于结合实践考虑增值性评价和发展性评价在学校领导与管理评价中的应用。

建议学时

2 学时

学校领导与管理评价是评价者根据一定的评价标准，采取科学有效的方法，对学校各方面管理工作进行系统分析，并作出价值判断的过程。开展学校领导与管理评价，对于引领学校贯彻落实教育方针，深化教育教学改革，优化学校管理，提高办学质量具有十分重要的意义。

第一节 学校领导与管理评价的国际经验

一、国外学校领导与管理评价案例

（一）英国教育标准局（OFSTED）评价方案

1. 产生背景

20 世纪 80 年代中期以前，英国教育实行非集中化的管理体制，校长决定学校一切事务，教师决定如何教学，这导致英国教育质量参差不齐。随着“1992 年（学校）教育法”的颁布，督导体制改革随之展开，成立了非政府部门且独立于教育就业部的“教育标准局”（OFSTED）以取代原来的皇家督学团。它的主要任务是制定评价标准以及有关政策和计划，监督督导工作质量，制定并监督督学的培训计划。

2. 主要理念

从抽样督导改为每校必督。相比于皇家督学团时期的抽样督导，教育标准局评价改为每校必督。这是一个庞大的中小学督导计划，它旨在用四年时间对所有中小学进行一次全面督导，意味着每年要督导6000所中小学。

（1）引进竞争机制，提高督导效率。教育标准局主要负责有关政策、计划和标准的制定以及督导质量的监督，而实际督导的组织、管理与实施则由注册督学领导的各督学小组负责。主要程序是，首先教育标准局对学校督导方案实行公开招标，然后各私立性的督学小组提出方案并进行投标以竞争学校督导的项目权，最后教育标准局根据各督学小组所提出督导方案的可行性和质量进行选择。中标后，私立性的督学小组与教育标准局签订合同，获得评价经费。

（2）扩大督学的范围。改革要求每一个督导小组需要有一名外行督学，外行督学必须是"非教育专业人员"。由于以往督学大都来自教育领域，无法从多个角度对学校问题进行诊断评价。外行督学的参与代表社区、家长等的兴趣与意见，增强了评价的客观公正性。

（3）增加督导的公开性和透明度。"学校督导大纲"所规定的评价标准、内容、方法和程序向学校和家长全面公开，任何人都可以直接查询学校的督导评价报告。若学校对评价结果存在疑问，有权提出申辩，确属评价不公正的，教育标准局可要求督导小组重新撰写督导报告①。

3. 评价内容

在进行评价时，督导人员主要关心以下内容：

这是一所什么类型的学校？

学校取得多高的水准？（学校的绩效和学生取得的成绩；学生的态度、表现和自身发展）

学校的教学质量如何？

学校提供给学生的课程和其他学习机会的质量如何？

学校对学生的关心程度如何？

学校和学生家长的关系处理得如何？

学校领导和管理得如何？

学校应该做什么来进一步提高？

其他具体特色：学校数据和指标

在所有课程、学科方面教学的质量和水准

4. 评价结果及其应用

评价报告中包括学校绩效表现、学校特色、收支情况、长处与短处以及能否改进的情况。学校有一个工作日的时间可以对报告参照事实进行修改，最终的报告将分送学校董事会、教育标准局、地方教育当局，并将报告主要内容传递给学生家长会。

大部分学校的评价结果是令人满意的，它们没有被发现存在严重缺陷或需采取特殊措施；而少部分被评为失败的学校，它们在教育质量、学校管理效能方面存在或多或少的问题，需要制定改进计划，并受到皇家督学的监控。

（二）美国"蓝带优秀学校"项目

1. 产生背景

---

① 王璐.九十年代初英国教育督导制度的改革：背景、思路和问题[J].比较教育研究，1999(4)：12-25.

美国公立中小学数量众多,其教育经费全部来源于本地区居民所缴纳的地方税,为了保证纳税人的合法权益,每年对公立学校的质量进行评价和排名就显得十分重要。为了督促与激励学校改进教育教学质量,美国"蓝带优秀学校(Blue Ribbon)"项目应运而生,它于1982年由当时的国家教育部长贝尔(Terrell Bell)提出并建立。贝尔认为"'日益扩大的平庸趋势'如此遍布我国学校,以致威胁到美国经济的未来"。该项目主要是奖励在办学方面表现突出的公、私立中小学校,同时也为各学校自我评价提供综合的标准体系,促进学校之间的交流和学习。

2. 评价内容

最初该项目的评价包括四大标准,分别是"学生-老师-内容"的互动,学校环境元素,学校和其他重要的外部利益相关以及关注结果,每个标准下有更为精细的指标。

美国国家教育部每年会选择一些国家重点关注或是优先发展的领域作为重点强调领域,例如在2001—2002的评选中,重点关注的领域是特殊教育和技术,申请表中专门有一栏关于特殊教育和技术的申请,但是只有拿到蓝带学校奖的学校才有资格在这两个领域中选择其一申请额外的奖励。

3. "蓝带优秀学校"的变革

自从1982年实施以来,蓝带学校成果卓著,但是到2001年1月,根据形势的变化,美国总统布什所领导的政府提出"不让一个孩子掉队"教育计划,在该计划中,要求保证每一个孩子学习的权利。自此之后,蓝带学校项目成为争论的焦点,首先"不让一个孩子掉队"要求以学生学习成绩为主,但是以往的蓝带计划包含众多评价指标,学习成绩只是其中之一;其次,以前评出的蓝带学校被发现存在一些问题;除此之外,美国孩子在一些国际测验中的表现很不理想,教育变革迫在眉睫。因此美国教育部建立了"新蓝带"项目。

相比于"旧蓝带"项目,"新蓝带"项目在申请过程上大大简化,同时提高了对"学业成绩"的重视程度,并且改由各个州政府的教育行政部门负责提名。被提名的学校需要满足以下两个标准之一:一是规定至少有40%的学生来自弱势群体的家庭,但是学校却能在阅读(或者是语言艺术,或者是英语)和数学的考试成绩中有"很大的进步";二是不规定学校中来自弱势群体家庭的学生比例,但是学校需要有优异的绩效。

(三)欧盟欧洲卓越奖

欧洲质量管理基金会(European Foundation for Quality Management,简称EFQM)2001年发起一个关于卓越等级的认证计划。EFQM卓越等级具体划分为三个等级:致力于卓越(Committed to Excellence)、卓越认可(Recognised for Excellence)、卓越奖(the EFQM Excellence Awards,简称EEA)。各组织可以申请他们认为最符合自己的成熟水平和绩效水平的等级,不同等级的评价程序不同,但都要求申请者运用质量奖评审标准进行自我评价,持续改进品质以追求卓越。

EFQM卓越奖是以全面质量管理的思想为基础建构的,基本概念包括:(1)结果导向;(2)顾客为重;(3)领导与稳定的目标;(4)过程与事实管理;(5)人员发展和参与;(6)持续的学习、创新与改进;(7)发展伙伴关系;(8)组织的社会责任。

卓越模型标准共九大项三十二小项,是把卓越基本概念的八项内容转化成可执行与评审的九项质量奖评审项目。卓越奖总分1000分,包含"促成者"(Enablers)与"结果"(Results)两大类,前者包括领导、政策与策略、人员、伙伴关系与资源及过程共五项,后者包括顾客结果、员工结果、社会结果、关键绩效结果共四项，五项“促成者”标准与四项“结果”标准各占50%。

（四）新加坡卓越学校模式

1. 产生背景

新加坡是一个国土面积很小的国家，人口数量少并且缺乏资源使新加坡对“人力资源”格外重视，加之文化根底的薄弱以及种族和宗教信仰的多元化，更使新加坡的执政者把发展教育放在头等重要的地位。培养双语（英语和母语）皆通、德才兼备、能和谐共处的新加坡人是新加坡繁荣经济、增强国力的基本国策①。在学校评价方面，新加坡教育部1999年规划出卓越学校模式（The School Excellence Model，SEM）并展开学校测试，2000年开展培训与指导并进行校内评价，2001年开始进行校外验证。直至2004年，教育部进行了首届全国评比②。

2. 评价理念

卓越学校模式是采取素质保证方针，以自我评价作为学校评价的标准，将校内评价与校外评价、教育过程与取得成果相结合的一种学校评价方法。参加评价的学校通过自我评价的方式不断地改良以求达到理想成果，同时，激发学校通过更多富有创意和有效的教学法来达到教育目的。学校在接受外界机构评价的同时，也在不断改进自我评价测试系统。

卓越学校模式秉承七个基本理念：学生第一、教师是关键、有目标的管理、系统支持与人合作、用知识管理、持续进步和创新。这七个核心理念强调学生的发展是所有教育过程的核心③。它们几乎包括了学校成功的所有必备要素，也共同定义了卓越学校模式的目的：使学校不断进步和创新。

3. 评价标准

在理念的引导下，“卓越学校模式”制定了九项标准，可以分为“过程”和“成绩”两个大类。“过程”聚焦于学校的管理和资源分配方式，而“成绩”则关注主要表现、教员能力和士气及学校活动对学生的影响力等。

“卓越学校模式”从学校的治校措施和收效两大方面来考核学校。治校措施方面观察管理层，包括校长、副校长、部门主任、科主任、级主任等的领导手法、教职员管理、策略规划、资源利用和以学生为中心的教学法。收效方面则关注在上述措施下，教师与学生的关系、行政与运作的成效、学校与校长、社区的关系以及连续3年学生课程辅助活动、社区服务等全面的成绩。

二、学校领导与管理评价发展趋势的分析与借鉴

（一）学校领导与管理评价的多元化

1. 评价主体的多元化

评价主体多元化有两层含义。一方面是指，许多国家的学校评价制度同时包含外部评价和内部评价，外部评价主要指教育行政部门以及第三方评价机构组织的评价。如新加坡

---

① 王学风.21世纪新加坡中小学国民教育的特色[J].现代中小学教育，2005(11)：12-15.

② Ministry of Education(1999)，The School Excellence Model，Ministry of Education，singapore.

③ The Quality Journey of Singapore Schools，3rd APEC Education Ministerial Meeting Santiago，Chile 27-30 April 2004.

以自我评价作为学校评价的标准,采用校内评价与校外评价结合的范式;美国有一南一北、一民间一官方的两种“蓝带学校”标准和评选活动。

另一方面是指,在一次评价队伍中,不仅包括评价部门和组织的专业人员,还包括教师、学生、学生家长等利益相关者。如香港在学校的评价中,不仅包括专门的视学人员,视学队伍还会邀请中小学及专业院校的教育工作者,以及就学校的表现提供第三方意见的业外人士,从各个角度进行学校评价。

2. 评价标准的多元化

学校领导与管理评价涵盖内容十分丰富,以往大多关注结果产出的学生成绩作为学校管理水平的标准。随着学校领导与管理评价在理论和实践上的不断发展,评价标准从只关注学生成绩到重视学生全面发展,从不关注学校文化到鼓励学校特色,评价标准也从单一到多元。如中国香港,评价指标多元、全面,不仅评价学生的学习能力,同时重视考察学生在情意及社交方面的表现,如价值观、自我观、学习态度、人际关系等,能够促进学校关注学生的全面发展。

(二)学校领导与管理评价的专业化

1. 评价机构专业化

国家教育评价多由教育行政部门或独立评价部门负责。美国蓝带项目中,国家观察小组(National Review Panel)来审核提名学校的申请材料并且对学校进行实地的考察;英国有非政府部门的、独立于教育就业部的“教育标准局”(OFSTED),它的主要任务是制定评价标准、有关政策和计划,监督督导工作质量,制定并监督督学的培训计划。苏格兰有负责教育督导的“苏格兰皇家教育督导团”(Her Majesty's Inspectorate of Education in Scotland (HMIE))。新加坡“卓越学校模式”评价由新加坡教育部学校评价司负责。

部分国家还有专门从事教育评价的社会性独立机构,这些第三方机构也加入到学校领导与管理评价的队伍中。如美国的蓝带优质学校协会是个非营利组织,它坚持推行以美国“旧蓝带”计划为基础的优质学校评价标准,负责“蓝带学校”评选活动。

2. 评价人员专业化

各国负责评价的部门和机构中都有专家和技术人员做支撑。英国的皇家督学、注册督学、督学都是在严格的选拔后聘任的,各级督学上岗前和在岗期间都要接受训练,并且十分重视实践操作训练;日本外部评价委员会会让大学研究人员、其他学校的教职员、拥有与学校教育有关的专业性知识和经验的人参加学校领导与管理评价;中国香港教育部门拥有外评专家小组,包括教育评价专家。

3. 评价方案专业化

各国方案的形成过程专业化。如,欧美多国重视对学校领导与管理评价方案的后设设计,后设评价是对评价方案本身的评价,以帮助了解方案的有效性、可行性等。各国官方评价方案推出后,并非一成不变,而是在实践应用中不断修正,如中国香港学校评价方案自1997年推出至今不断完善。初期为质量保证视学模式,后修订演变为2001年的标准视学模式,2003年年初推出《情意及社交表现评估套件》和学校增值资料系统,作为学校评价学生表现及促进学校发展的工具。2003年,又建立学校发展与问责架构,采用学校自评辅以外评。2005年全港学校分期首先进行自评,然后再由教育当局外评专家小组分期核实结果。

4. 评价工具专业化

各国都在探索适合国情的学校领导与管理评价工具。如俄罗斯有针对有效达成教育质量评价体系基本目的的各种指标而形成的测量工具体系；美国蓝带优质学校协会自主开发了“优质方案（a Blueprint for Excellence）”的评价工具；中国香港教统局为学校评价提供了四套评价工具，包括学校表现评量、情意及社交表现评价套件（APASO）、学校增值资料系统（AVAIS）和学校持分者问卷。

（三）关注学校效能发展

近年来，各个国家官方教育系统出现了重要转变，评价内容从过去关注学校硬件条件逐渐转化为对学校教育结果的关注，质量和标准成为主要诉求。如苏格兰新教育质量标准包含了对学校硬件建设投入，在“对学生的支持”和“教育资源”两个一级指标中都有涉及，但是从总体来看，硬件投入在学校评价中占的比重不大，评价重点在于学校的教育教学质量，即学校的“产出”，评价目的在于提高学校的教育质量。

（四）关注学校自身纵向增值性

20 世纪末，一个新的、可以有效解决每年大规模评价中问题的评价方式在美国悄然兴起，它就是增值性评价。增值性评价关注学生某个阶段学业的进步，用一定的统计方法控制其他变量，考察学校教育对学生学业水平的影响。目前增值评价正趋于成为许多西方发达国家教育评价的主流方式，美国田纳西州在 1992 年率先在州教育评价中采用增值评价系统，即田纳西州的增值评价模式（TVAAS）；中国香港学校评价方案推出后不断完善，2003 年推出学校增值资料系统。

第二节　学校领导与管理评价的内容

学校领导与管理评价是运用现代教育评价理论和方法，对学校管理工作进行全面、科学、客观的评价，评价内容主要包括依法办学、管理队伍建设、常规管理、与家庭及校外的联系等。

一、依法办学

国家颁布的各项法律法规、教育方针、政策，以及各级地方政府制定的教育政策都是学校依法办学的依据。国家层面的主要包括《教育法》、《义务教育法》、《教师法》、《未成年人保护法》、《全面推进依法治校实施纲要》和《小学管理规程》等，地方层面的有地方性的教育法规、规范性文件以及政策措施等。

依法办学要求学校在正确办学思想的引导下，依据法律法规和政策开展办学活动，提供公共服务，维护学校和全体师生的合法权益。依法办学对学校提出了办学方向、章程与制度建设、法规政策执行水平三方面的要求①。

学校的办学方向在办学思想和办学实践中体现，宏观引导学校进行教育决策。评价一所学校是否坚持正确的办学方向，主要考察其是否贯彻落实党的教育方针、是否确立素质教育的重要地位、是否坚持全面科学的教育质量观，考察办学实践与办学思想的一致程度。

---

① 袁贵仁.中小学学校管理评价[M].北京：人民教育出版社，2014：2.

学校管理制度是学校对教育教学活动及相关配套活动所制定的各种规章、规定、条例及其实施细则等的总称，是学校依法治校的具体依据。从约束范围来看，制度建设可以分为学校章程建设和管理制度建设，学校章程指为保证学校正常运行而依照相关规定对重大基本问题自主制定的规范性、自律性、纲领性文件；管理制度则囊括了学校针对教育教学和其他办学活动建立的各类规范。

办学行为是一切办学思想和治校制度的具体表现，所以评价学校依法办学情况时首先要考察是否将这些思想贯彻到了办学实践中去。通常来说，规范办学行为的考察包括以下三方面：执行教育法律法规和政策情况、实施校务公开情况以及规范办学行为的责任制度建立情况。

二、管理队伍建设

（一）校长领导力

校长负责制是目前我国中小学实行的校内领导体制，校长对学校的教育教学和行政管理工作全面负责。校长在学校发挥着无可替代的重要作用，因此对校长能力的评价，特别是对校长领导力的评价尤为重要，校长领导力的水平是衡量学校管理的重要指标。

校长教学领导力是校长个人影响、鼓动和促使教师奉献于学校的效能和成功的能力。具体来说，校长领导力可以分为四个方面：理念与目标领导、促进教师成长、教学管理和公共关系管理。

具有理念与目标领导意识的校长比较注重学生的全面发展，重视评价体系的建立，关爱学生，明确培养目标、办学理念等。具有促进教师成长意识的校长关注教师队伍建设，对教师进行人性化管理，实施公正的评价与奖惩，支持教师专业发展，促进教师合作和反思，等等。擅长教学管理的校长通常关注听课、巡堂、专家指导、教学质量分析、教学策略协调、教学模式探讨等活动。擅长公共关系管理的校长注重协调学校内外各种关系，关注了解学生和教师情况、及时与家长及家长委员会沟通、处理好各类评价检查活动。

（二）学校领导班子

学校领导班子的水平是决定学校办学水平的关键。一般来说，学校领导班子由学校各部门的成员组成，因此评价学校领导班子需要从个体成员的素质以及整体结构等方面进行。

从个体素质来看，对学校领导班子的评价主要集中在以下方面：政治素质、文化素质、业务素质和工作作风。领导班子的成员应具有坚定的政治方向，政治上与党中央保持一致，同时具有一定的马列主义理论水平和运用正确的思想方法处理重大问题的基本能力；文化素质方面，领导成员的文化素养一般不能低于普通教师；业务素质指学校管理者应具备教育学、心理学、教育管理学相关的理论知识；工作作风评价要求领导成员具有民主意识和现实思考能力，广泛听取群众意见，从实际出发，实事求是。

从整体结构来看，领导成员共同组成学校领导班子，合理的领导班子结构所发挥的整体功能会大于每个成员功能之和的效果。评价领导班子的整体结构可以参考我党对干部“革命化、年轻化、知识化、专业化”的要求。首先领导班子年龄结构应以“老中青”相结合为宜，不同年龄的人在工作经验、活动经历、心理智能等方面各有优势，将他们恰当组合起来就能最大限度地发挥优势。专业结构方面，领导班子成员最好在各类专业中分布恰当的比例。因为在实际的学校管理中，既需要社会人文方面的人才，也需要自然科学方面的人才；既需要理论问题的思考者,又需要富有实践精神的实干家。

三、常规管理

对中小学校的常规管理工作评价内容主要有管理制度建设和安全管理。学校的管理制度是规范领导、教师、学生、员工等学习工作的行为准则,建立健全合理的规章制度并将其贯彻执行是提高学校工作效率、规范管理工作内容的重要保障。安全管理同样是学校中不容忽视的议题,学校安全工作的核心是预防和应对各类安全事故,保证学生在校的安全是学校办学的基本要求。

(一)管理制度建设

对管理制度建设的评价从两方面开展:一是是否有健全的制度,二是制度的执行程度。

健全的制度要求学校在教学、工作、学习、生活等各个方面都建立起必要的规章制度,并且这些制度都是在现实中可行的,不可行的制度都是纸上谈兵,没有实际意义。

健全的制度只有真正贯彻落实才能发挥作用。判断制度的执行程度可以从学校宣传和贯彻执行两方面来了解。学校宣传到位意味着学校全体人员都对制度及其意义有明确的了解;贯彻执行反映制度的执行落实情况,对于违反制度的情况予以惩罚。

(二)安全管理

学校安全管理工作是一个由不同内容构成的有机整体,主要包括学校安全管理的长效机制、学校安全管理的规章制度、学校常规安全教育、学校常规安全管理和学生安全事故处理五个方面。其中,学校安全管理的长效机制是学校安全管理的顶层设计,决定了学校安全管理的格局与状态;学校安全管理的规章制度是学校安全管理的实际依据,决定了学校安全管理的质量与水准;学校常规安全教育、学校常规安全管理与学校安全事故处理是学校安全管理的具体事务,决定了学校安全管理的结果与成效①。

四、与家庭及校外的联系

学校并不是独立存在的,现代的学校发展观越来越强调学校与家庭以及社区的联系,只有学校、家庭、社区三位一体,共同合作,才能真正促进学生多方面的素质发展。加强学校与家庭和社区的沟通协作,形成家庭、社区与学校的良性互动机制是中小学建立现代学校制度的必然要求。学校领导与管理评价主要通过考察家校合作、社区参与等表现评定学校与家庭及校外的联系。

(一)家校合作

学校是学生接受系统化教育的主要场所,家长是学生发展的主要责任人,发挥家长在学校管理和教育活动中的作用可以最大限度地优化育人环境,形成教育合力。对于学校管理中家长参与情况的考察可以聚焦于家长委员会的建立情况以及全体家长与学校的合作情况。

2012 年,教育部下发了《关于建立中小学幼儿园家长委员会的指导意见》,就建立中小学和幼儿园家长委员会工作提出了基本规范。建立家长委员会是发挥家长在学校管理中积极作用的有效途径,家长委员会的主要职责有参与学校管理,特别是参与一些关乎学生和家

---

① 袁贵仁.中小学校管理评价[M].北京:人民教育出版社,2014:282.

长利益的决策;参与教育工作,利用家长资源为学校的教育教学活动提供支持;沟通学校和家庭,及时向家长通报学校近期的重要情况,同时把家长的意见和建议向学校转达。

家长参与情况是考察家校合作水平的另一个重要指标。学校在提高家长教育能力方面有义不容辞的责任,引导家长参与家校合作不仅可以使家长对学校合理期望,改善合作实施教育的效果,还能增加学校和家庭之间的信任感,从而降低信息成本和合作成本。《小学管理规程》中明确规定:小学应主动与学生家长建立联系,运用家长学校等形式指导、帮助学生家长创设良好的家庭教育环境。家长委员会、开办家长学校、家长接待日、家长会、家访等都是促进家长参与的重要措施。

(二)社区参与

社区参与是指建立与社区有关机构和人士合作的制度,是一种学校与社区资源共享的机制。社区参与有利于学校克服决策和管理过程中的局限,拓展学校教育资源,促进学校与社区的融合。

社区参与有两种主要的方式:一是社区参与学校管理,二是利用社区教育资源。

评价社区参与学校管理的情况时一方面可以考察社区有关人士、机构和家长参与学校管理的机制如何建立,学校科学民主的决策机制如何完善。学校可以通过向公众公开学校改进实施计划的情况引导公众全面了解并参与学校管理。另一方面可以考察社区参与学校管理的渠道和方式,主要方式有邀请社会人士参与学校重大活动、吸取社会人士参与学校管理层的会议、调查社区居民的意见及建议等。

在利用社区教育资源方面,《中小学德育工作规程》指出:各级教育行政部门和学校要积极争取、鼓励社会各界和各方面人士以各种方式对中小学德育工作提供支持,充分利用社会上的各种适宜教育的场所,开展有益于学生身心健康的活动;引导大众传媒为中小学提供有益的精神文明作品;积极参与建立社区教育委员会的工作,优化社区育人环境。

学校与社区的教育资源可以双向利用,鉴于此,评价时可以从学校资源服务社区的措施和学校利用社区的措施两方面来考察。

第三节 学校领导与管理评价的模式

学校评价的历史在一定意义上也可以说是教育发展和学校变革的演变史。学校评价模式是在一定的教育思想与目的影响下形成的。随着关注个性发展、以人为本教育思潮的产生,学校评价模式也逐渐地从终结性评价向过程性评价、从达标性评价向发展性评价进行转变。当前,民主参与、学生发展、关注过程成为现代评价理念的主旋律。以下介绍两种主要的学校领导与管理评价模式:增值性学校评价和发展性学校评价。

一、增值性学校评价

(一)增值性学校评价的概念与内涵

增值评价(Value-Added Assessment),最早产生于经济学领域,是考察生产过程中的常用词语。增值评价在学校评价领域的使用可以追溯到 20 世纪 80 年代左右,经过近些年的发展,它成为一种通过收集学生多年积累的测试分数,来追踪学生的学业进步,并根据学生测试分数的变化来判定教师、学校和学区对学生的教育效果的方法。它强调的是对学生个人先后所取得的成绩进行比较，以此来评判教师和学校对学生学业进步的影响程度。

增值评价的核心思想是监测和评价学校对学生进步幅度的影响程度。它与传统学校评价的区别在于能在技术上科学地实现对学校影响的因素进行精确测量，并可持续地进行影响学生发展条件的分析和调查，从而帮助学校进行改进。

（二）增值性学校评价的意义

1. 改善政府教育政策，促进区域教育均衡发展

《国家中长期教育改革和发展规划纲要（2010—2020年）》提到“改革质量评价”、建立国家教育质量基本标准和监测制度是教育的主要任务。伴随着我国基础教育的发展，全面提高教育质量成为我国教育改革与发展的核心任务。增值评价摆脱了传统评价方式单一、过于依赖中高考成绩以及评价结果误用、滥用的弊端，可以更客观精准地反映某个学校、某个地区、某个学科的教育效能，进而影响政府和教育行政部门制定教育政策，合理地对各个学校进行评价和奖惩，最终促进教育资源的合理化分配和区域教育均衡发展。

2. 缓解学校间不公平竞争，促进学校工作的改进

增值评价利用统计方法控制非学校因素，生源优劣不再是影响学校教育效能的因素，因而学校间对“优质生源”的恶性争夺减少。增值评价客观准确分析学校教育对学生学业成绩的影响，让学校把注意力转移到促进学生发展上，关心合理教学方法的运用，关心每个学生能力的提高。对教育增值影响变量的分析，准确找到学校存在的优势与不足，有效帮助其改善与提高；学校和老师从注重生源质量和片面追求升学率逐渐转变为注重对学生的全面培养，促进学生的健康发展。

3. 有利于实施素质教育

教育增值并不仅指知识技能上的增值，也包括思想品德和其他心理品质上的增值，是每个学生个别教育增值的总括反映，也有利于为学生和家长择校提供理性指引①。

总的来说，“教育增值”评价法，既避免了学校的地理位置及学生的家庭经济背景等学校自身不能够控制的因素对学校的影响，又表明了一所学校只有通过努力改进才能成为有效学校，而不是靠固有的雄厚资源和高起点的生源。同时，“教育增值”评价法对当前学校的管理工作也具有重要的启示意义：首先，上级评价部门的工作重心由监督学校工作转到改进学校工作，学校则由被动接受到主动开展自我评价；其次，变横向比较为纵向评价，对学生而言，减少了对学生的伤害，对学校而言，可以给予弱势学校（所谓非重点、非示范学校）更大的动力改进学校之不足；最后，通过设置不同的教育路径，给予了弱势学生更多的关注。

（三）增值性学校评价的应用

1. 美国

对增值评价的应用最早始于美国，1992年田纳西州第一次采用增值评价法进行学校评价。每年对3—8年级的学生的数学、阅读等重要科目进行考试，将成绩录入数据库，以多次考试成绩为基础，采用纵向分析法，分析学校教育对学生学业进步的促进作用。增值评价在田纳西州的实施被纷纷效仿，至今美国大学有二三十个州在使用或推

① 南纪稳.教育增值与学校评估模式重构[J].中国教育学刊，2003(7)：59-61.

广增值评价①。

2. 加拿大

加拿大多个州引进增值评价,增值评价被分为两种。一是需要满足三个条件的统计数据:成绩测验必须与课程目标相关、测试必须能测量高分和低分学生的进步情况、测验必须有可靠性。二是需要多个数据采集点。

3. 中国香港

中国香港在1997年的教育统筹委员会7号报告书中指出:“应引用增值观念来评价学校的表现,这样做比只根据学校当时的表现来评价更为公平和恰当。因此,除了比较不同学校当时的表现外,还须度量每所学校在一段时间里的表现,以及学生逐年增长的情况(例如学生在入学和离校时的表现)。”2000年,香港教育统筹委员会公布基础教育改革蓝图《香港教育制度改革建议》,其中提出教育改革要把教育评价改革作为重要组成部分。

4. 中国内地

20世纪90年代中期以来,增值评价研究引入我国并逐渐在中小学付诸实践。1996年,中央教育科学研究所与英国高校共同进行了中英“学校评价创新和改善学校教育质量的策略合作研究”,形成《学校效能的增值评估——对河北省保定市普通高中学校的实证研究》。浙江温岭市2009年出台《温岭市中小学教学质量增值评估方案(试行)》。青岛市市南区、成都市青羊区被设为学校增值评价全国实验区。从2010年开始,天津市对学校的考核评价不再仅仅是升学率,还加入“教育增值”的测量。

二、发展性学校评价

(一)发展性学校评价:概念与内涵

“发展”最早指的是生物胚胎自然的演变过程,从哲学层面来看,它指事物渐进过程的“中断”,即事物由小到大、由简到繁、由低级到高级的变化过程,也就是事物内部矛盾不断产生、发展和解决的过程。发展性学校评价是指“在学校发展的整个过程中进行的,以学校发展的基础为评价起点,以学校的发展为评价内容,内部评价与外部评价相结合,旨在促进学校不断发展的评价活动。换句话说,就是基于学校的发展,为了学校的发展,关于学校的发展和在学校发展中进行的评价”②。

发展性学校评价具有以下几个方面的含义:

1. 发展性学校评价以学校的发展基础作为评价起点

这意味着学校发展不是从零开始,而是在一定基础上的进步。要想使不同基础的学校都能得到好的发展,就需要对学校基础进行充分调查、诊断和分析,在此基础上,再以学校的自身进步作为教育评价的标准,即以一段时期内学校取得的成就与以前的成就相比,对学校进行评价。

2. 发展性学校评价的目的是学校的发展

发展性学校评价是一种面向未来的评价,其目的不在于鉴定和总结,而是关注学校的自主发展。发展性学校评价将学校视为一个发展中的办学主体,着眼于识别和解决学校某一

---

① 徐士强,赵风波.美国田纳西州教育增值评价模式及其论争[J].全球教育展望,2009,38(9):52-55.

② 卢立涛.试论发展性学校评估的内涵与特点[J].教育测量与评价(理论版),2010(04):12-17.

发展阶段的一系列障碍和问题，洞察学校发展的积极条件和潜质，为学校发展提供有效的专业支持和服务，使学校评价真正成为学校发展的助推剂。

3. 发展性学校评价的内容是关于学校的发展

发展性学校评价对学校发展的考量是多方面的，包括学校绩效发展、能力提升、文化塑造等方面的纵向自我比较，即在学校原有水平上的“进步度”或“增加值”。

4. 发展性学校评价是在学校发展中进行的评价

发展性学校评价是内在于学校发展过程之中的一种动态的评价过程。它不是外在于学校的评价，而是在动态的学校发展过程之中，将评价作为学校工作持续改进动力的过程。

（二）发展性学校评价的特点

发展性学校评价相较于传统评价有以下特点：

1. 面向未来的价值取向

传统的学校评价大多以考察目标达成度为主旨，强调学校评价的鉴定和总结功能，主张学校了解自身相对于往昔的状况和水平，是面向过去的评价，带着明显的功利和实用主义色彩。发展性的学校评价则面向未来，强调评价的诊断和改进功能，发现学校的困境与优势，指导学校的发展方向。

2. 评价主体的多元性

传统的学校评价往往采用单一主体的评价模式，由各级教育行政部门和督导机构进行自上而下的“行政式”评价，大多以外部的、强制的手段进行，学校只能被动接受，难以获得自我评价和反思的机会。而发展性学校评价倡导的主体多元化则是将教育行政部门、督导部门、教育专家、学校内部成员等均纳入评价主体中，多渠道地收集信息，多视角地了解学校，建立相互对话与协商的机会，更有利于进行全面、客观、公正的学校评价。

3. 平等的评价关系

传统学校评价过程中，评价者在上，是实施者或支配者，学校丧失了在评价中的主体地位，只能被动服从，两者间的关系是戒备的、防范的、割裂的。发展性学校评价不仅认为学校是评价的重要主体，自我评价是学校评价的核心，而且强调评价者与被评学校之间是一种平等协商的关系。评价标准、评价方案、评价方法的制定需要由评价者与评价对象共同参与，因此，在此基础上形成的评价方案会得到评价者和评价对象的认同，评价对象会更愿意积极主动地参与到评价中来，可以有效地防止在鉴定性评价中容易出现的防卫、应付、作假等不良心态。

4. 个性化的评价标准

传统的学校评价强调学校评价的导向功能，即事先预设目标，以目标完成度决定评价结果。实质上这是在追求一个统一的目标，向已有的、优势的学校看齐，“一把尺子量天下”。但事实上，学校的基础和特色千差万别，一味追求统一标准只会使学校缺乏自身发展的动机。发展性学校评价则结合国家对学校办学的基本要求和学校的实际状况，着眼于未来发展制定评价标准，不以统一目标为标尺，强调的是学校的“增值”，也就是学校自身进步的幅度。

（三）发展性学校评价的应用

1. 澳大利亚维多利亚州以绩效框架为基础的发展性学校评价系统①

① 此部分内容参见：卢立涛，沈文钦.澳大利亚的学校评估发展报告[A]；阎凤桥.一些国家和地区高中阶段教育评价研究报告[R]（未出版）。

澳大利亚中小学学校评价主要集中在国家、州、学校三个层次，维多利亚以绩效框架为基础的学校评价系统是州层次评价体系的一个代表。

评价系统主要包括三个方面：(1) 学校提供一份"学校合同"，即未来发展的计划书，内容包括学校未来三年的工作和发展计划。(2) 学校的年度报告，年度报告作为学校中期评价计划向教育部门汇报，报告的主要内容是学校和学生所取得的成绩，并对"学校合同"中提及的目标完成情况作出评价。(3) 三年一度的审查，审查包括学校自评和独立评价人或独立评价团外部认证两部分，他评的目的是确保学校自评的客观有效。

1999 年之后，该评价系统为了避免格式化的操作等一系列弊端，在保留了学校发展中的一些核心要素之外，对评价系统进行了一些调整，其中包括建立学习促进基金，为学校自评提供技术支持，每年向所有学校提供基准性数据，等等。

2. 欧洲学校教育质量评价试点计划 SEP

1997 年欧洲"学校教育的质量评价：欧洲试点计划"为参与评价的各国学校制定了通用的学校自我评价框架(self-evaluation profile，简称 SEP)，它包括 4 个领域，12 个方面：(1) 输出层面：学术成就、个人格社会发展、学生流向；(2) 课堂层面：学习时间、学习和教学的质量、学习困境的支持；(3) 学校层面：作为学习场所的学校、作为社会场所的学校、作为专业场所的学校；(4) 环境层面：学校和家庭、学校和社区、学校和工作①。各学校根据实际情况在上述这几个方面对自身进行全面深入的剖析，分析优势和不足，确立近期重点改善和评价的内容，以促进学校的进一步发展。

本章小结

领导与管理是学校评价中的重要内容。当前，学校评价已是学校组织自身以及政府、社会了解学校办学与管理运行情况的重要途径和方式。学校领导与管理评价是针对学校开展的管理活动与行为、管理规范及其产生的影响所进行的评价。英国、美国、欧盟与新加坡的学校领导与管理评价已取得很多成功的经验，对于今后我国改进与完善学校领导与管理评价具有非常重要的启示。学校领导与管理评价模式主要有增值性评价与发展性评价两种。积极开展学校领导与管理评价，对于保障学校正确的办学方向、提高学校的办学质量具有非常重要的意义。

拓展阅读

美国俄亥俄州学校增值性评价模式

俄亥俄州每年都会对所在州学生进行俄亥俄州成就测验(Ohio Achievement Tests，简称 OAT)，测验本身具有高水平的信度和效度。每年政府对全州 3—8 年级学生的阅读和数学科目，以及 5 年级和 8 年级的社会科学及自然科学，4 年级和 7 年级的写作进行测验，其中

① John Mac Beath，Michael Schratz，Denis Meuret，Lars Jakobsen. Self -evaluation in European schools：a story of change [M]. London and New York：Rout Ledge Falmer，2000：112.

4—8 年级学生的阅读和数学测验结果将用于增值性评价①。

（一）模型分析

俄亥俄州使用教育增值评价系统来进行增值性评价，采用线性混合模型，运用多年、多学科的数据估计学校的效应，该模型假设学校的效能在连续的时间内持续不变，即学校对学生 3 年级时的效能与对学生 6 年级时的效能相同。

俄亥俄州教育增值评价模型假设不需要严格的线性关系，或者其他具体的函数形式，可以进行多学科、多年级、多年份的同时分析。此外，教育增值评价模型的预测变量与结果变量、预测变量之间甚至不需要在同一个量尺上或者同一个科目上，不需要收集学校和学生的特征信息。因此，教育增值评价模型具有较大的灵活性和适用范围。

（二）控制变量分析

教育增值评价模型一般分析连续 3 年以上的数据，这种数据结构能够让“每个学生都作为自己的控制变量，即不需要对学生的种族、贫困情况或其他社会经济指标变量进行控制”②，即该模型中不需要加入控制变量。但有研究者对这种做法提出了疑问，为了对这样的问题作出回应，威廉·桑德斯对田纳西模型加入控制变量进行研究，发现加入控制变量的模型结果与田纳西模型结果间的差异很小，这证明田纳西模型具有较高的准确性。但他也指出，当只收集到 2 年或 3 年的学生测验数据时，就应该在模型中加入控制变量，以便获得更准确的估计结果③。

（三）结果呈现——网上增值系统

教育部门需要通过一定的方式来公布增值性评价结果，美国目前采用了网络增值系统这个平台以方便快捷地向公众和教育工作者呈现增值分数。美国俄亥俄州学生发展门户网（Ohio Student Progress Portal）提供教育增值评价系统的相关链接，这是一个免费的网上信息系统，普通公众可以直接查阅所感兴趣的学校或地区的报告单。教师和教育研究者可以根据各自不同的关注点处理数据，生成相应的增值报告单和图表。俄亥俄州教育增值评价系统针对不同需求提供不同的报告形式。

（四）增值分数的运用

对于学校效能的增值测量结果，俄亥俄州的教育部门以学校报告单的形式呈献给公众。如果一个学校连续两年达到“高于预期增长”的目标，这个学校的排名就可以上升。比如说，一个学校之前被评为“有效能”，如果其连续两年达到大于年预期增长，就可以被提升为“优秀”。如果学校连续 3 年低于政府设定的年预期增长，其排名将会下降。

除了作为学校报告单的一部分，在 2008 年，增值分数还作为一个指标被纳入了俄亥俄州的问责体系。学校问责体系通过包括增值分数在内的 4 个指标综合评定学校等级，学校的表现评定分为 6 个等级，分别是“非常优秀”“优秀”“有效”“持续进步”“留待观察”“高危

---

① Chester E.Finn, Jr., Terry Ryan, Policy.Emmy L.Parting, Ohio Value-added Primer: a User's Guide.Washington, DC: Thomas B.Fordham institute.2008, 08.

② Wright S P, Sanders W L, Rivers J C.Measurement of Academic Growth of Individual Students toward Variable and Meaningful Academic Standards.In: Lissitz, Robert (Ed.).Longitudinal and Value Added Models of Student Performance.Minnesota: JAMPress.2006.385-406.

③ Ballou D, Sanders W, Wright P.Controlling for student background in value-added assessment of teachers.Journal of Educational and Behavioral Statistics.2004(29): 37-65.

状态”。如果学校没有达到俄亥俄州教育部门规定的标准，将进入学校改进阶段，教育部门将提供相应的改进计划和帮助。

此外，增值分数还可以运用于学生学业成就的相关分析，以便更有效地实施教学。通过教育增值评价系统的链接，教育研究者可以根据研究目的和需要有选择地生成学校表现报告单，比如教师或学校可以查看不同学业水平学生的增值情况，以便采取有效的改进措施促进全体学生的学业发展。美国通过进行学校增值性评价，有效地遏制了学校对优秀生源的争夺，激励了学校的全面发展，推进了学校教育资源的均衡配置。

资料来源：任玉丹，边玉芳.美国学校增值性评价模式研究[J].比较教育研究，2012，34(02)：76-79.

思考与练习

一、填空题

通过收集学生多年积累的测试分数，来追踪学生的学业进步，并根据学生测试分数的变化来判定教师、学校和学区对学生的教育效果的方法通常被称为________评价法。

二、简答题

1. 请简述学校评价的内容有哪些方面。
2. 在学校评价中应用增值评价法的意义是什么？
3. 发展性学校评价的特点有哪些？

第十一章　学校德育评价

学习目标

通过本章的学习，需要掌握德育评价的概念与意义，德育评价的特点、内容与过程，了解德育评价的方法与指标体系。

学习指导

本章学习的重点是德育评价的概念与内容，德育评价的方法以及德育评价的发展趋势。德育评价指标体系的建构是本章的难点。

建议学时

2 学时

学校德育评价是教育评价的重要组成部分，在推动教育事业发展中起到极其重要的作用。本章内容包括以下方面：(1) 德育评价概述；(2) 德育评价的内容与过程；(3) 德育评价方法与指标体系建构；(4) 德育评价的发展趋势。

第一节　德育评价概述

德育是培养造就人的活动，是旨在把反映特定生产、生活关系的立场观点、思想意识、行为规范等传授给受教育者，并转化为其经验、品德、规范和行为习惯的教育活动。德育中的"德"一般意为品德，狭义的品德是指道德品质，广义的品德包括思想、政治、法律、道德等品质。在广义上，德育就是思想教育、政治教育、法纪教育、道德教育的总称。学校德育评价对于改进和加强学校德育、提高人才素质具有重要作用。

一、德育评价的概念

德育评价，就是依据一定的标准、程序和技术手段对德育过程及其结果进行评价，是对德育这种特殊活动的过程及其结果作出价值判断与决策优化的过程。要使评价得以实现，必须具备几个相互独立的要素，即评价主体、评价客体、评价依据、评价程序和方法、评价结果及其表达和解释。其中，评价主体是评价工作的组织者、实施者和控制者；评价客体是指与德育活动有关的一切，在内容上包括德育过程与结果，在对象上包括参与实施德育活动的团体和个人；评价依据即评价的指标体系；评价程序和方法包括评价的步骤、分工及评价的具体操作方法等。

德育评价的主要目的在于找出德育现状与预定目标之间的差距及其产生的主客观原因，以便对德育过程进行有效的调节和控制，进而提高德育质量。《中小学德育工作指南》要求，各级教育行政部门要将学校德育工作开展情况纳入对学校督导的重要内容，建立区域、学校德育工作评价体系，适时开展专项督导评价工作。学校要认真开展学生的品德评价，纳入综合素质评价体系，建立学生综合素质档案，做好学生成长记录，反映学生成长实际状况。

二、德育评价的特点

德育评价的特点是德育评价区别于其他活动的本质属性的外在表现，从德育评价的含义来看，德育评价必须把握价值判断，具有正确导向并按一定的准则进行。德育活动目的是促进人的发展，要注重德育活动过程评价，以及评价的层次性和综合性。具体来说，德育评价有以下几个特点：

（一）目的性

学校德育评价是督导评价工作的重要组成部分。我国教育督导制度设立的根本目的是保证教育法律、法规、规章和国家教育方针、政策的贯彻执行，实施素质教育，提高教育质量，促进教育公平，推动教育事业科学发展。教育督导作为由政府组织实施的一种目的性活动，其目的是指实施教育督导活动所要达到或实现的目标与结果①。

德育评价的目的就是要基于德育目标按照一定的程序对学校德育作出科学的判断。在具体的德育评价实践中，要依据党和国家对德育的要求，并结合各种具体教育活动，运用适当的方式，将评价内容转化为评价指标体系。德育目标既是德育评价的出发点，又是德育评价的落脚点，德育评价的重点始终在于用德育目标的实现程度来表示德育的成效。

（二）导向性

育人为本是教育工作的根本要求，促进学校全面实施素质教育、全面提高教育质量是新时期赋予教育评价的重要任务。德育评价旨在加强对中小学德育工作的指导，切实落实党和国家关于中小学德育工作的要求，促使学校增强责任感和使命感，遵循教育教学规律和学生身心发展规律，为每个学生提供适合的教育；引导社会和家长树立正确的教育质量观，关心和支持德育的发展，为学校营造实施德育的良好社会环境。德育评价推动现代学校制度建设，着力构建方向正确、内容完善、学段衔接、载体丰富、常态开展的德育工作体系，大力促进德育工作专业化、规范化、实效化，形成全员育人、全程育人、全方位育人的德育工作格局，以深入贯彻落实立德树人根本任务②。

（三）过程性

德育过程是个复杂的社会现象，所涉及的内容非常广泛，是一种多方面的连续性的活动。德育评价是对德育及其过程作出某种意义上的价值判断，这种价值判断不是简单的断

---

① 苏君阳.教育督导学[M].北京：北京师范大学出版社，2012：4.

② 教育部关于进一步加强中小学校督导评估工作的意见[EB/OL].(2012-09-05)[2018-09-08].http://old.moe.gov.cn//publicfiles/business/htmlfiles/moe/s7057/201407/171594.html

定，而是对特定的、复杂的德育现象和德育过程进行连续性的、动态的考察与评判。要实现德育评价，必须经过确定目标、制订方案、收集信息和形成判断等一系列步骤方法，涉及面很广，因此德育评价是一个复杂的活动过程。各级教育行政部门要将学校德育工作开展情况纳入对学校督导的重要内容，提高评价权重，探索建立切实可行的学校德育工作考核评价体系和激励体系，适时开展专项督导评价工作，督导结果要以适当方式向社会公布，引导、督促学校切实把德育工作放在首位，树立大德育观，促进学生全面发展和健康成长[①]。

（四）层次性

要使德育评价得以实现，必须具备几个相互独立的要素，即评价主体、评价客体、评价指标体系、评价的程序与方法、评价结果及其表达和解释。其中，评价内容的确定、评价指标体系的构建、评价的程序和方法等都以特定的评价客体为前提，层次性要求在构建中小学德育评价体系时要注重保证各学年、各学段之间的德育评价体系有效衔接。层次性还强调人的心理、生理等各方面的成长有其自身的特殊性，在中小学德育评价过程中，要以德育目标为指导，根据学生在不同的年龄层次、学龄阶段等方面的发展状况，运用相应的评价标准去进行科学公正的评价，以准确反映德育工作的效果。

（五）综合性

德育评价作为一种认识活动，通过人的各种意识形式综合地反映客观世界的活动及其结果。评价主体通过合理方法充分搜集德育评价信息，并不断筛选归纳有效信息，最后得出评价结论。这个结论不是只以抽象思维的形式，而是以对价值的判断、对价值的立场等多种意识形式综合体现。德育评价中坚持以人为本、以学生发展为主的原则是构建整个评价体系的核心所在。因此，在确保办学方向的基础上，倡导德育以人为本，是实现德育评价真正意义的关键。各类中小学校要营造适合学生发展的政策和制度环境，建立以学生发展为核心、科学多元的中小学教育质量评价制度，把综合素质评价作为教育质量评价的重要形式，从思想道德、学习兴趣、健康体魄、良好习惯、自主学习、自强自立与适应社会等方面对学生进行综合评价。

三、德育评价的意义

《关于进一步加强和改进学校德育工作的若干意见》指出："要建立德育工作的评估制度，并把德育工作作为评价一个地区、一所学校教育教学工作的重要内容。"德育评价对于推进教育工作具有积极作用，主要体现在以下几个方面：

（一）德育评价是学校德育的一个基本环节

德育评价是德育工作自身循环系统的重要环节，脱离评价就缺乏反馈，使德育的规划指导带上一定的盲目性。所以，德育工作和德育评价是不可分割的整体，其中的相互作用不断推动整个教育向正确的方向发展。德育评价促使各级政府、教育行政部门和中小学校的领导，不断提高思想认识，从组织领导和工作措施上，加强和改进中小学德育工作。

（二）增强学校德育工作的调节机制

由评价获得的信息，可以判断学校德育工作是否已经达到了预期的目标，是否具有达到更高目标的可能。运用这些信息，一方面可以对现阶段的目标、进程做相应调整，另一方面

---

① 教育部基础教育司.中小学德育工作指南实施手册[M].北京：教育科学出版社，2017：226.

也有利于规划下一阶段的目标和制定下一阶段计划①。评价可以引导学校进一步端正办学指导思想和人才培养方向，切实把德育放在学校工作的首要地位；促进中小学逐步实现德育内容系列化，安排科学化，组织网络化，工作制度化。

（三）激励教师将德育工作和自我修养结合起来

通过评价活动，分析学校贯彻教育方针的实际情况，肯定学校德育工作取得的成绩，发现与解决问题，引导和激励教师奋发进取，最大限度地提高教育效果。习近平总书记在2018年5月北京大学师生座谈会上的讲话指出，评价教师队伍素质的第一标准应该是师德师风，师德师风建设应该是每一所学校常抓不懈的工作，既要有严格制度规定，也要有日常教育督导，要引导教师把教书育人和自我修养结合起来，做到以德立身、以德立学、以德施教②。

（四）德育评价是加强宏观指导的重要依据

开展德育评价可以使各级领导部门和教育者及时了解已经实施的德育规划是否符合人才培养目标，及时掌握规划实施过程中的执行情况以及实施的效果。科学的德育评价指标体系还可测评各级德育工作的组织、机构、人员的素质和实绩，以便及时调节工作计划和优化部署安排，起到宏观上加强管理指导、微观上进行筛选激励的效能。

（五）德育评价是完善教育评价的关键

与智育、体育评价相比，德育评价难度更大，主要是因为德育评价要求综合运用定性指标和定量指标；并且，随着社会经济文化发展，人们的信息量和信息渠道大大增加，学校德育效应受社会、家庭等非正式渠道影响越来越大，因此试图把学校德育的作用和效果从众多的影响源中分离出来也是很困难的。同时，学生的思想品德状况往往需要经过长期的社会实践检验才能得出比较准确的结论。因此，加强德育评价的实践和研究，完善德育评价的方法、内容、指标体系，使德育评价工作科学准确、简易可行，是完善教育评价的关键③。

第二节　德育评价的内容与过程

一、德育评价的内容

对中小学德育工作的督导评价，主要包括两大部分内容：一是各级人民政府及教育行政部门对学校德育工作的领导状况，二是中小学校对德育工作的领导状况和学生的思想品德状况。

（一）对各级政府及行政部门德育工作评价的主要内容

根据《中小学德育工作规程》、《中共中央办公厅国务院办公厅关于适应新形势进一步加强和改进中小学德育工作的意见》、《教育部关于进一步加强中小学校督导评估工作的意见》和《中小学德育工作指南》等有关文件精神，对各级政府及教育行政部门德育工作的督

① 金耀华.中小学德育工作绩效评估研究[J].教育理论与实践，2000(12)：52-53.

② 习近平在北京大学师生座谈会上的讲话[EB/OL].(2018-05-03)[2018-09-08].http://www.moe.gov.cn/jyb_xwfb/moe_176/201805/t20180503_334882.html

③ 冯克诚，舒达.素质教育模式与评估督导实用全书(下卷)[M].北京：中国民主法制出版社，1998：987.

导评价主要应有以下内容：

1. 加强政府对德育工作的领导，落实德育首位

各级政府根据中央及教育部的有关文件精神，结合实际制定贯彻落实的意见，要建立政府（党委）领导牵头，有关部门参加的德育工作领导协调小组，统一领导实施德育工作。国务院教育行政部门和省级人民政府教育行政部门应设立或确定主管中小学德育工作的职能机构，地市级和县级人民政府教育行政部门根据本地区的实际，设立或确定主管中小学德育工作的职能机构，也可由专职人员管理。各级教育督导部门要定期开展中小学德育专项督导检查，建立切实可行的德育督导评估制度①。

2. 重视德育工作队伍建设

各级政府和教育行政部门要切实加强德育工作队伍建设，通过多种途径不断提高德育工作人员思想业务水平和道德修养。各级教育行政部门和学校要重视德育队伍特别是德育骨干的培养选拔，优化德育队伍结构，建立激励和保障机制，调动工作积极性和创造性。要有计划地培训学校党组织书记、校长、德育干部、班主任、各科教师和少先队辅导员、中学团干部，组织他们学习党的教育方针、德育理论，提高德育工作专业化水平。

3. 加强条件保障，创造良好的育人环境

各级教育行政部门和学校要进一步改善办学条件，将德育工作经费纳入经费年度预算，完善优化教育手段，提供德育工作必需的场所、设施，订阅必备的参考书、报刊，配齐相应的教学仪器设备等，积极建设学生德育活动基地，动员、组织社会多方力量，开发德育资源，创造德育条件，齐抓共管，形成合力，优化社会育人环境，保证德育工作效果。

4. 组织科学研究，增强德育工作的科学性

各级教育行政部门要充分发挥德育科学研究部门和学术团体的作用，鼓励德育科研人员与教育行政管理人员和中小学教师密切合作开展课题的研究，为德育科研人员参加国内外学术交流活动创造条件，探索新时期德育工作特点和规律，创新德育工作的途径和方法，定期总结交流研究成果，学习借鉴先进经验和做法，增强德育工作科学性、系统性和实效性②。

（二）对中小学德育工作评价的主要内容

对中小学德育工作的督导评价是选择能反映中小学德育状况的主要因素作为主要内容，通常包括德育领导、德育管理和德育效果三个方面③。

1. 德育领导

学校要形成校长负责、党组织充分发挥政治核心作用的德育工作机制，校长要把德育工作纳入学校整体规划中，坚持将德育目标作为学生培养目标的重要组成部分；要求学校把德育放在首位，建立校长领导下的德育管理机构，组织协调德育工作的开展；要求学校党组织在德育工作中起到政治领导和监督责任，党员发挥先锋模范作用，做好全体教职工的思想政

① 中小学德育工作规程[EB/OL].(1998-03-16)[2018-09-08].http://old.moe.gov.cn//publicfiles/business/htmlfiles/moe/moe_621/201001/81872.html

② 教育部关于印发《中小学德育工作指南》的通知[EB/OL].(2017-09-04)[2018-09-08].http://www.moe.edu.cn/srcsite/A06/s3325/201709/t20170904_313128.html

③ 程培杰.教育评价和督导[M].大连：辽宁师范大学出版社，1999：283.

治工作，并指导团、队的工作来发挥政治核心作用与战斗堡垒作用。

2. 德育管理

德育管理的评价包括计划实施、制度规章、队伍建设、条件保证等方面。学校要依据德育目标和内容，结合实际制定科学可行的德育工作计划，在德育工作职能机构的指导下，使计划协调配合，有效开展德育工作，学校德育工作的各项目标、任务、措施要落实并渗透到教学、管理等活动之中。学校建立健全德育相关的规章制度，例如德育工作会议制度、班主任和学生干部的培训制度等，并认真贯彻执行，是提高德育实效和实现科学管理的重要环节。要加强德育骨干队伍建设，做到教书育人、管理育人、服务育人，成立德育研究小组，积极开展德育课题研究，为学校教育工作决策提供参照。重视学校教育与家庭教育、社会教育之间的配合，形成校内外协调一致的德育工作网络。评价考核是保证学校德育工作效果的重要措施，要从督导评价和学校自查自评两个方面加强对德育工作的督导评估①。

3. 德育效果

对德育效果的评价包括学生质量、群体面貌和社会反映。要求学生在思想政治、道德品质、心理素质和能力方面达标，学生德智体美劳全面发展；校风校纪和学生群体精神面貌不断改善，后进生减少，犯罪率低于政策规定要求，力争无人犯罪；要求抽样调查，家长对学生行为表现满意，社会对学校的评价较好，用人单位对毕业生品德表现反映好。

二、德育评价的过程

德育评价的过程，是一个充分调动政府有关部门、学校、教师、学生、家长的积极性，全面分析现状、研究问题、总结经验，进一步推进工作的过程。德育目标不仅是德育工作的方向和准绳，而且是德育评价的依据、评价的出发点和归宿。评价是为了实现德育目标，使德育工作更富有成效②。德育评价的一般过程是：

（一）做好评价准备

首先确定评价客体，继而确定评价内容、评价组织的形式和机构。当前对学校的德育评价，评价客体一般为学校、年级、班级、学生个体。在确定评价客体的前提下，确立评价主体，评价主体是负责、组织、实施德育评价工作的组织及其成员。评价组织一般包括评价领导小组和评价工作小组。对学校德育工作的评价可由上级教育行政部门负责建立评价领导小组和工作小组，评价组织的人员必须具备合理的知识结构、能力结构和专业结构。

（二）制订评价方案

学校德育是一种综合性很强的社会活动，涉及多方面因素，因此必须制订切实可行的评价方案。德育评价方案是评价活动中，为实现一定的评价目的，对评价的标准、方法途径、实施程序等作出的总体设计与安排。

制订评价方案首先要确定德育评价的目的，明确评价应该达到的目标；其次根据德育评

---

① 教育部基础教育司.中小学德育工作指南实施手册[M].北京：教育科学出版社，2017：225.

② 赵祖地.高校德育评估概论[M].杭州：浙江人民出版社，2003：23.

价的目的和评价所依据的目标,设计评价项目,确定评价指标体系;最后确定德育评价的程序与信息收集方法,并提出评价结论的处理方式等。评价方案的设计应尽量周密、科学可行,以保证评价活动的顺利进行。

(三)实施评价

德育评价实施是评价主体根据评价方案所确定的指标体系和评价方法,按照程序逐步完成每一项评价任务的过程。主要包括:制订切实可行的德育评价实施计划;广泛深入地开展动员工作,进一步宣传明确评价的目的、意义;跟踪考核评价客体,全面而有重点地搜集有关评价信息,以提高德育评价的信度与效度;及时汇总整理分析有关资料,并采用科学的方法对评价客体进行评价,作出科学的评价结论。

(四)分析与反馈评价结果

评价结果的分析处理是德育评价的收获阶段,其质量直接关系到评价作用的发挥,要切实对照评价指标体系,对所得信息进行分析处理,以改进德育工作。首先,从总体上对学校德育工作作出关于其德育状况的定性与定量的综合意见,并形成评价结论。其次,对评价有关资料进行细致的分析,对学校德育的信息进行系统的研究,分析诊断问题,提出结论建议,并把结果反馈给学校。最后,对评价活动本身进行估价。评价活动完成后,必须反思评价是否达到了预期目的,评价结论是否准确,评价方法是否得当,提出改进德育评价的设想与措施,保证德育评价工作的有效持续进行。

第三节 德育评价方法与指标体系建构

一、德育评价的方法

德育评价方法是德育评价主体为完成评价任务而采取的手段、方式和途径等的总称,由评价工具、信息收集的方式和途径、判断的方式三个部分组成。评价工具是德育评价方法的基础,是以往评价实践中积累的技术、技巧、经验和知识的物化形式,以统一而又固定的模式来简化评价工作;常用的工具有问卷调查、检核表、评定量表等。信息收集的途径是德育评价方法的重要部分,方式包括观察、面谈、调查及档案资料的分析等。判断的方式是德育评价方法中的关键部分,包括量值判断和意义判断两个方面,常用的德育评价判断方式一般有主观经验判断、模糊印象判断、分析分项判断、综合比较判断、数值计量判断等。通用的评价方法就是由这三部分组成①。以下从德育方案评价、德育过程评价以及个体德育评价三个方面探讨德育评价的具体实施方法。

(一)德育方案的评价方法

德育是一个系统工程,对德育方案的可行性评价是德育工作评价的前提,在对德育方案进行评价时应采用系统分析法,从系统的全局观念出发,将德育工作中的各个部分和要素统筹考察,制定出实现德育目标的最佳方案。

首先,建好德育方案的评价组织。德育方案关系到德育工作的全局,对方案进行评价的质量决定了德育工作的质量,因此要建好一支评价队伍对德育方案实施评价。一般应组织

① 鲁洁,王逢贤.德育新论[M].南京:江苏教育出版社,2000:449.

学校德育工作的各方有关人员代表，包括学校领导、有关部门领导、辅导员、各学科任课教师等，或组织教育科研部门的专家以及德育实际工作的专家，对德育方案进行评价，以确保评价的水平。

其次，依据德育目标以及实施德育的具体条件，确定德育方案评价的目标及指标体系。在调查研究的基础上，明确哪些因素对实现德育目标起决定性作用，然后收集学校德育工作中与评价目标有关的各种信息资料，分析有关德育方案实施中的亮点及不足，并深入实际进行考察。

最后，依据一定的评价目标及指标体系，对评价结果作出评判，既可以确定一个德育方案是否可行，还可以总结原有方案的利弊，为以后制定方案提供借鉴；也可在预先准备的几个方案中选出最佳方案，或对方案做进一步修改。

（二）德育过程的评价方法

德育实施过程的评价是德育工作评价的重点，可以为决策者提供依据，以实现德育评价工作的既定目标。德育实施过程包括德育管理、德育队伍、德育课程、德育方法和德育环境五个要素，各个要素的评价指标构成了整体评价指标体系。因此，德育实施过程的整体评价就具体落实为每一个要素的评价标准①。对德育过程的评价要基于正确合理的指标体系进行科学的评价，根据德育工作评价的要求，综合评分法较为适用。这种方法以定量评分为基础，把定量分析和定性分析结合起来，同时，通过指标权值，体现明确的导向，既有利于发挥宏观导向作用，又有利于从整体水平上作出比较符合实际的判断。

（三）个体德育评价方法

学生个体德育评价是整个学校德育活动的落脚点，评价的指标体系应根据德育大纲提出的目标与内容要求来建立，其中不仅有德育的总体目标，而且有分阶段的德育目标。根据学生的素质结构，将思想道德素质、政治理论素质、创新精神与实践能力素质、文化素质及身心素质等作为个体德育的评价指标，更加关注对德育过程的评价。德育个体评价的常用方法有积分法、测试法、定性描述法、模糊综合评价法、等级评价法、自我总结法、小组评议法等②。在评价方法上，实行定性与定量相结合，并采用自评与互评，调动教师与学生两方面的积极性；在评价内容上，更加强调评价对象的综合考察；在评价方式和评价功能上，注重学生个体发展。

德育评价的研究与改革要体现德育不同于智育、体育等其他教育活动的本质特点。在以往的德育评价方法的研究中，我们往往结合德育特点将国外的德育评价方法或者教学评价方法予以改造后，用于德育评价领域。而德育评价的变革应该立足德育实践本身，以德育目标为依据，深入研究影响学生品德形成的规律与特点，在借鉴其他学科评价理论与方法的基础上，探索能够体现德育过程特点的德育评价指标与方法，从而提高德育评价结果的准确性，推进德育工作的科学化与实效性③。

---

① 班华.现代德育论[M].合肥：安徽人民出版社，2001：300.

② 向宏业.现代教育督导学[M].长沙：湖南教育出版社，1995：241.

③ 徐倩.用评估引导，为育人奠基[J].上海教育，2015(09)：13-15.

二、德育评价指标体系的建构

（一）指标体系建构的原则

1. 科学性原则

为保证指标体系的科学可靠和评价工作的有效运行，在构建德育指标体系时，要坚持以科学理论为指导，按照德育的客观规律以及青少年的成长规律来研制评价标准，研制的过程和使用的工具都要符合科学的要求；要保持与党和国家教育方针、教育目标以及德育目标相一致；要开展严谨的调查研究，使指标体系具有科学性和客观性。可以说科学性原则对整个德育指标体系的构建具有基础性的指导作用。

2. 可行性原则

可行性原则具体表现在德育指标体系的可操作性上，是指能为德育评价实际应用，指标体系必须是适应中小学校德育工作发展和学生思想道德实际的测量工具，并能准确反映德育工作的实际效果。德育指标要从评价对象的实际出发，契合当前学校各项德育工作的实际以及学生思想道德发展的实际水平和可能的发展空间。在保证指标体系全面客观反映评价对象整体的基础上，尽量精简指标的数量，并且标准要避免抽象空泛的概念化条文，应该具有实际可操作性和区分力。评价指标要在充分考虑到学生个体发展水平以及学生间发展的差异性的前提下，为大多数学生和教育工作者所认可和接受，要能更为准确、客观、公正地反映德育工作的进程和实效。

3. 导向性原则

评价指标体系要以党和国家的教育方针、政策和相关教育文件为指导，以社会正确道德价值观的传播为目的，通过评价实现对中小学生思想道德发展的方向引导。青少年是成长中的个体，成人世界有义务帮助他们了解周围世界，把握自己生活的认识，使价值引导、自主构建成为我们坚持的道德教育原则。而这里的价值引导主要是社会正确道德价值观的引导。因此，实现对中小学生适度的价值引导成为构建评价指标体系始终贯彻的基本原则①。

4. 动态发展性原则

动态发展性原则把评价对象放到整个发展过程中进行考察，从其当前状况与动态发展中作出符合实际的判断，以通过评价更好地促进学生德育全面均衡发展。动态与静态是相对而言的，关键在于掌握德育目标的实现情况，以及哪些方面还需要改进等信息，及时了解学生德育发展的需求，从而改进德育活动，促进学生思想道德水平的提高。动态发展性评价能够更真实深刻地反映评价对象的状况，因此要注意将静态性评价与动态性德育评价相结合，指标体系要着眼于全面了解学生在行为习惯、情感认知、理想信念等方面的水平，不仅要注重评价结果，更应注重成因分析，以有效保证中小学德育评价的发展。

5. 前瞻创新性原则

前瞻创新性原则提倡在保证德育评价工作稳定有序开展的同时，评价指标体系的构建要基于对德育工作的深入研究和深层理解，要注重与时俱进的需求，评价方式应随着实际情况的发展及时作出相应的调整。创新型人才的培养将成为社会对中小学德育工作和学生道

---

① 蓝维.构建中小学德育评价指标体系的方法论思考[J].中国德育，2012(18)：18-21.

德发展的新要求，秉着创新的理念，指标体系要能够发挥出对德育工作和学生思想道德发展的指导作用，促使德育工作者以及学生都能在德育评价乃至整个德育活动过程中，激发潜在的创新意识和创新动力。

德育工作者应注重学生的内心道德的发展和成长，把德育及其评价的过程作为一项重要的创新育人工程①，充分保证中小学德育评价体系能够真正对学生培养起到促进、导向和激励的作用，并为政府及教育主管部门未来工作的决策提供依据。

（二）指标体系建构的方法

德育评价指标体系必须与评价目标相一致，目标应具有现实依据以及层次性，在具体评价过程中必须对目标进行分解，使之更明确、更具操作性。在对目标进行分解的过程中，实际上也就制定了目标实现的标准，即通过什么指标去衡量目标的实现程度②。在指标体系建构过程中，首先通过分解评价目标来确定评价指标与测评要素，然后在此基础上分配有关评价指标的权重，界定指标体系的等级标准，进一步加工整理、归类合并，最后形成相对稳定的综合评价指标体系。

1. 确定评价指标与测评要素

对德育工作这样多维的复杂系统，第一步是要分解评价目标，研究目标的结构，分析构成目标的基本要素并逐一列出，划分层次，在此基础上设计各项指标。目标经过初次分解仍比较笼统抽象，需要再行分解，直至可被客观、具体、行为化地测评为止③。例如，对中小学德育工作的评价目标可分解为德育领导、德育管理和德育效果三个方面的指标，在此基础上，对每一项指标再进行分解。其中，德育领导分解为校长主管、建立管理机构和发挥党组织作用；德育管理分解为计划实施、检查总结、制度规章、条件保证、改革研究以及评价考核；德育效果分解为学生质量、群体面貌与社会反映。通过逐层研究分解，以保证指标体系的完备性与全面性。

2. 分配评价指标的权重

每项指标的权重系数是相应指标对达到目标影响程度的尺度，它的大小自然反映了人们对其价值的认识程度，它直接关系到评价的准确性和目标的导向性，因此需高度重视。确定权重的方法很多，常用的有层次分析法（AHP）、德尔菲法等。

（1）层次分析法

美国学者萨帝（A.L.Saaty）于20世纪70年代提出层次分析法，是将决策者对复杂系统的思维过程模型化的过程，是定量与定性相结合的方法。层次分析法要求明确问题所包含的具体因素以及关系，适用于多准则、多目标复杂问题的决策。层次分析法采用先演绎分解、后归纳综合的逻辑思路，整理主观判断，实现量化决策。首先根据问题性质要求达到的总目标，将问题分解成不同的组成因素，按照因素之间的隶属关系，将各因素按不同层次聚合，形成一个多层次分析结构模型，最后归纳确定底层的具体指标相对于高层总目标的相对权重或顺序。如果设置的评价指标个数较多，采用层次分析法更能保证权重确定的准确

---

① 黄佳运.中小学德育评价体系研究［D］.昆明：云南师范大学，2016.

② 檀传宝.学校德育诊断案例研究［M］.北京：教育科学出版社，2012：29.

③ 王发棠.高校德育工作总体评估指标体系构建研究［D］.北京：中国矿业大学，2000.

性①。该方法的步骤如下：

第一，根据指标体系建立层次分析结构模型，可以将问题分解为目标层、准则层和要素层，层内因素基本相互独立。

第二，构造比较判断矩阵。确定各指标层次相对重要性的比较矩阵，互相比较各准则对目标的权重，各要素对每个准则的权重。

第三，计算比较矩阵的最大特征值和特征向量，并进行一致性检验。若通过，则特征向量为权重，得出要素层对目标层的组合权重，作出决策。若未通过，则应调整判断矩阵，直至其具有满意的一致性为止。

为保证层次结构合理，需注意分解问题时把握主要因素，不重复不遗漏，注意比较元素间的强度关系，相差太悬殊的元素不能在同一层次比较。

（2）德尔菲法

德尔菲法是20世纪50年代美国兰德公司发明的，该方法采用问卷方式，对选定的、一定数量的专家进行几轮征询，获得趋于一致的专家意见，对未来进行预测。在指标体系设计中，咨询法的主持人首先把征求意见的指标写成若干条意义明确的问题，分别发给专家，请专家以书面形式对各项指标的相对重要性独立进行评分，然后对第一轮调查问卷中专家的不同意见进行统计整理，写出调查小结。在第二轮调查咨询中，将调查小结和专家本人的第一轮调查意见一起寄回，请专家参考总体小结适当修改自己原有评分意见后再寄回。对第二轮专家意见，同样进行分析综合，形成第二次调查小结，并继续进行第三轮调查。多轮反复为专家提供了了解舆论和修改意见的机会，汇总采用加权平均与标准差等统计方法进行。一般经过三轮至四轮调查，就可取得比较满意的结果②。

德尔菲法可最大限度集中专家智慧，能对大量非技术性、无法定量分析的因素作出概率估算。在指标体系咨询过程中应注意问卷设计的合理性、所选专家的合格程度和调查小结的科学性。首先，主持人要熟悉统计方法，应将咨询指标写成明确的意见，使该领域的专家能清晰地理解问题性质、内容和范围。其次，所选专家对德育评价相关主题要有深入了解和研究，专家人数以十余人为宜。最后，对专家不同意见的采纳与否，主持人需进行合理说明，调查小结必须使用准确的语言和数据，起到调节和导向的作用。

3. 界定指标体系等级标准，合成有机统一的评价指标体系

要形成有机统一的评价指标体系，需对各项指标分别设定优、良、合格、不合格的等级标准（也可用A、B、C、D表示），并对每项指标的每一等级用定性描述进行界定，以得到评价指标体系等级标准。通过逐层分解目标，得到大量末级指标，若就此构成评价指标体系，可能出现指标间相对重复或相互冲突的现象，故应在目标分解、已初步形成指标体系的基础上，进一步加工整理，以保证评价体系的科学性和有效性。

---

① 冯翠玲，李义丹.高等院校德育评价研究[J].天津大学学报（社会科学版），2001(03)：270-273.

② 殷伯明，朱一军，周东红，等.教育督导方法论[M].上海：三联书店，2013：54.

第四节　德育评价的发展趋势

第四代评估理论强调评价结果是有关评价对象及其意义的一个或者多个理论框架，而且是利益相关者通过协议达成的，强调评价描述的是共同的心理建构，评价中存在着多元的价值判断，评价对象的参与对结果有着重大影响，评价中要重视对个人的尊重，要重视评价结果的推广与使用等。德育工作评价不仅关注结果也应关注过程，在评价时要注重结论性评价与过程性评价相结合，定性评价与定量评价相统一，构建适应现代治理模式的学校德育评价机制。

一、多种评价方式的有效整合

结论性评价是对德育工作一个阶段的成效进行全面估量和价值判断，过程性评价是对德育实施过程中的发展状况和趋势进行评价，目的在于及时掌握和判断前进中的发展水平和问题。结论性评价因具有导向性质，一般宜使用既能比较客观地反映整体面貌，又能通过权值分配充分体现政策意向的方法，综合指标测评计量法是一种较好的方法。过程性评价主要用于对德育工作实施进程的判断，是以个体评价为基础的，因此一般宜采取个体评价常用的方法模式。

定性评价是就评价对象的本质属性从客观、整体、系统的角度进行分析和总结，由于德育的内容大多属于观念意识和心理品德等方面的因素，尤其在青少年时期这些因素具有很大的不稳定性，仅通过一次测量并不能反映出其实际情况，因此应做定性分析。同时，德育评价工作还应有量化分析，定量评价关注于评价对象在量化指标上的发展情况，一般都是采用一定的统计方法进行计算和鉴定，以数量的形式将评价结果展现出来。这种评价方式得出的结论一般来说更加科学客观和全面，以此为依据，才能增强评价信度。由于中小学德育是一个复杂、动态、系统的工程，任何一种单一的评价方式都不能全面反映学生德育的发展状况，评价者应该充分运用多种评价方式，对各种评价方式进行合理有效的整合，构建出整体综合的德育评价模式，才能更真实地反映德育活动的效果。

二、德育评价理念的变革

德育是以培养学生的价值观为主旨的，要以促进学生全面发展为价值判断标准，并且，《国家中长期教育改革和发展规划纲要(2010—2020)》指出，要立德树人，把社会主义核心价值体系融入国民教育全过程。因此对德育效果的描述与判断应以其是否符合中国特色社会主义核心价值观为标准之一，这对德育评价主体提出了更高的要求，即必须能够正确地阐释社会主义核心价值观并将其融于整个评价过程。深入推进学生社会主义核心价值观教育成为当前的重要主题和紧迫任务，同时要从促进学生完整人格发展的角度探索学生品德评价的有效方法，要注重学生整体成长与综合素养的评价。德育评价必须顺应这一趋势，通过合理的指标设计和科学的评价方法，使评价结果既能反映学生的人格成长的完整性，又能突出学生品德发展的独特规律。

三、德育评价责任的共享

当前德育评价主要是行政主导，表现在指标的制订与组织实施主要由官方主导，学校在整个过程中基本上处于被评价的地位，社会力量和家长在评价中参与不足，并且德育评价结果与德育工作还没有形成良好的互动，评价结果的教育决策功能没有完全发挥出来。现代教育治理框架强调共享责任，德育并非只是教育机构和学校的责任，家长和社会也是很重要的责任主体，学生、教师、家长和当地居民、教育行政机构、第三方机构都是评价的利益相关者，评价的过程是各方共同合作的过程，是共同分担教育责任的过程①。

四、适应现代治理模式学校德育评价机制的建构

构建适应现代教育治理模式的学校德育工作评价机制是推进教育治理现代化的重要议程之一。要秉持以促进学生全面发展为价值判断的标准，综合运用多种评价技术与方法，对学校德育目标、过程以及德育效果进行判断和评价。德育评价是个动态、多元、开放的过程，要实现评价内容综合化、评价视野开放化、评价方法多样化，确立具有有效性、科学性、适应性的评价体系。要借助新技术开展对学生品德发展的连续性评价，通过大数据技术进行扎实的实证研究，探索多种评价方式的综合运用，提升德育评价的整体性和系统性。现代教育治理模式的实质是要把评价权和监督权更多交给社会、回归社会，动员社会参与支持监督教育②。在这一过程中各利益相关者充分发挥各自的作用，评价的最终目的是全面了解中小学德育工作的状况，总结德育工作的经验，为改善德育工作提供依据，努力开创学校德育工作新局面。

本章小结

德育是培养造就人的活动，切实加强和改进中小学德育工作，把德育摆在学校德育工作的首要位置，是全面贯彻教育方针的重要战略任务。要大力培育和践行社会主义核心价值观，坚持正确方向、坚持遵循规律、坚持协同配合、坚持常态开展，努力形成德育工作长效机制。德育评价是依据一定的标准、程序和技术手段对德育过程及其结果进行评价，是对德育这种特殊活动的过程及其结果作出价值判断与决策优化的过程。学校德育评价是加强宏观指导的重要依据，具有目的性、导向性、过程性、层次性、综合性等特征。对中小学德育工作的督导评价，主要包括两大部分内容：一是各级人民政府及教育行政部门对学校德育工作的领导状况，二是中小学校对德育工作的领导状况和学生的思想品德状况。学校评价要求严格评价程序、规范评价管理、完善结果报告制度、创新评价机制。学校德育评价指标体系应遵循科学性原则、可行性原则、导向性原则、动态发展性原则、前瞻创新性原则。在学校德育评价的过程中，应注意多种评价方式的有效整合，德育评价理念的变革，德育评价责任的共享，构建适应现代治理模式的学校德育评价机制。

---

① 刘静.第四代评估理论视角下的中小学德育评价[J].中国德育，2015(11)：19-23.

② 袁贵仁.深化教育领域综合改革，加快推进教育治理体系和治理能力现代化：在2014年全国教育工作会议上的讲话[N].中国教育报，2014-02-12(1、2、4).

拓展阅读

北京市中小学校培育和践行社会主义核心价值观督导评估指标(试行)

评价内容	分值	评价要素
一、引领育人	16分	(一)坚持育人为本、德育为先,围绕立德树人的根本任务,用社会主义核心价值观引领学校育人目标和办学思想。校长作为第一责任人,以身作则,定期组织研究培育和践行社会主义核心价值观工作,统筹领导,明确学校各管理部门、各学科责任,管理到位。(4分)
		(二)学校制定的发展规划和年度工作计划体现培育和践行社会主义核心价值观内容,明确长远目标,突出阶段性任务,思路清晰,举措具体,推进有力。(4分)
		(三)学校制定工作实施方案,将培育和践行社会主义核心价值观融入教育教学管理全过程,各部门分工明确,结合岗位职责完成相应任务。(4分)
		(四)学校将培育和践行社会主义核心价值观总体要求细化为各学段教育要求,培养目标清晰,针对性强。(4分)
二、融入课堂	14分	(五)学校以社会主义核心价值观引领课程建设。加强"道德与法治""思想政治"课的教学和管理。结合学校工作实际,开发校本课程,丰富教育教学资源;加强学科间相互配合,发挥综合育人作用。(4分)
		(六)改进德育课程和共青团、少先队活动的内容、方式,针对性和实效性强,受学生欢迎。(3分)
		(七)切实发挥课堂教学主渠道作用,认真落实《学科德育指导纲要》,把社会主义核心价值观教育作为课堂教学评价的重要内容,课堂教学目标有体现、教学过程有落实、形式和方法符合学生身心发展规律和生活实际,体现学科特点。(4分)
		(八)课堂教学组织过程及教师教学行为、情感和态度符合社会主义核心价值观的要求,课堂氛围民主,师生关系融洽。(3分)
三、文化熏陶	14分	(九)学校用社会主义核心价值观引领文化建设。将社会主义核心价值观融入校园物质文化、精神文化和制度文化之中。(4分)
		(十)坚持以人为本,依法治校,完善学校制度,加强学校校风、教风、学风和班风建设,规范办学行为,营造平等和谐的文化氛围。(4分)
		(十一)分学段深入推进革命传统和中华优秀传统文化等教育。利用各种文化资源,开展节日、假日主题教育等活动,组织好开学第一课和每周升旗仪式等活动,教育活动主题鲜明、内容丰富、系统性强、特色突出。(3分)
		(十二)校园环境育人氛围浓厚,在重要、醒目位置张贴社会主义核心价值观内容。注重对教师和学生进行精神引领和文化熏陶,校园文化活动丰富。(3分)

续表

评价内容	分值	评价要素
四、实践养成	14分	(十三)学校将社会主义核心价值观内容融入各类实践活动之中，突出主题性和实效性，强化知行合一。有效落实“一十百千”工程相关要求，各学科平均应有不低于10%课时用于开展校内外综合实践活动。(5分)
		(十四)学校注重行为养成教育，细化不同学段教育要求，形成养成教育的制度和机制。以“三爱”、“三节”、法制教育等专题教育活动为重点，通过喜闻乐见的实践形式，引导学生形成良好行为习惯。(5分)
		(十五)学校充分利用社会大课堂等各类实践活动资源，积极组织学生开展社会实践活动；结合学校教育教学实际需要，有效开发社会实践活动资源，丰富学生社会实践活动内容。(4分)
五、为人师表	14分	(十六)把社会主义核心价值观融入教师职前准入、职后培训和管理的全过程，作为教师聘任、考核和评价的首要内容。注重德育教师、班主任的配备、选拔和培养。(4分)
		(十七)师德为先，用社会主义核心价值观引领师德建设，对全体教职员工提出明确的师德师风行为准则和要求，全体教职员工恪守职业道德，自觉践行社会主义核心价值观。大力树立优秀教师榜样，发挥榜样示范作用，宣传先进典型事迹。(4分)
		(十八)学校组织培育和践行社会主义核心价值观专题培训，将社会主义核心价值观内容作为校本研修的必修内容，计划性和实效性强。(3分)
		(十九)全体教师爱岗敬业，具有坚定的理想信念和政治立场，自觉做学生品格成长、知识学习和实践创新的引路人，在教学活动中不仅传播知识，而且传授美德。教师尊重、关爱、信任每一位学生，用欣赏增强学生的信心，用信任树立学生的自尊，引导每一位学生健康成长。(3分)
六、协同育人	9分	(二十)学校建立健全协同育人机制，建立完善与社区、家庭协同育人的手段方式。(3分)
		(二十一)健全完善家长委员会、家长学校、教师家长协会等制度。学校通过各种途径为家长提供家庭教育指导服务，引导家庭注重家风建设、传承家庭美德。(3分)
		(二十二)学校争取社区的支持和配合，协同组织社会主义核心价值观教育实践活动。(3分)
七、特色工作	3分	(二十三)学校在培育和践行社会主义核心价值观工作中从实际出发，创新开展工作，形成符合学校实际、具有鲜明特色的经验和做法，取得良好实效。(3分)

续表

评价内容	分值	评价要素
八、工作效果	16分	(二十四)学校制度机制建设成果突出。遵循教育教学规律和学生身心发展规律,将社会主义核心价值观融入学生培养和管理全过程,形成长效机制,制度机制建设有创新。(4分)
		(二十五)学校师德师风建设效果突出。全体教师为人师表,成为学生培育和践行社会主义核心价值观的引领者和示范者,教师师德师风深受学生认可。(3分)
		(二十六)学生具有良好的学习习惯、生活习惯和行为习惯。学生明确行为习惯方面的具体要求,言行举止文明有礼,具有志愿服务的意识和行为,达到《北京市中小学生日常行为规范(2016年修订)》的要求。(3分)
		(二十七)学生能够自觉践行社会主义核心价值观,从自己做起、从身边做起、从小事做起,在中小学生综合素质评价中,学生品德表现良好。(3分)
		(二十八)学校引导学生学习了解英雄人物、先进人物的光辉事迹和崇高品德,树立师生、家长中培育和践行社会主义核心价值观榜样人物和榜样行为,学生能够发现榜样、学习榜样、争做榜样。(3分)

资料来源:北京市中小学校培育和践行社会主义核心价值观督导评估方案(试行)[EB/OL].(2017-06-13).http://cpjydd.chpedu.net/shtml/6/news/201706/1065.shtml

练习思考题

一、多选题

学校德育评价基本特点是(　　)

A. 目的性　　B. 层次性　　C. 综合性　　D. 一次性

二、填空题

在构建德育评价指标体系过程中应遵循________、________、________、________、________等原则。

三、简答题

1. 学校德育评价的主要内容有哪几方面?

2. 简述德育评价的过程。

四、论述题

1. 论述德育评价指标体系的构建方法。

2. 如何构建适应现代治理模式的学校德育评价机制?

第十二章 学校教学评价

学习目标

通过本章学习，需要掌握教学管理评价、课堂教学评价以及校本教研评价的含义、功能及具体的评价内容，并了解相应的评价方法。

学习指导

本章学习的重点内容是教学管理评价、课堂教学评价与校本教研评价的含义、功能及具体评价内容。如何选用合适的教学评价方法既是本章的难点，也是重点。

建议学时

2 学时

教学是学校的中心工作，是培养人才、实现教育目的的根本途径。教学评价是指根据教学目的和原则要求，利用可行的评价技术与手段对教学过程及其预期效果进行价值上的判断，并以此有效地促进与保障教学质量提升的一种活动。教学评价是由制定评价计划、确定评价人员、选择评价方法等一系列的活动组成的。教学评价既有定量评价，也有定性评价；既有形成性评价，也有终结性评价①。

第一节 教学管理评价

一、教学管理评价的含义与功能

教学管理是学校行政管理人员（包括校长、教学业务校长、教科研主任、教研组长）和一线教师通过制定科学合理的计划（包括学校教学工作计划、教研组工作计划、教师工作计划），遵循教育规律和原则要求对教学过程进行组织、调控、评价，从而实现保障与提升教学质量目的的活动。

教学管理评价是针对教学管理而开展的一种带有监督与指导性质的评价活动，是对教学管理是否达到一定质量要求以及达到程度而进行的一种价值判断活动。通过教学管理评

① 吴志宏.教育行政学[M].北京：人民教育出版社，2000：296.

价可以发现学校教学管理过程中存在的问题和不足,从而为学校管理决策提供依据,最终达到改进学校教学管理水平、提高学校教育质量的目的。概括起来说,教学管理评价具有四个方面的基本功能:第一,导向功能。通过教学管理评价能够指明学校教学管理工作的目标和方向。第二,鉴别功能。通过教学管理评价可以对相应人员的素质与能力、表现与水平有比较全面的掌握,为相应的确认、评选等鉴定性工作提供依据。第三,诊断功能。通过教学管理评价能够及时地掌握教学管理工作中存在的问题,并有针对性地对教学工作作出调整,保证教学管理工作有效进行。第四,激励功能。通过教学管理评价可以给学校管理者、师生完成工作目标提供有价值的信息,激发教职员工工作积极性,保障与促进教学目标更好实现。

二、教学管理评价的内容

教学工作的成败与教学管理的水平和质量关系甚大。教学管理工作可分为教学目标管理、教学计划管理、教学组织管理、教学管理制度建设和教务管理。教学管理的评价也主要涉及这几个方面。

(一)教学目标管理评价

教学目标是指"教学中师生预期达到的学习结果和标准"。教学目标管理是提高教学管理效能,团结鼓舞全体教师同心同德搞好教学工作、办好学校的有效管理方法。教学目标管理评价主要内容包括:一是学校是否根据教育总体目标和教育方针,确定了本学校教学的长远目标和近期目标;二是各位教师是否在此基础上拟定个人的教学目标;三是是否制定了具体标准,采取一定措施控制整个教学目标的实现过程。

(二)教学计划管理评价

教学计划管理是学校教学工作有序开展的重要保证,是顺利完成教学任务的重要保证。教学计划管理评价主要包括以下几个方面内容:其一,学校教学工作计划是否齐全合理。学校是否有较翔实的学年(或学期)的教学工作计划,能否按教育部课程改革文件要求开出各年级的全部课程,能否按教育部和省教育厅的教学计划安排好学年总学时、学期总学时、周总学时和各门课程的学时。其二,教研组工作计划是否齐全合理。其内容包括该组本学期改进教学的设想,教学研究活动的课题、内容、要求及时间安排,课外活动的内容与安排。其三,学科教学进度计划是否齐全合理。该计划由各任课教师制定,教研组审批,内容包括本学期教材内容分析、本学期的教学目标与要求、教学改革的方案与设计、具体的教学进度及重大教学实践活动等。

(三)教学组织管理评价

教学组织管理评价主要包括以下内容:第一,是否建立有效的配套教学指挥系统,形成在校长领导下,包括教导主任、教研组长、备课组长等在内的指挥网络。充分发挥教导处在教学管理系统中的中枢作用;充分发挥教研组对教学的具体组织管理和研究教学的作用;规模大的学校,还应注意各个年级备课组的活动情况,学校是否加强对其活动的指导与管理。第二,是否根据教学需要和教师的特点与专长,合理安排教师的教学工作,充分调动每位教师的积极性,是否知人善任,扬长避短,强弱搭配,新老配合,以老带新,立足全局,着眼长远。第三,是否合理安排教学活动时间,包括本学年总时间、学期总学时和学周总学时的安排,各学科总学时和每个单元学时的安排。要求时间的筹划分配应符合培养目标的需要、各科的具体情况以及学生的特点。要在保证教学时间的前提下,合理安排教学、课外活动、生产劳动、社会活动和假期。第四,是否建立适合教师工作特点的切实可行的管理制度,包括工作制度、学习制度、岗位责任制度、考核制度、信息沟通制度等。

(四)教学管理制度评价

教学管理制度建设是学校教学工作管理的重要组成部分,教学管理制度是完成教学任务、提高教学质量的重要保障。学校教学管理制度是否完善、科学,执行是否到位,直接影响学校教学工作的管理水平,影响到学校教学质量的提高。所谓教学管理制度,就是以明文规定的形式,明确学校有关人员在涉及与教学有关问题时必须遵循的行为规范。其评价要点主要包括以下几个方面:第一,学校是否认真贯彻新课改精神,树立了正确的教学质量管理的指导思想,即促进全体学生德智体美劳全面发展和个性充分发展,而不是仅以升学率或考试分数的高低区分优劣的思想。第二,学校是否建立分级教学管理责任制。如校级领导的主要职责是建立教学管理系统,加强对教学管理的领导,组织全校性的教学总结活动和制定整体发展计划;教务处除日常行政管理外,主要职责是制定全校开课计划表,审批教材、选用教学资料,规定教学进度和内容,制定教学质量评价标准,组织全校性的教学质量检查、教学质量总结与评比等活动;教研组的主要职责是拟定教研组学期或学年教学与科研的管理计划,组织教学过程各环节的管理工作,组织教学观摩活动和教研活动,严格执行教学管理规程,编写教材、教学参考资料,进行教改实验。第三,分级教学管理责任明确后,看各项配套教学管理制度是否健全,如是否建立了相应教师岗位责任制、课堂教学管理制度、考试规则、教师教学工作检查制度、课外活动制度、教学资料档案制度、奖惩制度等,学校是否定期对各种制度执行的情况和效果进行检查与评价,等等。

(五)教务管理评价

教务工作是教学工作的重要组成部分。教务工作管理的好坏,直接关系到学校正常教学秩序的建立和稳定,关系到教学质量的提高。学校教务管理工作评价主要有以下内容:第一,学籍管理。是否根据上级有关部门的精神严格学籍管理,如学生的花名册、学籍册和学生档案是否齐全,而且三册吻合;学生入学、转学、休学、复学、退学、升学、留级、奖惩、毕业等各项事务的办理手续是否符合省教委的规定等。第二,教学行政事务管理。是否按照上级有关部门的要求和本校的特点及时合理地制定开课计划表、课程表和作息时间表,计划表与执行表是否一致;学校大型教学活动是否统一安排计划表;是否能比较合理地编班,学业成绩好、中、差互相搭配,有无突破班额的问题。第三,教学工作档案管理。教师个人档案和学校教学工作档案齐全;整理档案分类编号,分柜、分栏保存,管理规范和查阅手续等均符合档案管理的一般规定。第四,教学资料管理。对教学资料如教材、教参、图书资料、仪器设备等管理是否妥善。第五,学生成绩管理。各年级、各学科学生考试、考查成绩记录齐全,随时可查①。

三、教学管理评价的组织形式与方法

(一)教学管理评价的组织形式

教学管理评价的组织形式主要有自我评价、上级主管部门评价与社会评价三种形式。

---

① 王景英.教育评价学[M].长春:东北师范大学出版社,2005:224-226.

1. 自我评价

自我评价是由学校自己组织力量，按照上级教育督导机构制定的评价指标体系和标准定期进行的自我评价。自我评价是调动广大师生参与学校管理的过程，经过全面、认真的自评，能够总结出学校教学工作的成绩和问题，是提出和制定教学工作改进措施的基础和前提，对于评价质量和评价效果都具有十分重要的作用。要做好学校的教学工作评价，自我评价是一个不可缺少的评价方式，自我评价的优点是比较容易操作，一个学期或一个学年都可以进行一次。其缺点是缺少外界参照，无法进行横向比较，容易出现对成绩或问题估计偏高或偏低的倾向，评价客观性欠缺。

2. 上级主管部门评价

上级主管部门评价是指由教育督导机构在主管部门的授权之下，组织督导人员和有经验的专家组成评价小组，在学校进行自我评价的基础上对学校的教学工作进行评价和指导，并向政府及其教育行政部门反馈有关信息，为领导科学决策提供依据。这种评价可以对学校之间的教学工作进行横向比较，评价的结论更具权威性和指导性，是一种十分重要的评价组织形式。

3. 社会评价

社会评价是指在学校自评或他评中，广泛听取社会各界有关人员的意见和建议，为改进学校教学工作提供参考。简单说就是由教育系统以外的人员对学校进行评价。获得社会评价信息的方式有多种，比较常用的是调查法和访问法。

（二）教学管理评价的主要方法

教学管理评价方法主要有以下几种：第一，阅读文献。阅读学校教学管理方面的计划、教师教案、学生试卷、学生成绩、学校教学管理记录等。第二，召开座谈会。召开教学管理者、教师以及学生和家长等座谈会，从不同侧面获得相关评价信息。第三，直接观察。评价者直接观察教学管理者、教师和学生的课内外行为表现等。第四，问卷调查。根据评价的目的以及内容特点，运用问卷对数据与信息进行采集，并以此进行统计分析。第五，统计分析法。其是建立在一定数据规模基础上对事物的数量特征、数量关系进行分析的一种方法。

第二节　课堂教学评价

一、课堂教学评价的含义与功能

课堂教学评价是指遵循教育教学规律与原则要求，以保障学科教学目标的达成为主要目的，从而对课堂教学过程及其效果进行科学评价的一种活动。其评价内容包括“教”与“学”两个方面，其有导向、激励、改进、鉴定和研究等功能。课堂教学评价从根本上来说是一种价值判断活动，是对实然的教学效果和应然的目标要求之间的差距进行判断与衡量的一种活动。

课堂教学评价具有如下功能：第一，导向性功能。通过课堂教学评价，师生能够获得自己“达标”的水平与层次，并能知晓自身在教学中取得的进步与潜力，从而明确努力的方向和目标，为日后的教学、学习与发展打下坚实基础。第二，诊断性功能。通过课堂教学评价，教师可以判断自己的教学活动与目标之间的“距离”，发现教学中存在的问题，这些都可以直接影响教师日后教学的准备、实施和结果。第三,管理咨询功能。通过课堂教学评价,教育管理部门和教育机构(包括学校)不仅把评价结果当作对教师和学生进行评价的根据之一,而且能够看到教师和学生的进步,并以此调整学校教育发展的布局、方向,改进教育教学活动。课堂教学评价为教育管理者的科学决策及工作方针的制订提供了依据。①

二、课堂教学评价的内容

课堂教学评价的内容包括教学思想、教学目标、教学内容、教学活动、教师素质与教学效果六个方面的评价。

(一)教学思想评价

(二)教学目标评价

教学目标既是教学的出发点,也是教学的归宿。它对教学过程具有重要的导向和调控作用,直接决定着教学的发展方向和价值取向。在确定和评价教学目标时应关注以下问题:

1. 把握教学目标的方向

教学目标要符合时代特征和学科课程标准的要求,要重视学生的已有经验和认知起点,要体现学生在知识与技能、过程与方法和情感与态度等方面的发展。

2. 教学活动要紧紧围绕教学目标展开

在教学活动中,要充分体现教学目标的导向和调控作用。教学环节的设计、教学方法和手段的选择要有利于教学目标的实现,同时要根据教学目标的要求应对和处理教学中的问题。

3. 关注和研究上位目标

教学目标的逻辑顺序是:课时教学目标→单元教学目标→年级教学目标→学段教学目标→学科课程目标。在制定课时教学目标时教师一定要关注和研究它的上位目标,特别是学科课程目标。每一门学科都有它的学科课程目标。不同形式的教学评价其目标关注点是不同的。课堂教学评价其关注点是课时教学目标,单元教学评价其关注点是单元教学目标,学段教学目标关注点是学段目标,学科教学评价关注点是学科目标。但无论关注点在什么地方,在进行教学评价时都要对课时、单元、年级、学段与学科等几个教学目标进行综合考虑。

(三)教学内容评价

教学内容是教学的重要资源,也是学生学习的主要对象。在教学内容评价时应关注以下几点:

1. 教学内容把握是否准确

是否符合课标要求。在课堂教学中,要依据教学目标,围绕教学重点和难点选择和安排教学内容,要认真把握教材,用好用足教材内容。

2. 教学资源开发是否适当

在教学过程中,教师要根据教学内容与学生认识水平对教学资源进行开发,特别是那些与学生生活经验密切联系、学生感兴趣且对达成目标有价值的教学资源。在教学资源开发与使用评价过程中,应该遵循适当与适度两个方面的原则要求。

---

① 卢立涛,梁威,沈茜.我国课堂教学评估现状反思与改进路径[J].中国教育学刊,2012(6):43-47.

3. 是否满足不同学生需要，是否有利于学生的全面发展

教学内容的选择要体现基础性、全面性和发展性，要满足不同学生的需求，要坚持“上不封顶、下要保底”的原则。

（四）教学活动评价

教学活动是师生积极参与、交往互动、共同发展的过程。有效的教学活动是学生学和教师教的统一。教学活动评价内容包括以下几个方面：

1. 教学环节

有效的教学环节设计与安排应有利于调动学生的学习兴趣，各环节之间有机结合、相互促进、过渡合理。不同类型的课程其教学环节安排是不同的。相对而言，新授课的教学环节最为复杂，其概括起来主要包括引起兴趣—讲授新知—巩固应用—评价与拓展等几个环节。在新授课中，缺失其中的任何一个环节，都难以取得良好的预期效果。教学环节的评价，应因课型而异。

2. 学生参与

学生是学习的主体，评价一节课的教学效果如何，主要看学生参与教学的质量。学生参与包括行为参与、思维参与和情感参与三个层次。行为参与主要指参与的行为形式，思维参与主要指认知投入的情况，情感参与主要看情感表现和情感体验。研究表明，学生的情感参与和思维参与有着极其显著的正相关，学生的行为参与对高层次思维没有明显的影响。因此，教学中，只有让学生的这几种参与方式全面投入、有机结合，才能有效地提高学生的学习能力，促进学生的全面发展。在评价一节课时，要关注教师是否设计或提出了有价值的问题引导学生主动探究、积极思考，师生在教学活动中是否能产生较高水平的思维共振和情感共鸣，产生积极的、有价值的交往互动。

3. 课堂生成

评价一节课的好坏关键不是看教师讲授多少知识，而是要看在一节课中师生的知识、情感与价值观有多少的生成。从某种意义上来说，教学的艺术就是教师把握预设与生成的艺术。在一节课中，要通过预设促进生成，通过生成完成预设，在预设中体现教师的水平，在生成中展现师生的智慧。

4. 教学方法

教学目标确定后，教学方法是影响教学的一个重要因素。教学方法是师生共同实施的方法，在教学中起着重要的作用。它是沟通师生教与学的中介，是实现教学理论指导教学实践的基本途径，是促进学生发展的基本方式。常用的教学方法有讲解法、谈话法、演示法、操作法、实验法、讨论法、练习法、发现法等。灵活性、生成性与启发性是评价教学方法的重要原则。

（五）教师素质评价

1. 基本素质

教师要有爱心和责任感，这是一个教师最基本最重要的素质。教育的目的是育人，这是一项复杂而又具有挑战性的系统工程。爱学生，爱课堂，爱教育事业，要有责任感，要爱岗敬业。除此之外，教师还要有扎实的教学基本功。这里所说的教学基本功不仅包括教态、语言、板书、组织教学、备课等基本技能，还包括教师的教学经验、教学调控能力、教学风格等。

2. 专业素质

教师首先要有一定的学科素养，包括专业意识、专业知识、专业思想和专业技能等方面的学科专业素养，还要有较高的教学水平。研究表明，学生能否主动地获取知识，得到发展，与教师的专业水平有很大的关系。从心理学的角度可以把教学分为记忆、理解和探究三种水平。记忆水平的教学只要求学生学习和熟记教材给出的知识，以学生能够准确地再现所学的具体材料为满足。理解水平的教学要求学生通过理解教材较深入地掌握知识，力求做到学懂、会用，学生对所学知识是否理解是这一教学水平的主要标志。探究水平的教学是在教师启发下，学生独立思考、积极探索、主动解决问题的教学。要求学生在掌握知识技能的同时，思维水平、解决问题的能力得到较大提高。学生是否积极参与探究活动是这一教学水平的主要标志。三种水平的教学应在一节课中兼而有之，相辅相成。实际上，没有记忆就没有理解，没有理解就不会有真正意义上的探究。教师专业水平的高低则是探究水平教学成功与否的关键。除此之外，教师的教学设计能力和处理生成问题的能力也是非常重要的。

3. 发展素质

教师发展素质主要包括教师积极的心态、科学的态度和创新的品质。教学环境的变化对教师提出了更高要求，教师需要调整心态，包容开放、学习创新以完善发展自身。

（六）教学效果评价

教学效果是评价课堂教学质量的一项重要指标，一直受到极大的关注。这是因为，一方面，它本身就是教学评价的一个基本要素，另一方面，其他几个要素的价值要通过教学效果体现出来。评价课堂教学效果主要从目标达成情况、教学活动质量、学生能力培养、课堂生成处理、课堂教学特色等方面进行考察①。

三、课堂教学评价的方法

实践中的课堂教学评价仍以评价量表记录信息、对照标准作出价值判断为主，辅之以问卷、访谈等形式间接获得相关信息，然后用定量与定性相结合的办法，以作为个体的课堂教学分析来评价学校整体教育教学工作。

（一）课堂教学评价量表的确定

根据评价技术、评价内容、评价主体以及评价架构等不同的分类标准，观评量表可以分成不同的类别。按评价技术可分为定量还是定性、人工观察还是借助仪器设备的；按评价内容可分为全景式观评课（对课堂教学全貌进行完整的、全面的、多视角的观评，属于"常规形式"）、片段式观评课（对课堂教学某一单元或"片段"进行观评，如主要观察教师"教"的行为、学生"学"的行为、课堂中信息技术运用情况等）；按评价主体可以分为课堂教学的参与者（学生、教师）、非直接参与课堂教学的人员（如督导人员、教研人员）。

一般情况下，课堂教学观评表分为无规定架构观评表和有规定架构观评表。前者只有总的观评目的和要求、大致的观评范围和内容，而没有具体的指标体系，观评可以依据评价目的和要求有选择性地记录、描述观评结果，这类观评表的操作要求较高，一般只有资深教研员才能把握。后者则不仅确定了课堂关注的内容和指标，甚至对每个指标给出了若干个监测点，并给出评价等级，观评者根据课堂教师实际情况，逐项给出

---

① 杨淑萍.重新审视课堂教学评估的功能，内容与标准[J].教育理论与实践，2009(10)：44-47.

相应的等级评定。但此类观评表的可操作性较强，目前实践中使用的课堂教学观评表多属于这一类。但由于课堂教学理念、评价思想以及具体课程、评价目的、评价对象的不同，观评表的形式多种多样。课堂教学评价中，要坚持“以学生发展为本”的教育理念，重点关注教师教学观念和方式的改变、学生学习方式的改变和效果的提升，以及课堂教学评价的目的和任务，从实际出发选择或编制恰当的课堂教学评价量表，使用过程中注重整体把握，避免“机械化”。

（二）师生问卷、访谈材料的确定

问卷、访谈是间接获取课堂教学信息的重要途径，对象主要是教师和学生。从评价的目的出发，对教师的问卷和访谈，要把重点放在了解学校课程教学工作整体情况和教室里的课堂教学情况这两个方面。前者正是教师实施课堂教学的“背景”，把作为“个体”的教师课堂教学放在学校大环境中予以考量，是实践中课堂教学评价特有的思路；对学生问卷和访谈的重点，主要了解学生对课堂教学的需求和感受，“只有学生喜欢的教学，才是好的教学”，那种目无学生的教学只是教师的“个人表演”，再精彩也不是有效的教学①。

为使教学评价活动顺利进行，必须制定较详细、合理并可行的评价计划。一些专家为此提出评价计划的内容和制定计划时所应遵循的步骤：

（1）提出评价方法所依据的理论及所针对的需求；

（2）组织筹划小组；

（3）建立咨询沟通的模式；

（4）分析教师的工作内容及工作分配情况；

（5）决定评价项目；

（6）决定评价对象并选择适当的评价时间；

（7）决定评价方法；

（8）决定评价步骤（如评价前的面谈、观察与量度、评价后的面谈等）；

（9）确立评价的记录方式；

（10）选定评价者（如教育部门人员、校长、主任、年级组长、教师同行、学生、自我评价等）；

（11）设计训练课的程序评价者及被评价者。

在制定上述计划的过程中，必须特别留心两个事项：一是要选择适当的评价方法；二是要让被评价者参与制定评价计划。教学评价有各种方法，每一种方法都各有利弊。要根据评价的目的和学校实际情况，适当选择其中一种或多种方法。让评价者参与评价计划制定工作，则是为了借此了解教师情况，取得教师的信任和合作，并使评价方案更有针对性和更切合实际。在整个制定计划过程中，由评价者和被评价者双方共同商定评价程序、评价时间、评价方法、评价资料来源等事项，这样比由评价者一方决定更好，它能为评价工作的顺利展开提供一个非常好的开端②。

---

① 张凤，杨国顺，朱坚.教育督导中的课堂教学评估60问[M].上海：华东师范大学出版社，2012：22-23.

② 吴志宏.教育行政学[M].北京：人民教育出版社，2001：303.

第三节 校本教研评价

一、校本教研评价的含义与功能

（一）校本教研评价的含义

校本教研是校本教学研究的简称，其是以课程实施过程中教师所面对的具体问题为对象，以教师为研究主体，由理论和专业人员共同参与的一种教学研究活动。校本教研是建设学习型学校、组织和帮助教师更加有效地学习新知识、新理论和新技术的继续教育的有效方式，是广大教师更加积极主动地适应新课程、不断提高教师专业化水平的基本学习方式和发展方式①。

校本教研评价是对校本教研现象和活动价值进行调查、分析、协商与判断的一种活动，是促进校本教研活动进行调适、改进和发展的过程。校本教研评价的本质是一种价值判断活动，其具有很强的目的性、规范性要求。校本教研评价的目的在于保障与提升校本教研活动的质量与水平，进一步促进教师专业化水平与学校课堂教学质量整体水平的提升。

（二）校本教研评价的功能

校本教研评价具有以下几方面功能：

1. 有利于提升学校领导与教师对校本教研的重视水平

校本教研是保障教学质量提升的重要手段，但在学校办学实践中并未得到学校领导与教师的普遍重视。一些学校领导与教师把校本教研看作可有可无的事情，甚至有些学校的校本教研活动根本没有开展，这样必然会使得学校课堂教学的整体水平受到影响。通过校本教研评价工作的开展，不仅可以让学校领导与教师知道如何更好地开展校本教研工作，还能够引起学校领导与教师对校本教研工作的重视。一旦学校领导与教师开始重视校本教研工作，校本教研工作就能很好地开展，校本教研质量也能够得到有效的保障。

2. 有利于提升校本教研制度建设的规范化水平

校本教研的本质是一种专业活动，而不是行政活动。但校本教研活动开展的好坏，则需要有管理制度作为保障。一些学校校本教研工作开展不规范甚至没有开展，其中很重要的原因是校本教研工作的开展缺少可靠的制度保障。积极开展校本教研评价有利于加强校本教研制度建设水平，保障校本教研的规范性，为提高校本教研质量提供可靠的支持与制度保障。

3. 有利于进一步提升教师专业化水平

通过校本教研评价不仅可以发现校本教研制度建设中存在的问题，还可以发现校本教研过程中存在的问题。评价发现的问题可以向教师个体进行反馈，也可以向教研组组长以及学校主管领导进行反馈。教师个体在这个过程中不仅可以得到同伴的支持与帮助，也可以得到评价者的指导。教师的专业化水平不仅仅表现为知识、技能，更表现为思维和智慧②。通过校本教研评价工作的开展，教师可以更清楚地认识和理解自己的理念和行动，提高自己专业判断和分析能力，促进教师专业发展水平的进一步提升。

---

① 韩江萍.校本教研制度:现状与趋势[J].教育研究,2007,(07):89-93.

② 蔡红霞.中小学校本教研评估的探析[D].河南大学硕士论文,2011.

二、校本教研评价的内容

校本教研评价主要包括校本教研管理、常规校本教研、校本教育科研、校本教研成果四个方面。

（一）校本教研管理

1. 校本教研的组织管理

校本教研领导小组是否落实校本教研的校长负责制，职责分工、经费保障以及效果显著是否达到要求。与此同时，教研组及校内非正式校本教研组织的工作是否有计划有总结，研究主题明确、措施具体可行、总结反馈及时也是评价的重要部分。

2. 校本教研的制度管理

校本教研常规管理制度是否健全，有无定期检查反馈和加以修正，管理制度能否体现学校自身特色并具有相应的时代特性；校本教研制度在实施中是否具有较强的可操作性，能否得到有效落实。

3. 校本教研的成果管理

在校本教研的档案管理中，教研工作计划及总结、各类活动和专题记录材料翔实，且有相应的背景性材料、过程性材料和结果性材料，材料是否按期归档。校本课程资源库中，学校编写的教学资料或教师开发的校本课程资源是否按期归入课程资源库且整理有序，是否在校内具有一定程度的访问使用量。教师成长档案的管理是否及时装入相关校验材料，适时结集本校教研成果。

（二）常规校本教研

1. 专业化

教学反思中，教师是否有足够的教学反思，反思方法操作灵活多样，专项评价有效且反馈及时。在专业化反思过程中，教师是否对其思想、观念和行为形成批判意识，能理性判断和选择，自觉把教学活动本身作为反思对象，积极主动地对自我及教学进行计划、检查、评价、反思、控制和调节行为。

2. 同伴互助

教师个体间的教学交流中，名师应该有效发挥其引领作用，青年教师则应迅速成长，互帮互学，共同提高。教研组交流中，应该广泛开展听、说、讲、评课，围绕课堂教学目标有效开展，教师应有良好的反馈，应有优秀的教育案例评析，交流充分，收获丰富。同伴分享中，应该以多种方式定期集体讨论教师在日常教学中所遇到的有价值的问题，积极开办教研论坛，通过编撰教研专刊、校报来拓宽交流渠道。

3. 专家引领

专家交流机制方面，应有固定的专家交流团，建立灵活多样的交流形式，如学术专题报告、理论学习辅导讲座、教学现场指导、教学专业咨询，从而充分发挥专家的引领作用，帮助教师积极更新教育理念，改进教学不足。在专兼职教研员、名牌教师等资源方面，应该积极建立相应专家型资源库，并能够针对本校特点满足具有针对性的需求。

（三）校本教育科研

1. 开展专题研究

学校或教研组应该积极开展专题研究，研究过程扎实，有具体完善的研究计划和总结，研究效果较好，师生反映良好，并最终产出相应的课题成果。

2. 研究成果应用

对于开展教育科研后得到的研究成果应该在相应年级教学班实验使用，并建立本校应用总结报告呈交给学校及以上教育科研部门。

（四）校本教研结果

1. 问题解决价值

通过开展校本教研能够充分解决教师教研中的教学问题，并能启发教师丰富的教学思考。

2. 教师发展价值

校本教研的开展也能够有效促进本校教师的专业化发展，深化其教育理念，能够自觉教育反思，提高教学技能。

3. 学校发展价值

校本教研能够有效促进学校教育教学水平的提高，形成学校办学特色，促进学校发展①。

三、校本教研评价的方法

校本教研评价选择自评为主、他评为辅的评价方式。制定合适的评价标准之后，学校要选择合适的评价方式。根据评价主体的特征，校本教研评价是以学校自评为主，他评为辅的教育评价形式。校本教研评价以发展性评价为理念，以促进教师教学研究能力的提高、学校特色的发展、学生素质全面提高为根本目的，而自评的主要特点是可以更加真实地了解活动进行的状况，充分尊重参与者的主体性，激发参与者的内部动机。但是，仅仅自评会缺少外界的参照，不易横向比较，结果的客观性较差，所以要结合他评弥补自评的缺点。他评可以对校本教研活动起到监督、外部激励的作用，但也易产生强制性、禁锢性，导致参与者降低或消减参与校本教研的积极性，丧失活力。所以，以自评为主、他评为辅的校本教研评价方式往往最为有效。

（一）教师、教研组和学校的自评

自评是指学校、教研组或个人针对校本教研活动情况的自我评价。自评有利于全面收集情况，准确形成判断是对参与教研活动的教师、教研组和学校主体地位重视的表现。教师通过自评，可以反思自己在校本教研中的行为和思想，感悟教学研究的价值和理念，梳理教学研究的得失和情感体验的升华，检验教学研究方法是否适当，判断教学研究能力的提高。教研组通过自评，可以反思组织的计划、安排是否妥当，组织是否得力，协调和督促的功能是否充分发挥，本学科或本年级的教学研究能力是否得到整体提高。学校通过自评，可以反思教学研究的组织安排、管理制度的实效性，检查本校的教学研究氛围是否形成，以及教学研究的实效性，等等。自评结束后，应该记录自评的结论或报告，结论中可以有解释性的说明，可以自选格式如叙事、日志、表格、图示等，可以和他评资料相互验证，为作出科学的评价结论提供参考。

---

① 蔡红霞.中小学校本教研评估的探析[D].河南大学硕士论文，2011.

（二）教师、教研组和学校的他评

他评是由别人对被评价者进行评价，他评能避免弄虚作假现象，结论比较客观、可靠，评价的信度较高。

校本教研评价中，教师的他评评价主体有教师同行、学生、教研组长、学校领导和专家。教师同行对校本教研的参与使他们能更好理解校本教研行动中的困难和价值，学生是教师教育教学质量提高的最直接的感受者和体验者，教研组长在校本教研的组织和管理中，对教师校本教研意识的自觉性和教研能力的提高更加敏锐和全面，学校领导在学校教学质量发展的角度上对教师的校本教研进行评价，专家在教育理论的高度对教师的校本教研行动进行评价。

教研组的他评主体有教师、学校领导、专家。教师可以到教研组对校本教研行动的组织、促进和管理是否有效和存在的不足展开评价，学校领导在学校校本教研的有效开展和学校教学质量的提高角度展开评价，专家从推进校本教研有效开展和教育理论角度进行评价。

学校的他评主体是教师、教研组长、专家和教育督导部门。教师从校本教研的组织、实施等角度对学校的实效性进行评价，教研组长在贯彻学校校本教研任务过程中更加全面了解学校的组织、实施和保障能力，专家从国家的宏观教育政策和教育理论的实践转化等角度对校本教研中学校的职能进行评价。对学校校本教研他评的介入主要表现为：教育督导部门主要是从教育政策上进行监督，专家学者主要从教育理论上进行监督。他评的目的在于通过外界的监督与督促，学校真正开展校本教研，而不是简单收集一些资料存档，以待检查。所以，只有采用观察、调查和访谈等评价方法，教育督导部门才能真正了解学校中是否进行了有效的校本教研，专家很容易识别学校是否实施了校本教研，但是专家没有行政权力，不能引起学校的重视。他评的关键环节是被评价者的合作，因而要本着理解和协商的原则，多方面收集各利益相关人的信息，并不断地完善评价标准和内容，尊重教师教学研究的情感体验，促进教师校本教学研究习惯的自觉性和教学研究能力的提高①。

本章小结

教学评价是学校组织内部开展最多的一项评价工作。教学评价既有常规性的，也有非常规性的；既有正式的，也有非正式的。广义上教学活动不仅包括课堂教学活动，还包括教学管理与校本教研等。本章基于教学活动广义上的定义，对教学评价从教学管理、课堂教学与校本教研三个方面进行了概括性介绍与分析。课堂教学评价是学校教学评价的核心，教学管理评价、校本教研评价是教学评价不可或缺的重要组成部分。

拓展阅读

教学督导的内容最重要体现在教学督导评价指标体系之中，督导教学工作，就需要建立合理的、可行的评价指标体系，这是提高教学督导工作督导质量的关键。对教学工作的指导

① 蔡红霞.中小学校本教研评估的探析[D].河南大学硕士论文，2011.

和监督是在客观准确评价的基础上进行的。依据国家的教育培养总目标,依据教育主管部门颁发的各种条例、要求、规定、守则以及教学计划和教学大纲,从学校整体教学工作出发,可设计一个教学工作评价指标体系。其中一级指标3项,二级指标9项,三级指标27项。

教学工作评估指标体系

一级指标	二级指标	三级指标	评价等级 A B C D
A1 教学管理	B1(10)目标与计划管理	C1 有长远目标和近期目标,办学方向明确,计划齐全,切合实际,措施得力 C2 执行教学计划、教学大纲情况好 C3 每位教师了解学校目标与计划并认真落实 C4 结合期中考试和期末考试检查计划执行和目标达成,并有改进的措施	
	B2(6)组织管理	C5 教学指挥系统健全有效,教导处、教研室、年级组、研究组作用发挥好 C6 教师工作安排知人善任,发挥专长,职称相称,分配合理,工作范围和质量有明确规定 C7 制定并落实考核和奖励制度,建立档案制度	
A2 教学活动	B3(24)教学工作	C8 按教学大纲进行教学,教学目标合理,可行、可操作 C9 教师备课认真,集体备课形成制度,效果好。教师备课备教材备教法 C10 课堂常规落实好,作业处理恰当 C11 教师既教书又育人,注意因材施教 C12 教师掌握检查学生学习成绩的方法,命题信度、效度、难度掌握得好 C13 开展教学改革,进行教育科研,成果显著	
	B4(10)学生学习活动	C14 对学生学习过程的指导具体,要求措施得力,效果好 C15 学生日常生活制度符合要求,劳逸结合,课外作业量适中,学生负担不重 C16 结合学科特点,订出活动计划 C17 按时展开活动,内容丰富多样,普及程度高	
A3 教学质量	B5(10)学生思想觉悟和道德情操	C18 热爱党、热爱社会主义、热爱集体、热爱劳动 C19 主动学好思想品德课和政治课,联系实际,学以致用,言行一致,学生思想品德评定合格率高	
	B6(22)学生的知识和能力的发展	C20 学生各科考试成绩好,及格率、优秀率达标。留级率低,会考及升学考试成绩好 C21 学生的自学能力、认知能力、创造能力得到发展和提高	

续表

一级指标	二级指标	三级指标	评价等级 A B C D
A3 教学质量	B7(8)体育知识技能和体质	C22 达到体育课教学大纲和体育合格标准的要求,掌握一定的锻炼身体的方法 C23 体质合格率高	
	B8 美育知识技能	C24 掌握音乐、美术、体育等领域有关美的知识 C25 有一定的鉴赏美、创造美的能力,做到行为美、心灵美、语言美、仪表美	
	B9 劳动态度与劳动技能	C26 学生劳动课的平均成绩高,掌握一定的劳动技能 C27 热爱劳动和劳动人民,形成爱劳动的良好习惯	

注:(1) 可以采用学校自评与督导部门评定相结合的方式进行。

(2) 各项三级指标评定方法可按照标准分为优、良、中、差四等进行评定。各个等级分支按以下比例给分:优为该项指标满分 100%,良为 80%,中为 60%,差为 40%。

(3) 整个体系满分为 100 分

资料来源:黄崴.教育督导学[M].北京:中国人民大学出版社,2011.

练习思考题

一、填空题

1. 教学管理评价内容具体包括________、________、________、________、________五个方面。

2. 校本教研管理评价主要包括________、________、________、________四个方面。

二、简答题

1. 简述教学管理评价的含义。

2. 简述课堂教学评价的含义。

3. 简述校本教研评价的含义。

三、论述题

1. 论述教学管理评价的主要内容和具体方法。

2. 论述课堂教学评价的主要内容和具体方法。

3. 论述校本教研评价的主要内容和具体方法。

第十三章　学校课程评价

学习目标

通过本章学习,能够了解与掌握课程评价的含义与类型,课程评价的模式、方法以及课程体系评价三部分内容。

学习指导

本章学习的重点内容是课程评价的含义与类型。其中,课程评价的基本模式与主要方法既是本章学习的重点,也是难点。

建议学时

2 学时

课程评价是教育评价中的重要内容。目前,课程评价在我国中学校管理实践中并未得到足够的重视,课程评价研究相对来说也比较滞后。本章内容包括如下几个方面:(1) 课程评价的含义与类型;(2) 课程评价的基本模式与方法;(3) 课程体系评价。

第一节　课程评价的含义与类型

一、课程评价的含义

"课程"一词始见于唐代。唐代孔颖达在《五经正义》里为《诗经 · 小雅 · 巧言》"奕奕寝庙,君子作之"注疏:"教护课程,必君子监之,乃得依法制。"南宋朱熹在《珠子全书 · 论学》中提出"宽着期限,紧着课程""小立课程,大作工夫"的思想。这里的"课程"包含所分担工作的程度、学习的范围,或者教学与研究的专门领域的意思。西方的课程(curriculum)词源上源于拉丁语的"跑道"(cursum race course),转译为教育上的术语,则是指学习者学习的路线,与学习过程(course of study)同义。在我国,所谓的课程通常是指为指导学习者的学习活动,有计划地编制教育内容的整体计划,是旨在塑造新生代未来人格而设计的蓝图①。

① 钟启泉,李雁冰.课程设计基础[M].济南:山东教育出版社,2000:1.

课程评价是保证课程与人才培养质量的重要手段。在20世纪30年代,美国的"课程评价之父"泰勒就提出了著名的"目标评价模式",他认为"评价过程在本质上是一个确定课程与教学实际达到教育目标的程度的过程"①。20世纪60年代,克龙巴赫对课程评价的重要性进行了论证与说明,他在《通过评估改进教程》一书中指出:"评价能完成的最大贡献是确定教程需要改进的地方。"②《简明国际教育百科全书·课程》给课程评价下了明确的定义,认为课程评价是研究一门课程某些方面或全部的价值的过程。其评价的焦点或目标可能包括课程需要和(或)学生需要,课程设计、教学过程、在教学中使用的教材、学生成果目标、学生通过课程取得的进步、教学有效性、学习环境、课程政策、资料分配以及教学成果等内容③。施良方在《课程理论:课程的基础、原理与问题》中指出:"课程评价是指研究课程价值的过程,是由判断课程在改进学生学习方面的价值的那些活动构成的。"钟启泉认为:"所谓课程评价,就是以一定的方法途径对课程计划、活动以及结果等有关问题的价值或特点作出判断的过程。"陈玉琨则认为:"课程评价是教育评价的重要组成部分,它是在系统调查与描述的基础上对学校课程满足社会与个体需要的程度作出判断的活动,是对学校课程实现的或潜在的价值作出判断,以期不断完善课程,达至教育价值增值的过程。"④综上可见,课程评价可被定义为检查课程的目标、编订和实施是否实现了教育目的,实现的程度如何,以判定课程实施的效果,并据此作出改进课程决策的教育评价活动。

一般意义上,课程评价的重要功能在于其可以帮助评价者切实了解课程存在的问题,了解课程实现教育目标的程度,从而为管理者和设计者提供改进的反馈信息,更好地促进学生的发展。具体而言,课程评价的功能主要有以下三种:

第一,导向功能。课程评价常受到特定历史时期社会文化价值观的影响与制约,体现人们的价值选择与价值观念。评价目标的制定,通常体现方向性和客观性,通过评价目标、指标体系的导引,可以使课程设计者及时了解课程,满足社会及学生的需要,从而不断优化课程目标、调整与更新课程内容,保证课程质量。

第二,诊断功能。评价者根据特定的评价标准,可以有效地发现课程计划、课程材料、课程实施与效果等方面存在的不足,找出问题症结所在,从而全面把握课程设计、实施过程及最终效果的真实情况。譬如,在课程设计阶段,可以评价课程目标、课程内容的组织与安排是否得当,发现课程设计存在的问题。

第三,决策功能。课程评价可以为课程管理者提供反馈信息,该信息既包括正面信息也包括负面信息,从而为课程管理者的进一步决策及改进提供服务。在课程评价中,评价者利用各种评价方法,综合搜索被评价对象的相关信息,通过分析、整理,对正在使用和实施中的课程的价值、合理性及有效性进行判断,从而为调整有关课程政策、课程制度和重大决策提供信息,进而不断优化课程决策,提高课程质量⑤。

---

① 陈玉琨.课程改革与课程评估[M].北京:教育科学出版社,2001:135.

② 克龙巴赫.通过评价改进教程[M].北京:人民教育出版社,1998:164.

③ 江山野.简明国际教育百科全书·课程[M].北京:教育科学出版社,1996:168.

④ 陈玉琨.课程改革与课程评估[M].北京:教育科学出版社,2001:136.

⑤ 邱均平,王碧云,汤建民.教育评价学:理论·方法·实践[M].北京:科学出版社,2016:241-242.

二、课程评价的主要类型

课程评价的类型是指以一定的标准为依据而划分形成的课程评价种类。根据课程评价的具体指向、功能取向、所采用的方法以及所遵循的总体范式不同,课程评价可以分成以下几种不同的类型。

(一)内在评价与效果评价

从课程评价的指向来看,课程评价可以分为内在评价与效果评价。内在评价是指向课程本身的评价,这类评价试图回答诸如此类的问题:这种课程好还是不好,好在哪里? 斯克里文将研究一把斧头作为内在评价的一个比喻:人们在考察一把斧头时,可以研究斧头的设计、所使用的材料、重量的比例、把手的形状和合适性。人们可以假定:设计良好和选材合适的斧头砍柴会事半功倍。这种情况下,人们不去直接测量砍柴这个事实。同样,课程评价者也可以就课程计划所包括的特定内容、课程内容的正确性、课程内容编排的方式、课程计划所涉及的学生经验的类型,以及所包括的教学材料的类型等,来评价课程本身的价值。人们可以假设:如果课程计划设计、组织得很好,并有可靠的基础,就有可能在促进学生学习方面是有效的。这样的课程评价便是内在评价。

效果评价是指向课程实施结果的评价,即课程对学生的身心发展所产生的结果以及对教师和行政人员产生的结果的评价,因此也称为结果评价。对结果的判断一般是通过对前测与后测之间、实验组与控制组之间,或者其他标准参数之间的差异来作出判断的。效果评价取向者认为,人们实际上无法清楚地为某一课程内容的价值进行辩护。在他们看来,效果评价实际上是唯一可信赖的评价,因为它提供了课程对学生产生确定性结果的可靠信息①。

(二)诊断性评价、形成性评价与总结性评价

从评价的功能取向来看,课程评价可分为诊断性评价、形成性评价与总结性评价。诊断性评价又称准备性评价,是在课程活动开始之前或进行之中对学生的学习准备情况或特殊困难进行的评价,它主要是对教育背景存在的问题及其原因作出诊断,以便对症下药。诊断性评价首先能确定学生的学习准备情况,明确学生发展的起点水平,为课程设计提供依据。其次,能明确学生的发展差异,便于因材施教。最后,还能诊断个别学生在发展上的特殊障碍,以便在课程中采取补救措施。一般而言,教师对学生进行诊断性评价借助的手段主要有:以往的相关成绩记录、摸底测验、智力测验、态度和情感调查、观察、访谈等。

形成性评价又称过程评价,是在教育过程中为调节和完善课程活动,引导教育过程正确、高效地前进,而对学生学习结果和教师教育效果所采取的评价。与诊断性评价不同,形成性评价一般在教育活动进行过程之中开展,其主要作用如下:一是引导学习活动的方向。实施形成性评价必须明确规定每个学习阶段的学习目标及其评价项目,划分出学习单元和具体课时,因此能对课程活动起到导向的作用。二是强化学生的学习。形成性评价能对学生是否已经达到阶段性目标、达到的程度状况作出判断,从而肯定学生已有的发展成就,增强学生的自信心,提高学生的学习兴趣,起到强化学生学习行为的作用。三是及时发现问题并提供矫正处方。通过形成性评价,老师和学生可以及时发现课程实施过程中存在的问题与困难,并通过对问题和困难的分析,寻找产生问题和困难的原因,制订解决问题、克服困难

---

① 施良方.课程理论:课程的基础、原理与问题[M].北京:教育科学出版社,1996:152.

的措施。

总结性评价又称为结果评价，是在某一相对完整的教育阶段结束后对整个教育目标实现的程度作出的评价，如期中、期末考试、毕业会考等均属此类评价。其主要作用如下：一是考察学生群体或每个学生整体的发展水平，为各类评优、选拔提供参考；二是总体把握学生掌握知识、技能的程度和能力发展水平，为教师和学生确定课程起点提供依据。

（三）量化评价与质性评价

从评价的方法来看，课程评价可以分为量化评价和质性评价。量化评价又称为量的评价，顾名思义，就是以数量化的方法进行课程评价。量化课程评价是一种科学主义取向，或者称为唯科学主义取向，这种取向的基本特点主要有：一是数量化，即强调采用数量化的方法来进行课程评价；二是客观化，即强调整个评价过程应该遵循客观性原则，要绝对避免主观性；三是普遍化，即对于各种不同的评价对象，都采用统一的、普遍的课程评价标准，采取统一的、普遍的评价操作过程。19 世纪末到 20 世纪 60 年代，课程评价者们倾向于采用量化评价。虽然量化评价具有精确性高、客观性高等特点，但是课程的量化评价也具有如下局限性：第一，量化评价忽略了课程中那些不可测量的重要方面；第二，量化评价往往以预定目标作为评价标准，因此它排斥课程实施过程的丰富性和创造性，排斥课程发展的持续性；第三，量化评价倾向于重视行政管理人员和研究者的利益，而忽视教师在工作中遇到的实际问题；第四，由于量化评价过分支持有意识、有组织的结果，它就难免会忽视非计划性的结果；第五，量化评价信奉一元评价标准，因而会忽视价值的多元性①。

质性评价又称为质的评价、自然主义评价，顾名思义，它就是力图通过自然的调查研究，全面充分地解释和描述评价对象的各种特质，以求在深层次上理解和把握对象的实质，进而进行深层的价值评判。课程的质性评价注重评价的整体性、自然性、深层性和多元性，整体性即从整体上把握评价对象，自然性即注重在自然情境中展开评价，深层性即注重深层次理解和分析，多元性即注重评价标准和价值的多元性。由于量化评价也承认和正视评价过程中的主观性，认为要完全排除个人主观倾向是不可能的，因此主张评价者与实际情境的交互作用。量化评价的上述局限性也正是质性研究的优势所在。质性评价是在 20 世纪 70 年代之后，随着质性研究的兴起而兴起的，从注重量化评价到注重质性评价，是一种重要的转向②。

（四）测量本位评价与整体性评价

从课程评价所遵循的总体范式来看，课程评价可分为测量本位评价和整体性评价。对于这种划分，波斯纳在其《课程分析》一书中做了具体阐述。测量本位评价是课程发展的技术生产模式的“近亲”，这种模式建立在以下两个假设的基础之上：其一，教育实践的成效是以教育者所追求的学习结果为根据的；其二，这些学习结果是可以测量的。测量本位评价将评价的多数努力集中于测量学校学习结果的测验的开发，这种强调测量与课程目标密切相关的学习结果的课程评价，至少在过去 40 年中占据主导地位。测量本位评价强调科学性测量，这表现为根据心理测量来进行设计、目标驱动、团体化与个体化控制、常模与标准参照以及标准化。

---

① 李雁冰.课程评价论[M].上海：上海教育出版社，2002：18.

② 丁念金.课程论[M].福州：福建教育出版社，2007：445.

整体性评价更加符合经验课程观，尽管它的支持者们往往反对任何贴标签的做法。总的来说，整体性评价具有以下特征：一是生长取向，即主张包括评价在内的一切教育努力，都应该以所有学生的生长和发展为宗旨。二是学生控制，即在以所有学生发展为终极目标原则之下，给学生以控制其环境的权利和进行决策的职责，提升学生的自主性，例如鼓励学生决定评价什么、怎么评价，鼓励学生的自我评价，并以此作为学生自我提高的基础。三是协作性，即在整个评价过程中，评价信息由所有参与评价活动的人共享，评价的目标是回答学生与教师或其他评价者都要回答的问题。四是动态性，即致力于搜集关于学生成长的信息，关于学生不断发展之过程的信息。五是情境性，即强调学习情境是最重要的，注重从整个学校发展和学生经验的深度来解释每一个环境细节，注重解释每个细节的环境意义。六是非正式性，即在这种课程评价中，评价与学习之间、评价与教学之间的界限变得很模糊，并以整体性的观点来看待教育的这些方面。七是弹性化和行动取向，即：即时目标与长远目标都是动态的而非固定的；随着教师与学生共同寻求进步和捕捉“可教”的时机，这些目标得到不断的修正和调整；由于评价信息的搜集是为确定什么教学行动适合提供依据，因此这种评价又是行动取向的①。

第二节 课程评价的基本模式与方法

一、课程评价的基本模式

课程评价模式是评价者依据一定的教育理念、课程思想建立的系统化、整体化课程评价体系。课程评价模式对课程的评价活动做了基本的规定或概括性的说明。一种特定的评价模式不仅包含了评价者对评价的态度取向，也规定了评价的具体操作方式。运用一种具体的课程评价模式，实际上就是按照某种特定的课程评价取向，运用一套特定的程序对具体的课程进行诊断和判断②。在课程评价的发展过程中产生了多种评价模式，其中较为重要的课程评价模式现介绍如下。

（一）目标评价模式

目标（objective）评价模式是在泰勒的“评价原理”和“课程原理”的基础上形成的，“八年研究”的实践背景对这一模式的形成发展产生了重要影响。泰勒所使用的评价程序可分为七个步骤：建立广泛的目的或目标；将目标加以分类；用行为术语界定目标；寻找显示目标达成程度的情境；选择和发展测量目标的技术；搜集学生表现的资料；将收集到的资料与行为目标比较。泰勒的评价原理是以目标为中心来展开的，主要是针对20世纪初形成并流行的常模参照测验的不足而提出的。

泰勒的目标评价模式由于既便于操作又容易见成效，所以称为课程评价的经典模式，在很长时间里在课程领域占主导地位。但它由于只关注预期的目标而忽视了其他方面的因素，因而也遭到不少人的批评。史特佛宾（Stufflebeam）和欣克菲尔德（Shinkfield）对泰勒的目标评价模式做了如下评价：第一，评价被视为终极的过程，只用作某一课程的表现而已；第

---

① Posner G J.Analyzing the curriculum[M].McGraw-Hill Humanities Social，1995：256-263.

② 林智中，马云鹏.课程评价模式及对课程改革的启示[J].教育研究，1997(9)：31-36.

二，由于技术的局限，不少课程的抽象部分常常受到忽视；第三，目标以可以测量的行为目标为主，以学生的“成就”为依归①。

（二）目的游离评价模式

目的游离（goal-free）评价是斯克里文针对目标评价模式的弊端而提出来的。他认为，评价者应该注意的是课程计划的实际效应，而不是其预期效应，即原先确定的目标。在他看来，目标评价模式只考虑到预期效应，忽视了非预期的效应（或称为“副效应”“第二效应”）。

斯克里文主张采用目的游离评价的方式，即把评价的重点从“课程计划预期的结果”转向“课程计划实际的结果”上来。评价者不应受预期的课程目标的影响。尽管这些目标在编制课程时可能是有用的，但不适合作为评价的准则。因为评价者要收集有关课程计划实际结果的各种信息，不管这些结果是预期的还是非预期的，也不管这些结果是积极的还是消极的。只有这样才能对课程计划作出准确的判断。

然而，目的游离评价也遭到了不少人的批评。主要的问题是：如果在评价中把目标搁在一边去寻找各种实际效果，结果很可能会顾此失彼，背离评价的主要目的。此外，目的完全“游离”的评价是不存在的，因为评价者总是会有一定的评价准备，游离了课程编制者的目的，评价者很可能会用自己的目的来取而代之。严格地说，目的游离评价不是一个完善的模式，因为它没有一套完整的评价程序，所以有人把它当作一种评价的原则。

（三）背景-输入-过程-输出（CIPP）评价模式

CIPP 是由背景评价（context evaluation）、输入评价（input valuation）、过程评价（process evaluation）、成果评价（product evaluation）这四种评价名称的英文第一个字母组成的缩略词。斯塔弗尔比姆认为，评价不应局限在评定目标达到的程度上，而应该是为课程决策提供有用信息的过程，因而他强调，重要的是为课程决策提供评价材料。

CIPP 模式包括四个步骤，具体如下。

1. 背景评价

其目的是明确相关的环境情况；描述与这一环境有关的所期望的现实情况；分析不能满足的需要和缺少的机会；判断不能满足需要的原因。背景评价实际上是一种状况分析——了解个体所处的现状并基于所要采取的行动评价这一现实。这一诊断性评价并不是一次性活动，它需要不断地提供有关整个系统运作和完成的基础性信息。

2. 输入评价

主要是提供信息并决定如何利用资源实现方案的目标。投入评价者需要评定学校实施评价工作的能力，探讨有助于达到目标的不同策略，明确实施该策略所使用的方法。同时，还要探讨达到目标的设计所花费的资源、时间和预算等。这一阶段可以被理解为是课程计划的可行性评价。它应当回答下列问题：考虑过哪些计划？为什么选择这个计划而不选择其他计划？这个计划的合理性程度如何？有多大成功的把握？等等。

3. 过程评价

主要是描述课程实施情况，并判断课程计划与实际活动是否一致。它包括三个策略：首先，探究或预测课程设计或实施过程中可能出现的纰漏；其次，为决策者提供信息；最后，坚

---

① 胡中锋.教育测量与评价[M].广州：广东高等教育出版社，2006：207-208.

持记录课程实施阶段的情况。包括这三个策略的过程评价发生在课程开发的实施阶段，亦可作为在区域范围内实施课程前排除故障的实验过程。通过这种评价，项目决策者可以获得他们期望获得的信息、克服困难并作出决策。

4. 成果评价

即要测量、解释和评判课程计划的成绩。它要收集与结果有关的各种描述与判断，把它们与目标以及背景、输入和过程方面的信息联系起来，并对它们的价值和优点作出解释①。

（四）外观评价模式

外观（countenance）评价模式是由斯塔克提出的。他认为，评价应该从三方面收集有关课程的材料：前提条件、相互作用、结果。前提条件是指教学之前已存在的、可能与结果有因果关系的各种条件；相互作用是指教学过程，主要是指师生之间和学生之间的关系。结果是指实施课程计划的效果。对于这三个方面的材料都需要从描述与批判两个维度作出评价。描述包括课程计划打算实现的内容和实际观察到的情况这两方面的材料；评判也包括根据既定标准的评判和根据实际情况的评判两种。

按照外观评价模式，课程评价活动要在整个课程实施过程中进行观察和收集资料。它不限于检查教学结果，而是注重描述和评判在教学过程中出现的各种动态现象。由于它把课程实施过程前后的材料作为参照系数，这比以前的评价模式更为周到。但它把个人的观察、描述的判断作为评价的主要依据，很可能会渗入个人的主观因素。此外，前提条件、相互作用和结果因素三者的界限并不是绝对的，相互作用或教学过程本身会存在众多的前因与后果。外观评价模式如表 13-1 所示。

表 13-1　外观评价模式②

	描述矩阵			评判矩阵
	打算做的	观察到的	标准	判断
前提条件（教师与学生的特点、课程内容、教材、社会背景等）				
相互作用（交往流程、时间分配、事件序列、社交气氛等）				
结果（学生成绩、态度、动作技能、对教师及学校的影响等）				

（五）差距评价模式

差距（discrepancy）评价模式是由普罗佛斯提出的。他指出，一些评价模式只重视几种课程计划之间的比较，没有注意该计划本身所包含的成分。而事实上，一些自称在实施某种课程计划的学校，并没有按照该课程计划来运作，所以，这类计划之间的比较并没有什么意义。差距模式旨在揭示计划的标准与实际的表现之间的差距，以此作为改进课程计划的依据。差距评价模式包括五个阶段，在五个阶段中，均要对课程计划的成绩与标准进行比较，

① 胡中锋.教育测量与评价[M].广州：广东高等教育出版社，2006：209-210.

② 施良方.课程理论：课程的基础、原理与问题[M].北京：教育科学出版社，1996：159.

这些标准是已经确定好的标准①。

设计阶段，要界定课程计划的标准，以此作为评价依据。

装置阶段，要了解所装置的课程计划与原先打算相吻合的程度，所以必须收集已经装置的课程计划有关方面的材料（包括预期目标、前提条件和教学过程等）。

过程阶段，或称过程评价，要了解导向最终目的的中间目标是否达成，并借此进一步了解前提条件、教学过程、学习结果的关系，以便对这些因素作出调整。

产出阶段，或称结果评价，要评价所实施的课程计划的最终目标是否达成。

成本效益分析阶段，或称为计划比较阶段，目的在于表明哪种计划最经济有效。这需要对所实施的计划与其他各种计划作出比较。

在这个评价模式中，除了最后一个阶段，前四个阶段都需要找出标准和实际表现，比较这两者之间的差距，探讨造成差距的原因，并据此决定是否继续到下一阶段，还是重复这一阶段，或是中止整个计划，

差距评价模式注意到课程计划应该达到的标准（应然）与各个阶段实际表现（实然）之间的差距，并关注造成这种差距的原因，以便及时作出合理的抉择，这是其他评价模式所无法比拟的。但在“应然”与“实然”之间，会遇到许多价值判断的问题，这是一般评价手段难以解决的。

（六）解释性评价模式

解释性（illuminative）评价模式最早由帕勒特（M.Parlett）和汉密尔顿（R.Hamilton）提出。这一方法要求评价者识别整个计划的特点，并收集有关方面的资料，该模式包含三个主要阶段：观察、探究、解释②。

1. 观察阶段

主要要求人们对课程做一般性的了解，并描绘出课程实施的环境。影响课程发展的所有因素都应引起重视，收集的资料包括学校设置的科目、采纳的教学方式方法、应用的材料以及教师采用的评价方法。

2. 探究阶段

评价者将集中于“评价”方面，努力从琐碎细微的事物中挖掘出最重要的因素。评价者致力于了解课程对个体的影响，他们不仅要了解课程是否发挥了作用，而且要知道为什么能发挥作用。进一步的探究或渐进的关注可以对课程作出持续的检查，这意味着评价者要延长工作时间，对课程情况做连续不断的诊断。

3. 解释阶段

使用解释性评价的评价者，目的不是直接对课程作出判断，而是要提供课程发生了什么和为什么发生的信息。向受到课程影响的人员提供解释和说明，这将有助于他们作出决策③。

（七）回应模式

在评价的回应模式（responsive）中，斯塔克（Stake）提出了评价过程中评价者和评价听

---

① 施良方.课程理论：课程的基础、原理与问题[M].北京：教育科学出版社，1996：160.

② 奥恩斯坦，汉金斯.课程基础、原理和问题[M].南京：江苏教育出版社，2006：357.

③ 胡中锋.教育测量与评价[M].广州：广东高等教育出版社，2006：213.

取人之间相互作用的12个步骤(准确地说,应该是关于评价问题的12个方面)。这些步骤是:(1)确定评价范围。由评价人员和当事人确定评价方案的范围。(2)了解评价活动。评价人员要综观整个评价活动及其主要特点。(3)确定评价目的和重点。评价人员要发现评价的目的和不同层面的参与者所关心的问题,由此确定评价的重点。(4)形成议题和问题。评价人员要分析种种观点,分析种种疑虑和要求,综合并列表说明所要研究的问题。(5)确定所需的资料。根据需要研究的问题选择资料。(6)选择观察者、判断者和评价工具。(7)观察指定的前提条件、过程因素和结果因素,同时评价人员还要搜集各种资料,从事判断。(8)理论总结,对方案进行描述性材料的准备或个案研究。(9)检查其有效性。通过不同的测验,确认或否定某些证据,让不同的人检查和判断。(10)筛选组合。对各种资料进行整理,以供评价听取人使用,并分别搜集不同人的反应以照顾不同团体的需要。(11)准备正式报告。根据当事人的需要搜集信息,准备报告。(12)与方案当事人、评价听取人和方案执行人员交谈。通过交谈和沟通,了解和激发各类人员的兴趣和利益,以形成最好的评价①。

(八)教育鉴赏与教育批评模式

教育鉴赏与教育批评模式是由美国课程评价专家艾斯纳(E.W.Eisner)提出的。艾斯纳指出,传统的评价领域过于强调科学范式下的量化方式,而忽视了其他方法的运用。他希望找出一种新的质性的评价方法来弥补传统评价的不足。艾斯纳认为,艺术批评家的工作是一项困难的工作,而且具有质的探究性质,因为艺术批评家把组成艺术作品的那些基本的、无法用语言表达的特质翻译成有助于他人更深刻地理解这些作品的语言。受此启发,艾斯纳提出,课程评价的质性探究方式应该是"教育批评"。

根据艾斯纳的理解,所谓教育批评,就是把组成课程计划和课程活动的那些必要的、不可言喻的特质,翻译成有助于他人更深刻地理解这些计划和活动的语言。从这个意义上说,批评承担着理解中介的职责,它讨论教育计划和教育活动的组成特质,是为了让那些缺乏批评家的鉴赏素质的人能够更全面地理解这些计划和活动②。

关于教育鉴赏,艾斯纳首先指出了什么是鉴赏。他认为,鉴赏是一种有见识的感知行为,是对鉴别对象的精妙、复杂及重要特质的洞察过程;鉴赏是一种私人的行为,由对某一特质的认识和欣赏组成,它既不需要公众的判断,也不需要公众对那些特质的描述。他指出,把这种对鉴赏的认识推广到教育,就是教育鉴赏。教育鉴赏要以经验为基础,因为经验能为鉴赏提供必要的背景知识。一个人必须拥有大量的课堂实践经验才能发展高超的鉴赏能力。

关于教育批评和教育鉴赏的关系,艾斯纳指出,教育与艺术一样,有效的批评必须以仔细、深刻的鉴赏为基础,精细的洞察力是批评的第一必要条件。如果没有对微妙而重要的细节的感知能力,批评就很可能是表面的或空洞的,因此鉴赏是进行批评的基础。但二者又是有区别的,鉴赏是欣赏的艺术,而批评是揭露的艺术。鉴赏者可以是一个没有批评技巧的人,但批评者必须具有深刻的鉴赏能力和批评技巧。

---

① 钟启泉.课程设计基础[M].济南:山东教育出版社,1998:537-539.

② 李雁冰.课程评价的新途径:教育鉴赏与教育批评:艾斯纳的课程评价观再探[J].全球教育展望,2000(4):14-18.

二、课程评价的主要方法

任何课程评价方法的发明总是基于特定的课程价值观（课程评价理念），尽管发明者对此可能未必有清醒的意识。因此，任何课程评价方法都不是普遍有效的。选择一种课程评价方法的过程在某种意义上就是选择一种课程价值观的过程。下面介绍几种常用的课程评价方法。

（一）纸笔测验

纸笔测验是现代测量和评价的基本手段，指的是在纸上呈现一系列的标准化问题，要求学生给予书面回答的一种测验。纸笔测验对学生来说可以大规模施测，而且问题多为标准化的客观题，最后用分数反映学生学习的情况，有助于进行统计和分析。常见的题型有填空题、选择题、是非题、问答题或以论文形式的测验题。

纸笔测验是目前教育教学和课程实施过程中最常见、最易操作、最便捷的评价方式之一，在评价中占主导地位。它对于课程中认知性目标的评价有着不可取代的价值，非常适用于评价学生对基本事实的记忆和解决结构性很强的问题的能力。

但是，纸笔测验也有其缺陷。一是评价范围狭窄，强调认知目标和学习结果，而对学习者获得知识的过程、方法及其知识结构的变化则无法测评，更不适合对学生的情感、态度、价值观等非学业素质的测评，不适用于评价学生的综合素质。二是纸笔测验最终凭考试分数衡量学生的学习情况，这种量化的方法关注学生对知识和技能的识记、理解和简单运用的情况，而对学生综合运用知识技能的能力，以及在真实世界中运用知识创造性地解决实际问题的能力不够重视。三是纸笔测验发挥了评价的鉴别和选拔功能，强调分层和筛选，这在一定程度上会给学生的心理和情绪带来负面的影响。

纸笔测验是传统的量化评价的典型方式，由于其具有客观、数量化和可操作等优点，目前仍然是课程评价的主要方式。但纸笔测验也存在一定的局限，随着教育改革和评价改革的不断推进，课程评价日趋多元，日益强调多种评价方式的综合运用，包括表现性评价、档案袋评价等。

（二）表现性评价

表现性评价是20世纪90年代由美国学者提出的一种评价方式。跟纸笔测验这种量化评价方式相比，表现性评价是质性评价的一种具体形式，它是让学生通过完成实际任务来表现其自身的知识和技能，从而对其表现出来的成就水平所进行的评价。它要求学生展示自己的学习活动或者展示自己能够利用知识和技能来完成某些实际任务，其目的就是让学生在真实的情境中展示其成就水平。例如，可以让学生独立设计一个实验、在戏剧阅读中通过角色表演来表达戏剧中人物的情感等。

与传统的纸笔测验相比，表现性评价的测验情境更加接近于真实生活。在具体的测试方式上，表现性评价不再借助客观化的标准试题，而是采用了更丰富的测试手段，如建构式的反应题、书面报告、演说、实验设计和操作、资料收集和作品展示等。它强调在具体、真实或者模拟生活的情境中让学生完成特定任务，再由教师对学生的操作表现和学习成果进行评判。可以说，表现性评价是一种质性的评价方法，有利于考查学生综合运用知识解决实际问题的能力。它不仅将综合思考和问题解决联系起来，还让学生去解决真实的或与现实生活相类似的问题，具有实践性、过程性、发展性和整体性等特点。

表现性评价是基于具体情境的评价方式,它将评价与课程实施融为一体。它对学生来说也是一项真实的实践活动,可以围绕学习任务展开,活动的结果是学生创造的一项有形的产品或表现活动,以此反映出学生的思考过程。

但是,表现性评价在课程实施过程中有一定的难度,相对于纸笔测验来说,也有其不足。比如,对教师的要求较高,教师如果没有把握表现性评价的内涵及操作规范,则容易流于形式;评价过程复杂,要花费较长的时间;评价的结果不易量化,其客观性容易引起质疑,等等。

(三)档案袋评价

档案袋评价是20世纪80年代中期在美国教育实践中出现的一种学业成就评定方法,它是通过收集学生在某一科目学习过程中的作品,以学生的现实表现作为判定学生学习质量的依据的评价方法。"档案"是学生的一些代表性的作业,即从学生课程作业中收集来的作品,这些作品可以为了评定而展出。例如,对学习美术的学生来说,这些作品就是一些油画、素描等习作。

档案袋评价对于教师和学生都可以成为有效的评定工具,它的目的在于促进学生在原有水平上的持续发展,因此是一种发展性的评价方式。纸笔测验是由教师主导的,教师根据一张考卷对学生的学习情况进行判断,把所有的学生排出三六九等,从而达到甄别和选拔的目的。同传统的考试相比,档案袋评价并不是在课程实施之后给学生一个成绩或排名让学生知道自己在群体中的位置,而是把学生的发展作为一个持续的过程来看待,注重学生对自己的进步作出判断。因此,学生是自己所提交作品的质量和价值的最终仲裁者,档案袋评价的价值,正是体现在允许学生对自己的学习进行反思和自我评价上。

档案袋的内容可能涉及教师想要知道的有关学生的方方面面,例如,什么成果最能反映学生的表现和进步,什么资料最能反映学生在知识的掌握、技能的培养以及情感、道德、态度等方面的发展,等等。档案袋可以作为一种信息来源,让教师和学生把握学习的实际情况,以便对下一步的学习作出调整。档案袋评价依据使用的目的、提交的对象以及对学生的帮助等不同,可以划分为不同的类型。格莱德勒(Gredler, M.E.)把档案袋评价分为理想型、展示型、文件型、评价型及课堂型五种,如表13-2所示①。

表13-2 档案袋评价具体类型

类型	构成	目的
理想	作品产生和入选说明,系列作品,以及代表学生分析和评定自己作品能力的反思	提高学习质量。通过一段时间的成长,帮助学习者成为自己学习历史的思索者和非正式的评价者
展示	主要是学生选择出来的自认为最好的和最喜欢的作品集。自我反思与自我选择比标准化更重要	给由家长和其他人参加的展览会提供学生作品的范本
文件	根据一些学生的反映以及教师的评价、观察、考察、逸事、成绩测验等而得出的学生进步的系统性、持续性记录	以学生的作品、量化和质性评价的方式,提供一种系统的记录

① 李雁冰."研究性学习"可资借鉴的两种评价方式[J].教育发展研究,2000(11):22-24.

续表

类型	构成	目的
评价	主要由教师、管理者、学区所建立的学生作品集合。评价的标准是预定的	向家长和管理者提供学生在作品方面所取得成绩的标准化报告
课堂	由三个部分组成：(1) 依据课程目标描述所有学生取得的成绩的总结；(2) 教师的详细说明和对每一个学生的观察；(3) 教师的年度课程和教学计划及修订说明	在一定情境中与家长、管理者及他人交流教师对学生成绩的评价

总之，档案袋评价是完全不同于纸笔测验的一种评价方法。它扭转了学生死记硬背教师讲授的知识、然后在考试中原封不动呈现出来的做法，促使学生不再把教师作为唯一的知识来源，而是积极主动地建构知识、解决问题，并对自己的进步作出积极评定。档案袋评价具有很大的灵活性，建立档案袋评价的过程，对学生来说实际上已经成为不断展开的一种体验性的课程。但是，档案袋的设计并非一个随意的过程，而是需要精心构思、严格论证，并服务于一个明确的目的。档案袋评价的观念也要求教师对课程与教学的概念进行重新思考，转变评价观和学生观，这样才能真正理解并认同档案袋评价的基本理念①。

第三节　课程体系评价

一、课程体系构成

课程体系有广义与狭义之分。狭义的课程体系仅仅包括课程构成的要素，如目标、内容、标准、实施、评价等。广义的课程体系，除了包括前述内容以外，还包括学科教学内容。目前比较普遍的看法认为课程体系包括以下五个组成部分。

（一）对学生和社会的假定所形成的框架

全部课程的组织与设计始于对学生及社会课程理念、需求的把握与了解。课程的第一个指导性构想是确定学生的能力、需要、兴趣、动力及学习某种文化的潜力，课程的第二个指导性构想是社会。在设计课程时，各个组成部分的选择标准主要出现在对下列问题的回答中，即：课程是否基于学生的需求？是否基于社会的需求？是否兼顾两者？

（二）课程目标

课程目标指课程所要达到的促进学生身心发展方面的预期结果。目标是课程编制过程中第一个要准备好的组成部分，它对准备其后的组成部分起着指导作用，它还为教师规划出定向努力的舞台。目标既包括总体的目标，也包括具体的目标。

（三）学科内容

学科内容是指各门学科中特定的事实、观点、原理、问题及其处理方式，它是学习的对象，它源于社会实践，并随着社会实践的发展而不断发展变化。学科内容的形式及其安排以

① 杨明全.课程概论[M].北京：北京师范大学出版社，2010：284-287.

多种形式出现，而教科书是教师和学生在学习学科内容时所使用的标准材料。在课程编制中，编制者根据对学生能力的了解和社会向他们提出的学科学习要求，来确定所学学科内容的范围和顺序，这些选择与组织是通过教科书、课程指导、教学大纲等体现出来的。

（四）实施模式

作为课程的一个组成部分，实施模式是根据惯例为传递课程内容而向教师推荐的一套方法，它在教师指南中与陈述学科内容一起构成主要的内容。执行模式是学生成绩的主要决定因素，特别影响到对学生的态度和对内容的掌握，为了指导教师行为和影响学生的成绩，实施模式就作为一个重要组成部分列入课程之中。

（五）课程评价

作为课程的一个组成部分，评价的重点可以是向学生提供其成绩的信息，以便引导学生向学科内容的下一个序列迈进。准备评价可以为指导学生提供直接信息，或直接为教师提供下一阶段教学活动的方向，或向外界机构提供为评价学校如何根据国家确立的目标发挥作用的信息。因此，评价及其对教师和学生所起的反馈和指导功能都是课程的重要组成部分。

二、课程体系评价维度与标准

课程体系评价维度与标准是研究者为了更好对课程进行评价，根据课程目标、课程性质和特点等对于课程进行分解的、量化的评价标准。

基于不同课程体系评价需要，评价者可以设定不同的维度和标准。主要内容包括课程方案评价（如课程计划评价、学科课程标准评价、教材评价）、课程设计评价、课程实施评价、课程效果评价（如学生学业评价）、课程评价的评价（元评价）等①。在此基础上还可以再划分出相应的评价维度和评价标准，依次类推。

课程体系评价维度和标准也受到其他教育因素的影响，如不同学段、不同学科和不同学校教学目标等，都会影响到课程体系评价的维度和标准。在实践中，课程评价的维度和标准往往要考虑到多种因素的影响。课程体系评价维度与标准的制定过程中，还需要考虑专家意见、一线教师意见等。

本书基于已有研究提出了适合于一般情境的课程评价标准，主要包括理念与目标、课程内容、课程实施、教学资料与媒体、时间分配、课程评价六个维度。具体内容如下：

第一，理念与目标。理念与目标是课程评价一个非常重要的维度。在对理念与目标进行评价时，其维度与标准有以下几个方面：(1) 理念与目标确立的正当性。即是否符合学习者学习与发展的需要，是否契合于更高课程决策层级正式课程文件的理念与目标，有无考虑家长与教师的意见并获得其支持。(2) 理念与目标内涵建构的完整性。即是否能与其他领域或学科课程的相关目标形成相互支持的关联与整合。(3) 理念与目标的可操作性。即能否将理念与目标进一步转化为具体的学期、学年、单元目标，并以图表形式清楚呈现各年级、阶段、单元目标以增进理解与运用，目标的陈述是否清楚，各层级、各年级、各阶段目标分配是否适当。

第二，课程内容。课程内容评价的维度与标准有以下几个方面：第一，课程内容是否有

---

① 林智中，马云鹏.课程评估模式及对课程改革的启示[J].教育研究，1997(9)：31-36.

助于教学目标达成,是否能激发学生的学习兴趣与动机。第二,课程内容是否重要、正确、实用,是否弹性适度且学习资源便于获得、可学性强。第三,课程内容有无歧视和偏见。第四,课程内容是否合乎课程设计要求,是否具有延续性、顺序性与统整性。第五,课程内容呈现是否易于理解、修订和补充,有无提供必要的图标与解释。

第三,课程实施。课程实施是为达成课程目标,针对学习内容的性质而建议教师安排的教学与学习活动。课程实施安排需能有效达成多种目标课程安排、符合学习规律,考虑学生个体差异,并能及时为学生提供指导,易于理解、形式多样、容易实施,符合经济原则。

第四,教学资料与媒体。教学资料与媒体是协助教学者进行教学活动的各种教学资源,以及呈现学习内容与活动的媒体教材,包括图片、书籍、模型、仪器、实物等。

第五,时间分配。时间分配是对本领域或学科课程学习时间及其内部各单元教学时间的分配,具体要求包括:能顺利达成目标、符合规定、单元时间分配得当等。

第六,评价活动。专指对学生学习成就加以评价的活动,但不包括教学评价和教材评价等更广义的课程评价活动①。评价活动要具有客观性、可靠性以及合目的性等。

本章小结

课程评价是教育评价中的重要组成部分,是对课程目标、编订和实施是否实现教育目的的价值判断活动。根据课程评价的具体指向、功能取向、所采用的方法不同,课程评价可分别划分为不同的类型,如内在评价与效果评价,诊断性评价、形成性评价与总结性评价等多种课程评价类型。在西方,课程评价已经形成诸多较为成熟的课程评价模式并广为运用,如目标评价、CIPP、目的游离等多种课程评价模式。课程评价主要采用的评价方法包括纸笔测验、表现性评价和档案袋评价等方法。目前,对课程体系的评价基本上已形成了较为完备的评价维度和评价标准。

拓展阅读

美国纽约州的布朗克斯高中的全球性学习档案袋任务

你被指定为负责拉丁美洲事务的副部长助理。部长想要一份关于某一国家的报告,指派你来完成。报告要于×月×日上午11:25之前递交给部长。

报告要求:按照下面列出的问题提供背景信息,以及一份对政策做解释的基本问题的书面回答,要清晰。

背景信息应该包括:

1. 人口统计以及其他的重要统计数字。
2. 历史概貌:哥伦布到达美洲之前,殖民地时期,独立时期,现代。
3. 自然概况。
4. 经济状况:劳动力,资源,贸易,债务。
5. 文化概略:艺术,宗教,种族。

---

① 黄嘉雄.课程评鉴[M].台北:心理出版社股份有限公司,2010:255-260.

6. 政治和社会条件。

基本问题:(1) 尽管大多数拉丁美洲国家与美国是同时建国的,但许多国家发展的道路与美国迥异。解释你所调查的国家如何以及为什么沿着或没有沿着与美国相同的路线发展。(2) 在走近21世纪时,这个国家的前景如何? 基于你的研究和分析,它要在未来取得成功,已经具备了什么条件或还需要什么条件? (3) 提出你关于美国当前对该国政策改变的建议,并说明为什么。(4) 准备在班级讨论、完成小组作业,并且如果可能在正式的讨论会上展示你的信息。

资料来源:比尔·约翰逊.学生表现评定手册.李雁冰,译.上海:华东师范大学出版社,2001:44-46.

练习思考题

一、单选题

以下哪一选项不属于 CIPP 课程评价模式(　　)

A. 背景评价　　B. 输入评价　　C. 过程评价　　D. 角色评价

二、填空题

1. 从评价的功能取向来看,课程评价可分为________、________、________三种类型。

2. 解释性课程评价模式包含________、________、________三个阶段。

三、简答题

1. 简述课程评价的含义和具体类型。

2. 简述课程评价模式的含义与主要评价方法。

3. 简述课程体系的含义。

四、论述题

1. 论述课程评价的不同模式及其具体内容。

2. 论述课程体系评价的具体内容。

第三篇

监　测　篇

第十四章　教育质量监测概述

学习目标

通过本章的学习，需要掌握教育质量监测的内涵，了解教育质量监测的目的、意义以及国内外的进展情况。

学习指导

本章学习的重点内容是教育质量的内涵，教育质量监测的内涵、目的和意义。我国教育监测发展趋势是本章学习的难点。

建议学时

2 学时

教育质量监测是通过科学手段获取反映学生学习和身心健康状况以及影响学生发展相关因素的客观数据，以全面了解教育质量状况及其发展趋势，并为教育行政部门决策、科学管理提供数据支撑的监测活动。本章内容包括如下几个方面：(1)教育质量监测的内涵与特征；(2)教育质量监测的功能与理论基础；(3)教育质量监测的进展与发展趋势。

第一节　教育质量监测的内涵与特征

一、教育质量的内涵

“教育质量”是一个相对较新的概念。在20世纪，教育领域很少使用“教育质量”这一概念，通常以“教育结果”“教育产出”等词代以描述教育质量。进入21世纪，“教育质量”成为实践界和学术界的一个热词。教育质量即以学生的全面发展为核心，学生在完成各学段教育时，具备的与进一步开学，进入社会或今后发展有关的基本能力和关键素养。其内涵主要强调以下几方面。

第一，系统化的教育质量观。教育质量的内涵是多方位、全过程、多层次的，具有系统性。从视角上看，世界各国及国际组织在对教育质量进行描述时，是多方位和多角度的，从教育系统的方方面面描述教育质量。欧盟2001年的“学校教育质量”报告列出了教育质量的16个标准，涵盖了学业成就、成功和转变、学校教育管理、资源和结构等四个方面。很多国家也都颁行了自己的教育质量指标,俄罗斯出台了普通教育国家标准和教育督导指标体系,对学校办学条件的要求细致入微,甚至规定了黑板和体育馆地面的照明标准。从层次上看,教育质量涵盖了微观(家庭、个体)、中观(教师教学、学校管理)和宏观(教育政策、投入和改革等)的教育表现,具有较强的嵌套性和多层化的特点。

第二,教育质量的衡量是以学生发展为核心的。在衡量教育质量时,一般存在三种观点:第一种观点把教育结果、个体与家庭因素和学校教育过程都视为教育质量的组成部分,教育要素庞杂,无法开展实质操作。第二种观点把学校教育的各个因素,包括教育结果和学校教育过程都认为是教育质量的指标,但导致评价操作性差、周期长、花费高。第三种观点只对学生发展的结果进行衡量。这种观点的操作性强,是目前国际上主要国家和组织进行教育评价时使用的观点。其将学生发展这一教育结果视为教育质量,将教育过程和教育投入等视为影响因素,抓住了教育的本质。

第三,学生的发展是全面的、多元的。对学生发展结果的理解,经历了关注学校整体的"及格率""达标率"和"优秀率","入学率""巩固率"和"辍学率"等指标,逐渐演变为按学科、对照课程标准,考核学生在学业标准上的达成情况。由关注个别的学科到关注多个学科。由只关注学生的认知因素到关注学生的全面发展。"德、智、体、美、劳"多方面发展。

总的来看,教育质量的内涵是多方位、全过程、多角度的,其核心直接指向学生的学习结果。

二、教育质量监测的内涵与特征

教育质量监测也称教育质量监控,是指通过对本国关键年龄段学生学习的若干主要课程在一定时间间隔内进行的抽样测试,及时发现可能存在的质量问题,以便教育决策部门调节教育政策、控制教育行为,从而保障教育质量不断提升的过程。

教育质量监测的进展有几方面特点:

第一,教育质量监测受到各国重视,在世界范围内广泛开展。20 世纪五六十年代以来,以国际教育成就评价协会(International Assessment for the Evaluation of Education,IEA)的成立以及美国国家教育进展评价(National Assessment of Education Progress,NAEP)的开展为标志,国际上对教育质量评价的重视程度与日俱增。无论是美国、英国等发达国家,还是巴西、墨西哥等发展中国家,纷纷建立了国家教育质量监测与评价机构。此外,越来越多的国家参与到以国际学生评价项目(Programme for International Student Assessment,PISA)和国际数学和科学成就趋势研究(The Trends in International Mathematics and Science Study,TIMSS)为代表的国际教育质量监测项目中去。2015 年,PISA 项目测试了 72 个国家和地区的 54 万名学生,而 TIMSS 项目则测试了来自 57 个国家和地区的 58 万名学生①。无论是本国的评价,还是国际比较的评价,教育质量监测的结果都被广泛应用于各国的教育改进和提升中。

随着教育改革的推进和教育质量观念的革新,我国教育质量监测体系不断完善。一方面,在教育质量监测上,从 2007 年第一次试点监测以来,监测体系从无到有,监测工作飞速发展。2015 年,《国家义务教育质量监测方案》(国教督办〔2015〕4 号)对我国义务教育质量

---

① IEA TIMSS & PIRLS International Study Center. About TIMSS 2015. IEA.2016. Retrieved from: http://timss2015.org/wp-content/uploads/filebase/full%20pdfs/T15-About-TIMSS-2015.pdf

监测进行了宏观布局。各省市纷纷建立质量监测机构，初步形成了国家、省、市、县为主导的四级监测机构和网络。教育质量监测日益成为我国教育从粗放型向精细型发展，从经验性向科学性发展，从传统性向现代性发展的关键。除国内的教育质量监测之外，我国部分省市参与了国际监测与评价项目，通过国际比较，展现我国教育改革的成果，并借鉴国际经验提升我国教育质量。

第二，评价内容全面化，反映教育现代化的要求。从国际上看，随着对教育质量定义理解的全面化，教育质量监测的内容也是由单一的学业成就评价逐步扩展到包括了一些非认知领域的评价。以 NAEP 为例，1969 年，NAEP 测试仅包括公民学、写作和科学，紧接着 1970 和 1971 年加入了阅读、文学和音乐，1972—1974 年又扩展到社会学、数学、艺术、职业以及职业发展。另外，NAEP 还评价学校课程外的广泛领域，如健康意识、消费技能、基本生活技能以及能源意识和态度等，总共已评价了 16 个学科领域。测试题目涉及真实生活中的资料，题目设计巧妙并且具有前瞻性，能预测学生今后的发展。在学生发展的各个方面上，各国和国际组织关注的要点不同。经济合作和发展组织于 2018 年在 PISA 测试中增加了一项全新的评价——“全球胜任力”。

第三，评价理论和技术不断突破，提高了教育质量监测的精准性。在教育质量监测中，测量技术和方法是使数据分析结果更为准确和有意义的保证。随着科学技术革新和信息化的发展，测量技术和方法难点的攻克，都为教育质量监测提供了更为广阔的平台。包括表现性评价、大数据技术、计算机自适应测验在内的多种评价方法应用在教育质量监测中。表现性评价强调在真实或虚拟真实的情境中，通过让学生完成某一特定任务来对学生的能力进行评价。2016 年，我国首轮艺术基础教育质量监测运用基于语音识别技术的音乐表现型（演唱）测试数据采集与评分系统，首次在我国大规模使用表现性评价方法，实现了大数据网络采集和自动化评分。计算机自适应测验（Computerized Adaptive Testing，CAT）利用项目反应理论建立题库，并由计算机根据被试能力水平自动选择测题，对被试能力作出估计，在监测和考试中逐渐得以应用，例如美国研究生入学考试（Graduate Record Examination，GRE）。同时，能够将评价与学生发展结合起来的认知诊断理论，正逐步与计算机自适应测验结合，形成计算机化自适应认知诊断测验（Computerized Adaptive Testing ，CD-CAT），将智能学习系统、评价系统和教育测评融入其中。

第四，评价主体多元化，提高评价的民主性和科学性。教育治理模式的更新和以人为本教育理念的推广促进了教育评价主体的多元化。从 20 世纪 70 年代末开始，政府、社会、市场、学校等多元主体参与教育评价逐渐成为国际趋势。评价主体的多元化保证了评价权力在多元主体之间的分散和制衡，削弱了单一评价主体的片面影响，保证了评价的公正性和独立性，增加了其有效性和合法性。在办学主体和管理者之间，第三方评价成为重要的力量。美国、日本、英国、德国、澳大利亚等发达国家都较早地将第三方评价机制引入了教育并已形成了多种成熟的模式。在我国，教育的第三方评价逐年递增，由高等教育和职业教育领域向基础教育领域扩展。在评价过程中，被评价者自身的利益和主体性越来越受到重视，学校、学生的自我评价得到发展。将政府督导和学校自评相结合已成为多数国家越来越多采用的做法。同时，学生作为学习者，更多地参与到评价的过程中，了解自己和同伴的学习情况，对课程内容和形式建立自己的期待和判断，更重要的是作为终身学习者，注重培养学生自我评价的意识和能力。

第二节 教育质量监测的功能与理论基础

一、教育质量监测的目的与意义

我国教育质量监测主要在义务教育阶段实施,高等教育阶段以学科评价、学位论文抽检等形式开展评价,但真正意义上质量监测尚未开展。义务教育质量监测的目的是客观反映学生学业质量、身心健康及变化情况,深入分析影响义务教育质量的主要原因,为转变教育管理方式和改进学校教育教学提供参考,引导社会树立正确的教育质量观,纠正以升学率作为评价学校和学生唯一标准的做法,推动义务教育质量和学生健康水平不断提升。①

实施国家义务教育质量监测的意义主要体现在以下几个方面:

首先,教育质量监测是教育质量的重要保障。实施教育质量监测,建立基础教育质量监测体系的根本目标不在于监测制度的建立或为了监测而监测,而在于教育质量保障。从本质上看,国家教育质量监测具有很强的形成性功能,既有助于学校层面改善教师的教学和学生的学习,也有助于国家、地方各级政府改进自己的教育决策。科学的学生学习质量监测能够引领评价实践和教育教学,提升教育教学的品质,保证教育教学的质量和教育事业的可持续发展。

其次,实施国家基础教育质量监测是发达国家的通行做法,体现了国家对教育的责任。对教育质量进行有效监测是许多国家通行的做法,且已成为当前主要发达国家的政府行为,如 1963 年,美国成立了"全国教育进展评价",是具有全国代表性的长期教育质量评价机构。1983 年,美国发布《国家处于危难之中——教育改革势在必行》的报告,目标在于针对美国公立学校质量较低,学生学业水平排名较差的问题,希望通过建立标准、问责和评价体系,使得美国中小学生学业水平提高,并将"公平和高质量"作为教育改革的目标。2001 年,时任美国总统布什上任后的第一份立法就是"不让一个孩子掉队"(No Child Left Behind)的教育改革计划,该计划目标在于每个孩子应该接受好的教育,也就是力争不让一个孩子掉队,从而实现中小学教育质量的全面提高。2010 年,时任美国总统奥巴马在"力争上游计划"(Race to the Top)中追加了一项为基础教育提供 43.5 亿美元的竞争性拨款计划,用于各州的标准化教育改革,进而提高教育质量。2001 年,日本提出了迈向 21 世纪教育改革七大战略计划——彩虹计划,旨在培养每个儿童的才能,以实现新时代教育的营造。2002 年,墨西哥联邦政府和各州政府、高等教育机构、民间团体、企业界的代表共同签署了《提高教育质量社会契约》,旨在改革现行教育体系的弊端、提高教育质量。2004 年,法国前总理拉法兰组建的"学校未来全国讨论委员会"向教育部提交了"为了全体学生成功"的最终报告,该报告主要目标是要使全体学生在义务教育完成之后,都能掌握就业所需要的知识、能力和行为准则,并为终身学习奠定基础。建立国家基础教育质量监测体系体现了国家对义务教育的责任。国家对教育的责任不仅在于数量、规模的保障,更在于质量保障;不仅在于投入上的保障,更在于产出上的保障。国家义务教育质量监测体系的缺位实际上是国家对义务教育责任的缺位。在当前倡导"权力政府"向"责任政府"转变之际,国家、政府尤其应当在义

---

① 国务院教育督导委员会办公室关于印发《国家义务教育质量监测方案》的通知(国教督办〔2015〕4 号)

务教育方面有更强的责任意识和责任能力，实施国家义务教育质量监测正是政府履行其引导、规范、服务教育责任的重要举措。

再次，实施国家基础教育质量监测是推进课程改革、实施素质教育的关键环节。课程改革在课程标准、课程管理、教材选用、教学实施等方面已建立起较为完整的框架。但教育评价依然是一个瓶颈，严重制约着教学行为的转变和教学质量的提高，制约了课程改革的顺利推进和素质教育的有效落实。尽管我们已有正确的教育和评价理念，但缺乏在这种正确的教育和评价理念指导下对所期望的教育质量的准确、清晰描述，因此难以保证对教育教学的正确导向，无法激励正确的教育教学行为，也无法制约违背素质教育理念的教育行为，最终难以保证学生的全面、协调、可持续发展。素质教育和新课程推进迫切需要权威、科学的学生学习质量监测体系为改革指引方向。

最后，教育质量监测是国民获得优质教育和公平的受教育权利的重要保障。完善的国家基础教育质量监测体系有助于为国家和地方基础教育政策的调整提供可靠的依据，有助于为学校的教学甚至于学生学习的改进提供有效的反馈。同时，借助于国家教育质量监测的形成性功能和问责机制，可以保证基础教育质量的提升，从而保障国民获得优质教育的权利，而借助国家基础教育质量监测机制所保障的义务教育质量的普遍提升，则成为国民获得公平的受教育权的根本保障。

二、教育质量监测的理论基础

教育质量监测以教育测量学作为理论基础，教育测量学的三个分支理论：经典测量理论、概化理论和项目反应理论，都是教育质量监测重要的理论基础，而教育测量与计算机技术结合的计算机自适应理论，则是教育质量监测重要的技术基础。

（一）经典测量理论（Classical Test Theory，CTT）

由美国学者格里克森（H.0.Gu11iksen）自1950年在《心理测验理论》一书中系统提出，CTT也称真分数理论，是最早实现数学形式化的测量理论，是以真分数理论为核心理论假设的测量理论及其方法体系，从19世纪末兴起，20世纪30年代形成比较完整的体系而渐趋成熟，60年代发展至巅峰状态。其之所以称为“经典”，是相对于概化理论和项目反应理论的现代测量理论而言的。

真分数的数学模型为：$X=T+E$，其中T为真分数，X为观察分数。真分数是指被测者在所测特质（如能力、知识、个性等）上的真实值，而通过一定测量工具进行测量（或观察），在测量工具上直接获得的值，叫观测值或观察分数。由于有测量误差存在，所以，观察值并不等于所测特质的真实值，换句话说，观察分数中包含有真分数和误差分数。而要获得对真实分数的值，就必须将测量的误差从观察分数中分离出来。为了解决这一问题，真分数理论提出了三个假设：其一，真分数具有不变性。这一假设其实质是指真分数所指代的被测者的某种特质必须具有某种程度的稳定性，至少在所讨论的问题范围内，或者说在一个特定的时间内，个体具有的特质为一个常数，保持恒定。其二，误差是完全随机的。这一假设有两个方面的含义：一是测量误差的平均数为零的正态随机变量。在多次测量中，误差有正有负。如果测量误差为正值，观测分数就会高于其实际的分数（真分数）；如果测量误差为负值，则观测分数就会低于其实际的分数，即观察分数会出现上下波动的现象。但是，只要重复测量次数足够多，这种正负偏差会两相抵消，测量误差的平均数恰好为零。二是测量误差分数与所测的特质即真分数之间相互独立。不仅如此,测量误差之间,测量误差与所测特质外其他变量之间,也是相互独立的。其三,观测分数是真分数与误差分数的和,即 X=T+E。经典测量理论在真分数理论假设的基础上构建了丰富的概念体系,主要包括信度、效度、难度、区分度、常模、标准化等基本概念。

(二) 概化理论(Generalizability Theory,GT)

概化理论由克伦巴赫等(Cronbach et a1.,1972)在《行为测量的可靠性:概化理论》一书中正式提出。克伦巴赫指出,经典测量理论虽然提出测验观察分数等于真分数与误差分数之和的线性模型,但对于误差形成没有进行更深入的研究。即未指明在总误差中各种误差的相对大小,模型较为粗糙,对于测量工具和程序改进的针对性较差。

概化理论认为,测量的总方差可以分解为代表目标测量的方差成分和构成误差的种种方差成分。测量工作中要加以认识的心理特质水平是测量目标,而构成测量条件与具体情境关系的因素,称为测量侧面(Facets of Measurement)。如学生阅读能力测验,其目的是对学生阅读能力的测量,因此,阅读能力就成为测量目标,除此外试题的水平和评分者等因素也会影响测验的总变异。这两个因素就是测量侧面。这里对学生阅读能力的测量是在双侧面情境的条件下进行的。测量侧面中的单个事例叫侧面的水平,如有两个评分者甲和乙,则评分者这一侧面就有两个水平。测量侧面又分为随机侧面和固定侧面。随机侧面是指测量侧面中所包含的各水平中是类似水平的随机样本,而非固定不变的侧面,如大规模考试中评分者每次都有可能不同,由这样变化的评分者所组成的测量侧面就称为随机侧面。固定侧面是指在各次实施中测量侧面的所在水平一直保持不变的测量侧面,如标准化的心理测验中测验的项目总是一样,这样的侧面就叫固定侧面。因此,进行测验的标准化就是对某些测量侧面进行固定。固定测量侧面可以减少测量误差,但却会使测量目标变得更为局限。比如,把阅读理解题定为科技说明文,这时,所测的特质就不再是一般的阅读理解能力,而是特定的对科技说明文的理解能力了。这样,测验所得的分数就不能再推广到原来那么宽广的范围了。

(三) 项目反应理论(Item Response Theory,IRT)

又称题目反应理论、潜在特质理论,是在反对和克服经典测验理论的不足之中发展起来的一种现代测量理论。IRT 的基本思想与心理学中关于潜在特质的一般理论有关。它假设被试对测验的反应受某种心理特质(因其无法直接测量,称为潜在特质)支配。IRT 可以估计出该被试这种特质的分数,并根据其高低来预测、解释被试对项目或测验的反应。

项目反应理论有三条基本假设:一是单维性假设。测验只测量被试的某一种能力(如计算能力),而可以忽略其他能力对测验结果的影响(如阅读能力)。二是局部独立性假设。被试对测验中不同题目的反应在统计上是互相独立的。也就是说,被试在测验中对某题目上的正确反应概率不依赖于他在其他题目上的正确反应概率。三是项目特征曲线假设。被试对测验项目所做反应的概率遵循一定的函数关系,这种函数关系可以用项目特征曲线表示出来。项目特征曲线可以用两个特性来描述:第一个是题目的难度,项目的难度描述了项目函数处于哪一能力等级。例如,一个容易的项目函数在低能力水平的被试中,一个困难的项目函数在高能力水平的被试中,因此,难度是一个特定的指标。第二个是区分度,它描述了在低于项目区域和高于项目区域的被试之间,一个项目在多大程度有区别。这一特性本质上反映了在项目特征曲线的中间部分的不合理性。曲线越平直,区别就越小,因为低能力水平正确回答的概率接近于高能力水平正确回答的概率。利用这两种描述，个人就能够描述项目特征曲线的普通形式。

（四）计算机自适应测验（Computerized Adaptive Testing，CAT）

计算机自适应测验（Computerized Adaptive Testing，简称 CAT）是用项目反应理论建立题库，并由计算机根据被试能力水平自动选择测题，最终对被试能力作出估计的一种新型测验。其基本思路是让计算机模仿聪明主考官的做法，每次都呈现难度与考生能力水平接近的题目，能够更准确的估计考生的潜在特质。其目的在于通过被试正确回答题目难度的高低来评价其能力。计算机自适应测验试题的呈现和被试对试题的解答都是通过计算机完成的，而不是像传统的纸笔测验那样通过被试能正确回答题目的多少来评价其能力。

计算机自适应测验能根据被试对试题的不同回答，自动地从大型题库中调用难度跟被试相适应、测量性能优良的试题来施测，最终达到对被试能力作出最恰当的估计。因此，计算机自适应测验是主动适应被试水平，灵活的“因人测验”。同时，能够将评价与学生发展结合起来的认知诊断理论，正逐步与计算机自适应测验结合，形成计算机化自适应认知诊断测验（Computerized Adaptive Testing ，CD-CAT），将智能学习系统、评价系统和教育测评融入其中。

第三节　教育质量监测的进展与发展趋势

一、国际社会教育质量监测的进展与发展趋势

（一）测量工具日趋精准化

国外对基础教育质量测量工具的研究日趋精细化，更加追求同时反映个体和群体真实教育情况的高质量测量工具的研发。比如，布拉德利、凯利（Bradley，Kelly，2015）[①]等对幼儿个性化家庭服务计划评价的结构效度和内部一致性进行了研究，探讨了问卷编订的质量问题；克洛特兹（Koretz，2015）[②]认为，在美国大规模测试中应该增加测量问责制，并设计了一种基于责任的侧重于教学反应进行大规模测试的新方法，从而能更准确地寻找教学中存在的问题与对策。这些研究对于更好地挖掘教育本质、把握教育规律，从而促进学生的全面健康发展提供了更加个性化、人性化的经验。

（二）更加注重对教育均衡测评数据的挖掘运用

如何进行教育中的资源分配，是影响教育均衡的重要因素。教育资源的再分配，尤其是分配到资源不均匀的地区，应考虑如何降低行动的复杂性，采用有效干预策略，消除教育中的不平等现象。由于不同地区的文化背景、教育体系与体制等不同，在比较教育的效率和公平性等问题上存在一定的困难，因而，国家在制定教育政策时，应全面考虑各地区的实际差异。同一地区的政府在教育中发挥的作用不同，会产生不同的财务能力，这些也会导致教育

---

① Jung L A，Bradley K D，Sampson S O，et al. Evaluating construct validity and internal consistency of early childhood individualized family service plans[J]. Studies in Educational Evaluation，2015，45：10-16.

② Koretz D. Adapting Educational Measurement to the Demands of Test-Based Accountability[J]. Measurement Interdisciplinary Research & Perspectives，2015，13(1)：1-25.

的不平等。对于处于不断变化的地区，要考虑采用动态评价方法，以适应地区发展的需要，对教育服务和产品进行再分配。

教育不平等与区域不平等有很大的关系，消除或缩小经济比较落后区域教育差异的比较恰当的做法是，集中更多的力量，在人口稠密的农村地区，借助互联网，提高学校教师教学的兴趣和动机，保证学生在就学过程中时间上的持续性。教育区域不平等问题的解决是一项持续的挑战。为了保证地域公平，对于教育事业来说，必须依靠教育政策的干预。

（三）更加关注对特殊群体数据的挖掘应用

影响学生学业成就的因素并不单一，且在教育研究中，课程实施、教师政策、教师评价、学校改革等研究的主要挑战是更加细化的概念体系和分析方法，这些挑战或许会成为提高学生学业成就、改进教育质量的关键策略。

教学应该为学生提供人道帮助，为他们提供助教，且提供助教的对象不仅包括学习有障碍的学生，也应包括一般学生。如法国，教育管理部门开始为每一个学生设计一套适合其本人的学习方案，且该方案必须由校方、家长和学生共同完成，以保证学习方案具备良好的灵活性和个性化的服务内容。

可见，国外的研究已经细化到"学困生"如何减负的微观层面的研究上。他们不仅关注给"特困生"额外安排一名教师对其测评结果进行挖掘，还关注对每一位学生提供个性化学习援助体系的建设及其效果测评的研究。

二、我国教育质量监测的进展与发展趋势

近年来，国家明确提出了建立国家义务教育质量基本标准和监测制度的要求，全面启动了基础教育质量监测体系建设的工作，出台了一系列重要举措，鼓励和支持一大批试验性、示范性的探索尝试，取得了突出的建设成效。建立了全国性的多级基础教育质量监测数据采集网络，形成了科学规范、统一标准的数据质量保障制度。在监测实施工作中，形成了以教育督导系统为主，教研、考试、基教等其他系统为辅的监测数据采集队伍，并建立了"国家规划设计、省级统筹协调、县级操作执行"的数据采集模式。①

（一）我国教育质量监测的主要进展

1. 国家义务教育质量监测工作持续开展

作为国家义务教育质量监测的实施单位，教育部基础教育质量监测中心研制了义务教育质量监测指标体系，开发了义务教育学生学业质量监测工具，建设了规范的监测流程和标准。2007—2014 年，开展了八轮义务教育质量试点监测。2015 年，《国家义务教育质量监测方案》（国教督办〔2015〕4 号）从监测目的、学科领域、内容、对象、周期、组织实施等各方面对我国义务教育质量监测进行了布局。此后，全国实施正式监测。

全国监测规模巨大，经过严格、科学的命题、标准划定、问卷编制、PPS 抽样、监测实施、数据统计、报告撰写等环节，积累了大量的数据，反映了全国义务教育质量及其影响因素状况。国家监测工作与国际接轨，在一些关键技术上已经处于国际前沿和先进水平。例如，我国国家监测中的多题本设计，充分总结和借鉴了如国际学生评价项目（PISA）、国际数学和科学成就趋势研究（TIMSS）、美国国家教育进展评价（NAEP）等相对成熟的监测评价项目

---

① 我国义务教育质量监测进展情况（教育部介绍《国家义务教育质量监测方案》有关情况新闻发布会散发材料）。

中的题本设计、题组结构及数据处理方法。此外,国家监测的抽样方法、数据分析等关键技术均与 PISA、TIMSS、NAEP 等项目相一致。

对照已开展多年国家监测工作的美国、英国等的情况,我国在监测报告种类的多样化、监测机构分工的细化、监测报告的公布及应用和监测数据的公开使用方面仍有很长的路要走。除义务教育质量监测之外,学前和高中教育质量监测正在研究和酝酿。

2. 全国基础教育质量监测网络基本形成

截至 2016 年年底,全国有 25 个省级单位成立基础教育质量监测机构。同时,地级市监测机构不断建立,如台州市、苏州市等;区县级监测机构也逐步建立,如上海市普陀区、杭州市上城区等。加上教育部基础教育质量监测中心作为国家级监测机构,全国已经初步成立四级监测机构,基本形成监测网络。

从各级监测机构的关系来看,上级机构对下级机构并无实际行政隶属关系,只存在业务指导关系。机构之间的专业联系方式,避免了官僚化,有利于监测机构的专业化和技术更新,有助于监测工作的公平公正。

从区域监测机构设置和队伍建设来看,各地进行了深入探索,但仍存在专业性不强、科学监测困难等问题。首先,在机构设置上,多数监测机构并非专门设立,职能定位模糊,边界不清。以省级监测机构设置为例,其多是利用原有的机构和人员,新增职能,在省教研室、教科院/所、评估院、考试院、课程教材发展研究中心等加挂牌子成立,或是在现有教研机构下设一个科室,新建的机构(或依托高校挂牌成立的机构)数量较少。因此,多数机构工作任务庞杂,机构运行机制不明确,近半数省级机构难以有效开展省域基础教育质量监测。其次,专职人员力量不足。监测机构的工作人员同时承担多项工作,无法有力推进监测工作;即使采用借用、聘请人员和外包任务等方式,因经费有限,效果不佳。其三,专业基础薄弱,专业人员缺乏。依靠目前个别高校培养出的硕士以上的专业人员,数量和规模远不能满足现实需求。多数监测机构工作人员缺乏教育测量与评价的专业知识和技能,缺乏持续、系统的专业技术指导,命题、标准划定、数据分析等关键技术在省级监测中提升困难。省级机构尚存在众多问题,市、县级机构的专业性更令人担忧。

3. 地方基础教育质量监测模式构建

各地积极探索适合当地的教育质量监测开展方式,初步形成了三种模式。

一是地方购买国家监测服务的模式。以广东省、安徽省合肥市包河区为代表。在 2016 年国家监测中,除 325 个样本区县之外,128 个区县自愿购买服务有偿参加了国家监测。其中,广东省 121 个区县、21 个地市全部参与国家监测,基于我国最先进的监测体系获得数据并深度挖掘,省内每个区县都将获得有针对性的监测报告。安徽省合肥市包河区自 2011 年以来连续五年参加国家义务教育质量监测。依据监测结果,建立多种改善机制,促进区县在校园文化建设、教师结构性调整、校际均衡、学生身心健康等全方位的发展。该模式有力地避免了地方监测机构专业化不足的弊端,购买国家监测中专业监测部分的服务,地方机构可以集中力量将工作重点放在监测报告使用、促进教育质量提升上。

二是地方自主实施监测的模式。以重庆市、浙江省台州市为代表,地方监测机构开发自己的监测工具,实施有针对性的地方监测。浙江省台州市针对当地教育中的实际问题及需求,将区域基础教育质量监测工作的重点落脚于影响教育发展的因素上。通过数据诊断问题,分析成因,探索区域教育改革的策略,为地区、学校、教师等多方位的教育改进提供支持和服务。重庆市在监测技术改进方面取得进展，建立了包括数据采集系统、实时管理系统、结果反馈系统的基础教育质量监测信息化平台，开发了具有自主知识产权的监测相关软件，简化了工作任务。该模式基于这些地区在考试评价方面深厚的研究基础，其基础教育质量监测机构专业力量较为突出，有能力单独开展技术开发和实施。该模式的最大特点是能够针对地方实际开展监测，有针对性地展现和解决当地问题。

三是委托第三方实施监测的模式。以河南省为代表，监测工作由第三方实施。河南省建立民办非企业机构，将监测工作委托给省级第三方教育评价专业机构——河南省教育评价中心。该模式有利于推动监测实践的专业化和研究的深入开展，是“管、办、评”分离的教育管理方式的重要探索。

（二）我国教育质量监测的发展趋势

经过十年的探索，我国基础教育质量监测领域的发展已经引起了国际上的广泛关注，研究上与国际接轨，多个方面实现了理论的突破和实践的进步，在今后的发展中，我国教育质量监测要遵循教育现代化对于教育质量的要求，借鉴国际教育评价的发展趋势，在教育质量监测体系、评价方法上实现改进和提升。

1. 完善教育质量监测体系

健康的教育质量监测体系就是在教育质量国家标准的指导下，形成各级教育质量监测机构，各司其职、相互配合，全面掌握教育质量和动态的格局。

（1）加快建立现代化的教育质量国家标准。我国教育质量标准所反映的核心应该是国家和社会对于学生能力的期望，体现的是国家总体教育目标，反映国家宏观、抽象的教育理念和教育目标。它既不同于规定了课程和教学内容的内容标准，也不同于根据学生在学业水平测试中的表现水平而制定的表现标准。研制我国教育质量标准，要参考国际上现行教育质量标准的内容框架、研制思路和基本结构，结合对我国教育教学实践的认识，将核心素养与课程内容有机结合。处理好教育质量标准与现有课程标准之间的关系，用课程标准规范教师教学过程，用教育质量标准来规范教学目标、评价教育结果，通过“教育过程管理”和“教育目标管理”这两种方式来保证教育质量。充分考虑教育利益相关方的观点，既采纳反映教育体系内部的基本原则和规律的教育领域专家的意见，又考虑社会各界对于学生接受教育后具备能力的期望和共识。综合考虑教育管理人员、教师、学生及家长、用人单位负责人、社会精英以及一般民众的意见，提高教育质量标准的合理性和适用性。

（2）完善教育质量监测网络，厘清各级教育监测机构及其职能。明确国家、省、地市、区县四级教育质量监测机构的职能与定位。在国家统一的质量标准指导下，省、地市层面减少教育质量监测在评价指标和评价工具研发上的投入，增强对本地教育特点的研究，深入分析当前存在的问题并制定整体性的质量提升工作方案，以有针对性地采取措施帮助学校、教师改进学校管理和教育教学。国家层面要加强建立评价工作规范，建立国家常模和国家数据库，加强数据和评价结果向省、市、县层面的反馈。在行政机构内部，加强教育督导、教育质量监测和教育考试机构之间的协作和整合，处理好教育评价机构与其他教育行政机构的关系，加强教育质量评价机构与其他教育行政机构的联系，保障教育质量。

（3）委托第三方专业监测评价机构，促进监测评价体系专业化建设。将购买作为协调社会、政府和市场之间“第三部门”的第三方机构服务，作为打破教育行政部门既当“运动员”又当“裁判员”体制惰性的手段，提高政府管理的质量和效率，提高教育质量评价的公平性和专业性。促进我国教育监测评价主体的多元化和社会化，充分发挥社会力量参与教育决策和管理的作用，引入更多的专业力量，保障评价结果的公正、客观和准确。借鉴美国国家教育进展评价实施的第三方机构的委托机制，由美国国家评价管理委员会（National Assessment Governing Board，NAGB）制定政策，美国国家教育统计中心（National Center for Education Statistics，NCES）执行方案，承包商开展评价。制定标准、开发工具、抽样、印刷、问卷调查等实施环节由不同的专业教育考试机构或考试服务机构竞标，中标的机构参与项目的具体实施。比如，美国大学入学考试委员会（American College Test，ACT）负责制定各学科、各年级的学业标准；西斯特（Westat）公司负责抽样，培训评价管理人员，组织实地测评工作；全美计算机系统公司（National Computer Systems Pte Ltd，NCS）负责测评材料的印刷与分发以及学生答卷的扫描、识别与计分；美国研究所（American Institute for Research，AIR）负责编制背景调查问卷等。

2. 开展以学生发展为导向的教育监测评价方法改革

教育监测评价方法改革，应以第四代教育评价理念和理论为基础，结合认知诊断理论、多维项目反应理论等量化评价的最新理论，并融合档案袋评价等质性评价方法，提高评价的准确性、有效性和可靠性。运用信息和网络技术，着眼于学生发展，从传统、片面的知识掌握性测试向现代、全面的真实性评价转变。

第一，改变将纸笔测验作为唯一的或主要的评价手段的现状，运用多种评价方法对学生进行评价。作为传统的评价方式，纸笔测验突出检验了学生对基础知识和基本技能的掌握情况，但实践能力、创新能力难以体现，测试题目与个人能力不能完全符合，测试的结果准确性不足。单一评价方法侧重单一的评价内容和目的，考察学生的全面发展需要多种评价方式结合。除沿袭纸笔测试之外，增加计算机测试、在线考试的比重，结合表现性评价、档案袋评价等多种方式，从全方位、多角度评价学生发展，综合考虑评价结果，以评价结果的丰富性提高评价的全面性和准确性。

第二，突出评价的过程性和真实性。遵循全面教育质量观，改变“一考定终身”的现状，从单次终结性评价，到重视过程性评价，加强评价内容中知识与技能，情感、态度与价值观，过程与方法的关注与整合，强调评价的过程性，关注个体差异。使用包括成长记录袋在内的质性评价方法，收集表现学生发展变化轨迹的资料，反映学生发展的个性和进步。使用创设真实情境、通过学生活动或完成任务进行的表现性评价，从学生对知识的掌握和能力水平，以及学生的创新精神和实践能力、与他人合作交流能力、学习兴趣和学习习惯等多个维度同时进行评价，增强评价的真实性。

第三，将学生评价与学生的学习和发展联系在一起。认知诊断理论作为评价的新理论，将认知过程与测量手段结合起来，不仅能对学生发展的整体水平作出评价，还可以将学生的认知结构模式化，考察学生的认知结构和个体差异。认知诊断测验既可以应用于日常的教学评价，也可以应用于综合测试、能力水平考试等。利用认知诊断测验，不仅能对学生的整体水平进行评价，还能将学生的认知结构模式化，通过数据定量地分析出学生的认知结构和个体差异，得到大量和细致的信息，促进因材施教。

3. 加强利用监测数据的政策研究

在发挥教育质量监测提升教育质量作用方面，政策研究起着举足轻重的作用。但目前的相关教育政策研究仍然比较薄弱，一方面监测数据开放和使用的力度不足，以监测数据为基础的深度挖掘和研究不足；另一方面，我国传统的政策研究仍存在研究范式单一、量化研究薄弱、实践导向不强等弊端，不愿或不能使用大规模数据进行研究。随着决策理性化和民主化的不断深入，教育政策研究要进一步加强监测数据分析，为政策制定服务。对于教育监测部门和研究者而言，要同时加强力量。在监测数据的开放上，要增强数据的可得性和开放性，教育质量监测部门协调教育行政部门，加大数据库建设和数据释放的力度，吸引和促进更多的专业研究者进入监测数据挖掘和使用的领域。在教育政策研究这一方，政策研究要着眼于利用现有的监测数据描述和解释现实问题，并运用大样本追踪、干预实验等研究方法进行更为严密深入的研究。此外，还需围绕监测进行扩展性研究设计，包括组合开展多种围绕单一主体的监测，将学生发展结果作为一个桥梁，对数据进行关联分析等。

本章小结

教育质量监测与教育督导、教育评价既相互区别，又相互联系。教育质量监测内涵非常丰富，专业性与技术性要求很高，其将会成为未来的教育督导与评价发展的一种重要趋势。教育质量监测技术与方法的建构是以经典测量理论、概化理论和项目反应理论为基础的。本章在对教育质量监测进行概述的基础上，详细介绍教育质量监测的目的、意义以及国内外的进展情况。测量工具日趋精准化，注重对教育均衡与特殊群体测评数据的挖掘运用是未来国际社会教育质量监测发展的趋势。我国已经建立了全国性的多级基础教育质量监测数据采集网络，形成了科学规范、统一标准的数据质量保障制度。

拓展阅读

欧盟的教育质量指标

欧盟的教育质量指标涉及教育体系的4个方面16项指标。欧盟教育委员会认为，这16项指标构成了反映教育质量的整体信息，能够对欧盟各国的教育质量作出基本的评价。

4方面	16指标	指标详解
学生必须掌握的知识	数学	在教学大纲中数学占有重要的地位。学生通过数学学习可以提高逻辑分析能力。为以后学习大学课程和就业打下坚实基础。在今天的知识社会中，基本的数学能力是一个公民必须拥有的能力，是今后参加社会生活的一个重要条件。因此各国都将数学列为普通教育的重点。 学习数学要培养学生对数学的积极态度，鼓励学生独立探讨和运用数学公式，激发学生的学习欲望
	阅读和书写	培养阅读和书写能力，是学校教学中的关键环节。阅读和理解能力是学习各门学科的基础，是今后参加各种教育培训的基础。 面对越来越多的媒体信息，如广告、电视、多媒体网络等，学校要调整教育内容，加强对教师的培训，提高学生对各种媒体的信息进行阅读、分析和评价的能力

续表

4方面	16指标	指标详解
学生必须掌握的知识	科学	科学教育向学生提供认识自然和探索自然的工具,提高他们对世界的分析和理解能力。科学教育还能够培养学生有关人类和自然相互依存的意识。 科学教育也是国家经济技术发展的基础。面对激烈的市场竞争和急速的科技发展。对于每个国家来说,培养科技和管理人才都是极其迫切的任务
	通信信息技术	通信信息技术正对人类社会产生巨大的影响。信息以光的速度自由流动,掌握这些知识的人将从中获得巨大收益,而不具备这些知识的人将处于极其不利的地位。 学生在这方面能力的提高受到教师能力的制约,对教师进行培训有利于提高学生的学习效益
	外语	在欧洲一体化和经济全球化的背景下,个人要在激烈的市场竞争中处于优势地位,掌握几门外语是必要的条件。同时,语言是欧洲各国人民相互理解和了解世界各国文化的关键工具。为推动外语的学习,欧盟将2001年命名为欧洲外语年
	学会学习	在21世纪知识经济时代,知识更新越来越快,终身学习已成为必然。学校教育必须和终身学习建立紧密的联系。学校教育必须使学生学会学习,使他们今后在各种情况下都具有持续更新知识的能力。学会学习已经成为学生在大学、就业以及社会生活中取得成功的必要条件。 学会学习的内容涉及学习的愿望、自身的思考推理能力、对自身学习方式的观察、战胜困难的毅力。学习能力的培养涉及所有学科,与平时的学习和生活相关联。 所有教师都要加强对学生学习能力的培养。让学生面对新的领域能够通过查询和分析有关信息,得出新的结论
	公民教育	学校培养的是未来的公民。公民教育是为学生以后参加社会活动做准备。学校教育有责任让学生了解作为一个公民必须承担的义务,学会对社会问题进行正确的分析
毕业和升学	初中教育的失败率	在当今激烈竞争的社会中,没有完成初中学业的青年人将在各方面遇到极大的障碍,他们有可能被社会边缘化或被社会排斥。减少初中教育的失败率是各国必须正视的问题
	高中教育的毕业率	完成高中教育是青年人成功进入职业生活和进入高等院校学习的基础。经济全球化和信息技术的高速发展,对高中教育提出了更高的要求。 高中教育要适应社会的发展,要与高等教育相衔接,在普通教育和职业教育间建立平衡,要培养学生在实践中运用知识的意识,并为终身学习打好基础
	高等教育的入学率	为青年人提供更多的接受高等教育的机会将变得越来越重要。青年人要在激烈竞争的社会中取得成功,取得大学学历是十分必要和重要的。 目前,尽管从总体上说,欧盟的高等教育入学率达到了大众化的程度,但欧盟各国之间差别很大。欧盟提出,应该注重高等教育的男女学生就学机会平等,提高女生学习理工专业的比例,高等教育要适应社会发展的需要

续表

4方面	16指标	指标详解
学校教育的评价和家长参与	学校教育的评价	进行学校教育的评价是必不可少的。在国家、地方和学校等不同层面上，都要进行教育评价。教育评价旨在对教育人员、如教育管理人员、学校的校长和教师，提出基本的教育要求和目标。评价可以对不同学校的教育情况进行比较，发现教育过程的优点和不足，为教育管理人员、校长和教师改进教育提供参考
	家长参与	家长参与孩子的教育越来越为各国所重视。家长的态度影响着学生的学习，家长参与对改善学校的教育质量，支持学校领导和教师的工作有很大的作用。
资源结构	教师的培养和培训	今天教师的作用和地位与过去相比发生了巨大的变化，社会对教师的要求变得多样化和综合化。许多教师难以适应今天的教育要求。所以，迫切需要加强对教师的培养和培训
	学前教育的入学率	学前教育对学生的智力发展和社会融合有非常重要的作用，它实质上是在为孩子今后的学校生活做准备，预防孩子在以后的学习中遭受挫折。现在的家长很少有时间在家中照顾孩子，也没有足够的条件教育孩子。普及学前教育已成为社会的共同需要
	学校每台电脑的学生使用人数	信息社会不但给人们提供了一种新的通信方式，也极大地改变了人们的生活、工作、消费和社会活动的方式，影响人们的表达方式和娱乐方式。学校应当让所有学生学会使用电脑，学会上互联网浏览信息，学会使用常用软件。 学校必须配备足够数量的电脑供教师和学生使用。电脑设备的管理、拥有高质量的软件和教师能力的提高是进行这方面教育的重要的条件
	每位学生的教育经费	加强教育投入有助于社会的和谐发展、国际竞争力的提高和经济的持续发展。政府应该将对教育的投入置于优先的地位

资料来源：经济合作与发展组织. 教育概览2015：OECD指标[M]. 中国教育科学研究院，译. 北京：教育科学出版社，2017.

思考与练习

一、单选题

有一种教育测量理论的产生与心理学中潜在特质的一般理论有关，理论假设被试对测验的反应受某种心理特质支配，并估计出该被试这种特质的分数，进一步根据被试得分高低来预测、解释被试对测验的反应，这种测量理论是(　　)。

A. 项目反应理论　　B. 经典测量理论　　C. 概化理论　　D. 潜在特质理论

二、填空题

1. 教育质量监测也称教育质量监控，是指监控组织通过对本国________学习的若干主要课程在一定时间间隔内进行的________，及时发现可能存在的质量问题，以便教育决策部门调节教育政策、控制教育行为，从而稳定与提高国家教育质量的过程。

2. 义务教育质量监测的目的是客观反映义务教育阶段学生________、________情况，深入分析影响义务教育质量的主要原因，为转变教育管理方式和改进学校教育教学提供参考，引导社会树立正确的教育质量观，纠正以升学率作为评价学校和学生唯一标准的做法，推动义务教育质量和学生健康水平不断提升。

三、简答题

1. 教育质量的概念与内涵是什么？

2. 教育质量监测的意义是什么？

四、论述题

请论述我国教育质量监测的进展情况。

第十五章　教育质量监测机构

学习目标

通过本章的学习，学习者应该了解目前国际组织教育监测机构和其他主要国家监测机构的组织管理模式及评价流程，同时掌握我国义务教育质量监测机构的运行模式和职能分工。

学习指导

本章学习的重点是国际组织教育监测项目的评价领域。学习难点在于比较我国与其他国家教育质量监测机构组织管理模式的差异。

建议学时

2 学时

不论是国际组织教育监测项目，还是各国家内部教育质量监测都需要专业监测机构进行组织管理项目策划。本章主要介绍了负责 PISA、TIMSS 和 PIRLS 等国际大型教育监测项目以及美、英、日等主要国家的教育监测项目运行的机构，最后介绍了我国义务教育质量监测的机构及职责分工。

第一节　国际组织教育质量监测机构

一、国际学生评价项目(PISA)

为了满足获得关于学生知识、技能及教育表现的常规、可靠数据资料的愿望，经济合作与发展组织(OECD)在 1997 年正式启动了国际学生评价项目(Program for International Student Assessment，PISA)。实际上，经济合作与发展组织对学生表现进行国际比较评价的想法由来已久，在 20 世纪 70 年代就开始尝试建立一个教育收集与比较的模式，20 世纪 80 年代中期，开始关注教育成功指标的测量，1992 年出版了《教育概览：经济合作与发展组织指标》一书，提供了其成员国的教育系统在教育人口、经济与社会背景、教育花费、资源和学校进程、学校成果中的 36 项核心指标的对比情况。基于以上背景，2000 年国际学生评价项目开始了第一轮测评。此后，每三年进行一次，最近一次测试是在 2018 年。

（一）组织管理模式

国际学生评价项目的组织和实施离不开各个参与国（地区）以及教育主管部门的支持和配合，参与PISA2018评价的国家（地区）已达到80余个，是目前全球教育测评中覆盖面最广的项目之一，如此大规模的评价使其组织管理模式具有一定的独特性。

国际学生评价项目的管理工作主要由管理委员会和经济合作与发展组织秘书处负责，其中管理委员会主要承担项目总体的指导监督工作，经济合作与发展组织秘书处承担日常管理工作。管理委员会由各经济合作与发展组织成员国教育部任命的一位该国代表和国际学生评价项目的各参与国（地区）教育主管部门任命的一位观察员组成，委员会主席由委员会商议决定。管理委员会需要确定每年国际学生评价项目调查的重点，制定测评指导原则，从宏观上把控项目的方向。经济合作与发展秘书处负责国际学生评价项目的日常管理，具体包括监督调查实施的情况、管理委员会的行政事务、跨国交流的媒介等。经济合作与发展组织秘书处是国际学生评价项目管理委员会和国际学生评价项目国际联合处之间沟通协作的桥梁。①

国际学生评价项目的具体设计和实施由国际学生评价项目联合处（PISA Consortium）负责，该联合处由以澳大利亚教育研究委员会（ACER）为首的一些国际大型测评机构组成，包括荷兰的国家教育测量学会（Cito）、美国的西斯特（Westat）公司、教育考试服务中心（ETS）和日本的国立教育政策研究所（NIER）。

（二）评价过程

概括而言，国际学生评价项目的过程包括六个环节。

1. 框架制定

国际学生评价项目的框架制定主要由国际学生评价项目联合处完成，同时各国（地区）教育主管部门提供支持和指导。框架制定的主要内容包含制定测评指导原则、确定各测评领域的技能和能力范围、对测评领域进行操作性定义、评价各项任务的组织程序、使测评题目所需要重视的关键特征操作化、评价变量的有效性以及准备对结果的解释方案等。

2. 工具编制

国际学生评价项目的工具编制由管理委员会和国际学生评价项目联合处共同完成，管理委员会挑选专家组成专家组，负责设计项目的理论框架及问卷制定。国际联合处自行设计或邀请项目参与国提交测试问题，最后选取无异议的问题进入试题库，试题库中的题目在正式使用之前还需接受各参与国（地区）的评分和试测。

3. 学生抽样

学生抽样的方法和样本在第十六章第一节内容中有详细阐述。

4. 具体施测

在国际学生评价项目的施测过程中，各参与国（地区）政府任命一位国家项目经理负责监督各参与国（地区）的评价实施情况。测试均在学生就读学校内以纸笔测试的形式进行，但随着信息技术的发展，近些年PISA中基于计算机的测试逐渐取代了传统的纸笔测试。学生需要完成素质测试和个人背景与学习情况调查，校长需要完成关于学校的人口分布特征及学校环境等问题的问卷。

① 杨涛，李曙光，姜宇.国际基础教育质量监测实践与经验［M］.北京：北京师范大学出版社，2015：141-142.

5. 测试评分

评价得分由各参与国(地区)的测试修正组根据专家制定的指南手册记录,并受到国家项目经理的监督,测试最终结果通过国际学生评价项目国际联合处上交到经济合作与发展组织秘书处。国际学生评价项目根据分数高低划分为六个能力水平,它不提供所有测试的总分,只提供各参与国在某一具体领域的平均得分,并依照此得分对各参与国(地区)进行排名。

6. 评价报告

在测评结束以后,经济合作与发展组织秘书处一般会在其官方网站公布测评结果,并提供一份包括各国平均分排名、影响成绩的因素和分数相关性等信息的国际评价报告。

(三) 影响

国际学生评价项目因其广泛的覆盖面、科学的研究方法和独创的"素养"概念等优势在国际上产生了深远影响。许多参与国家根据评价结果以及与其他国家的对比,反思本国教育存在的问题,从而进行教育改革。以德国为例,在 2000 年的国际学生评价项目评价中,德国的阅读素养表现不尽如人意,在 30 国中排名第 20 位,且分数前 10%学生与分数末 10%学生的比例为 1:8,说明德国教育严重不均衡,于是德国政府开始实行一系列为提高教育公平的改革措施。与德国情况不同的是芬兰,芬兰在 2003 年国际学生项目评价的多项测评均取得第一名,于是芬兰被其他国家当作基础教育的榜样,争相进行调研、观摩和学习。我国上海地区参与了 2009 年和 2012 年国际学生评价项目测试,并取得了平均成绩第一名的佳绩,不仅引起了社会的广泛讨论,更引起了全球的关注。

二、国际数学和科学成就趋势研究(TIMSS)

国际数学和科学成就趋势研究(TIMSS)由国际教育成就评价协会于 1995 年发起,现在是世界上参与国家最多、影响最广且最严格的国际比较教育研究。国际教育成就评估协会分别于 20 世纪 60 年代初和 20 世纪 70 年代末 80 年代初组织了第一次和第二次国际数学和科学研究,这两次研究对数学和科学进行了国际比较研究,在世界范围内都引起了强烈的反响。基于对全世界数学和科学国际评价的需求,国际教育成就评估协会在 1995 年确定了国际数学和科学成就趋势研究的基本框架,这也是国际数学和科学成就趋势研究原为"第三届国际数学与科学研究"首字母缩写的原因。

(一) 组织管理模式

国际教育成就评估协会国际研究中心是整个研究工作的领导与协调核心,负责策划国际数学和科学成就趋势系列研究的所有活动,组织世界各地的研究机构开展研究并制定完善的质量保证机制。

国际教育成就评估协会秘书处负责国际数学和科学成就趋势系列研究的日常管理,具体包括监督调查实施的情况、沟通协调各研究机构等。在国家层面,协调员和监察员是评价过程中具体执行各国监测的负责人,承担着评价最基层也是最重要的工作。

协调员的工作主要有为本国测试筹集资金、与国际教育成就评估协会研究中心的负责人不定期见面,协调本国测试事宜、招募和培训数据录入人员、撰写本国的研究报告等。监察员在测试之前接受国际教育成就评估协会国际研究中心的培训,在测试中负责本国 15 个测试学校的监督工作,在测试后检查数据录入和翻译的准确性。

作为一个国际比较的项目,国际数学和科学成就趋势研究离不开各个教育研究机构的支持与配合,在该项目中,位于德国汉堡的国际教育成就评估协会数据处理中心负责数据的处理和统计分析;位于加拿大首都渥太华的加拿大统计局负责各国协调员的抽样和监测培训,并设计抽样的权重;美国教育考试中心负责全球30种文字翻译的核实和专题报告的撰写;位于墨尔本的澳大利亚教育研究委员会负责心理测量数据的分析和整理。

(二)评价过程

以下将从框架制定、工具编制、学生抽样、具体施测和测试评分五个方面来介绍TIMSS的评价过程。

1. 框架制定

国际数学和科学成就趋势测验的框架制定工作由国际教育成就评估协会国际研究中心牵头,各国专家协调完成。工作内容大致包括以下几点:通过回顾上一次评价以及综合考虑各国数学和科学科目的发展情况制定本次测评框架,确定各测评领域的技能和能力范围,并进行操作性定义,评价各项任务的组织程序,确定评分的标准,确定构建测评题目所需要重视的一系列关键特征,评价变量的有效性,准备对结果的解释方案。

2. 工具编制

国际数学和科学成就趋势研究的工具编制由国际数学科学题目委员会负责,该委员会成员来自各参与国的数学和科学的教育专家。国际教育成就评估协会国际研究中心负责审阅题目是否超出框架范围,同时组织协调员审阅与该国相关的题目,国际教育成就评估协会秘书处负责审阅翻译的准确性。之后在各参与国的试点学校进行预测,根据预测结果对试题进行调整。

3. 学生抽样

学生抽样的方法和样本在第十六章第一节内容中有详细阐述。

4. 具体施测

各国协调员负责组织本国的具体施测过程,同时,各国监察员须在测试当天实地考察15所学校的测试情况,并撰写实地考察报告。

5. 测试评分

测试的结果首先由各国协调员进行汇总,在按照统一标准录入数据以后,统一交给总部在德国汉堡的国际教育协会数据处理中心负责数据的整理和分析。各参与国的最终成绩取决于该国参加测试学生的平均分,国际数学和科学成就趋势测评会按照各个参与国在各学科上的平均分为各参与国排名,每位学生的成绩以量尺和等级来衡量:非常优秀——625分以上,优秀——550分以上,中等——475分以上,差——400分及以下。

(三)影响

国际数学和科学成就趋势研究以其覆盖面大、参与人数最多、评价过程严格、关注课程评价等特点成为备受世界关注的国际比较评价,其评价结果不仅引起了各国教育决策者的高度关注和思考,更在一些国家掀起了教育改革的浪潮。

在2003年国际数学和科学成就趋势研究中,新加坡四年级的学生有38%达到高级水平,八年级达到高级水平的学生占44%,而美国四年级和八年级学生中仅有7%达到高级水平,这一结果引起了美国联邦政府教育决策者的注意,推动了美国教育改革的进程。同时,新加坡成为各州政府学习的榜样,马萨诸塞州开展了旨在提升数学质量的“新加坡数学计划”,引进新加坡中学和小学的教材。

研究结果还引发了人们对教育问题的更多思考,例如美国学生的教育投资费用是韩国学生的三倍,但是在考试中的表现却不如韩国学生,教育投入和产出的关系并不如同想象中的正相关;大班必然导致成绩差的观点在研究结果中也找到了反例。

三、国际阅读素养进步研究(PIRLS)

国际阅读素养进步研究同以评价数学、科学能力为核心的国际数学和科学成就趋势研究项目一样,都属于国际教育成就评估协会的常规跨国比较研究项目。国际教育成就评估协会在其成立后的四十年里,一直关注着阅读领域的评价:1973 年,由桑代克等人主持对数学、科学、阅读等六个学科在 15 个国家间进行的跨国比较研究;1991 年,在 32 个教育系统中评价学生的阅读能力;20 世纪末,开始启动国际阅读素养进步研究大型评价项目,来监测学生阅读水平的状况和发展趋势。2001 年,国际阅读素养进步研究正式开始测试,之后以每五年一次的频率开展,至今共开展 4 次评价。

(一) 组织管理

国际阅读素养进步研究国际研究中心是国际阅读素养进步研究项目的核心机构,主要负责项目的设计、发展和实施。同时,国际阅读素养进步研究咨询委员会和参与国的代表也会协助完成上述工作。

国际阅读素养进步研究咨询委员会主要由各国教育专家组成的阅读发展小组构成,负责提供和专业知识相关的咨询。

国际教育成就评估协会秘书处是国际阅读素养进步研究的总协调机构,主要负责国际阅读素养进步研究预测和正式测试中的翻译校对工作。

各参与国指定一位教育协调员负责国际阅读素养进步研究在该国的所有工作,同时参与国际阅读素养进步研究国际研究中心每年举行若干次协调员碰头会,培训协调员以确保各参与国评价工作的顺利开展。除协调员以外,国际阅读素养进步研究国际研究中心还在各参与国指定一名教育监察员,负责监督协调员的工作。

国际阅读素养进步研究的顺利进行离不开各教育机构的技术支持。其中,加拿大统计局负责涉及抽样的所有技术问题,英格兰和威尔士国家教育研究基金会负责编制测试题目,国际教育成就评估协会数据处理中心(DPC)负责处理和校对数据,美国教育考试中心(ETS)负责提供评分软件和技术支持。①

(二) 评价过程

1. 框架制定

国际阅读素养进步研究国际研究中心负责国际阅读素养进步研究评估框架的制定,在此过程中征求各国协调员以及阅读评估小组的意见。

2. 工具编制

国际阅读素养进步研究工具的编制由阅读评估小组起草,各国协调员和质量控制专员修改,最后由国际阅读素养进步研究国际研究中心定稿。

值得注意的是,不同于国际数学和科学成就趋势研究,国际阅读素养进步研究的核心是

---

① 杨涛,李曙光,姜宇.国际基础教育质量监测实践与经验[M].北京:北京师范大学出版社,2015:131-133.

阅读能力，试卷的主体是由两篇阅读理解构成，所以对阅读文段的准确翻译是该研究面临的一项重大挑战。为了使各参与国的翻译文段都能准确一致，国际阅读素养进步研究进行了以下工作：

试卷和问卷最初用英语编写，各参与国按照国际标准翻译为本国语言，为了保证翻译的准确性，国际教育成就评估协会在各参与国翻译之后组织专业翻译公司进行校对，第一次校对在预测以前，第二次校对在大规模收集数据之前。在第一次校对之后，国际阅读素养进步研究国际研究中心会对修改后的部分和原文进行比较，决定是否采纳修改意见。如果某国学生在某题上得分普遍偏低，会再次核对翻译的准确性。

3. 数据收集与处理

国际阅读素养进步研究的数据收集严格按照国际教育成就评估协会的统一标准执行，各参与国统一收集本国的数据，协调员按照《协调员手册要求》对数据统一管理，质量控制专员监督，国际阅读素养进步研究国际研究中心为数据收集质量把关。

国际阅读素养进步研究的数据处理由位于汉堡的国际教育成就评估协会数据处理中心负责，在数据处理过程中，使数据标准化是一项重要任务，首先在数据录入之前按照统一标准培训数据录入专员，并且所有的数据要经过不断检查和修正误差的环节，同时数据处理过程非常重视一国之内信息的一致性。

第二节　其他主要国家教育质量监测机构

一、美国的教育质量监测

美国国家教育进步评价（National Assessment of Educational Progress，NAEP）也被称为“国家成绩报告单”，是美国国内唯一长期的且有全国代表性的教育评价体系，在美国教育领域以及世界范围内产生了深远的影响。

美国自建国以来，教育实权就被州政府或者更低一级的学区掌握，所以联邦政府从萌生全国教育评价的想法到真正实现全国性的教育评价，经历了各利益群体持续博弈、由私人投资到政府拨款再到开始实施州评价的发展阶段，2001 年《不让一个孩子掉队》法案颁布，国家教育进步评价由原来的自愿参与变成了强制性参加，使美国基础教育监测进入一个新的时代。

（一）组织管理

美国国家评价管理委员会是由美国国会批准，专门为监督国家教育进步评估工作而建立的。在美国国家教育评价中，管理委员会主要负责以下工作：选择评价的学科；确定合适的成绩目标；设定评价目标；制定测试规范；设计评价方法；制定分析计划和报告、颁布评价结果的方针与标准；开发州与州之间、地区与国家之间成绩比较的标准与程序等。

美国国家教育统计中心隶属于教育科学院，是美国教育部下属的重要机构，负责国家教育评价的监控。国家教育统计中心评价部负责项目的执行，主要职责有：设计评价、开发试题、实施评价、发布报告、协调各州评价与相关数据收集活动等。

美国国家教育统计中心挑选专业教育考试机构或考试服务公司负责项目具体实施的工作，例如“美国大学入学考试”（ACT）教育公司负责确定测评的各学科与各年级的学业标准;美国教育考试服务中心(ETS)负责编制评价工具、评分、分析数据、报告结果;西斯特(Westat)公司负责抽取被试学校与学生样本,培训评价管理人员,组织实地测评工作;美国国家计算机系统(NCS)负责测评材料的印刷与分发以及学生答卷的扫描、识别与记分;美国研究所(AIR)负责背景问卷的编制等。①

(二)评价过程

1. 框架制定

美国国家教育进步评价的框架制定由国家评价管理委员会负责,框架制定主要秉持两大标准:一是综合考虑各州和各地区不同的教育状况,反映出当前教育发展的需求;二是在教育目标和课程变化方面具有前瞻性和预测性,实现教学实践与研究成果之间的平衡。

2. 工具开发

美国国家教育进步评价工具开发,首先是美国教育考试服务中心根据美国国家教育进步评价工具制定委员会的建议和指导,编写评价试题和练习;试题直到定稿需要经过三次修改,第一次修改是组织专家对试题和练习的相关内容进行审核和修改,第二次修改时间在小规模试测以后,第三次修改是通过实地测验,对结果进行评分和分析,进而选择最佳试题。

3. 学生抽样

学生抽样主要是考虑地理位置、城市化程度、少数民族学生注册人数、中等收入家庭数量、学校性质等因素,先抽取一定数量的学校,再按照事先确定的比例从指定年级中随机抽取学生。

4. 评分过程

美国国家计算机系统负责国家教育进步评价的评分,选择题使用光电阅读器评分,开放式问题由经过培训的评分者依据评分指南和量表进行打分。另外,美国国家计算机系统还开发了一套可以使开放问题数字化的电子图像处理评分系统,可以识别学生的应答手册,并给出可能的分数范围,评分者只需按下合适的按钮即可进行评分,提高了评分过程的速度和准确性。

5. 成绩报告

美国国家教育进步评价在每一科目上的结果都以量尺分数和成就水平两种方式呈现,阅读、数学、历史和地理科目的量尺分数范围是0—500,科学、写作和公民的量尺分数范围是0—300,分数依据项目反应理论汇总。成就水平分为基础、熟练和高级三个等级。

二、英国的教育质量监测

英国实施国家统一评价的历史较长,19世纪末就开始实施以统一教育标准和选拔为目的的"11岁考试",在20世纪60年代中期,"11岁考试"因本身存在的诸多弊端被许多地方当局弃用。英国统一的国家课程及评价出现在1988年,国会通过《1988年教育改革法》统一全国的考试制度,将义务教育划分为四个关键阶段。20世纪90年代以来,英国政府进一步对国家统一课程和评价机制进行调整。1997年,建立了专门负责管理国家课程与评价的资格与课程局。2010年,国家课程评价监管方面的工作由资格与考试管理局负责,其他非监管方面工作由资格与课程发展部负责。

---

① 杨涛,李曙光,姜宇.国际基础教育质量监测实践与经验[M].北京:北京师范大学出版社,2015:35-36.

（一）组织管理

1. 监管机构——资格与考试管理局

资格与考试管理局是英国的教育监管机构，负责资格认定、考试、测验等工作的监督和管理。在英国的国家课程评价中主要负责的工作有维护国家课程评价的监管体制，监管国家课程评价的开发和实施，详述每年的监管活动，检查国家课程评价的各个方面，对资格与课程发展部的工作（包括测验的开发与实施）进行监控，保证国家标准得以维持，确定评价是否公平有效，印发有关材料及向相关部门提供相应帮助和建议，等等。

2. 管理与执行机构——资格与课程发展部

资格与课程发展部是英国国家课程评价的管理与执行机构，主要负责对所要评价的方面设定标准；建立监控和保障测验编制、实施质量的程序。具体职责有：保证国家课程评价达到共同标准、学科标准以及实践要求，为资格与考试管理局提供有关信息，就资格与考试管理局提出的问题给予回应，保证签约的外部机构以及人员遵循有关规定及提出相应的建议，等等。

3. 具体实施机构——专业机构和教师

英国国家课程评价的具体实施工作，如工具开发、试测、评分、报告等环节委托专业的运作机构负责，资格与课程发展部的工作人员、地方当局以及学校校长教师等也会参与部分环节。①

（二）评价过程

1. 制定标准

资格与课程发展部设定一般的标准和学科标准，每年进行检查，并且根据这些标准制定了详尽的测验说明。课程标准设定了关于每个发展阶段、每门学科的评价形式以及知识的覆盖范围，测验说明描述了评价中课程覆盖范围，各知识和技能要求的水平、成就目标及测量方式，以及如何将水平和成就目标反映在分数上。

2. 工具开发

工具开发过程由专业的测验开发机构按照测验说明执行，同时受到资格与课程发展部的监督和检查。测验一般需要 2—3 年的开发过程，其中包括至少两次前测：第一次前测的目的是了解学生对每个题目的回答、保证学生能够理解问题的含义、保证每个图表合适且对学生有帮助、获得关于每个题目难度的可靠数据，试题数量一般较大，至少是正式试卷的两倍。第二次前测的试题经过了第一次前测后的修改，目的是获取数据，与以往的数据进行测验等值。一般第二次前测与正式试卷的差异不大，如有个别题目不合适可以对其进行更换。

3. 评分及建立水平界限

KS1 阶段（7 岁）的学生由教师根据指导手册进行评分并判定等级，教师手册中公布了根据前测数据及试卷细查（script scrutiny）确定的水平界限。KS2 阶段（11 岁）学生的评分由经过专业培训且通过考核的外部评分者进行，水平界限是资格与课程发展部及其他部门的有关人员根据前测数据、试卷细查以及国家数据样本等确定的。测验运作机构根据水平界限完成评分工作，资格与课程发展部还需将 KS2 测验的学生原始分数转化为平均数为 100 的标准分数，以便在同年龄学生中进行比较。

---

① 杨涛，李曙光，姜宇.国际基础教育质量监测实践与经验［M］.北京：北京师范大学出版社，2015：81-83.

4. 成绩报告

为了保护学生隐私，学生个人成绩仅向教师、学生本人及家长公布，而学校、地方和国家学业成就的总体情况则会向社会公开。如教师和学生有重新评分的需求，资格与课程发展部会另外指派评分者进行重新评分。资格与课程发展部每年都会对评价过程进行回顾和整理，为以后的国家课程评价提供参考信息。

三、日本的教育质量监测

日本全国学力调查是通过考察学生对《学习指导要领》所规定内容的掌握情况来审查教育政策的成果和问题的全国性测评。历史上，日本全国学力调查经过几次“沉浮”：20世纪五六十年代，日本就开始对小学、初中和高中生进行抽样学力调查，并逐渐从抽样调查发展为强制性的全国统一调查，但是之后由于调查引起了各地区和学校攀比，进而出现了弄虚作假的情况，1966年学力调查被迫废除。1976年以后，学力调查的合法地位重新被认可。1982年日本文部省开始在全国开展“教育课程实施状况调查”。其后，“宽松教育”政策的逐步实施，引发了社会各界对学生学力降低的担忧，全国统一的学力调查再一次被提上日程。2007年，中断四十余年之久的全国学力调查再次举行。目前，日本全国学力调查由日本文部科学省统筹规划，国立教育研究所及企业负责具体实施。

（一）组织管理

日本全国学力调查主要由文部科学省负责，调查内容与难度、科目等也由文部科学省确立，主要职责有总体管理安排，出资调查，抽取学校样本（2010年起），招标负责实施的民间企业，向社会公布结果，根据调查结果调整、制定有关教育政策以及制定《学习指导要领》，等等。

国立教育政策研究所是日本负责教育政策的国家研究机构，在全国学力调查中负责开发试题、准备有关资料、分析结果、准备报告等工作。另外当有需要时，国立教育政策研究所可以为学校、社会教育活动提供帮助、建议和支持，同时它也收集、保存有关的教育数据和信息，为教育政策的制定设计科学的调查，进行恰当的分析。全国学力调查发放、收集问卷和试卷，卷面评分等工作由文部科学省委托民间企业负责。①

（二）评价过程

1. 建立标准

日本全国学力调查广度、深度以及对学生最低要求的确定以《学习指导要领》为标准，包括试卷的内容、结构、难度和评价标准均依照《学习指导要领》的要求。教育课程审议会负责修订《学习指导要领》。

2. 工具研发

国立教育政策研究所负责全国学力调查试题的开发以及相关资料的准备。工具需要评价期望学生拥有的学习能力、课程规定的重要内容和有利于学生掌握提高学习的方法以及独立解决问题的内容。工具的开发需要遵循《学生指导要领》要求，每道试题都有明确的测试意图。全国学力测试参照了以往的国内学力测试以及相关国际评价项目，分别考察学生对知识技能的掌握以及运用情况。

---

① 杨涛，李曙光，姜宇.国际基础教育质量监测实践与经验[M].北京：北京师范大学出版社，2015：107.

3. 施测、评分与统计分析

日本全国学力调查的施测与评分均由民间企业完成。具体工作内容有印刷、配送、回收试题、评分等。其中评卷工作耗时较长，例如2007年的试卷评分由8000余人花费近半年时间完成。为了保证评分过程中学生隐私不泄漏，文部科学省还与相关企业签订协议。

统计分析由国立教育政策研究所负责，主要统计平均数、平均率、中位数、最高频数、标准差等，并以学生成绩分布图的形式以县、村、校为单位进行比较，分析结果，撰写报告。

4. 结果报告

全国学力测试调查结果是否应该公布，在日本国内有极大的争议。一方面，报告结果容易引起不同地区、学校之间的恶性竞争，但另一方面，不公布结果无法使学力测试的作用最大化，并且部分民众对学力测试结果充满强烈的好奇。

鉴于对以上因素的考虑，日本文部科学省对于结果的公布采取了折中的方案：只公开发表各都道府县的整体情况结果，向各地方教育委员会和学校提供该教育委员会所辖学区和学校的统计成绩，对于具体的分数和排名则不公布。文部科学省规定各地方教委不得公布各学区和学校的具体成绩和排名，各学校自行决定是否公布本校成绩。

（三）影响

日本的全国学力调查在本国产生了十分深远的影响，首先从国家层面而言，全国学力调查的结果有助于相关教育部门了解教育现状，推动教育政策的制定和课程的改革等。从地方层面而言，能够从全国学力调查的结果中了解到自身的优势与不足，进而调整教育方针，改进教学。从学校层面而言，全国学力调查是难得的了解本校教育水平、教育问题的机会，可以促进学校改善教学。

第三节　我国义务教育质量监测机构

随着我国义务教育的普及，义务教育进入内涵式发展阶段，了解义务教育质量的需求日益增强。2007年，经中央机构编制委员会办公室批复同意，教育部委托北京师范大学成立教育部基础教育质量监测中心，监测中心成立以后，在义务教育监测方面进行了大量实践探索。除此之外，截至2015年年底，我国共22个省（自治区、直辖市）明确成立了省级监测机构，协助开展国家义务教育质量监测工作。

根据中国的行政体制，从中央到地方一般分为中央、省、市、县四级，相应地，监测工作也建立了四级网络。四级网络中每一级分别有相应的业务职能部门——督导室和教研部门，有的层级教研部门下设考试部门级教育质量监测部门，有的教育质量监测部门隶属教育督导部门。这些业务部门承担不同管理跨度的工作，条块分割，形成纵横交错的监测与评价体系。

一、统筹规划——国务院教育督导委员会办公室

为贯彻和落实《国家中长期教育改革和发展规划纲要（2010—2020年）》，进一步健全我国教育督导体制，国务院决定成立国务院教育督导委员会。在义务教育监测与评价领域，国务院教育督导委员会办公室负责统筹规划、监督指导，确定监测目标和监测方案，发布监测报告。

二、国家义务教育质量监测日常管理与执行——教育部基础教育质量监测中心

受国务院教育督导委员办公室委托，教育部基础教育质量监测中心负责国家义务教育质量监测工作等日常组织和管理，具体包括组织建立专家工作队伍、制定监测工作流程与规范、组织落实监测各环节工作、对承担专项任务的其他机构和部门进行过程管理和质量监控。

三、具体实施机构——地方教育质量监测机构

截至2015年年底，共有22个省（自治区、直辖市）明确成立了省级监测机构，省级教育督导部门负责本地区的测试组织和过程监督，县级教育督导部门负责组织现场测试。

省级教育质量监测机构对其工作职责有两方面定位：一类是紧紧围绕监测（如贵州省）；另一类是同时强调监测以及改进（如江苏省），这类机构往往是挂靠于相关科研部门。

各级教育质量监测机构属于研究机构或教育督导部门的部分功能，隶属教育行政机构管理，本身没有行政职能，上下级机构也不存在隶属和领导关系。

地方上除积极配合国家监测工作外，大部分地区还会设计并开展具有地方特色的监测工作，如北京市海淀区教师进修学校、教育科学研究所在2008年左右就开始了区域内的监测工作。

本章小结

国际性的教育质量监测多以国际学生比较项目的形式展开，主要有国际学生评价项目，国际数学和科学成就趋势研究、国际阅读素养进步研究。各国也根据自身的需求建立了评价机构，专业的监测机构是科学、有效地进行教育监测的基础。本章从组织管理模式、评价过程和产生的影响等方面来介绍国际组织以及一些主要国家教育监测机构。

拓展阅读

新加坡中小学生在TIMSS测试中取得了最佳成绩

根据独立的教育研究机构“国际教育成就评价协会”（IEA）最新公布的“国际数学和科学评测趋势”（TIMSS）测试结果，新加坡的中小学生在数学和科学科目的测试中取得了最佳成绩。

TIMSS国际排名每四年公布一次，参加测试的有来自全世界57个国家和地区的60万名年龄为9—10岁和13—14岁的学生。参加测试的包括中国台湾和中国香港学生，但是并不包括来自中国大陆和印度的学生。在两个年级组的数学和科学共四个排名中，新加坡全部排名第一。人们同时注意到，东亚学生的成绩普遍高于欧洲。

新加坡的成功归因于他们把教育放在首位。TIMSS负责人马丁（Michael Martin）说，成功的最重要因素是教育的质量和地位。另一位项目负责人达斯特德说，在韩国，有关方面会因为学生考试而封闭道路，以便不影响考试。他说，“在这些国家，教育具有巨大的价值”。

资料来源：环球时报 http://tech.huanqiu.com/discovery/2016-11/9750620.html，2018-07-05

思考与练习

一、单选题

在国际数学和科学成就趋势研究中，文字翻译与专题报告撰写是由以下哪个机构负责（　　）

A. 加拿大统计局　　B. 澳大利亚教育研究委员会

C. 美国教育考试中心　　D. 荷兰的国家教育测量学会

二、简答题

1. 简述国际组织进行教育监测的一般过程。

2. 简述我国教育监测的主要机构。

三、论述题

试论述我国教育监测机构的设置有何特点。

第十六章　教育质量监测内容

学习目标

通过本章学习，应了解国际组织正在实施的大型监测项目类型以及各自关注的对象和领域，同时掌握其他主要国家监测项目的基本内容，以及我国正在实施的义务教育质量监测的内容。

学习指导

本章学习的重点是基础教育质量监测的抽样方式及监测内容。学习难点是综合比较我国与其他主要国家教育质量监测的异同。

建议学时

2 学时

进入 21 世纪以后，教育质量评价与监测在许多国家、地区，包括国际组织迅速地开展起来。教育质量评价与监测的背景、目的不同，那么由其所决定的监测内容也就会因此不同。目前，世界各国与国际组织所实施的教育质量监测项目在内容上皆存在着较大的差异。本章内容包括以下几个方面：(1)国家组织教育监测的内容。主要是对 PISA、TIMSS 和 PIRLS 等国际大型教育监测项目进行了介绍。(2)其他国家教育监测的主要内容。主要介绍了美国、英国、日本等三国实施的教育监测项目内容。(3)我国教育质量监测。主要是对我国教育质量监测的背景、目的以及内容等进行了介绍。

第一节　国际组织教育监测的内容

一、国际学生评价项目(PISA)

国际学生评价项目(Program for International Student Assessment，PISA)是由经济合作与发展组织开发的，目前全球最具影响力、涉及范围最广的国际学生学习评价项目之一。国际学生评价项目的评价对象聚焦于即将完成义务教育的 15 岁学生，对他们是否具备终身学习所需要的知识、技能和能力等素养进行评价，并对学生成绩与教育背景、学校因素以及情感态度价值观之间的关系进行分析，其评价结果已对多国的教育改革产生重要影响。

（一）评价对象

国际学生评价项目基于年龄确定评价对象，选取的样本是在测试开始时年龄在 15 岁 3 个月到 16 岁 2 个月的在校学生，不考虑学生在哪个年级或哪种教育机构就读，也不考虑他们接受的是否为全日制教育，但是评价对象不包括未在教育机构就读或者在国外上学的 15 岁青少年。国际学生评价项目的第一次评价是 2000 年在 32 个国家（包括 28 个经济合作与发展组织成员国及 4 个非经济合作与发展组织成员国）中抽选 26.5 万个 15 岁青少年进行的。国际学生评价项目在各国的样本范围在 4500—10000 名学生。

（二）评价的核心

在国际学生评价项目的评价框架中首先提出“素养”的概念，它反映所评价的更广泛范围内的知识、技能和能力，即“学生应用所学知识和技能，分析、推理和进行有效沟通，解决和解释各种不同情境中问题的能力”。“素养”的概念指导了 PISA 测评内容的制定。

关于“素养”的提出还具有更深远的意义，国际学生评价项目认为 15 岁的青少年不可能在学校里学习到成年以后所需的一切知识和技能，因此，学校教育必须为终身学习奠定基础。以往的教育测评更多关注对学校里获得知识的掌握情况，而“素养”强调学习的能力，它不仅可以通过正规的学校教育获得，也可以发生在同伴、同事等更广泛的社交圈中。

（三）评价领域

国际学生评价项目评价主要集中在三个领域：阅读素养、数学素养和科学素养。每三次测评为一个周期，分别以阅读、数学、科学为核心测评领域，依次循环。2003 年首次增加了问题解决能力的测评，2012 年部分参与国家还参加了问题解决、金融能力测评，具体测评周期及领域如表 16-1 所示。①

表 16-1　国际学生评价项目评价周期及领域

周期	周期一			周期二		
测评年份	2000	2003	2006	2009	2012	2015
测评领域	阅读 数学 科学	阅读 数学 科学 问题解决	阅读 数学 科学	阅读 数学 科学	阅读 数学 科学 问题解决 金融能力	阅读 数学 科学
核心测评领域	阅读	数学	科学	阅读	数学	科学

阅读素养是指学生为了达到个人目标、增进知识、发展潜能以及参与社会生活，而理解、运用、反思书面材料的能力以及投入阅读的状况。

数学素养是指学生识别和理解数学在世界中所起的作用，作出有根据的数学判断的能力，以及作为一个关心社会、善于思考的公民，为了满足个人生活需要而使用和从事数学活动的能力。

科学素养是指运用科学知识去识别问题，经论证得出结论，以助于理解人类对自然界的改造和所做的决策的能力。

① 杨涛，李曙光，姜宇.国际基础教育质量监测实践与经验［M］.北京：北京师范大学出版社，2015：144.

问题解决能力是指个人通过认知过程来面对和解决现实、跨学科情境下无明显解决方法的问题的能力。

金融能力是指运用金融知识和理解力的技能、动机和信心，以便个人在广泛的经济背景中作出有效决策，提高个人和社会经济利益，并参与经济生活的能力。①

（四）评价模型

国际学生评价项目将教育系统分为四个层次：个人参与者、教学背景、教育服务的提供者、作为整体的教育系统。国际学生评价项目的测评模型即围绕教育系统的四个层次展开。从宏观、中观、微观三个不同角度出发，不仅考虑国家的经济、人口因素和学校因素，也关注学生的家庭、兴趣、爱好等因素对测试结果的影响。具体评价模型如图 16-1 所示。

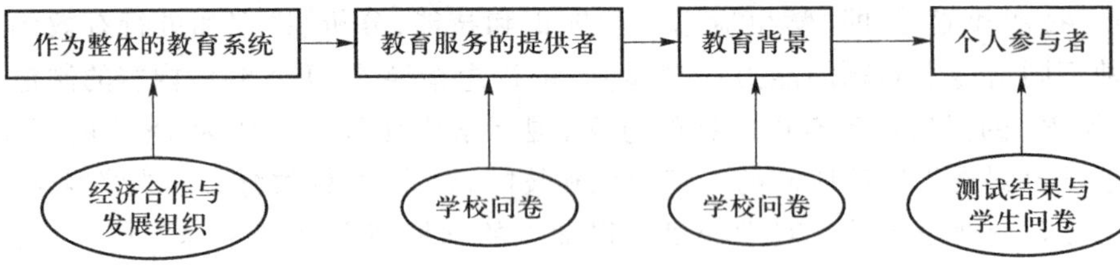

图 16-1 国际学生评价项目的评价模型

二、国际数学和科学成就趋势研究（TIMSS）

国际数学和科学成就趋势研究（TIMSS）由国际教育成就评价协会（IEA）于 1995 年发起，原为 Third International Mathematics and Science Study（第三届国际数学与科学研究）的缩写，后来由于每隔四年的重复研究越来越体现出国际数学与科学研究的趋势，所以在 1999 年更名为 Trends in International Mathematics and Science Study。最近一次的测试发生在 2015 年，目前是全球参与国家最多、影响最广且最严格的国际比较教育研究。

（一）评价对象

国际数学和科学成就趋势研究采用联合国教育、科学及文化组织中的国际教育标准分类（International Standard Classification for Education，UNESCO，1999）中四年级和八年级学生作为测试对象。由于各国学生的入学年龄存在差异，学制也有所不同，为了避免接受测试的学生年龄差异过大，国际数学和科学成就趋势系列研究质量保障项目规定：接受测试的四年级学生平均年龄不得低于 9.5 岁，八年级学生的平均年龄不得低于 13.5 岁。另外，所有被测试学生均须来自正规公立学校，私立学校和职业中学的学生不参与该项研究。

（二）评价理念

国际数学和科学成就趋势研究的出发点和落脚点皆为课程，即在正规的学校教育中学生被提供了什么样的课程，而学生又能在多大程度上掌握这些课程。基于评价课程的理念，国际数学和科学成就趋势研究首次提出课程评价的三层次：准备的课程（intended curriculum）、实施的课程（implemented curriculum）、掌握的课程（achieved curriculum）。另外，对于课程的讨论仍然在数学和科学的范畴内。准备的课程是指社会认为学生应该学习怎样的数

① 杨涛，李曙光，姜宇.国际基础教育质量监测实践与经验[M].北京：北京师范大学出版社，2015：143-144.

学和科学课程，以及学校教育系统满足社会需要的程度。实施的课程是指在实际课堂教学中真正发生的事情，由谁来教授这些课程，以及这些课程是怎样被教授的。掌握的课程是指学生实际上从课堂中获得了多少知识。

（三）评价领域

国际教育成就评价协会每四年组织一次国际数学和科学成就趋势系列研究，测试分为两部分：数学和科学成就；影响因素。数学和科学成就主要考察四年级和八年级学生对基本概念的掌握情况和推理应用情况。计算能力是2015年新增的测试项，它是为了满足还处于发展学生基础数学能力地区的需求，对学生四年级数学成绩的测评进行补充。数学和科学的学科试卷包括选择题和解答题。

以2011年国际数学和科学成就趋势研究为例，四年级数学有175道题，科学有172道题；八年级数学有175道题，科学有172道题；每个年级有14个题本（数学和科学各七个），每个学生并不需要回答所有的题目，四年级学生每个题本的平均测试时间为36分钟，八年级学生每个题本的平均测试时间为45分钟。

影响因素包括学生的学习态度、兴趣、习惯、风格以及对学生学业成就有影响的相关因素，对影响因素的分析用来更好地理解与解释学生的学习行为。影响因素通过调查问卷的方式收集信息，调查问卷分为四类：学生问卷、教师问卷、学校问卷和课程问卷。以国际数学和科学成就趋势研究2007为例，四年级的学生问卷不区分数学和科学，八年级的学生问卷、教师问卷均区分数学和科学。

三、国际阅读素养进步研究（PIRLS）

国际阅读素养进步研究（Progress in International Reading Literacy Study，PIRLS）是由国际教育成就评价协会（IEA）主持的对四年级学生阅读素养进行评价的国际性比较研究。国际阅读素养进步研究每五年进行一次，第一次在2001年举行，最近一次在2016年举行。国际阅读素养进步研究以四年级学生为评价对象，评价内容包括阅读成绩、阅读行为和阅读态度，其结果反映的问题引起了许多国家的重视，推动了教育改革的进程。

（一）评价核心

阅读能力是国际阅读素养进步研究的评价核心，对于阅读能力的界定统领和指导整个评价项目，同时也是选择评价工具、确定评分标准和分析评价结果的根本依据。阅读能力的概念最早在1991年的研究中被提出，之后经过不断发展和修订，最终国际阅读素养进步研究将阅读能力定义为：理解和使用社会需要的或者个人认为有价值的书面语言形式的能力。儿童阅读者可以从各种文章中建构意义，他们通过阅读来进行学习、参与阅读者群体并进行娱乐（《2011国际阅读素养进步研究评价概览》）。

从对阅读能力的定义中不难发现，学生阅读可以是为了学习、文学体验或娱乐而阅读，为获取和使用信息而阅读；阅读的过程在于关注并提取明确陈述的信息，做直接的推论，理解并整合观点和信息，检查和评价内容、语言和文本成分；影响阅读的因素可能发生在家庭、学校和社会。

（二）评价框架

依靠对阅读能力的概念界定仍然难以进行有效评价，国际阅读素养进步研究依据对阅读能力的概念定义对其提出了三项具有操作性的评价维度，用以指导测试工具的研发和评分标准的制定。国际阅读素养进步研究对阅读能力划分的三项操作性评价维度分别是理解的过程、阅读的目的、阅读行为和态度。

其中理解的过程和阅读的目的是通过阅读测试的试卷完成的,阅读行为和态度的信息采集来源于调查问卷中的学生问卷,在试卷部分,理解的过程和阅读的目的是密不可分的(见表 16-2)。

表 16-2 国际阅读素养进步研究不同理解过程在体现不同阅读目的的文本中的比例分布

阅读目的、理解过程	文学体验	信息的获取和使用
关注并提取明确陈述的信息	9%	13%
做简单、直接的推论	14%	9%
理解、整合观点和信息	20%	20%
检查和评价内容、语言和文本成分	6%	8%

(三)试卷

每张试卷都由阅读理解和与之相关的选择题、简答题组成。选择题有四个选项,其中一个是正确选项,一个选择题 1 分;简答题要求学生找出正确答案并合理地组织语言表达,简答题根据对文章理解程度的加深,分值为 1 分、2 分、3 分不等。每个题组包含一篇阅读理解,其中包括 11—14 个题目,总计 15 分。

国际阅读素养进步研究项目认为,学生建构意义的方法随着阅读目的和文段类型的变化而变化,某种阅读目的对应某种类型的文段,因此,国际阅读素养进步研究从阅读目的出发来考虑测试中所使用的阅读文段的类型。文学体验或娱乐的阅读的文段主要包括小说、故事、传说等,获取和使用信息的阅读的文段主要包括广告、说明书、网页等。另外值得说明的是,所有阅读测试的文段均来自于该国学生的教材,由各参与国提交并由国际阅读素养进步研究国际研究中心审核。

国际阅读素养进步研究项目组认为一篇阅读理解不能完全反映被测试者的阅读能力,因此每个参与测试的学生需要完成一个时长为 80 分钟的试题册,该试题册由两个 40 分钟长的题组组成。

(四)问卷

国际阅读素养进步研究考察了学生的阅读成绩以及影响阅读成绩的因素两大问题,前者的信息通过学生作答试卷获得,后者的信息通过由相关人员填写的问卷获得。影响因素的问卷根据调查对象的不同分为四类:被试学生问卷、被试学生的家长问卷、教师问卷和校长问卷。

学生问卷为参与国际阅读素养进步研究测试学生的必答问卷,问卷内容包括以下方面:家庭教育的经验、语文作业、自我认知、语文学习态度、阅读习惯、计算机使用、家庭文学资源和学生的基本信息。

家长问卷由参与国际阅读素养进步研究测试学生的家长完成,问卷内容包括学生和家长的互动、家庭文学资源、父母的阅读习惯和阅读态度、家庭和学校的交流以及家长的基本信息等。

教师问卷由所有参与国际阅读素养进步研究测试学生的语文老师填写,问卷内容包括班级基本情况(人数、学生的语文水平、学生的语言能力)、教学时间、教学中促进学生语文能力提高的活动和语文教学的分级情况,还包括教室的设备、评价实践、家长和学校的联系等问题。另外,教师专业发展机会、教师合作、教师培训等教师职业发展问题也囊括在调查问卷当中。

校长问卷由所有参与国际阅读素养进步研究测试学生的校长填答,问卷内容包括学校的招生情况、学校的特征(地址、学校周边的资源、学生的社会背景)、语文教学特点、教学时间、学校资源(员工的工作效率和教学材料的实用性)、学校和家长的联系以及学校的组织机构。

第二节　其他主要国家教育监测的内容

一、美国国家教育进步评价(NAEP)

美国国内唯一长期且具有全国代表性的教育评价体系是美国国家教育进步评价(National Assessment of Education Progress,NAEP),也被称为“国家成绩报告单”,可见其在美国教育领域所占的独特地位。美国国家教育进步评价也因其权威性和专业性,在世界范围内产生了深远的影响,成为其他国家建立教育质量监测体系学习的榜样。

(一)评价对象

美国国家教育进步评价的评价对象根据评价类型的不同而存在差异。美国国家教育进步评价类型包括主要评价、长期趋势评价和专项研究。主要评价分为全国评价和州评价,全国评价的对象为四年级、八年级和十二年级的学生,每次评价选取两个年级参加。州评价的对象为四年级和八年级学生。长期趋势评价的对象是 9 岁、13 岁和 17 岁的学生。专项研究根据研究目的选择特定的评价对象。

(二)评价类型

1. 主要评价:评价学生当前水平

美国国家教育进步评价的主要评价包括全国评价和州评价,评价目的在于了解全国及各州学生在核心学科领域达到的水平和具备的能力。全国评价每年实施一次,评价内容涉及九个科目,分别是阅读、数学、科学、写作、美国历史、经济学、公民、地理和艺术,每年选择一到三个科目参加评价。州评价每两年实施一次,评价内容涉及数学、阅读、科学、写作四个科目,其中数学和阅读为各州必须参加的评价科目,而科学和写作则遵循各州自愿参加的原则。

2. 长期趋势评价:监测学生成就发展趋势

美国国家教育进步评价中的长期趋势评价的目的在于了解学生在核心学科领域的长期发展变化,长期趋势评价每四年举行一次,评价内容涉及数学、科学、阅读和写作。另外,评价的方式不因课程和教育实践的变化而改变。

3. 专项研究:辅助性专题研究

为了更加充分地利用美国国家教育进步评价的平台,除了常规的主要评价和长期趋势评价外,美国国家教育进步评价体系还进行了一系列的相关性辅助研究,用以了解特定主题或特定群体的教育问题。专项研究中持续进行的项目有:特许学校试验性研究、中学毕业成绩单研究、全国印第安教育研究、口语阅读研究、私立学校学生成绩研究等。这些研究项目均针对特定的学生群体，并且根据他们在美国国家教育进步评价主要评价中的成绩检测其学业成就。①

表 16-3 显示的是 2005—2016 年国家教育进步评价主要内容。

表 16-3　2005—2016 年国家教育进步评价主要内容

年份	全国评价	州评价	长期趋势评价
2005	阅读 数学 科学	阅读 数学 科学	
2006	美国历史 公民学 经济		
2007	阅读 数学 写作	阅读 数学 写作	
2008	艺术		阅读 数学
2009	阅读 数学 科学	阅读 数学 科学	
2010	美国历史 公民学 地理		
2011	数学 写作	阅读 数学	
2012	经济		阅读 数学
2013	阅读 数学	阅读 数学	
2014	地理 美国历史 工程技术		
2015	数学 阅读 科学	数学 阅读 科学	

二、英国国家课程评价

英国的“自治”传统使得其在很长一段时间内没有全国的统一评价，后来随着政治、经济、文化的发展，各方面利益的需求以及教育本身凸显出的问题，英国政府才逐步进行教育改革，建立起国家课程评价体系。英国的国家课程评价监管工作 2010 年起由资格与考试管理局（Office of Qualifications and Examinations Regulation，Ofqual）负责，非监管工作由资格与课程开发部（Qualifications and Curriculum Development Agency，QCDA）负责，在国家课程评价中以上两部门与其他各部门密切配合，公平、高效地开展测评工作。

（一）评价对象

1988 年英国国会通过的《1988 年教育改革法》将义务教育划分为四个关键阶段：KS1，5—7 岁；KS2，7—11 岁；KS3，11—14 岁；KS4，14—16 岁。国家课程评价要求公立学校中处于 KS1、KS2、KS3 阶段末的学生必须参与国家统一评价。

（二）评价领域及方式

英国国家课程评价的评价领域分为两类：核心学科和非核心学科。核心学科包括数学、英语和科学，非核心学科包括设计和技术、信息与交流技术、现代外语、体育、地理、公民教育、音乐、历史、艺术和设计。每门学科跨各关键阶段分为 1—8 级水平，学生成绩均以等级报告。

---

① 杨涛，李曙光，姜宇.国际基础教育质量监测实践与经验[M].北京：北京师范大学出版社，2015：35-38.

英国国家课程评价的内容包括测验、任务和教师评价。其中测验以纸笔测验为主，任务可采用除纸笔测验以外的评价方式，教师评价是由教师根据对学生平时的观察、课堂表现、作业情况等对学生作出合理评判。所有测验结果均须向家长和上级机构（资格与课程开发部）报告，学生个人成绩仅对教师、学生本人及其家长公布，学校、地方和国家学业成就的总体情况会向社会公开。教师评价的结果须向上级教育机构（资格与课程开发部）及家长报告。

1. KS1

处于 KS1 阶段末（7 岁）的学生需要接受数学、英语学科的国家测验和任务以及教师评价，学生在科学学科的表现只需要接受教师评价。KS1 阶段只要求报告教师评估，测验与任务的结果主要作为教师评估的辅助信息，不要求报告。这一阶段的学生水平在 1—3 级波动，绝大多数学生可以达到 2 级水平。

2. KS2

处于 KS2 阶段末（11 岁）的学生需要接受数学、英语学科的国家测验和任务以及教师评估，学生在科学学科的表现需要接受教师评估。另外从 2010 年起，KS2 阶段末的学生还须进行科学的国家课程抽样检测，所有的结果均须报告。这一阶段的学生水平在 3—5 级波动，绝大多数学生可达到 4 级水平。

3. KS3

2009 年 7 月，政府取消了 KS3 的国家课程测验，此后处于 KS3 末（14 岁）的学生，只需要接受所有学科的教师评价，结果均须报告。这一阶段的学生水平在 4—7 级波动，绝大多数学生可达到 5 级或 6 级水平。

4. 关键阶段期间

资格与课程发展部为处于关键阶段期间及 KS3 末，即第 3、4、5、7、8、9 学年（Years3、4、5、7、8、9）的学生编订了非法定的选择性测验。学校和教师可以自愿选择使用以了解学生的学习情况，评价结果也可为教师评价提供参考意见。所有的结果都不需要报告。①

三、日本全国学力调查

日本全国学力调查（National Assessment of Academic Ability）以小学六年级和初中三年级为调查对象，主要考察学生对《学习指导要领》所规定的内容的掌握情况，同时收集学生学习生活等方面的信息。旨在审查教育政策的成果和问题以提出相应的改进措施，其结果对日本教育产生重要影响。

（一）调查的对象和样本范围

日本全国学力调查的对象为小学六年级和初中三年级学生。2007—2009 年采用的是全国普查的方法，普查要求全国调查年级的全体学生都参加；2010—2012 年采用抽样和自愿参加相结合的方法，先在全国抽取一定数量的学校参加，未抽中的学校遵循自愿原则参加；2013 年之后又重新回到全体调查年级学生参测。

（二）调查的方式及领域

日本全国学力调查分为学力测试和学习状况问卷调查。

---

① 杨涛，李曙光，姜宇.国际基础教育质量监测实践与经验［M］.北京：北京师范大学出版社，2015：79-81.

学力测试是按照《学习指导要领》中对知识和技能的要求编制的，考察的内容主要是日语和数学（小学为算术）。试卷分为A卷和B卷，分别考察不同的掌握层次，A卷重在考察“知识”，主要是考核《学习指导要领》中对学生未来学习生活至关重要的知识和技能；B卷为“活用”部分，重在考核学生在现实情境中运用所学知识解决实际问题的能力。2012年新增了针对初中三年级学生的理科科目。

学习状况调查问卷包括学生问卷和学校问卷。学生问卷由学生填写，调查的主要内容是学生的学习动机、学习方法、学习环境以及各种生活习惯等；学校问卷由校长和教师填写，主要关注学校的教学方法、教学环境以及学生整体的情况等。2013年新增家长问卷，主要关注家庭经济情况以及家长的教育方式等。

四、各国教育质量监测特点比较

在评价涵盖的学科领域上，各国的做法不尽相同。有的国家仅仅评价阅读和数学等核心学科，有的国家几乎涵盖了所有的课程，有的国家在不同年份监测不同的学科，也有国家在低年级监测核心学科，在高年级监测所有学科。但是在年级选择上，大都选择了个体能力水平发展的一些关键性阶段，如小学四年级和初中二年级。[①]

（一）有的国家对核心学科进行评价

澳大利亚教育研究委员会从1999年开始每年评价三、五、七年级孩子的阅读与数学能力。中国香港考试及评核局则对小三、小六和中三学生的中文、英文和数学方面能力进行评价。

（二）有的国家对所有学科进行评价

美国NEAP评价四、八和十二年级学生的学业水平，涵盖多学科，其中最主要的是阅读、数学和科学，同时收集学生的性别、年龄、种族、社会经济状况、父母受教育状况等方面的背景信息，对教师和学校管理者的问卷调查、学校纪录卡以及其他一些可靠的资料也是背景信息的重要来源。

（三）不同年份或年龄测试不同的学科

新西兰每年都对四年级和八年级学生开展一次全国性的教育质量检查，四年一个循环以涵盖课程中的大部分内容。如，2003年评价科学、视觉艺术和信息技能，2004年评价语言（读、写）、技术方面和音乐，2005年评价数学、社会学习和信息技能，2006年评价语言（写、听）、观察、健康和生理。英国则针对不同年龄测试不同学科，5—7岁学生只需要接受阅读、写作和数学的教师评价，7—11岁、11—14岁学生则要参加这三个方面的国家考试，11—14岁学生还要接受历史、地理、外语、设计等多个方面的教师评价，14—16岁的学生则需要参加国家组织的涉及更多学科的中等教育普通证书考试。

（四）并非完全基于学科的测试

芬兰的教育质量评价不是基于具体学科进行的，而是将学科能力分解为两个维度：认知技能和情感控制技能。前者包括语言、与数量相关的理解、文化的解释和概念、逻辑推理、抽象和形式、对学习和推理的整合、学习技巧、计划和执行；后者包括顺应和坚持、调整学习活动和资源管理、设定理想和承受并存的正负面情感等，同时收集学生个人、家庭、学校背景方面的信息。其评价对象是一、六、九年级以及其他成人教育、职业学校的学生。

---

① 辛涛，李峰，李凌艳．基础教育质量监测的国际比较[J]．北京师范大学学报，2007(6)：5-10.

第三节　我国教育质量监测

进入21世纪以后,我国教育事业获得了快速发展,但同时也面临着诸多需要解决的问题与矛盾。《国家中长期教育改革和发展规划纲要(2010—2020年)》颁布后,把公平与质量作为教育事业发展的重要主题。教育公平不仅体现在受教育机会分配的平等,更重要的是让更多的人能够接受更高质量的教育。教育质量有内在质量与外在质量之分。外在质量指向的是物与事,内在质量指向的是人。内在质量核心是人才培养质量,其对一个国家与社会未来的发展具有决定性的影响。未来社会区域间、跨国间人才竞争将会愈来愈激烈,人才竞争从根本上说就是教育质量竞争。建立与实施教育质量监测制度,对于保障与提升我国人才培养质量水平具有非常重要的意义与作用。

一、监测目的

规模、质量、公平与效率是教育事业发展的四种基本价值属性。质量作为教育发展的价值属性之一,与其他教育价值属性之间是对立统一的。在教育事业发展过程中过度强调某一种属性,都会对其他属性价值的实现产生消极不利影响。过度强调规模、效率与公平,就不利于教育质量的提升。相反,过度强调质量,也不利于规模扩张、效率提升以及公平的实现。在我国教育事业发展的现阶段规模问题已不是首要问题,重点需要处理与协调好的是质量与公平、质量与效率之间的关系。教育质量监测的目的不仅是了解我国教育事业发展的状况与水平,也是协调与处理好质量与公平之间的关系。当前我国教育质量监测具有双重目的:其一,是保证公平;其二,是提升质量。公平且有质量是当前我国开展教育质量监测工作的主要目的。

二、监测对象

监测对象为义务教育阶段四年级和八年级的学生,监测年级的确定主要考虑到四年级和八年级学生处于发展关键期。首先,认知发展理论提出,10—11岁(即小学四年级前后)是学生的思维从具体形象思维向抽象逻辑思维发展的关键阶段。其次,学科教学论的相关研究发现,随着教学任务量的增加,四年级和八年级是学生分化明显的两个阶段,即学生能力发展的两个关键期。最后,根据我国义务教育阶段的课程设置,不同的学科对起始年级的要求不同,所以参与监测的年级最好处于学科结束时期。基于以上考量,四年级和八年级学生是参与教育质量监测比较合适的选择。

三、抽样方式

监测的对象并非全国四年级和八年级的全体学生,而是采用三阶段分层不等概率抽样方式,抽取有代表性的样本,具体抽样方法如下。

第一阶段:抽取区县。首先根据各省份四年级和八年级学生数量的比例确定在各省份抽取的区县个数。然后在每个省内对区县进行分层,分层依据教师高学历比例、教学仪器设备等指标。最后在每个层内,根据区县内城市学生比例按照不等概率方法进行抽样,确定区县名单。

第二阶段:抽取学校。首先依据学校位置和办学条件等指标对学校进行分层,根据每层学校的数量确定每层抽取的学校数量，最后进行规模大小成比例的概率抽样，确定所抽学校名单。

第三阶段：抽取学生。在学校内部采用简单随机抽样的方法，抽取一定数量的学生进行测试。

四、监测学科与内容

为了了解学生具备的知识、技能、能力的信息，参照义务教育课程标准，监测学科的主要内容如下。

语文：重点测查语文基础、文本阅读、书面表达、识别与推论、整合与解释、评价与鉴赏，学习兴趣、学习信心和学习习惯等。

数学：重点测查数与代数、图形与几何、统计与概率论等知识的了解、理解和运用，学习兴趣、学习信心和学习习惯等。

科学：重点测查生命科学、物质科学、地球与宇宙知识的了解、理解和运用，科学问题的探究、解释、解决，学习兴趣、学习信心和学习习惯等。

体育：重点测查身高、体重、视力、肺活量、力量、速度、耐力，兴趣与态度，健康、睡眠和锻炼习惯等状况。

艺术：重点测查对艺术作品表现形式、民族艺术作品特点、中外艺术作品表达主题和情感的了解、理解，对民族艺术的兴趣、喜爱，以及艺术活动的参与等。

德育：重点测查学生对社会主义核心价值观以及中华优秀传统文化的理解，日常生活中道德行为规范的掌握，对基本国情、地理和历史常识、安全和法律常识等的了解，以及对与他人、与社会、与自然关系的认识。

国家基础教育质量监测每年在六个核心领域及相关因素中选择三至四项进行监测。

为了了解义务教育的总体情况并且为相关政策制定和改进管理提供依据，在监测六个学科领域表现水平的同时，调查影响学业水平的相关因素，具体包括所监测学科领域的课程开设、条件保障、教师配备、学科教学以及学校管理等。

本章小结

国际社会非常重视开展教育质量尤其是学生学业质量与能力评价研究。为此，很多国家与国际组织纷纷建立与实施了教育质量监测制度或项目。目前，国际组织中影响比较大的三个教育质量评价项目主要包括：国际学生评价项目、国际数学和科学成就趋势研究与国际阅读素养进步研究。在国家范围内，美国、英国与日本纷纷设立了教育进步评价制度、课程评价制度与全国学历调查制度。我国目前已经建立与实施了义务教育质量监测制度，监测的对象是义务教育阶段四年级和八年级的学生，监测的学科主要有语文、数学、科学、体育与德育。

拓展阅读

安徽省义务教育均衡发展监测指标体系

2012 教育部颁发《县域义务教育均衡发展督导评估暂行办法》，在县域义务教育均衡发展监测中，要符合“人民教育人民教育办”的理念，真实反映人民意见，建立人民满意的县域义务均衡发展指标。各省、市逐渐建立义务教育均衡发展监测指标。下面是安徽省均衡发展监测指标体系。

	一级指标	二级指标	指标区间	指标方向
A1 义务教育机会均衡指数（30%）	B1 学生入学率（20%）	C1 小学入学率（50%）	（0-1）	+
		C2 初中入学率（50%）		
	B2 特殊教育学生入学率（20%）	C3 特殊教育学生小学入学率（60%）	（0-1）	+
		C4 特殊教育学生初中入学率（40%）		
	B3 义务教育入学率城乡差异（30%）	C5 小学入学率城乡差异（50%）	（0-1）	+
		C6 初中入学率城乡差异（50%）		
	B4 择校生比例（30%）	C7 小学择校生比例（60%）	（0-1）	-
		C8 初中择校生比例（40%）		
A2 教育资源配置均衡指数（40%）	B5 生均公用教育经费城乡差异（10%）	C9 小学生均公用经费城乡差异（50%）	（0-+1）	+
		C10 初中生均公用经费城乡差异（50%）		
	B6 生均教育事业费城乡差异（10%）	C11 小学生均教育事业费城乡差异（50%）	（0-1）	+
		C12 初中生均教育事业费城乡差异（50%）		
	B7 生均占地面积和生均校舍建筑面积达标率（10%）	C13 小学生均占地面积和生均校舍建筑面积达标率（50%）	（0-1）	+
		C14 初中生均占地面积和生均校舍建筑面积达标率（50%）		
	B8 学校危房所占比例（10%）	C15 小学危房比例（50%）	（0-1）	-
		C16 初中危房比例（50%）		
	B9 学校运动场地达标率（10%）	C17 小学达标率（50%）	（0-1）	+
		C18 初中达标率（50%）		
	B10 学校教学仪器、设备、图书、体育器材达标率（10%）	C19 小学达标率（50%）	（0-1）	+
		C20 初中达标率（50%）		
	B11 生师比达标率（10%）	C21 小学生师比达标率（60%）	（0-1）	+
		C22 初中生师比达标率（40%）		
	B12 生师比城乡差异（10%）	C23 小学生师比城乡差异（60%）	（0-1）	+
		C24 初中生师比城乡差异（40%）		

续表

	一级指标	二级指标	指标区间	指标方向
A2 教育资源配置均衡指数（40%）	B13 教师学历达标率（10%）	C25 小学教师学历达标率（50%）	（0-1）	+
		C26 初中教师学历达标率（50%）		
	B14 教师学历达标率城乡差异（10%）	C27 小学教师学历达标率城乡差异（50%）	（0-1）	+
		C28 初中教师学历达标率城乡差异（50%）		
A3 教育质量与成就均衡指数（30%）	B15 毕业生升学率（10%）	C29 小学毕业生升学率（40%）	（0-1）	+
		C30 初中毕业生升学率（60%）		
	B16 学生完成率（10%）	C31 小学完成率（40%）	（0-1）	+
		C32 初中完成率（60%）		
	B17 学生辍学率（20%）	C33 小学辍学率（60%）	（0-1）	-
		C34 初中辍学率（40%）		
	B18 义务教育完成率城乡差异（20%）	C35 小学完成率城乡差异（60%）	（0-1）	+
		C36 初中完成率城乡差异（40%）		
	B19 义务教育学业成就合格率（20%）	C37 小学学业成就合格率（60%）	（0-1）	+
		C38 初中学业成就合格率（40%）		
	B20 义务教育学业成就城乡差异（20%）	C39 小学学业成就城乡差异（60%）	（0-1）	+
		C40 初中学业成就城乡差异（40%）		

资料来源：朱家存. 区域义务教育均衡发展监测指标体系研究：基于安徽省义务教育政策实践[J]. 教育研究.2010（11）：15.

思考与练习

一、单选题

国际学生评价项目（PISA）评价不包括以下哪个领域（　　）

A. 阅读素养　　B. 言语素养　　C. 数学素养　　D. 科学素养

二、填空题

1. 国际学生评价项目（PISA）在 2003 年首次加入了________的测评。
2. 国际数学和科学成就趋势研究（TIMSS）测评对象的年级是________。

三、简答题

1. 简述美国国家教育进步评价的类型。
2. 简述我国教育质量监测抽样的方式。
3. 简述义务教育均衡的主要内容及其指标构成。

四、论述题

试述我国教育质量监测内容给你带来的启发。

第十七章　教育质量监测工具开发

学习目标

通过本章学习，需要了解教育质量监测工具开发的一般流程，包括试题编制、问卷开发以及表现性评价工具的编制流程。

学习指导

本章学习的重点是试题、问卷、表现性评价工具的编制流程，以及试题中的题型及各自的特点、问卷的组成结构等。难点在于预试之后如何对工具进行修订。

建议学时

2学时

选择方法与设计工具是教育质量监测中的关键环节。教育质量监测工具的质量对所收集数据和资料的真实性、科学性有重要影响。教育质量监测使用的方法主要有测验、问卷调查两种，使用的工具包括试卷、问卷和表现性评价工具。只有严格遵循科学的工具研发流程才能保证监测工具的有效性和可靠性。

第一节　试题编制

一、编制流程

与其他类型的教育质量监测工具不同，试题是测验的一种形式，其标准化程度较高，需要严格遵循一定的原则和编制步骤。一般来说，试题的编制包括四个步骤：构建测试框架、试卷编制（编写测验题目、组卷、专家审核）、预试分析以及形成正式测验。具体见图17-1。

（一）构建测试框架

根据监测的目的和内容，确定学业成就测验的测试框架，即“考查什么内容”，然后编制测验蓝图（亦称双向细目表）。测试蓝图是一种考查目标（能力）和内容之间的列联表，由测量的内容维度和行为技能构成。它能帮助学业成就测验工具的编制者决定应该选择哪些方面的题目以及各类型题目应占的比例。测验蓝图是学业成就测验命题的依据，命题者只能

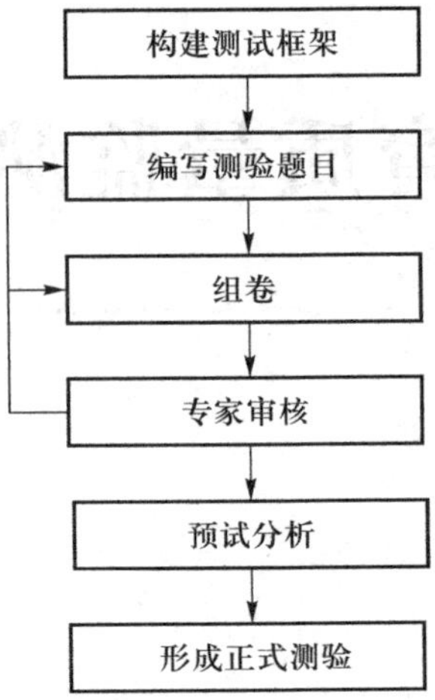

图 17-1 试题编制的一般流程

根据测验蓝图规定的考查内容和考查目标，组织命题材料，编制符合细目表的试题。因此测验蓝图的好坏直接关系到测量工具的好坏。

（二）编写测验题目

当测验框架、测验蓝图确定后，就可以开始编制题目。命题者需要根据双向细目表中考查内容的情况选择合适的题目。命题结束后，需要填写题目属性表，清楚说明题目涵盖的内容维度、认知维度和具体指标，方便后续修改等工作。

（三）组卷

在教育质量监测中，学业成就测验需要较好地覆盖课程内容，题量较大，而学生作答时间有限。因此要把所有符合要求的测试题目，按照一定的测量技术和方法（如用矩阵抽样设计）选取题目组合成若干个题本，确保覆盖所有指标。

（四）专家审核

为保证试题的科学性、准确性和规范性，在试题编制、组卷、形成题本后，都需要专家对题目进行审核。审核的内容包括：题目是否符合测验蓝图的设计；题目的难度是否适宜；题目的材料选取是否合适、有效；题目的表述和设置是否适合学生年龄、适合实际情况；题目是否创新，避免常用教材、教辅中出现的题目或情境；题目的语言表述是否通顺、准确、简洁、易懂等。

（五）预试分析

试题编制过程中至少需要两次预试。第一次是对所有试题进行小范围预试，并对每道试题抽取几名学生进行访谈，了解其答题的思路，了解评分准则的准确性和有效性等，依据预试结果进行修改。第二次预试是对修改后的试题进行一定范围预试，预试条件尽量与正式施测保持一致。

（六）形成正式测验

根据预试结果，对试题质量进行分析，筛选和修订试题，组成正式的测验。然后对测验进行标准化，撰写测验实施手册、评分准则等。

二、题目编写

在明确了测验工具的测试框架后，接下来要做的便是测验题目的编写。在这一部分的内容中将重点介绍如何选择合适的题型、编写不同形式的题目、编写题目的注意事项等。

需要注意的是，评价一个学业成就测验质量的“好坏”的最基本原则是：该测验工具在多大程度上满足测验目的与测验内容的要求，以及测验题目在多大程度上符合测验蓝图的框架与结构。因此，在题型选择、题目编写等每一步都需要考虑如何更好地体现和满足测验目的和测验蓝图的要求。

（一）题型的选择

测验中常用的题型有是非题、多项选择题、匹配题、填空题、简答题和论述题。以上的题型可分为选择型题和问答题两类。选择型题是指给学生提供一系列可能的答案，他们要从中选择最合适的一项或几项，包括是非题、多项选择题、匹配题。问答题要求学生创造并提供他们自己的回答，包括填空题、简答题、论述题。不同题型需要被评价者完成不同的任务，它们具有不同的优缺点。表 17-1 详细阐述了不同题型的任务及其优缺点。

表 17-1　各类题型及其优缺点

题型		被评价者的任务	优点	缺点
选择题型	是非题	对一个陈述句或问句进行是与非（对或错）的判断，亦称为正误题	①各门学科都可以用 ②作答方便 ③评分客观、简单，可以用电子计算机评阅，既省时又省力又准确 ④命题准确 ⑤组成一次测验的题目数可以较多，测验内容覆盖面较大 ⑥测验的效率较高，即单位时间能覆盖的题目数比一般的多项选择题多	①易受猜测的影响 ②不能很好地考查一些复杂的知识和技能 ③不能考查被评价者做题过程中的思维和解题步骤
	多项选择题	根据题意在所提供的几个选项中选出正确的答案，正确的答案可以是一个或者一个以上	①各门学科都可以用 ②作答方便 ③评分客观、简单，可以用电子计算机评阅，既省时又省力又准确 ④组成一次测验的题目数可以较多，测验内容覆盖面较大	①命题有一定的困难，除了正确选项外，错误选项需要精心设计 ②猜测影响仍存在
	匹配题	从选项中为每个问题选择一个最合适的答案，亦称连线题	①最适合测量事实知识，以及事实间的相关性 ②测验的效率较高，即单位时间内能覆盖的知识点较多 ③评分客观、简单，可以用电子计算机评阅，既省时又省力又准确	①题目之间存在相互影响和提示，即某一选项被选择后，下一题作答时容易把已被选择的选项排除，有助于寻找正确答案 ②猜测影响仍存在

续表

题型		被评价者的任务	优点	缺点
问答题	填空题	根据题意在题目空白的地方填上正确答案	①各门学科都可以用 ②可以测量对知识记忆和理解的程度 ③猜测因素的影响减少	①不能考查被评价者做题过程中的思维和解题步骤 ②评分的主观性较强，作答的确定性较差 ③非人工评分的难度较大
	简答题	根据题意，用简短的词句来表述答案	①适合考查基本概念的基本原理 ②命题容易 ③猜测影响小 ④作答自由，被评价者发挥空间较大	①评分的主观性较强，作答的确定性较差 ②需要对评分者进行培训，会产生一定的成本 ③非人工评分的难度较大
	论述题	根据题意，用自己的话语来表述答案	①同时可测量高级的思维能力，包括表达能力、条理与逻辑、概括总结能力等 ②命题较容易 ③可以考查被评价者做题过程中的思维和解题步骤 ④猜测影响小 ⑤作答自由，被评价者发挥空间较大	①评分主观性强，很难制定比较统一、详细的标准答案，受评分者的影响较大 ②需要对评分者进行培训，会产生一定的成本 ③非人工评分的难度较大 ④单位时间被测验的题目数量少，涵盖的知识范围相对较少，题目取样的代表性影响较大

在设计题型时，我们要先对以下问题进行思考来选择合适的题型：(1) 哪些题型能最好地考查所需测量的内容，更能满足测验的目的？(2) 在限定的测验时间内，所选题型的题量是否能涵盖测验的所有内容？(3) 目标群体是否能够理解正确所选用的题型？(4) 评分时是否能够满足所选题型对评分者的要求？(5) 所选题目是否满足测验结果使用的需求？最后，需要提醒的是：一般情况下，建议在同一学业成就测验中不要只采用一种题型。因为不同题型的"应对"方式是不同的，有些只需要"背下来"，有些需要对知识的理解和应用。

当编题者确定了测验的题型后，需要提供一个提醒设置情况表，考虑不同测查内容对应使用的题型以及不同题型所占的比例。

（二）各类题型编写需注意的事项

1. 是非题的编写

每道题的题目表述要简单明了，不能似是而非、模棱两可。每道题只包含一个中心观点。题目不要直接抄录教材中的句子。保持句子简洁，并使用简单易懂的词汇和句型。慎用否定型句子，避免使用双重否定句。避免给答案提供额外的线索。答案正确和错误的题目要大致相等。

2. 选择题的编写

每道题目的题干都需要呈现一个明确、具体、单一的问题。题干的语言要注重简单、清晰，避免使用复杂的语言和结构化的问题。题干承载更多的内容，使每个选项中重复的相同的内容最少。题干的表述尽量多采用肯定的形式。当题干使用否定的表述方式时，以字体变化、下画线等方式突出否定的表述。确保预期正确选项是正确的或明显最优的。错误选项要“精心”设置。所有题目中正确选项与错误选项的位置应该是随机安排的。避免选项中存在带有“提示”功能的表述或呈现形式。

3. 匹配题的编写

在每个匹配题内各题干之间、各选项之间的性质应该相同。每个匹配题的分题干数量适当，以5个左右为宜。可使选项多于题干，或者允许选项重复使用，这可提高题目的难度，降低各题目间的依赖性。各题干和各选项之间的位置排序均需要考虑。

4. 填空题的编写

每道填空题的空缺处，都应该有非常明确的正确答案，而且答案的形式简单。一般情况下，填空题不要直接抄录教材中的原句后挖空。编题时最好不要使用问句的形式，可将正向陈述句子“挖空”作每道填空题。每道题空白的地方不能太多，最好只设置一个空白处。尽量把空白处放在句子的后面或中间，不要放在句子的开头。如果填空题的答案是数字，应该指明单位和数字的精确程度。可以通过空格的长度提供额外对答案有提示作用的信息。

5. 简答题的编写

简答题对任务的要求要清楚具体，避免笼统、过于宽泛。题目对答案的范围有明确的规定。评分规则要清楚，可采用按要点给分的方式进行评分。

6. 论述题的编写

论述题只能用来测查比较复杂的知识与技能。论述题对任务的要求要清楚具体，避免笼统、空洞。对于范围较广的题目可以改写成几个小问题。除非必要，否则不要让评价者自由选择题目作答。预留足够的时间给学生答题，但同时建议告诉学生解答每道题应花费的时间。评分规则要清楚，采用等级评分的方式进行评分。评分过程需要规范化。

三、预试与修订

当测验初步编制完成后，需要对测验进行预试，并根据预试结果分析题目的质量并对题目进行修订。预试是测验工具研发的关键一步。预试的一项重要任务是对测验题目进行质和量的分析，既包括测验题目内容的合适性评价，也包括题目表述的清晰性评价，还包括对测验结果的统计分析，确定测验题目的难度、区分度以及选项与正确答案的合适度。通过题目分析，将不合适的题目进行修改或删除，最后筛选出良好的题目编入正式测验的工具中。

（一）试题的预试

1. 预试题本的设计

预试测验题目的题本的设计与正式测验是一致的，同时题目数量应是正式测验题本的2.5—3倍。由于题目量大，学生作答时间有限，所以预试题本的设计中要使用多题本设计，用锚题链接技术将多个题本的测验结果链接起来。预试中锚题链接形式一般情况下采用循环链接的方式。在正式测验工具中，题本之间的共同锚题数量控制在8—10个就可以保证链接质量，但由于研发人员不清楚具体测量指标且不清楚这些共同的题目是否可以承担锚题重任，因此一般建议至少设置16个题作为锚题参加预试。锚题应该放在题本的开始或者中间位置，难度水平控制在：参加测验的人员有40%—60%的可能性作出正确回答。

2. 预试样本的设计

预试一般选择与目标人群相似的学生群体进行，预试学生的人群特征与目标学生的人群特征是一样的，能较好代表目标群体，应包含不同地区、不同类型的学校。样本量不应少于500人。

3. 执行预试

预试题本在进行施测的时候，注意各个测试环节的控制应与正式测验时一致。通过预试的实际执行，测验工具管理人员与研发人员可以发现实际测试中可能遇到的问题。对这些问题进行收集，以便根据预试执行过程中的情况对测验工具进行修改。预试时，主试要详细记录学生在施测时所遇到的问题及发现的疑问，管理人员对主试的记录进行收集和整理，例如，测试时间的长度是否合适、预试工具本身是否存在一些问题让学生在作答中产生困惑。

4. 预试评分

与一般的问卷不同，试题的作答数据需要进行评分后才能进行分析，且评分过程本身也是预试的一部分。一般情况下，选择题答案简单、清晰、固定，因此可以通过答题卡方式收集，用计算机阅卷的方式进行评分，而对于主观性强的简答题或者论述题，就需要评分人员进行手动评分。评分人员和命题专家一样，需要进行培训。在进行培训前，命题专家要制定评分标准，并结合实际预试中收集的答案类别，对评分准则进行修订。将修订后的评分标准作为培训材料，对评分人员进行培训。在评分的初期，测验管理者要频繁地检查评分人员的评分质量，在确保评分人员掌握评分标准后，管理者可以降低检查的频率，但是对评分质量的检查和监督应该贯串整个评分过程。

（二）试题的质量分析与修订

根据预试的结果，分析测验题目的质量，包括题目层面的分析和测验层面的分析。

1. 题目层面的分析

在题目层面，需要对题目的回答率、难度、区分度以及选项进行分析。选择正式测验工具中的测验题目有两个核心的准则。第一就是测验题目必须符合测验框架的要求，与测验蓝图中的知识和能力要点吻合。第二就是测验题目必须具有良好的测量学指标。

正式测验工具中测验的难度水平应该与测验的目的相适应。如果测验的目的是了解国家或地区内学生学业成就水平的发展情况，那么测验的难度就应该维持在中等的水平。如果测验的目的是关注高水平学生的发展情况，那么测验的难度就不能过低，需要一些高难度的题目。需要说明的是，在分析预试数据的时候，命题专家应该与数据分析员一起讨论，决定哪个题目需要删除，哪个题目需要修改以及如何修改。

2. 测验层面的分析

除了分析每个题目的质量外，还需要在测验层面进行质量分析，包括测验的信度（如内部一致性、评分者信度等）、效度（如内容效度、结构效度等）等。此处需要强调的是，学业成就测验编制的第一步需要构建测验蓝图。在题目修订的时候，也需要请学科专家审核题目是否符合测验蓝图的要求，题目是否真正测量了所需测量的知识和技能，经过筛选和修订的题目是否覆盖了测验蓝图的内容。这与测验的内容效度、结构效度都有密切的关系。目前，在国际大型教育评价项目中，对于学业成就测验质量的分析，除了采用经典测量理论下的指标外，更多地采用项目反应理论及其模型进行分析，确保测验的精确性和有效性。

第二节　问卷开发

一、开发流程

一般来说，问卷的编制需要四个步骤，分别是准备、初步设计、预试和修订。但由于在教育质量监测中，问卷是众多监测评价工具之一，与其他工具一起扮演“检测器”的角色，涉及众多环节和人员，因此，在教育质量监测过程中问卷编制的流程会有一些不同。表 17-2 展示了教育质量监测问卷编制的一般流程，共有六个步骤，分别是确定问卷编制的目的、确定问卷的框架、编制问卷、制定数据分析计划、实施预试、形成正式问卷。每个步骤涉及的人员不同。并且步骤 3（编制问卷）和步骤 4（制定数据分析计划）密切相关，两者没有明确的先后顺序，在实际操作中会出现同时进行或反复出现的情况。

表 17-2　问卷编制的一般流程

流程	具体内容	涉及人员
1.确定问卷编制的目的	清晰描述问卷编制的目的及数据的可能用途、调查对象	政策制定者、关键的利益相关者、工具研发管理者
2.确定问卷的框架	设置问卷编制的框架，包括调查内容和主题、题目类型等	工具研发者、领域专家、数据分析人员、经验丰富的编题专家、经验丰富的教师、关键的利益相关者
3.编制问卷	编制问卷的题目	工具研发管理者和编题者
	提高问卷的清晰和实用性	工具研发管理者和编题者
	复查问卷的题目	工具研发管理者、政策制定者、关键的利益相关者
4.制定数据分析计划	制定具体的数据分析方案，包括使用哪种分析方法、合成哪些变量和指标等	数据分析人员和工具研发管理者
5.实施预试	设计、生成、校对预试问卷	工具研发管理者、编题者、版面设计和排版人员、校对人员
	撰写预试的管理手册和培训手册	工具研发管理者、编题者
	实施预试	工具研发管理者、后勤支援管理者、主试

续表

流程	具体内容	涉及人员
6.形成正式问卷	分析预试的数据	工具研发管理者、数据分析人员
	根据预试的结果和收集的信息修订问卷和管理手册	工具研发管理者、编题者、数据分析人员
	形成正式问卷	工具研发管理者、编题者、版面设计和排版人员、校对人员

二、题目编制

首先,问卷研发的第一步是问卷编制的整体设计,即确定问卷的调查框架。问卷的调查框架包括问卷内容、问卷目的、调查对象、题目形式、问卷结果公布等一系列内容。

明确问卷调查的内容:本次教育质量监测的目标是什么?涉及哪些核心概念、变量、主题?

确定调查对象:信息来源是比较多方面的,不同的调查对象提供的信息是不同的。

选择问卷的形式:使用结构问卷还是无结构问卷?使用开放式问题还是封闭式问题?选择题还是填空题?等等。

其次,要明确问卷的一般结构。问卷一般包括卷首语、问题、选择答案和结束语部分。问卷的封面呈现的是卷首语,包括标题、前言和整体指导语,是测试者首先看到的部分,对调查者的填写心态、情绪、动机都会有重要影响。问题和选项是问卷的主要部分,也是调查结果的来源。结束语在问卷最后一部分呈现,也可省略。

最后,正式编制问卷题目。问卷研发者需要根据问卷调查的目的、调查对象、调查条件来选择合适的问卷类型:结构问卷和无结构问卷。除此之外,还要选择问卷的题型:填空题、选择题和问答题。如何选择问卷类型和题目类型,需要先思考以下四个问题:哪些问卷类型、题目类型能更好地满足调查的目的?所选用的问卷结构、题型是否能被调查对象理解、能正确回答?所选问卷类型、题型是否满足调查结果使用的需求?调查的条件是否满足所选问卷类型、题型的需求?

三、预试与修订

当问卷编写完成后,需要进行预试。问卷的预试包括两部分:一部分工作是根据正式问卷调查的条件、调查环境、被调查者设计预试,收集数据;另一部分工作是向同一领域的专家、与调查内容相关的人员征求对问卷的意见,看是否存在不恰当、与实际不符合的情况。根据两部分工作收集的资料对问卷的质量进行分析。

从题目的回答率、区分度、信度、效度、选项分析以及访谈结果这些方面进行综合分析,挑选质量高的题目,对质量不高但内容重要的题目进行改写,形成正式的问卷。

第三节　表现性评价工具开发

一、编制流程

表现性评价工具的研发与其他类型工具的研发类似,都需要遵循严格的编制流程,且需要不断循环修改。从概念框架的构建，到评价细目表的编制，再到表现性任务的设计与专家审核、评分规则设计，经过多次循环和逐步完善，才能确保表现性评价工具的质量。

(一) 构建概念框架

概念框架的设计是从构念定义开始的。测验任务的构念是表现性任务研发的理论基础，决定表现性任务特点、指导任务的研发和评分规则的制定。在确定概念框架时，需要综合考虑教育质量监测的目的、监测内容及监测对象。

(二) 编制评价细目表

评价细目表将表现性任务与评价目的相联系，内容包括任务考查的内容维度、认知过程的权重以及任务的测量学特性等信息。具体编制流程如下：用清晰简洁的语言描述表现性任务考查目标的所属领域；描述任务预期的目标成果；用直观的形式列出任务涵盖的知识内容；编制细目表，说明每个测查内容所占的比例和分值；比较细目表与目标领域的匹配度，检查任务的代表性。

(三) 设计表现性任务

表现性评价所采用的任务形式是多种多样的，它既可以是用来评价具体知识和技能的简短纸笔式任务，也可以是用来评价广泛的知识、过程及能力的复杂式任务。但表现性任务的一个突出特征是这些任务一般都是对真实生活情境和问题的模拟。

(四) 专家审核

考虑到评价的知识与加工过程的全面性，以及任务的语言可能带来的不公平性，为保证评价质量，需要请专家对表现性评价任务进行审核。专家审查需要一个经过训练的审查小组来评价每一个表现性任务。专家审核的内容包括：任务内容是否基于评价细目表进行设计；是否涵盖了所有需要考察的指标；任务的要求是否明确；表述和措辞是否清晰准确；是否对特定学生群体有偏见；是否存在敏感性问题，比如宗教信仰话题；任务的一些无关因素是否会影响被评价者的表现，比如以“出国深造的优势”为题进行 5 分钟的演讲，这一主题的设置会限制对出国深造情况了解较少的学生的发挥，不能完全展示自己的语言表达能力。

审核小组成员在审核表现性任务时，主要注意遵循一个原则：考虑到不同水平和能力学生的情况，保证所有学生对问题和任务有共同的理解。审核是一个循环往复的过程，任务研发的过程中、预试前后都需要经过多次审查与修订。

(五) 制定评分规则

评分规则的制定是表现性评价工具研发的重点和难点，对评价的准确性和客观性有重要影响。在大规模教育质量评价中，评分规则常由一组专家制定，这些专家需要具有丰富的学科知识以及丰富的教学经验。

评分规则是针对某个具体任务进行设计的，不可泛化到整个构念领域。评分规则的设计需要依赖于详细的标准，对学生的行为表现作出不同等级的划分，每个等级的行为特征都要有具体、清晰的描述，这样评分者才能够准确、客观地评判学生的表现水平。

二、题目编写

表现性评价工具包括用于测查学生掌握知识和技能的问题、任务以及辅助表现性评价实施的评分规则和评分工具。表现性评价工具的初步编制的步骤分别是制定评价目标、明确评价内容、设计表现性任务。

（一）制定评价目标

所有的评价都始于一个清晰、适当且有价值的评价目标。因此，制定评价目标是研发表现性评价工具的第一步。表现性任务可以评价学生的各种学习结果，但最常用于评价传统纸笔式评价工具不能评价的知识和技能上，包括对任务的理解和思考过程、复杂的知识技能以及高级思维能力等。针对不同的评价目标，表现性任务的形式和侧重点也会不同。

在大规模教育质量监测中，需要根据监测的目的和内容制定表现性任务的评价目标，然后再将目标具体、明确、清晰地描述出来。

（二）明确评价内容

在确定表现性任务的评价目标之后，要确定表现性评价的评价内容。评价内容是评价目标的体现，也是评价目标实现的基石。评价内容的确定与评价目标紧密相关，评价目标越高、越详细，相应的评价内容也就越多；反之，评价目标越简单，评价内容也就越少、越简洁。评价内容确定之后，要将评价内容转化为具体的评价指标，也就是把评价内容分解为具体的、可观察的行为指标。一般来说，评价内容的每个方面都要细化为具体的行为表现，以便于进行观察，确保表现性评价是具体的、可操作的，而不是仅仅停留在无法进行等级评价的抽象概念上。评价指标越具体，评分时越容易操作，主观评分所导致的误差越小，评价越准确。

（三）设计表现性任务

当明确了表现性评价的评价目的和内容后，便可开始设计表现性评价任务。一般来说，主要包含以下四个步骤：

1. 根据评价目标和评价内容选择合适的任务形式

已有研究表明，即使是相同的内容，如果任务的表现形式或呈现方式不同，学生的认知加工策略和表现也会存在差异。表现性任务有很多不同的类型，包括演示、实验操作、口头表述、书面报告、模拟表演、论文写作、艺术创作等，在设计任务之前，应选择最能体现评价目标、最适合测查评价内容的任务形式。

2. 创作情境反映评价内容

表现性评价一般在相对真实的情境中对目标内容进行考核评价，创作一个既具有实际意义，又接近现实生活且能实现对目标内容进行考查的任务情境很重要。

3. 编写任务指导语

任务指导语就是用清晰简洁的语言向学生描述任务的情境，即提供给学生的背景信息有什么，期望学生做什么，完成任务要达到什么样的行为表现。如果测验任务的指导语含糊不清，会导致学生对任务产生误解，从而影响任务评价的信度和效度。

4. 建立评分标准

当表现性任务设计完毕后，就要开始建立一套完善、详细、公平的评分标准。在评分标准中，需要对学生在完成任务过程中出现的行为作出不同等级的划分，每个等级的行为特征都要有具体、清晰的描述，从而帮助表现性评估实施者和评分者客观、准确地评价学生的表现。

三、预试与修订

在表现性评价工具编制完成之后，还有一个必不可少的工作是预试。通过预试，可以对工具的质量进行分析,还可以发现实际测试中可能遇到的问题,比如,环境设置是否合适,所需器材是否可获得,学生的作答时间是否充足,评价方式是否合理,等等。根据预试过程中出现的问题,对表现性工具进行修改和完善。

(一)表现性评价预试实施

首先,环境检查。不同于测验法、问卷法等传统测评方法,表现性评价更加强调任务性和真实性,且很多表现性任务是直接让学生在一个真实环境中完成某个操作性的任务,因此表现性评价对环境的要求更高,环境准备不充分将产生更严重的后果。故环境检查是表现性评价预试的一个重要方面。在预试前,应检查学生完成表现性任务的场所是否满足要求、所用的工具是否齐全等。如对于立定跳远任务,要在预试前检查立定跳远测试仪是否精确、仪器的摆放是否合理等。在预试中,应观察预试的场所、工具等是否有利于学生完成任务,记录环境设置不便的地方,以便在正式施测中加以改进。

其次,观察者准备。观察者的准备是预试最重要的环节,因为表现性评价的评价效果很大程度上依赖于观察者对学生在任务中的表现的评判,观察者在评分上的"专业"素质是非常重要的,所以观察者应在正式测试前进行准备工作,包括熟悉所提供的书面指导语、熟悉提供关于表现性评分的样例以及接受评分训练。需要注意的是,在预试前对观察者进行评分训练,是为了保证观察者的评分的有效性,以便在此基础上对表现性评价工具进行有效的评判。当然,在正式施测中,对观察者进行评分训练也是必不可少的。

最后,预试的过程要完全遵循正式测验的流程,以便检验表现性任务实施的各个环节是否存在问题,为工具的修改和完善提供依据。包括:用简洁、明确的语言解释需要学生完成的任务;向学生解释并演示可使用的工具、仪器及其他资源;提前告知学生其被评价的方式和评价标准;在表现性任务进行的过程中,记录出现的问题,在预试后收集所有问题,并对表现性评价工具和实施过程进行修订。

(二)表现性评价工具的信度和效度

在给学生表现评分时,有三方面的因素可能导致评分结果不一致(即信度不高):一是评分标准的解释比较模糊,容易出现歧义,导致评分不准确,因此表现性评价需要制定具体、明确、可操作的评价标准。二是评分者的严格程度、对规则的理解、主观态度等自身特征会影响任务的评分,因此应将评分规则精细化,重视对评分者的选拔、培训与核查,以获得更高的评分者一致性。三是任务带来的变异成为表现性评估主要的测量误差来源,尤其是在科学、数学、写作等学科领域的表现性评价任务中。表现性评价要想达到0.8的信度系数,数学评价需要15个任务,科学评价需要8个任务,科学表现性评价则需要23个任务。因此,为减少误差、提高信度,应合理设计表现性任务,在条件允许的情况下,采用多个表现性任务对学生加以评价。

在大规模教育质量监测过程中,表现性评价工具的效度也是非常重要的。效度指的是测试得分推论有意义、恰当、有效,即根据测试预期的用途,测试得分能获得相关证据与理论支持的程度。表现性评价实施过程中的误差会影响评价的有效性。因此,在表现性评价正式实施前需要对以下误差的来源进行控制:一是控制与构念无关变量的影响。分析与构念无关变量(如学生的选择权、评分者对题目无关特征的关注、计算机自动评分程序、学生的动机等)对评价结果的影响,在正式的测试中对相关变量进行控制,确保结果的可靠性和准确性。二是表现性任务特征的影响。表现性任务的设计是否考虑到学生在相关学科的认知能力，这将影响分数解释的效度。另外表现性评价的直接性对于任务的效度也是十分重要的，即表现过程或成果要能够明显地展现测评所关注的技能水平。三是表现性评价中的群体差异。群体差异的分析主要着眼于评价在两个或多个群体间的差异，主要通过匹配考生能力，进而检验均数差异或者不同组在个别题目上的反应差异而实现，即项目功能差异检验。对于大规模教育质量监测而言，涉及的区域广泛，经济发展不均衡校间差异大，因此，对于题目功能差异的检验尤其重要。虽然研究者认为表现性评价可能提供更为公平的评价，但事实上，表现性评价也可能受到与构念无关变量的影响，导致项目功能差异产生。

本章小结

教育质量监测工具是评价监测中不可缺少的手段，其开发具有很高的科学性与专业性要求。本章介绍了试卷、问卷和表现性评价三种工具开发的基本流程与方法。每一种监测工具开发基本上都是由目的与理念构建、题目编写、预试与修订等几个环节组成的。可靠性与有效性是衡量监测工具质量高低的重要维度与标准。确保监测工具的可靠性与有效性，是保障与提升教育质量监测水平的重要前提。学会开发与应用教育质量监测工具，对于保障与提高教育督导质量具有非常重要的意义与价值。

拓展阅读

PISA2009 阅读试题的筛选方法和标准

(1)试题在各国间的相对难度比较。首先计算各试题在所有 OECD 成员中总的难度水平，然后将各个国家(地区)的数据分开，分别测算每道题目在各个国家中的难度，比较两组数据，如果在某个国家(地区)，某道试题的难度水平显著高于或低于该试题在所有 OECD 成员中的难度水平，那么就要进一步检查该试题是否存在翻译上或者其他方面的问题。

(2)试题的效度。一是检查各试题得分与总分的点二列相关，看各试题是否与总的测评目标一致。相关系数大于 0.39 的试题是比较好的，可以保留，相关系数在 0.2—0.39 的试题可以进一步改进，小于 0.2 的试题一般要淘汰；如果选择题的正确答案选项对应的点二列相关是负值，或干扰项对应的点二列相关是正值，那么该试题一般也要淘汰。二是检查各试题得分类别对应的学生能力是否是有序排列，如果满分学生的能力值小于部分得分或者零分学生的能力值，那么试题就有问题。

(3)检查各试题得分与项目反应理论模型的拟合度。

(4)试题功能差异分析。例如，对某道试题的性别功能差异分析，就是看同样能力水平的男生和女生在该题的正确率上是否有显著差异。此外，还要做国家功能差异分析和语言功能差异分析，有偏向的数据要排除。

(5)评分者信度。一部分试题采用 4 位评分员分别评分的办法，比较 4 位评分员之间的一致性，一致性低的试题要具体分析，或修改，或淘汰，或加强评分员培训。

(6)在情境、能力、文本形式、文本类型、题型等方面选择符合 PISA 测评理论框架的结构分布。

(7)试题总量和需要的测试时间适当。

(8)试题能引起学生的兴趣并具有文化代表性。

(9)试题有较长的时效性,所涉及的内容和材料不会很快过时。

资料来源:陆璟.PISA测评的理论和实践.上海:华东师范大学出版社,2013.

思考与练习

一、单选题

以下哪类评价是指客观测验以外的一类测验,其以行动、作品、表演、展示、制作档案资料等更真实的表现来展示学生的口头表达力、文字表达力、思维思考力、随机应变力、想象力、创造力和实践能力,以及展示学习成果与过程。(　　)

A. 评定量表评价　　B. 表现性评价　　C. 客观题评价　　D. 主观题评价

二、填空题

1. 试题是测验的一种形式,其标准化程度较高,需要严格遵循一定的原则和编制步骤,请填写如下流程图:

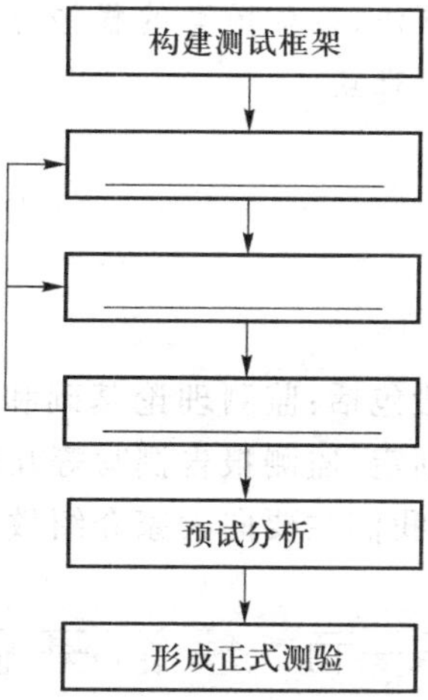

2. 问卷的封面呈现的是卷首语,包括标题、前言和________,是测试者首先看到的部分,对调查者的填写心态、情绪、动机都会有重要影响。

三、论述题

1. 试题编写中有哪些主要题型?每一种题型编写的注意事项有哪些?

2. 论述如何进行表现性评价工具的预试与修订?

第十八章　教育质量监测实施

学习目标

通过本章的学习，应了解教育质量监测实施一般流程、理论基础和框架构建、标准划定方法、报告撰写的程序与要求等内容。

学习指导

本章学习的重点是标准划定方法、报告撰写的程序与要求。对经典测量理论和项目反应理论的理解和掌握既是重点也是难点。

建议学时

3 课时

教育质量监测实施的流程一般包括：监测理论基础和框架的构建、测验的开发与设计、题目命制与审定、组织实施、标准划定、监测报告撰写等几部分，测验开发和题目命制已经在第十七章向大家详细介绍过，本章我们主要向大家介绍教育质量监测的其他几个环节。

第一节　理论基础

大规模教育质量监测需要来自教育学、心理学、社会学、统计学、信息科学等各学科领域的支撑，特别是教育测量评价领域相关理论基础。

一、经典测量理论

（一）概念

经典测量理论中有三个重要概念。第一个概念是真分数，它是被试真正的潜在能力。第二个概念是观察分数，是被试在测验或者考试中得到的分数。第三个概念是测量误差，指一些其他不确定因素在测量过程中对测量结果产生的影响。这三个概念之间的关系是：

$$X=T+E$$

其中：X 是观察分数，T 是真分数，E 是测量误差。

例如，考生在某次考试中得到 90 分，而这个分数只是一个观察分数，它不代表考生的真实能力值就一定是 90 分。如果考生今天发挥失常，那么 90 分就低估了他的真实能力值，反之，如果这个考生今天发挥超常，那么90分就是高估了他的真实能力值。因此，90分既包含了考生的真实能力值，又包含了一定的测量误差。经典测量理论认为，如果对考生实施多次测量，就可以将观察分数的平均数近似看作考生能力的真分数。

经典测量理论认为，真分数是指在进行心理测验时，受测者在心理测验欲测特质上的真实水平，但由于测量误差的客观存在，测量结果不可能是完全没有误差的真值，而是包含测量误差在内的观察分数。因此，经典测量理论假定：(1)测量误差是随机的，并服从均值为零的正态分布，这就是说测量误差与真分数二者之间相互独立，各种不同来源的测量误差之间以及测量误差与其他变量之间都是相互独立的；(2)被试总体的误差均值为零；(3)平行测验的误差分数不相关。

(二) 优势及局限性

经典测量理论的优势表现在它基于比较弱的假设，理论基础较容易理解，分析时也不要求严格的拟合性检验，因而适用于绝大多数的心理与教育测验资料，但是，它仍有很大的局限性：

1. 观察分数等权重线累加的不合理性

在经典测量理论中，许多测量学指标都是基于观察分数的直接累加得到，对于被试总分来说，分数的累加过程是很不合理的，因为题目之间难度、区分度有高低之分，答对不同难度和区分度的题目就应该给予不同权重的分数，而不是在相同权重基础上简单累加。

2. 测验对被试的评价依赖于测验的具体项目组合和项目数量

在经典测量理论中，测验对被试的主要评价指标之一是测验总分，而测验总分是被试在各个项目上的观察分数的组合。在用测验总分评价被试时，不同被试之间水平的比较只能在他们参加了同一份测验的情形下才能进行，而如果不同被试参加了题量相同而题目不同的或是题量不同的测验，那么总分之间事实上是不可比的，除非这两个测验是严格平行的测验。因此在经典测量理论中，测验分数的解释依赖于测验的具体项目组合和项目数量。

3. 测验及项目的性能指标的估计依赖于具体的被试样本

经典测验理论有一套刻画测验及项目各方面性能的指标，但在经典测量理论中，性能指标同样也是通过观察分数的简单转换得到的，这些性能指标的估计严重依赖于参加当前测试的具体被试样本的特性。最明显的例子就是，项目难度估计值会随着参加测试的被试样本群体水平的变化而变化。项目区分度、测验的信度和效度，由于它们本质上都是通过对观察分数的相关系数计算来进行估计，而我们知道，相关系数的计算也是依赖于具体的被试样本群体。因此，同一测验在不同被试样本群体上施测，所估计的性能指标会不一样，对测验性能的解释也就不一致。

4. 被试能力与项目难度两个指标含义的非统一性

经典测验理论中，被试能力水平是用测验总分表示的，测验总分则是由全体测验项目计算得到，被试得分是被试在项目集上的正确作答比例。项目难度值是在该项目上作答成功的被试的比例，项目难度的参照系是全体被试。因此，这两个指标的参照系是不相同的，事实上也是不可比较的。

5. 测量误差估计的不精确性和笼统性

测量的目的是获得对象的精确测值。而任何测量过程都是有误差的，在得到测值的同时，测值的误差估计也非常重要。在经典测验理论中，测量的随机误差值是通过测量的信度来估算的,但经典测量理论中测验的信度估值是不精确的、笼统的。首先,经典测量理论的信度按"真分数方差与观察分数方差的比"的定义公式求取,这从信度的计算本身而言就是不精准的。其次,在经典测量理论中,测验的误差估值只有一个。经验告诉我们,同一测验在估计不同能力水平的被试时,其误差是不一样的。因此,只用一个误差估计值来评价所有被试测值的精确性是非常笼统的①。

二、项目反应理论

(一)概念

我们知道,影响被试在项目上的作答结果的主要因素有两个:一是被试本身的能力水平;二是项目的计量学属性,如项目难度、区分度和猜测性。按照一般经验来说,在同一项目上,能力水平越高的被试,答对这个项目的可能性就越大;而对于同一个被试来说,越容易的项目也越可能被答对。

作为现代测量理论重心的项目反应理论(Item Response Theory),其特点是以概率函数的形式来描述项目作答反应结果是如何受到被试能力水平和项目特征联合作用的影响,具体来说,就是依据被试在各个项目上的实际作答反应结果,经数学模型的运算,统一估计出被试的能力水平或潜在心理特质水平,以及项目的计量学参数。描述被试能力水平、项目参数与项目作答结果之间关系的数学模型称为项目特征函数(Item Characteristic Function, ICF),以图形表示则称为项目特征曲线(Item Characteristic Curve, ICC),如图 18-1 所示。

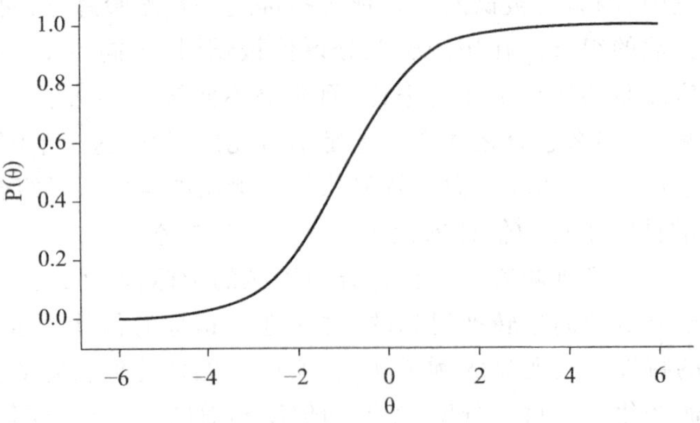

图 18-1 ICC 曲线

(二)项目反应理论的优势及局限性

项目反应理论具有以下优势:

1. 被试能力参数与项目参数具有不变性的特征

只要测试同一特质的测验项目的参数具有足够宽的覆盖,也就是测验中既有难的题目,有中等难的题目,也有容易的题目,那么,不管项目分布形态如何,被试能力参数的估计就不依赖于具体的项目;同时,只要在同一维度上被试的能力水平分布全距足够宽,那么,不管被试分布形态如何,项目参数的估计也不会依赖于具体的被试样本群体及其分布形态。

① 罗照盛. 项目反应理论基础[M]. 北京:北京师范大学出版社.,2012:1-3.

2. 被试能力参数与项目难度参数具有统一的量表

根据项目反应理论模型估计出来的被试能力参数与项目难度参数具有统一的量表，即被试参数与项目参数可以被标定在同一参照尺度上，这样，两者就可以直接在这个尺度上进行比较和解释。被试能力参数与项目难度参数具有统一量表的特性，为项目反应理论的实际应用带来极大方便，特别是在指导测验编制及进行自适应测验中，可以有针对性地选择适合被试能力水平的项目，以使测试更加高效和精确。

3. 可以针对不同被试精确估计每个项目及测验的测量误差

测量误差是评价测验质量的主要指标，其中，用于标志随机误差造成的测验结果一致性问题的指标叫作信度，信度与测量标准误差之间存在反比关系。

在项目反应理论中，每个项目和测验为被试每个不同特质水平的估计提供了独立的信度指标，及相应的被试特质参数估计误差指标。在项目反应理论中，用信息量来代替信度的概念。信息量通过信息函数（information function）来计算，信息函数是项目反应理论中一个非常重要的概念，它分为项目信息函数和测验信息函数，测验信息函数是项目信息函数的累加。信息函数反映了项目或测验在估计被试特质水平时所提供的信息量大小关系。不同项目对同一被试特质水平可以计算独立的信息量值，这些信息量之间可能很不相同，具体要看项目难度与被试特质水平的匹配程度及项目的区分度等参数指标特性。有了不同项目对不同被试单独计算信息量值的方法，我们就可以对每个被试的特质水平估计误差进行主动控制，从而更加有利于指导测验的编制①。

尽管项目反应理论有以上种种优点，但还是存在一些局限性。最大的局限性就是对于测试条件要求高，对被试样本量以及测验题目数目要求比较大。因此，那些小规模的测试是不适宜使用项目反应理论的。第二个局限性就是，项目反应理论的统计模型比较复杂，难于理解，很多基层的专家和教师不能很好地掌握这一理论。最后，项目反应理论在测验的效度问题上并没有提出独到的见解②。

第二节 框架建构

测验框架是对评价和分析的理论基础及内容依据的相关说明和模型表达，往往要阐明评价与分析的目的、主题、领域和标准、对象和方式以及提供何种类型的反馈。高质量测验框架会在思想层面体现对教育质量、学业成就等重要概念的理解，体现教育理论研究、学习领域研究和教育政策研究的新进展；在操作层面便于科学、合理、深入、综合地解释和分析各类实证资料。在此过程中，要广泛寻求来自教育政策专家、教育评价专家、领域命题专家、信息技术专家等多方专业技术人员的合作，并征求、采纳来自于课程专家、政策制定者、校长、教师及参加测评人员的意见。在框架构建的过程中，需要关注以下环节：

一、明确监测的功能定位

明确功能定位是评价框架建构的前提。在对国内外学业成就调查进行比较分析后发

① 罗照盛. 项目反应理论基础[M]. 北京：北京师范大学出版社，2012：4-7

② 张丹慧，张生，刘红云. 基础教育质量监测抽样设计与数据分析[M]. 北京：北京师范大学出版社，2015：75-78.

现,大规模学业成就调查可划定为不同类别,从服务对象来看,可划分为国内省级层面、国家层面及全球层面。例如,由 OECD 主持的 PISA、由 TEA 主持的 TIMSS 和国际阅读素养进展研究(PIRLS)项目等均属于全球层面大规模学业成就调查的典型范例;由美国教育部实施的 NAEP、由日本文部科学省领导的 NAAA、中国教育部基础教育质量监测中心实施的 NAEQ 项目等则为国家层面的范例;由加拿大安大略省教育质量和问责办公室(EQAO)实施的省级学业水平调查、中国北京市教委实施的 BAEQ 项目等为国内省级层面的代表。从服务内容来看,基于不同的实施功能与目的,可划分为以 PISA、NAEP、NAEQ 为代表的指向宏观教育政策研究类调查,以 TIMSS、PIRLS 为代表的指向中观课程研究类调查,以 NAAA、EQAO、BAEQ 为代表的指向微观学校层面教与学质量研究类调查。

二、明确监测框架的基本构成

起初,大规模学业成就调查的评价框架大多仅由学业成就测验所指向的多个内容或能力领域的相关说明构成,例如,PISA2001 的评价框架分别由阅读框架、数学框架和科学框架构成,TIMSS2003 的评价框架分别由数学框架和科学框架构成。

近年来,由于对学业表现影响因素分析力度的不断深入,大家逐渐认识到学业成就测验分数只有在其产生的系统背景下才能够被有意义地解释,学业表现的影响因素也应是教育质量的关键指标。例如,PISA2012 在原有学业成就测验所指向的内容或领域框架基础上,增加了背景问卷所指向的调查框架。

三、明确实践需求,夯实理论基础

框架建构过程中,要深入了解来自教育实践的需求,确立相应教育理论研究基础。

(一)明确教育实践需求

评价的实践需求主要来源于两个方面:一方面为教师和学校所关注的、与课程和教学有关的难点和焦点问题,如教与学质量现状、课程与教材选择、学校教学管理等;另一方面则为社会公众与教育政策制定者长期以来关注的难点、热点和焦点问题,如教育质量的公平性和均衡性、公民核心素养的培养、教育公平性、课业负担问题等。对教育实践需求的了解往往形成于与家长、教师、学校管理人员及教育政策制定者进行多轮调查、座谈、讨论的过程中,同时还要查阅研读大量政策类的文献资料。采用问题清单方式,明确其中哪些问题可能通过学业测验和问卷调查提供实证依据。

(二)确立研究的理论基础

结合教育实践需求,寻找、追溯相关教育理论的发展脉络与现状并确立理论研究基础,体现框架建构的思想性内涵,将对后期调查结果的综合解读提供有力支撑。在确立过程中,首先,要从大规模学业成就调查的功能定位出发,查阅研读大量学术类文献资料,确定能满足教育实践需求,具有较强前瞻性、开放性与包容性且较易在操作层面实现的理论雏形;其次,还要加工综合多方面信息,对理论雏形进行局部调整,再确立完善理论研究基础。

(三)建构成就调查维度及核心概念体系

调查维度是指从哪些角度对框架进行建构与表述,体现了框架的组成结构,核心概念体系则是对各调查维度的具体支撑。每个成就调查维度包括多个核心概念,隶属于各维度的核心概念可归纳为三类:政策性概念(如学业成就表现、学校规模、生师比等,来源于对政策的解读)、学术性概念(如学术氛围、自我效能等,来源于对学术文献的解读)及被大众广泛认同的日常概念(如性别、种族等,来源于约定俗成的常规认识)。为加强对核心概念内涵的一致性、标准化理解,许多大规模学业成就评价项目拥有本项目的概念解读表。

四、确定技术路线、实施对象与方式

技术路线指对要达到的技术目标所采用的技术手段、方法、步骤等的说明。合理的技术路线是保证顺利实现既定评价目标的关键。一般来讲,教育质量监测的技术路线可划分为两类:定量研究方式或定量与定性相结合的研究方式。定量研究主要包括学业成就测验和问卷调查,定性研究包括课堂观察、案例分析等。

监测框架还要对监测对象与方式进行简要说明,如 PISA 抽测参与国国家与地区的 15 岁学生,TIMSS 抽测四、八、十二年级学生等。

第三节　标准划定

为便于对测验结果进行解释,常常需要根据相应表现水平描述将考生划分到某有序的表现水平(类别)中,这个过程就是标准划定。最为通常的标准划定就是将考生分为"及格"和"不及格"两类。国际上大型测试项目将学生的表现划分为不同的水平,并详细地描述了不同等级的学生在某一领域具备什么样的技能水平,如 TIMSS2003 将学生在数学和科学上的表现划分为四个等级,美国的 NAEP 项目将学生的表现划分为三个等级,OECD 组织的 PISA 项目将学生的表现划分为六个水平。标准设定的本质是将内容标准转换为表现标准的过程,即在测验上确定一个分界分。主要的目标是对学生进行分类(通过、未通过,或几个水平),便于对结果进行解释,为决策提供依据,有助于形成考试行业标准与规范。

然而,标准划定的有效性在教育测量领域是备受争议的话题①,主要就在于标准划定的过程中不可避免地有人为主观的判断,并不是一个完全客观、科学的过程。尽管标准划定的过程备受争议,人们还是逐渐接受了一种观点,那就是所有的标准划定方法即使再详细和系统,也都必须依赖评判者的主观判断,但是主观并不代表武断。因为标准设定的整个过程是经过精心规划,并收集了大量的数据,且培训和选拔了那些最能够充分理解标准划定过程的专家评委,最后还要经过一系列的分析对结果进行论证和评价。

总体而言,标准划定的过程包含着几个关键点:首先是要选择使用什么样的标准划定方法,即选择专家组并对其进行深入培训;其次是依照严格的程序完成标准划定的一系列任务;再次是整理并核对分析数据;最后就是要严格通过数据分析验证结果的有效性。接下来将介绍两种常用的标准划定方法:一种叫修正的安哥夫法,另一种叫书签法。这两种方法利用若干个分界点将连续的学生能力表现人为地划分为不同水平。

一、修正的安哥夫法

修正的安哥夫法最早在 1971 年提出,其基本操作是一群裁判要对一名刚刚达标的考

---

① 张丹慧,张生,刘红云.基础教育质量监测抽样设计与数据分析[M].北京:北京师范大学出版社,2015:103-104

生在某个题目上的表现进行判断,判断其是否能正确回答该题目,将所有题目的判断结果相加便是分割点。在 Impara 和 Plake(1997)的提议下,开始使用考生群的概念,即具有某些共同特征的学生群体,如刚刚达标水平的学生群体。这种方法的一般做法是裁判之间独立工作,判断一组刚刚达标的考生在每一道题目上正确作答的百分比,此比例之和被看作“裁判的最低通过水平”(the Minimum Passing Level for judge,MPLj)。MPLj 表示每名裁判为测试设定的分界点,这些分界点的平均分就是测试的最终分界点。这种方法不仅适用于对刚刚达标的考生进行判断,还可以应用到对考生进行其他分类,例如裁判形成一组“刚好优秀”考生的概念为优秀等级设定分界点。为了改进判断过程,尤其是提高裁判间的一致性,后来的研究者对安哥夫法做了很多修正和解释,这些方法被统称为“修正的安哥夫法”。

修正的安哥夫法有如下特点:(1)使用循环过程,即组织评委多轮次评判题目。即重复地设定分界点,且裁判可在不同轮次之间进行讨论,这样能够提高裁判间的一致性、降低标准误差。(2)呈现学生测试数据。在讨论过程中对题目的通过率(P 值)进行估计之前要提供测试数据,提供测试数据有助于提高裁判间的一致性。(3)临界组学生表现比例的判断。安哥夫法的核心是估计临界组(borderline examinees)答对测试题目的比例。(4)应用分数的相对权重。Hambleton 和 Plake 提出一种被称为“扩展安哥夫法”的方法,并将安哥夫程序应用到多维分步计分题目上。除了预测临界组在每个维度上的分数,裁判还要给出每个维度和每个题目的权重。权重反映了维度和题目所涵盖内容的相对重要性。每个题目的权重和分数相乘再求和便得到整个测试的分界分数。

下面以小学四年级语文学科为例,详细介绍一次利用“修正的安哥夫法”划定标准的过程。本次标准划定的目的就是划出及格分数线,将及格和不及格的学生区分开来,共进行四轮讨论。

第一步:准备工作。将题本中的所有题目及答案一同整理好,呈现给专家。另外准备一个评级表格,如表 18-1 所示。

表 18-1 评 级

您认为“小学四年级能力低但刚好及格的学生,能够答对下面题目的百分率”为多少。

题目		答对该题目的百分率(%)
题目 1(选择题)		
题目 2(选择题)		
题目 3(选择题)		
题目 4(选择题)		
题目 5 (分步计分开放题)	0 分	
	3 分	
	6 分	

第二步:专家培训。重点培训专家们对于“小学四年级能力低但刚好合格的学生”这个概念的把握,让专家们能够非常清晰地了解符合这样特点的被试群体。让他们充分理解,他们针对的是一个特殊的“刚刚及格”的群体,而不是所有的学生群体。一般而言,专家们都

是有经验或者来自一线的教师，因此，只要反复强调这一概念，专家们基本都可以很好地把握。对于“能够答对下面题目的百分率”这一概念的理解似乎有一点复杂，但可以换一种说法让专家们理解，那就是“假设面前有100个这样的刚刚及格的学生，他们中有多少人可以答对这个题目？”。

第三步：让专家们独立地进行第一轮评审。来自不同地域、背景的专家，往往带有自己特殊的经验，另外每个人的理解水平也是不一样的，所以专家们的评判结果应该是不同的。

第四步：公布第一轮独立评审结果的平均值和标准差。然后让专家们组成小组，进行讨论。每位专家要充分说明自己的理由和见解，同时了解别人的想法，尽量让专家们之间充分交流。讨论之后，再进行第二次独立评审。

第五步：公布第二次评审结果的平均值和标准差。然后让专家们继续讨论，再进行第三次独立评审。

第六步：公布第三次评审结果的平均值和标准差。在第三轮讨论时提供不同地域学生在该测试时的实际表现等信息，然后让专家们进行最后一次（第四次）评审。

在经过四次评审之后，特别是当专家们看到真实的测试结果之后，他们的评审结果往往会高度趋同，选取最后一次结果的所有评委的平均值当作最终结果①。

二、书签法

书签法是由 McGraw-Hill 在 1996 年提出的，PISA 和 NAEP 在划分水平上均采用该方法。在目前美国各州的教育质量检测中，书签法是应用最广泛的一种等级划分方法，这种方法操作相对简单并且有一定的研究基础。应用书签法时，首先需要利用项目反应理论将测评题目和学生的能力分布放到同一量尺上，在此量尺上测评题目从易到难排列，学生能力从低到高分布；评委在题册中选择某一个题目作为划分等级的标志。此种方法最关键的一点就是要让评委们认同测验题目从难到易或者从易到难的排序，因为这个排序决定着最后标签放置的位置。因而，在书签法中，专家们讨论的焦点在于如何排序题目②。

第四节 报告撰写

质量监测结果报告是体现监测价值、发挥监测功能的重要载体。与一般教育调研、调查结果和统计数据相比，教育质量监测结果具有数据多样、关注全面、多重比较、关联分析四大主要特点。科学地运用监测结果，在服务政策决策、促进教育教学改进、引导社会树立科学的教育质量观等方面起到重要作用，对政府、学校、社会都有着巨大的价值。

一、质量监测结果报告的价值

（一）把握现状，为教育管理与决策提供参考

教育质量监测结果可以成为教育行政部门完善教育政策措施、加强教育宏观管理的重要参考，以提高政府管理水平，实现科学化、专业化管理。

① 张丹慧，张生，刘红云. 基础教育质量监测抽样设计与数据分析[M].北京：北京师范大学出版社，2015：104-107

② 张丹慧，张生，刘红云. 基础教育质量监测抽样设计与数据分析[M].北京：北京师范大学出版社，2015：107

1. 了解区域教育发展的总体状况，明确教育管理着力点

教育质量监测对教育结果——学生的发展状况进行考查，监测结果能有效说明区域的教育质量状况，并能反映出教育过程、教育投入等方面的问题。区域教育行政部门可依据监测结果分析学校师资、资源、管理等方面的状况和问题，明确教育管理的着力点，对薄弱领域和环节采取有针对性的改进措施。

2. 掌握区域间、校际差异状况

根据质量监测结果分析各区域、学校的优势特色和问题，对办学中存在困难的学校，指导其分析原因、研究对策，给予政策、经费、人员等方面的扶持，帮助学校整改，并对整改成效进行追踪检验。

3. 检验政策落实和投入成效，调整政策方向

将质量监测结果与各级政策规定进行对照，了解政策措施的落实效果，可着重对本区实行的教育工程、项目成效进行分析，必要时进一步调整方针政策，确保其取得实效。

（二）诊断问题，为教育教学改进提供依据

教育行政部门可指导学校正确运用监测结果，针对质量监测中发现的问题，采取积极措施进行改进，实现以评促建。

1. 分析学生发展短板，加强薄弱学科和领域的课程教学和师资建设

质量监测涉及学生德、智、体、美等多个方面的情况，通过质量监测能全面诊断学校的教育教学水平，发现其中的薄弱领域和环节，从而为下一步改进提供依据。

2. 分析学生学习时间投入与产出成效

质量监测既关注学生的学业产出，也关注学生的时间投入、学习压力和学习感受。要将两者相结合，倡导“提高课堂教学效率，使学生以轻松饱满的状态投入日常学习中”。

3. 通过追踪监测检验教育教学改进成效，调整教学策略

通过开展持续、稳定的质量监测，比较各个区域、学校在不同年度的进展与变化，分析其存在问题与改进成效，对进步明显的区域和学校予以表彰和经验推广，并指导学校深入分析监测结果，调整教育教学策略。

（三）引导舆论，为社会、学校树立导向

积极发挥质量监测的导向作用，发布监测结果、接受社会监督，引导社会树立科学的教育质量观，以全面推进素质教育的实施。

1. 向社会公布学校的质量监测结果，逐步扭转“唯分数论”

当前由于缺乏全面、科学的评价指标，考试分数是学校、家长和教育部门评价学校、教师和学生最重要的指标，这些原本承担选拔功能的高利害性考试被错误地异化为对基础教育实践的“指挥棒"，阻碍了素质教育的推行，影响了学生的身心健康。要通过向社会公布质量监测结果，引导社会树立全面的教育质量观，纠正“唯分数论”想法，促进学生身心健康和全面发展。

2. 通过媒体宣传扭转一些教育认识误区

针对社会大众关心的一些教育热点、难点问题，区域教育部门可组织相关的力量开展专项监测，并通过媒体发布监测结果，以扭转社会上存在的一些教育认识误区，宣传正确、全面的教育方式方法。

二、教育质量监测报告的内容

在报告具体撰写中，教育质量监测报告的主要呈现内容主要包括学生总体发展状况、学生发展状况的群体和区域差异、影响学生发展的相关因素，以及报告附录和相关说明等。

1. 学生发展总体状况

根据国际教育质量监测的通行做法，学生的学业表现一般采用两种方式来呈现：一是量尺分数，采用项目反应理论模型将学生能力分数转化为测验标准水平；二是表现水平，依照一定的标准和要求，结合测验题目所考查的内容和能力，以及学生在作答题目上的实际表现，运用教育测量学的相关技术，将学生的学业表现划分为若干个水平段。

2. 学生发展状况的群体和区域差异

教育质量监测经常收集人口统计学或者其他背景信息，以对不同子群体的发展状况进行比较。这些子群体一般包括不同性别、不同地区、不同地理位置、不同民族或使用不同语言、不同学校类型和学校规模等。

3. 影响学生发展的相关因素

将学生的发展状况与环境因素（个体和家庭因素、学校因素、社会因素等）进行关联性分析，得出相关的教育教学规律和结论，是质量监测结果报告的一个重要组成部分。

4. 报告附录和相关说明

除了主要的监测结果以外，监测报告中一般还会包括监测项目的相关说明，如监测内容、目标、设计框架、测验程序等。大部分读者对测量技术并不十分了解，感兴趣的主要是这些结果对于他们的工作有何帮助。因此，大量技术细节可以作为附录在报告最后部分呈现。

本章小结

随着人类社会的快速发展，以及教育在促进人类社会发展中作用的不断增强，教育质量监测逐渐得到了世界各国政府部门与学术研究领域的高度重视，教育质量监测的实施也取得了很多成功的经验。一般情况下，教育质量监测的流程包括以下几方面内容与环节：监测理论基础和框架的构建、测验的开发与设计、题目命制与审定、组织实施、水平划定、监测报告撰写等。每一个环节都具有很高的科学性、技术性与专业性要求。做好教育质量监测实施工作，需要不断地提升教育质量监测的能力与水平。

拓展阅读

某学校关于改善学生不良情绪的经验和做法

某区对学生的综合发展情况进行了一次整体评估。B校的测评结果显示，该校学生学业成就遥遥领先，但学生心理健康各方面的指标都不尽如人意。学生主观幸福感显著低于区平均水平，负面指标如焦虑、抑郁倾向、孤独感等显著高于区平均水平。

1. 影响学生情绪的相关因素数据呈现

学校将测评数据结果以文字和图表的形式呈现给班主任、任课教师，找出影响学生情绪的关键数据。

第一类数据来自家庭教养方式和家校合作的因素。数据显示，该校权威型教育方式比例明显高于全区；同时还有22%的家长采用了纵容、心理控制等负面的教育方式；家校沟通不及时，只有42%的家长表示能及时获知孩子在校的一些重要决定变化；家长和老师沟通的内容中，最多的就是学业成绩、品德行为、教育方式，只有18%涉及人际关系，涉及其他（包括孩子的心理、情绪、兴趣）内容的只有4%。

第二类数据来自师生关系、教师教育行为。数据显示，该校师生关系的亲密维度得分低于区平均水平，说明学生和教师关系比较严肃；同时有相当比例的教师在了解学情、组织教学、课堂管理等方面做得较差，低于全区平均水平。

第三类数据是关于学生的学习态度、兴趣等数据。31%的学生学习态度较差，48%的学生学习态度一般，说明学生整体的学习热情不高；58%的学生表示学业压力太大或过大。

2. 应对措施

第一，理念引领。学校提出了“让每一个孩子都喜欢自己的学校”的理念，从活动开展、文化营造、生命关怀等方面真正关注关爱每一位学生。

第二，实践操作。搭建各类平台，出台各类举措，一切以读懂学生为目标而行动。

家长层面：提倡家校合力，加强家校联系，加强对家长的培训，办好家长学校，选择恰当的培训内容。

教师层面：着重改善师生关系。教师利用数据认真研究学生的真实情况，从学生最需要的、最感兴趣的角度入手，让学生信任老师、愿意和教师交朋友。对个别情况特殊的学生实施导师教育制，给予单独的学业和心理辅导。

学生层面：依据学生学习态度的不同，有计划地进行分层教学和分层作业；开设更多选修课程和开展更多社团活动，从而丰富学习内容，提高学生学习兴趣。

3. 改进效果

一年后的追踪结果显示，学生在校的情绪状况得到了极大改善，学生的幸福感从全区第8位跃居第4位，孤独感从第2位降至第5位（负面指标，排名越前表示该方面越差），焦虑情绪从第1位降至第8位，抑郁倾向从第1位降至第5位。

资料来源：辛涛，李勉，任晓琼. 基础教育质量监测报告撰写与结果应用[M]. 北京：北京师范大学出版社，2015.

思考与练习

一、单选题

1. 下列哪项不属于经典测验理论的前提假设（　　）

A. 测量误差是随机的，并服从均值为零的正态分布

B. 被试总体的误差均值为零

C. 变量间的关系是线性的

D. 平行测验的误差分数不相关

2. 教育质量监测结果的主要特点不包括（　　）

A. 数据多样　　B. 关注全面　　C. 多重比较　　D. 关联分析

二、填空题

学生的学业表现在报告撰写中一般采用________和________这两种方式来呈现。

三、简答题

1. 经典测量理论有哪些优势与局限性？
2. 项目反应理论有哪些优点和局限性？
3. 请简要概括标准划定的概念及步骤。

后　记

经全国高等教育自学考试指导委员会同意，由教育类专业委员会负责高等教育自学考试教育类专业教材的审定工作。

《教育督导、评价与监测》自学考试教材由北京师范大学苏君阳教授主编。

参加本教材审稿讨论会并提出修改意见的有北京师范大学韦小满教授、王璐教授，北京教育科学研究院张瑞海研究员，内蒙古师范大学朱颜杰副教授。

他们付出了辛勤劳动，在此一并深表谢意。

全国高等教育自学考试指导委员会

教育类专业委员会

2018 年 7 月